Paul Mohr

Die Entwicklung des Grossbetriebs in der Getreidemüllerei Deutschlands

Paul Mohr

Die Entwicklung des Grossbetriebs in der Getreidemüllerei Deutschlands

ISBN/EAN: 9783741184239

Hergestellt in Europa, USA, Kanada, Australien, Japan

Cover: Foto ©Lupo / pixelio.de

Manufactured and distributed by brebook publishing software
(www.brebook.com)

Paul Mohr

Die Entwicklung des Grossbetriebs in der Getreidemüllerei Deutschlands

Die Entwicklung

des

Grossbetriebs in der Getreidemüllerei Deutschlands.

Von

Dr. jur. Paul Mohr.

Berlin 1899.
Siemenroth & Troschel,
W. Lützowstrasse 106.

Vorbemerkung.

Mit der vorliegenden Arbeit wird der Versuch gemacht, die Entwicklung eines einzelnen Gewerbes genauer zu schildern, gewissermassen eine Monographie dieses Gewerbes zu geben. In der bisherigen nationalökonomischen Litteratur sind es nur wenige Industrieen wie Baumwollenindustrie, Spinnerei, Zuckerindustrie, Bierbrauerei, die man zum Gegenstand derartiger ausführlicherer Untersuchungen gemacht hat. Die Autoren dieser Gewerbemonographieen, welche erstmalig ihren Fuss auf noch unbetretenes Land gesetzt, wissen nur zu gut die Summe der besonderen Schwierigkeiten zu schätzen, welche mit einem solchen Vorhaben verbunden zu sein pflegen. Und in der That, so gross die Freude des hier wissenschaftlich Neues Entdeckenden ist, so berechtigt sein Stolz für den Bau der Wissenschaft ein paar Wissenskörner geliefert, das Seinige beigetragen zu haben, so bedeutend sind auch die hier zu überwindenden Hemmnisse.

Nicht allein, dass das geringe Material sehr zerstreut ist und grosse Lücken aufweist — in solchen Fällen ist es ja mehr oder minder Sache des Fleisses, sorgfältigste Umschau zu halten — es bleiben noch andere minder leicht zu überwindende Schwierigkeiten. Eine gewerbliche Monographie muss unseres Erachtens vor allem auch die wirtschaftlich technische Basis des Gewerbes gehörig zu beleuchten suchen. Denn soll der Nationalökonom die wirtschaftlichen und sozialen Veränderungen beschreiben, die durch eine veränderte Technik hervorgerufen sind, so ist es doch wohl selbstverständlich, dass erst eingehender auf die Veränderungen hingewiesen wird, die die Technik selbst erlitten hat. Nun pflegt aber der Nationalökonom nicht technisch vorgebildet zu sein, wie andrerseits der Techniker nicht nationalökonomisch. Infolgedessen sucht der Wirtschaftsforscher nur zu oft vergeblich in den technischen Werken nach Anhaltspunkten für seine wirtschaftlichen Deduktionen. Den Techniker interessiert auch meistens nur das „Heute," das augenblicklich praktisch Verwertbare, er ist der vollendete Gegenwartsmensch. Selten geht er daher in die Vergangenheit zurück und sucht in dem Zurückliegenderen nach den Ursachen des Gegenwärtigen und Zukünftigen. Dies ist auch der Grund füı lie gerade in technischen Werken häufig vorkommenden verwι ıderlichen Vorstellungen über Entstehung und weitern Fortgang von Gewerben und Industrieen. Wenn ich nun versucht habe, zu einem eindringenderen Verständnis der müllerischen Technik zu gelangen, so glaube ich, dass man mir viel weniger noch wie dem rein theoretisch arbeitenden wissenschaftlichen Techniker den Vorwurf der Kathedermüllerei (s. Rühlmann: Maschinenlehre Bd. 2) machen wird, wie ich auch glaube, dass man mir nicht um jenes Umstands willen vorwerfen wird, die Arbeit sei mitunter mehr für den praktischen Müller oder Mühleninteressenten geschrieben als für den Wirtschaftsforscher. Es handelte sich für mich bei meinen Studien hauptsächlich darum, eine umfassendere Kenntnis des wirtschaftlichen Lebens der Gegenwart zu erlangen. Dazu war es notwendig, den Faktoren nachzuspüren, welche dasselbe am tiefgehendsten beeinflussen und ihm die Richtung seiner Entwicklung vorzeichnen. So musste notwendigerweise der überragende Einfluss, den die Technik auf die Wirtschaft geübt und noch übt, besonders hervorgehoben und die gegenseitigen Beziehungen überall klargelegt werden. Nicht aber lag es in meiner Absicht, technische Errungenschaften gegeneinanderzuhalten und zu bewerten und so dem Techniker ins Handwerk zu pfuschen. — Was nun die Untersuchungsmethode im Allgemeinen betrifft, um ein Wort C. Mengers zu gebrauchen, die etwas verächtlich benannte historisch-statistische Kleinmalerei, so kann ich nur auf die treffenden Worte meines hochverehrten Lehrers, Schmoller verweisen, die dieser jüngst einmal über die historische Methode geäussert hat. Er sagte:

Man war sich wohl bewusst, dass man auf diesem Wege nicht allzu rasch vorankomme, dass man nicht so schnell dazu komme, den Schleier von dem Bild zu Sais zu ziehen. Aber man tröstete sich mit der alten Wahrheit, dass halb oft besser sei als ganz. Man sah mehr und mehr ein, dass man besser durch Monographieen als durch Lehrbücher die Wissenschaft fördere. Man begriff, dass vielfach nur das organisierte Zusammenwirken von Mehreren und Dutzenden, oft von Hunderten und Tausenden, wie wir es in der Statistik, in den Enqueten, in den Publikationen gelehrter Gesellschaften, z. B. in denen des Vereins für Sozialpolitik, vor uns haben, uns einigermassen sicher orientiere. Man erreichte aber damit auch, was in den andern Wissenschaften in ähnlicher Weise längst geschehen war, was einst den Benediktinerabteien durch solches Zusammenarbeiten gelungen war: eine breite sichere Kenntnis der Wirklichkeit. — In der That, darin liegt das unbestreitbare Verdienst der historischen Schule und Forschungsmethode, sie hat eine umfassendere sichere Kenntnis der Wirklichkeit verbreitet.

Das gewaltige Panorama des wirtschaftlichen Lebens mit seiner verwirrenden Vielfältigkeit und seinen mannigfachen ganz spezifischen Sonderheiten setzt sich zusammen aus unendlich vielen Einzelbildern. Dieses Riesenbild kann aber in seinen gewaltigen Zusammenhängen nur annäherungsweise richtig aufgefasst und der denkenden Betrachtung näher geführt werden, wenn man sich bemüht hat, seine einzelnen Teile wahrheitsgemäss zu schildern. Das ist der gesunde lebenspendende Boden der realistischen, empirischen Betrachtungsweise. Durch eine derartige exakte Methode, durch die der Blick an der liebevollen Untersuchung des Individuellen sich genügend geschärft hat, wird der grosse Fehler reiner Theoretiker leichter vermieden, vom wirtschaftlichen Leben blosse Oberflächeneindrücke mitzunehmen, die stets dem tiefer Blickenden nur zu bald als Schemen sich erweisen. Hier heisst es: Wir müssen das Bekannte wissen, ehe wir das Unbekannte suchen; wir müssen, von Anderer Erfahrung unterrichtet, durch Anderer Gedanken erleuchtet, auf Anderer Flügeln getragen werden, wenn wir selbst erfinden wollen (Zimmermann.) Jedoch, wenn nun auch diese Methode den Untersuchenden zwingt, ein kleines Feld intensiv zu bearbeiten, so verlangt sie keineswegs von ihm sich in historisch-statistischen Kleinigkeiten zu erschöpfen und so geistig ermüdend zu wirken. Gewiss ermangelt diese Methode der Höhenblicke philosophisch spekulativer Betrachtungsweise, jedoch fehlt es ihr darum durchaus nicht an weiten und freien Ausblicken, wenn sie von Einseitigkeiten frei das Instrument wissenschaftlicher Forschung auch auf die sonstigen wirtschaftlichen und sozialen Erscheinungen zu richten nicht unterlässt. Denn in keinem Fall darf der Blick für das Ganze der politischen und sozialen Fortentwicklung, die grossen

---

[1]) Schmoller: Über einige Grundfragen der Sozialpolitik u. Volkswirtschaftslehre S. 337, Berlin 1898.

VI

Zusammenhänge und Entwicklungsgesetze verloren gehen. Erst wenn alle diese Punkte ihre zweckentsprechende Berücksichtigung gefunden haben, darf der wissenschaftliche Forscher hoffen, dass seine Einzeluntersuchung von fruchtbringender Bedeutung wird für umfassendere Werke. — Wie weit es mir gelungen ist, dies Ideal zu erreichen, wage ich nicht zu entscheiden. Nicht immer war es möglich, von den im heftigsten wirtschaftlichen Kampf Begriffenen eine genügende Antwort auf meine Fragen zu erhalten. Und trotzdem sicherlich mehr als 200 Briefe und Fragebogen von mir ausgesandt worden sind, konnte schliesslich manches nicht klargestellt werden und musste unberücksichtigt bleiben, da genauere Feststellungen sich nicht ermöglichen liessen, anderes wieder musste späteren Forschungen gänzlich vorbehalten werden.

Wenn ich nun noch mit einigen Worten auf die Entstehungsgeschichte dieser Studie eingehe, so nötigt mich hierzu unter anderm auch eine kurze Auslassung von Herrn Professor Bücher-Leipzig in seinem Vorwort zu der Enquete des Vereins für Sozialpolitik über die Handwerkerfrage. Dort heisst es, dass zwar 3 Herren auch eine Arbeit über die Getreidemüllerei zugesagt hätten, jedoch keine derselben sei zu stande gekommen. Also müssten doch wohl einige Schwierigkeiten in solchen Arbeiten selbst liegen. — Ich bekenne gern, dass ich einer der Versprechenden gewesen bin, die ihr Wort damals leider nicht haben einlösen können. Um so mehr freut es mich jetzt, meine Studien in einem grössern Rahmen vorlegen zu können, als ich es damals vermocht hätte, wo ich nur die Mühlenindustrie einer mittleren Stadt Ostpreussens zu beschreiben gedachte.

Als Mitglied des staatswissenschaftlichen Seminars in Greifswald, das damals von Professor Dr. Fuchs geleitet wurde, hatte ich mich im W.S. 1894/95 erboten, mich an der Enquete über die Handwerkerfrage zu beteiligen. Während eines Ferienaufenthaltes Ostern 1895 versuchte ich dann auf verschiedenen Exkursionen im Hinblick auf die angeregten Fragen, Materialien zu sammeln. Leider musste ich sehr bald erkennen, dass gerade die Mühlenindustrie für die volkswirtschaftliche Erforschung äusserst viele Schwierigkeiten bot. Wenn ich daher mir Berichtetes mehr oder weniger ohne Kritik nicht nacherzählen, wenn ich einigermassen brauchbare Resultate liefern wollte, musste ich suchen, wenigstens in grossen Zügen die geschicht-

liche Entwicklung der Müllerei zu erkennen und über grössere
technische Kenntnisse zu verfügen, kurz mehr Zeit opfern. —
Da ich aber im S.-S. 1895 durch den Abschluss meiner juristischen
Studien stark in Anspruch genommen war, musste die Weiter-
beschäftigung mit dem allmählich lieb gewordenen Thema unter-
bleiben, bis ich im Mai 1897 nach Berlin in das Seminar von
Herrn Professor Sering kam. Hier setzte ich meine Studien,
jederzeit unterstützt durch seinen liebenswürdigen und teil-
nehmenden Rat fort.

Aus zwei in seinem Seminar gehaltenen Vorträgen ist die
vorliegende Arbeit schliesslich entstanden. Dass sie soviel
später zur Veröffentlichung gelangt, als ich es gewünscht hätte,
liegt daran, dass ich monatelang durch persönliche Verhältnisse
meinen Arbeiten fast vollständig entzogen war.

Zum Schluss aber möchte ich allen den Herren, die mir
mit grösster Bereitwilligkeit ihre Betriebe gezeigt wie auch
sonst durch mannigfache, sehr ausführliche Auskünfte ein reiches
Material zur Verfügung gestellt haben, meinen verbindlichsten
Dank aussprechen.

Für die freundlichen Empfehlungen und gütige Überlassung
verschiedener Fachschriften habe ich vor allem Herrn van den
Wyngaert, Vorsitzender des Verbandes deutscher Müller, Herrn
Assessor Dr. Wiedenfeld, s. Zt. Syndikus des Verbandes zu
danken. Sehr umfangreiche, schätzenswerte Materialien ver-
danke ich vor allem Herrn T. Bienert-Plauen. — Ferner
verdanke ich wichtige Mitteilungen und Angaben nachstehenden
Herren: Dampfmühlenbesitzer Kommerzienrat W. Schütt-Berlin,
Mühlendirektor Oetjen-Neumühlen b. Kiel, Direktor Scheller-
Harburg, Direktor Knauer, Kgl. Seehandlungsmühlen-Bromberg,
Mehlhändler Wöhnert-Hamburg, Mühlenbesitzer F. Schläger,
Insterburg, Botsch-Altona, Steinbeck-Fischbach, K. Vieth-Dahme,
Fr. Gaede-Neuruppin u. a.

Ganz besondern Dank schulde ich dem Kaiserlich statis-
tischem Amt, dessen reichhaltige Bibliothek mir für meine
Studien bereitwilligst zugänglich gemacht wurde. Ebenso
möchte ich auch meinen hochverehrten Lehrern, Herrn Professor
Sering und Herrn Professor Schmoller für die vielfachen
Förderungen meinen aufrichtigsten herzlichsten Dank aussprechen.

Inhaltsübersicht.

Einführung: Die volkswirtschaftliche Bedeutung der Getreidemüllerei im allgemeinen. Begrenzung des Stoffs: „Die Entwicklung des Grossbetriebs in der Getreidemüllerei Deutschlands" in zeitlicher Hinsicht, auf die Schilderung eines 90jährigen Zeitraumes, 1807—1898, — sachlich: auf die vorwiegende Darstellung der Müllerei Preussens bis etwa zum Ende der 40er Jahre, von da ab Schilderung des Mühlengewerbes in Gesamtdeutschland.

X

Litteraturverzeichnis.

Volkswirtschaftliche Litteratur.

Anton, Geschichte der Landwirtschaft. (1802.)

Bayrisches stat. Jahrbuch 1896/97.

Bienert, Erinnerungen. (Lpzg. 1888 nicht im Buchhandel.)

Bienengräber, Statistik des Verkehrs und Verbrauchs 1842—64 (Berlin 1868.)

Bornhak, Geschichte des preussischen Verwaltungsrecht. (1884.)

Borgius, Mannheim und die Entwicklung des süd-westdeutsch. Getreidehandels. (Freiburg 1899.)

Buchenberger, Grundzüge der deutschen Agrarpolitik. (Berlin 1897.)

Bülow-Cummerow, Die Mahl- und Schlachtsteuer 1844.

Conrad's Handwörterbuch der Staatswissenschaften Art. Mühlenrecht und Getreidehandelspolitik.

Dieterici, Volkswohlstand in Preussen. (Berlin 1846.)

Derselbe, Mitteilungen des preuss. stat. Bureaus 1848—1860.

„   Verkehr und Verbrauch im Zollverein 1831—57.

„   Handbuch der Statistik des preuss. Staats. Berlin 1861.

Erhebungen der Kommission für Arbeiterstatistik über die Arbeitszeit in Getreidemühlen. Heft 4, 5, 8. (1893—98.)

Erhebungen über die Lage des Kleingewerbes im Grossherzogtum Baden im Jahre 1885. (Karlsruhe 1888.)

Engel, Das Königreich Sachsen in histor. stat. Hinsicht 1855.

Derselbe, Sächs. stat. Jahrbuch.

„   Ergebnisse der Klassensteuer, der klass. Einkommensteuer und der Mahl- und Schlachtsteuer 1866. Zeitschr. d. königl. preuss. st. Bur.

Ferber, Beiträge zur Kenntnis der Gewerbe Preussens. 1829.

Derselbe, Neue Beiträge. 1832.

Frantz, Statistik des preuss. Staates. (Quedlinburg 1854.)

Handbuch des Mühlenrechts von Schilling. (Lpzg. 1829.)

Handbuch der süddeutschen Aktiengesellschaften.

Handbuch der deutschen Aktiengesellschaften 1897/98.

Hansen, Preis des Getreides 1892. (Diss.)

Hansemann, Die Mahl- und Schlachtsteuer in Aachen-Burtscheid. Aachen 1848.

Hoffmann, Zur Lehre von den Steuern. (1840 Berlin.)

Derselbe, Die Bevölkerung des preuss. Staats. (1839.)

Holländer, Die Lage der deutschen Mühlenindustrie unter dem Einfluss der Handelspolitik 1879—97. Münchener Volkswirtsch. St. (1898.)

XIV.

P. Hirche, Die Mühlengewerbesteuer in Preussen. Potsdam 1868.
P. Hirschfeld, Hannovers Grossindustrie und Grosshandel. Berlin 1891.
Horn, Verwaltung Ostpreussens. (Königsberg 1890.)
Hübner, Jahrbücher für Volkswirtschaft und Statistik. (1853—63.)
H. Käppler, Die Arbeitszeit im Müllergewerbe und die Notwendigkeit
    und Durchführbarkeit ihrer gesetzlichen Regelung. (Altenburg 1895.)
Derselbe, Arbeitsverhältnisse der Müller Deutschlands. (1891.)
Kowa lewsky, Produktivkräfte Russlands. 1898.
Krug, Abriss der preuss. Statistik. Nationalreichthum. (Berlin 1805.)
Lamprecht, Deutsches Wirtschaftsleben im Mittelalter. (Leipzig 1886.)
Mascher, Das deutsche Gewerbewesen. 1866.
Die Mühlenindustrie Ungarns herausgg. durch das kgl. Ungarisch. stat.
    Bureau. Budapest 1896.
Preuss. stat. Jahrbuch Bd. 1876—1893.
Rother, Verhältnisse des kgl. Seehandlungsinstitut. 1847.
Rudhart, Zustand Bayerns. 1829.
Risch, O. Th., Das kgl. preuss. Seehandlungsinstitut und dessen Ein-
    griffe in die bürgerl. Verhält. dargestellt. (Berlin 1844/45.)
F. G. Schimmelpfennig, Die preuss. indirekten Steuern oder die auf
    Produktion, Fabrikation und Konsumtion ruhenden Abgaben in
    Preuss. St. Potsdam. 1837.
G. Schmoller, Zur Geschichte der deutschen Kleingewerbe im 19. Jahr-
    hundert. Halle 1870.
Schmollers Jahrbuch XXII. Jahrgang 1898 Heft 2.
v. Schulze-Gävernitz, Der Grossbetrieb, ein wirtschaftlicher und
    sozialer Fortschritt. Eine Studie auf dem Gebiet der Baumwollen-
    industrie. 1892 Leipzig.
P. Sinzheimer, Ueber die Grenzen der fabrikmässigen Weiterbildung
    des Grossbetriebs. Münchener volkswirtsch. Studien 1893.
M. Seydel, Bayr. Staatsrecht. Freiburg i. B. 1887.
G. P. F. Thon, Ueber Mahlmühlengebrechen und Mühlenprivilegien.
    Ilmenau 1828.
Untersuchungen über die Lage des Handwerks in Deutschland. Schriften
    des Vereins für Sozialpolitik. Leipzig 1895—97.
Ucke, Agrarkrisis in Preussen während der 20 Jahre dieses Jahr-
    hunderts. 1887.
v. Viebahn, Statistik des zollvereinten und nördlichen Deutschlands.
    1867. 3 Bde.
Vierteljahrshefte der Statistik des deutsch. Reichs. 1895 Heft 4. Der
    Mühlenlagerverkehr seit 1879.
Vierteljahrsheft 1897 Heft 1. Das Mehl im Welthandel vom Kaiserl.
    Regierungsrat Geib.
Wasserrab, Preise und Krisen. Stuttgart 1883.
Fr. Ben. Weber, Die Gewerbsindustrie und Staatswirtschaft 1837.
    Breslau.
Von demselben, Blicke in die Zeit, Berlin 1830.

Fr. Ben. Weber. Preuss. Statisti:. 1840 Breslau.

Von demselben, Hist. stat. Jahrbuch. 1831—38.

H. Weber, Beiträge zur Gewerbe- und Handelskunde. Berlin 1825—27.

L. Weber, Preussen vor 500 Jahren. Danzig 1878.

Wernike, Nationale Schutzzollpolitik. 1897.

Wygodzinski, Der gemeinsame Absatz landwirtschaftl. Erzeugnisse. Offenbach 1895.

Technologische Werke, Zeitschriften und Broschüren.

Arndt, Die neue deutsche Mahlmühle. Magdeburg 1863.

J. Beckmann, Beiträge zur Geschichte der Erfindungen. Lpzg. 1798.

Beiträge zur Kenntnis des amerik. Mühlenbaues, herausgeb. vom preuss. Minister des Innern. (Berlin 1832.)

Dingler's polytechn. Journal. 1879. 1886.

Falcke, Mahlprozess einer Roggenhandelsmühle. Archiv für Hygiene. (Bd. 28. 1897.)

Getreide und Hülsenfrüchte. Im Auftrag des Königl. preuss. Kriegs-ministeriums. (Berlin 1895.)

Geschäftsberichte der Müllerei-Berufsgenossenschaft.

Geschichte des Verbandes deutscher Müller. (1867—1892.)

Hannoversches Wochenblatt für Handel und Gewerbe.

Hofmann, Die gebräuchlichsten Maschinen. Bockwindmühlen. Heft I. 1831.

Kick, Die Mehlfabrikatieu. Wien 1894.

Liebig, Chemische Briefe. Bd. 2. 1859.

Lueger, Lexikon der gesamten Technik. (Stuttgart und Leipzig 1897/98.) Art. Mehlfabrikation.

Neumann, Prakt. Mühlenbau. Schaupl. für Künste und Handwerke. Bd. 29. Weimar 1880.

Neumann, Der Wassermahlmühlenbau. 1810.

G. Pappenheim, Lehrbuch der Müllerei. Wien 1890.

Plagge und Lebbin, Untersuchungen über das Soldatenbrot. (Berlin 1897.)

Prechtl, Techn. Lexikon. Stuttgart 1840.

Romberg, Nährwert der Handelsroggenmehle. Archiv für Hygiene. (B. 28,2. 1896.)

Rühlmann, Maschinenlehre. Bd. 2. 1876.

Schwahn, Lehrbuch der prakt. Mühlenbaukunde. (1850 Berlin.)

Thaler, Die Müllerei. Chem. technol. Bibliothek. Wien 1895.

Verhandlungen des Vereins für Gewerbefleiss in Preussen.

Wähnelt, Die Adlermühle in Berlin. 1897.

Die Mühle, Organ des Verbandes deutscher Müller. 1863—1898.

Deutscher Müller, Lpzg. 1880.

v. Till, Der Bauer und sein Getreide. Graz 1892.

Derselbe, Umwandlung des Getreides in Brot. 1894.

„ Das Jahr 1910. Ein Vorschlag zur Verbesserung der allgem. Verhältnisse.

Einführung.

Die volkswirtschaftliche Bedeutung der Getreidemüllerei im allgemeinen.

Begrenzung des Stoffs: Die geschichtliche Entwicklung des Grossbetriebs: a) zeitlich, auf die Schilderung eines etwa 90jährigen Zeitraums, 1807 bis 1898; b) örtlich, Beschränkung auf das Müllergewerbe Preussens im ersten Teil der Darstellung.

Als eines der wichtigsten Nahrungsmittelgewerbe, dessen hohe Bedeutung für die allgemeine Volksernährung ausser aller Frage steht, verdiente die Mühlenindustrie das eingehendste und aufmerksamste Studium des wirtschaftlichen Beobachters. Gleichwohl hat bisher die deutsche Müllerei eine ihrer Bedeutung entsprechende volkswirtschaftliche Berücksichtigung nicht gefunden.

Zwar ist sie in jüngster Zeit mehr wie je in Parlament und Presse der Gegenstand längerer Auseinandersetzungen gewesen, aber leider erhoben sich die letzteren nur selten über einen einseitigen Partei- und Interessenstandpunkt und so blieb es für den auf einer höhern Warte als auf den Zinnen der Partei stehenden Erkenntnissuchenden ein äusserst schwieriges Beginnen, Wahres und Falsches von einander zu scheiden. Es fehlen eben jene grundlegenden wirtschaftlichen Beobachtungen wie sie gerade den übrigen Nahrungsmittelindustrien zu teil geworden sind. Und doch spielt unter diesen die Müllerei eine nicht geringe Rolle. Denn der Mühlenindustrie kommt bei der Umwandlung des Hauptnahrungsmittels, des Getreides in eine für menschliche Nahrungszwecke geeignete Form — vorzugsweise in Brot — die ausserordentlich wichtige Aufgabe zu, den ersten Umarbeitungsprozess zu vollziehen, den Rohstoff Getreide in das Halbfabrikat Mehl umzuwandeln. Dadurch aber ist das Gewerbe in die engste Verbindung gebracht sowohl mit der Landwirtscha· wie mit der Bäckerei, und es ist ohne weiteres erklärlich, dass alle die grossen und wichtigen

Wirtschaftsfragen, die eines dieser Gewerbe berühren, natür-
licherweise auch für die Müllerei eine besondere Bedeutung
haben. Ja es können, wie hervorragende Wirtschaftsforscher
schon öfters hervorgehoben haben,[1] einschneidende Massnahmen
bezüglich der Landwirtschaft gar nicht getroffen werden, ohne
dass man die Müllerei und Bäckerei gleichfalls berücksichtigt.

Zweifellos würde eine Betrachtung des Müllergewerbes im
Hinblick auf das angeregte Thema eine Fülle des interessantesten
Materials ergeben. Jedoch auch in der Begrenzung der Arbeit
nach dem Gesichtspunkt der industriellen bezw. grossindustriellen
Entwicklung der Getreidemüllerei Deutschlands, dürften einige
Handhaben zur Beurteilung dieser wie andrer wichtiger Fragen
der Gegenwart gegeben sein.

Nicht allein dass durch diese mehr historische Darstellungs-
art das heutige wirtschaftliche Bild des Gewerbes seine klarste
Beleuchtung erfährt. Es ergiebt diese Betrachtungsweise auch,
wie die fortschreitende Entwicklung der Mühlenindustrie nach
ihren verschiedenen Betriebsarten — der Lohn-, Tausch-
und Handelsmüllerei, hauptsächlich unter dem Einfluss
einer rastlos vorwärts strebenden, das gesamte Wirtschaftsleben
revolutionierenden Technik, mit Notwendigkeit zu einer Grossindustrie in der Müllerei führte, denn, wenn für ein Gewerbe
die marxistische Theorie von der Überlegenheit und dem Sieg
des Grossbetriebs über den Kleinbetrieb passt, so ist dies vollkommen richtig für die Müllerei. Doch wird dabei zu prüfen
bleiben, ob auch hier der Grossbetrieb einen wirthschaftlichen
und sozialen Fortschritt bedeutet.

Von diesen Erwägungen heraus gehen wir an eine Beschreibung und Würdigung des historisch Gegebenen.

Die eigentliche Geschichte des Grossbetriebes in der Ge-
treidemüllerei umfasst kaum einen längern Zeitraum als 30 Jahre.
Dennoch ist es nothwendig mit dem Beginn der neuzeitlichen
Geschichte des Gewerbes anzufangen, also etwa mit Jahr 1807.
Dann umfasst die ganze zu schildernde Epoche einen Zeitraum
von rund 90 Jahren.

Innerhalb desselben lassen sich nun wiederum mit ziemlicher

---

[1] S. Buchenberger: Agrarkrisis S. 254. Der „Antrag Kanitz"
und die Verstaatlichung der Müllerei und Bäckerei. Schmoller in
s. Jahrbuch Bd. XIX und die Broschüren des Bäckermeisters V. Till in
Bruck a. M.

Deutlichkeit drei Perioden der technischen und wirtschaftlichen
Entwicklung erkennen, deren Abgrenzung von einander durch Angabe bestimmter Jahreszahlen nicht angängig ist, da naturgemäss diese Perioden der sich folgenden unterschiedlichen Wirt-
schaftsformen niemals schroff sich scheiden und ablösen, sondern
nur durch vorwiegende Ausübung eines gewissen ökonomischen Systems sich charakterisieren, sodass noch heute
sämtliche Formen des Gewerbetriebes sich nebeneinander finden.
Im preussischen Jahrbuch für amtl. Statistik 1876 S. 122
befindet sich eine Einteilung, die allein die technischen
Momente berücksichtigt: „Die erste Periode wird gerechnet bis
zur Mitte der 30er Jahre — bis zum Auftreten der Frauenfelder
Walzenstühle. — Die zweite etwa von 1835—60 wird gekennzeichnet durch die Versuche, die Walzenmüllerei einzuführen. Gegen Ende der Periode „muss die Walze als selbständiges Mahlsystem verlassen werden, da mit den Walzen nicht ausgemahlen
werden kann." Die dritte Periode von den 60er Jahren bis zu
den 80ern reichend charakterisiert sich als die Zeit des Kampfes
zwischen Hoch-, Gries- und Flachmüllerei, der nach Ansicht
des Referenten damit endigt, dass für Süddeutschland die Hochmüllerei eingeführt wird, während für Norddeutschland die
Flachmüllerei grösstenteils in Geltung bleibt.

Bei Berücksichtigung der technischen und ökonomischen
Momente dürfte nachstehende Einteilung die Verschiedenheiten
der einzelnen Epochen besser zur Geltung bringen. Und zwar
wäre die erste Periode zu rechnen von 1807 bis Ende der 20er
Jahre. In dieser ist das Gewerbe handwerksmässig, die
Technik unentwickelt, fast ist es noch die im Mittelalter
geübte. Ökonomisch betrachtet ist die Betriebsform jener
Jahre durchgängig das „Lohnwerk", die sog. Lohnmüllerei.

Die zweite Periode, vom Beginn der 30ger bis in das
Ende der 60ger reichend, charakterisiert sich als die Zeit der
Entstehung und Ausbildung des Fabriksystems in der Müllerei.
Damit vollzieht sich der Übergang von der Lohn- zur Tausch-
und Handelsmüllerei. Von besonderm Interesse in technischer
Hinsicht ist der in den 60er Jahren beginnende Kampf
zwischen Flach- und Hochmüllerei.

Die dritte Periode vom Beginn der 70er Jahre bis jetzt
zeigt Entstehung und Ausbildung des Grossbetriebs mit allen
seinen charakteristischen Zügen moderner Produktion und Ab-

1*

satzgestaltung, Untergang des Kleinbetriebs, der alten Lohnmüllerei. In technischer Hinsicht: Übergang von der Steinmüllerei zur Walzenmüllerei und zum automatischen Betrieb.
In Deutschland wird ein Mahlsystem üblich, das als Halbhochmüllerei anzusehen ist.

So überaus interessant und lehrreich eine Betrachtung der
vielfach höchst eigentümlich entwickelten Wirtschaftsverhältnisse
im gesamten deutschen Müllergewerbe zu Anfang des 19ten
Jahrhunderts wäre, so ist hier nicht nur im Interesse der
Konzentration des Themas eine vorwiegende Beschränkung
auf die Müllerei Preussens wünschenswert. Es treten auch
infolge der von Preussen eingeschlagenen Wirtschaftsreform-
politik jener Zeit die Tendenzen der gewerblichen Entwicklung
vom Handwerk zur Fabrik und zur Grossindustrie gerade in
Preussen am raschesten und deutlichsten in die Erscheinung.

Daher soll unsere Untersuchung der historischen Verhältnisse der ersten und zweiten Periode, die zur Bildung des
Grossbetriebes in der dritten führten, sich in diesen beiden ersten
Teilen vorwiegend mit der Müllerei Preussens beschäftigen.
Und es soll im Folgenden zuerst der Einfluss der Gesetzgebung,
dann derjenige der Technik und der sonstigen politischen und
wirtschaftlichen Faktoren auf die Müllerei gezeigt werden.

Kapitel I.

Der Aufschwung des Müllergewerbes von 1807 bis etwa 1830.

A. Die Reformbestrebungen der preussischen Regierung: Beseitigung des Mühlenregals, des Mühlenzwangs und -Banns und des Mühlsteinmonopols. — Kurze Übersicht über Entstehung und Entwicklung dieser drei Rechte in Deutschland. — Umgestaltung der preussischen Steuer- und Finanzpolitik. — Die Mahl- und Schlachtsteuer.

Als die preussische Regierung nach dem unglücklichen Krieg von 1807 „eifrigst bemüht für die Wiederaufrichtung des gesunkenen Wohlstandes des Landes" eine Wirtschaftsreform proklamierte in den Worten:

„Dass es ebensowohl den unerlässlichen Forderungen der Gerechtigkeit, als den Grundsätzen einer wohlgeordneten Staatswirtschaft gemäss sei, Alles zu entfernen, was den Einzelnen hinderte, den Wohlstand zu erlangen, den er nach dem Maass seiner Kräfte zu erreichen fähig war",[1] etc.,

da erachtete sie auch als eine ihrer dringendsten Aufgaben „die Erleichterung des Verkehrs mit den ersten Lebensbedürfnissen" (s. Edikt v. 29. III. 1809). Eine ganze Reihe teils aus dem Mittelalter teils aus späterer Zeit herrührender Rechte und Gesetze hatte hier Schranken errichtet, die nunmehr unter dem Druck der Verhältnisse einfach zusammenfielen.

Hauptsächlich erwähnenswert erscheinen folgende drei: Das Mühlenregal, d. i. das Recht des Staates auf alleinige Ausübung des Müllengewerbes, der Mühlenzwang oder -Bann, das mit einer Mühle verbundene Recht die Bewohner eines Ortes zu zwingen, ihr Getreide bei dieser Mühle vermahlen zu lassen, und das Mühlsteinmonopol, das Alleinrecht des Staates, Mühlsteine zu fabrizieren und verkaufen zu lassen. Es kann hier nicht der Versuch gemacht werden,

---

[1] Edikt vom 9. Oktober 1807. Mylius. N. C. C. Bd. XII.

die ältere Geschichte der genannten Regalien und Baunrechte
ausführlicher zu behandeln, da dies über den Rahmen unseres
Themas weit hinausginge. Nur folgendes sei kurz unter Hinweis auf die im allgemeinen zutreffenden Ausführungen in dem
Artikel „Mühlenrecht" in „Conrads Handwörterbuch" und die
eingehenderen Untersuchungen Lamprechts[1]) bemerkt. Die
Mühle war zur Volksrechtzeit die einzige landwirtschaftliche
Maschine[2]). Ihre Errichtung war mit grossen Kosten verbunden. Man pflegte nämlich das Wasser des Baches durch
einen Dammbau aufzustauen und es dann durch eine Schleuse
auf das Mühlenrad zu führen. Damm- und Schleusenbau, sowie die damals noch kostbaren Eisenteile legten den Erbau
auf gemeinsame Kosten nahe. Daher übernimmt oft die Mark-
genossenschaft die Errichtung dieser kostspieligen Anlage[3]),
aber auch einzelne Personen, die über grössere Kapitalien
verfügten. Im Mittelalter verschwinden diese markgenossen-
schaftlichen Mühlen mehr und mehr. Es gelingt jedoch der
Grundherrschaft mit ihrer wachsenden Macht und Bedeutung,
sich allmählich der ungemein wichtigen Industrie zu bemäch-
tigen und sie auf der Basis der Allmendeherrschaft zu mono-
polisieren. Aus der alleinigen Ausübung des Müllereibetriebes
entstand dann ebenso wie bei der Brauerei ein Bannrecht,
indem natürlich die Insassen einer Grundherrschaft angehalten
wurden, ihr Getreide auf die Mühle des Grundherrn zur
Vermahlung zu bringen, da andernfalls diese teure Einrichtung
sich nicht genügend bezahlt machte. Aber auch Andern
wurde wohl gestattet, auf grundherrlicher Mühle zu mahlen
wenn sie versprachen, in Zukunft zu keiner fremden Mühle
zu gehen. So kommt es, wie Lamprecht ausführt, dass sich
im 9. und 10. Jahrhundert bereits grundherrliche Bannmühlen
mit dem alleinigen Recht des Mahlens in einer bestimmten
Mark und dem korrelaten Verbot des Mehlverkaufs finden[4]).
Nachdem der Eigenbetrieb der Grundherren mehr und mehr
aufgehört, wurden die Mühlen in Form der Erbpacht und der
(Erbleihe gegen Zins ausgethan[5]). Seit dem 12. Jahrhundert

---

[1]) Lamprecht, Deutsches Wirtschaftsleben im Mittelalter 1885-86.
[2]) A. a. O. Bd. I. S. 584.
[3]) Gierke, Genossenschaftsrecht I. S. 969, s. auch: Schmollers Jahrbuch, Bd. XV. S. 645.
[4]) Lamprecht: a. o. O. Bd. II. S. 999.
[5]) s. Artikel Mühlenrecht in Conrad's Handwörterbuch.

entwickelte sich nun infolge der Ausbildung eines Wasser-
hoheitsrechtes ein „Mühlenregal" des Reichs[1]) an allen
schiff- und flössbaren Strömen, das von diesen durch Privilegien
auf Landesherrn und Städte übertragen wurde. Letztere
verliehen es wieder weiter an Private gewöhnlich unter
Verpflichtung der Zinsgabe. Das ursprünglich nur an Wassermühlen bestehende Regal wurde mit Erfindung der Windmühlen ohne weiteres auch auf diese ausgedehnt. Da nun das
Mühlenregal eine ganz bedeutende Einnahmequelle bildete,
aus der den Regalbesitzern reiche Erträgnisse flossen, erhielt
es sich bis zu Anfang des 19. Jahrhunderts fast in ganz Deutschland. In Preussen existierte noch, wie schon erwähnt, ausser dem
Mühlenregal, Mühlenzwang und Bannrecht gleichfalls aus älterer
Zeit ein „Mühlsteinregal". Dies war ein Fabrikations- und
Handelsmonopol. Schon im Landtagrezess von 1653 geschieht des
Mühlsteinhandels als eines Regalrechts Erwähnung. Jedoch
galt es anfangs nur in einzelnen Teilen des Staates und
wurde erst gegen Ende des 17. und im 18. Jahrhundert auf
weitere Teile ausgedehnt. Auch konnte 1653 sich ein jeder
noch Mühlsteine ausserhalb des Landes kaufen und zu seinem
eigenen Gebrauch einführen, während im Edikt vom 19. April
1689[2]) diese Freiheit nur dem Adel gestattet blieb[3]).

Für den Mühlsteinhandel bestanden besondere Faktoreien
in den verschiedensten Städten, denen sog. Faktors vorgesetzt
waren. Diese waren der Bergwerks- und Hüttenkasse unter-
stellt, die wieder unter dem Bergwerks- und Hütten-
departement stand.

Es gab derartige Faktoreien in Königsberg, Elbing,
Stettin, Kolberg, Küstrin, Krossen, Hochzeit, Berlin, Brandenburg, Magdeburg, Tangermünde. Zum Verkauf kamen schlesische
und mansfeldsche Steine. Die ersteren dienten vornehmlich
der Weizenvermahlung. Die Preise waren natürlich in den
einzelnen Städten sehr verschieden.

---

[1]) s. Anton, Geschichte der deutschen Landwirtschaft Bd. III.
S. 238. Auf dem Reichstag vom J. 1154 auf den ronkalischen Feldern
wurden die Mühlen von Friedrich I. zu Regalien gemacht. Der Grund
war die Anschauung, dass dem Kaiser das Wasser als „des Reiches
Strasse" gehöre. 1159 setzte Friedrich I. dies auch urkundlich fest.
s. Tolner Cod. dipl. Palat. p. 54.
[2]) Einführung des Mühlsteinmonopols in Westpreussen und dem
Netzedistrikt durch Edikt v. 29. April 1773.
[3]) siehe Mylius: a. a. O.

Einen Einblick gewährt folgende kleine Zusammenstellung.
Es kosteten:

	in Königsberg.		Stettin.		Berlin.		Magdeburg.	
	Thlr.	Gr.	Thlr.	Gr.	Thlr.	Gr.	Thlr.	Gr.
Windmühlensteine								
1 langer:	48	—	42	—	31	—	21	—
1 Dreyling:	36	—	32	—	23	6	15	17
1 halber:	24	—	21	—	15	12	10	12
lange Wassersteine								
1 ganzer:	42	17½	38	—	27	—	18	8
1 Dreyling:	33	8	28	--	20	6	13	18
1 Bodenstein:	23	9½	19	—	13	12	9	4
kurze Wassersteine								
1 ganzer:	37	17½	34	—	22	--	12	20
1 Dreyling:	29	8	25	12	16	12	9	15
1 Bodenstein:	20	17½	17	—	11	--	6	10

Das sind recht bedeutende Preisdifferenzen; zwischen Magdeburg und Königsberg betrugen sie das zwei- ja dreifache. Zudem war die Beschaffung der Steine noch mit grossen Belästigungen verbunden. Es mussten Steine bestimmter Art monatelang vorher bestellt werden, zum Pfand für sichere Abholung musste ⅓ des Verkaufspreises hinterlegt und beim Kauf schliesslich noch ziemlich hohe Faktorgebühren erlegt werden.

Die Folge dieser gewerblichen Beschränkungen war ein fast vollständiger Stillstand in der wirtschaftlichen und technischen Entwickelung des Gewerbes. Vom 16. bis zum 19. Jahrhundert fanden kaum nennenswerte Fortschritte statt. Nach wie vor sassen die Pacht- oder Erbpachtmüller auf ihren Mühlen, metzten das Getreide nach alter Sitte, mahlten oder schroteten gar nur wie meist in Norddeutschland das Getreide zu Roggenschwarzbrod, zahlten ihre Pacht und pflegten einen beschaulichen Konservativismus. Ein bestimmter Kreis von Kunden war ihnen sicher und dieseswegen sich besonders zu bemühen, hatten sie keine Veranlassung. Denn wenn sich ein Müller auch noch so grosse Mühe gab in der Herstellung seiner Fabrikate, es fielen ihm trotzdem nicht mehr Kunden zu. Vor allem aber ward der Mahlgast benachteiligt, der nicht in die

Mühle fahren konnte, wo ihm die Mahlweise am besten gefiel, sondern dahin, wohin er zu fahren verpflichtet war. Jeder Fortschritt aber war unmöglich, solange der Mahllohn auf der gleichen Höhe blieb und der Müller für ein besseres Fabrikat keinen höhern Preis erhielt. In die Strafen für „Untüchtig mahlen" aber [1]) verfiel soleicht keiner, wenn er nur mahlte wie schon sein Vater und Grossvater gemahlen hatte. Es mussten jedoch schon recht begründete Klagen von seiten der Mahlpflichtigen über den lästigen Zwang erhoben werden, wenn die Regierung in einem oder dem andern Falle zu Erleichterungen schritt. So hob das Edikt vom 14. Dez. 1785 für die Provinz Littauen den Mahlzwang auf dem platten Lande auf und liess ihn nur in den Städten bestehen.

Aber im Wesentlichen blieb bis zum Jahr 1807 alles beim Alten, wenn auch das A. L. R. prinzipiell sich für den Grundsatz der Mühlenfreiheit aussprach (s. T. II. Tit. 15. § 299, 233)[2]), so konnte diese Bestimmung dennoch keine Änderungen hervorbringen, da die Provinzialgesetze dem A. L. R. überall vorgingen.

Da brach wie eine Sturmflut die neue Zeit heran. Dem Zusammenbruch der politischen Macht Preussens folgte eine Zeit des wirtschaftlichen Sturmes und Dranges. Auch im Mühlengewerbe folgte Reform auf Reform. Anfangs noch zögernd und vorsichtig ging man an die Beseitigung der am leichtesten zu behebenden Hemmnisse. Eine Kabinetsordre vom 17. April 1806 gab die Bearbeitung der Granitfeldsteine — eine Kunst, die infolge des Mühlsteinmonopols ziemlich in Vergessenheit geraten — frei und bestimmte, dass das Behauen von Steinen nicht zunftmässigem Zwange unterliegen solle. [3])

Die Reihe der eigentlichen Reformen für das Gewerbe eröffnete die Aufhebung des staatlichen Mühlsteinmonopols, welche durch das Patent vom 23. Januar 1808 [1]) vorerst für die Provinzen Ost- und Westpreussen verkündet wurde. Es blieb nur eine geringe Accisenabgabe bestehen, 9 Pf. pro Thlr.

---

[1]) s. A. L. R. Th. 1. Tit. 23. § 42—44.

[2]) A. L. R. T. II. Tit. 15. der § 233 lautet: Mühlen an Privatflüssen ingl. Windmühlen mag in Provinzen, wo nicht das Gegenteil durch besondere Gesetze oder Verfassungen begründet ist, jeder Eigentümer auf seinem Grund und Boden anlegen.

[3]) Mylius: Nov. C. C. Bd. XII. N. 25 und N. 71.

Wert für Steine, welche vom Ausland her eingeführt wurden.
Ein volles Jahr später erst wurde durch Patent vom
20. März 1809 [1]) bezüglich der Kurmark, Neumark und Pommerns
das gleiche verfügt.

Der höchst lästig empfundene Mühlenzwang wurde indes
schon für einzelne Teile des preussischen Ländergebiets früher
beseitigt. Das Edikt vom 29. März 1808 [1]) hob das Mühlen-
reglement für Ostpreussen vom 5. Oktober 1786 und für
Littauen vom 14. Dezember 1785, ferner die Vorschriften des
A. L. R. Thl. I. Tit. 23 § 25—29, Thl. II. Tit. 15 § 236,
237, 240, 242 und den Zusatz 230 des ostpreussischen Pro-
vinzialrechts für Ostpreussen und Littauen mit Ermland und
den marienwerderschen Kreise auf. Als massgebende Gründe
waren angeführt, dass das behauptete Mühlenregal an sich:

1) Der Finanzverwaltung keinen erheblichen Nutzen gewähre,

2) Zum Druck der Einwohner, hauptsächlich der unteren Volks-
klassen gereiche,

3) Der Wohlfahrt des Landes und der heilsamen Vermehrung
der Mühlen entgegenstrebe,

4) Als gemeinschädlich nicht zum teil aufgehoben zum teil
beibehalten werden könne. [2]) (Neu-Ostpreussen und Neusüd-
westpreussen.)

Infolgedessen hörte mit dem 1. Dezember 1808 der Mühlenzwang in den angeführten Provinzen auf. Als Hauptgrundsatz
wurde die Bestimmung aufgestellt: Jeder Eigentümer durfte auf
seinem Grund und Boden Mühlen aller Art an Privatgewässern
und Windmühlen anlegen bloss gegen Übernahme der in der
Provinz für jeden neuen Mahlgang gebräuchlichen Mühlengewerb-
steuer. In Rücksicht der Wasser- und Schiffsmühlen in und an
öffentlichen Flüssen blieb es bei den Vorschriften des A.L.R.
Tl. 2. 7. 15. § 229—232.

Es verzichtete aber nicht nur der Staat auf sein Monopol,
er gewährte auch eine Entschädigung den bisherigen Zwangsberechtigten, Mühlenerbpächtern oder Pächtern, indem er ihnen
den Mühlenzins oder Kanon erliess. Der Ausfall der Staats-

kasse wurde durch eine Abgabe gedeckt, welche die Mahlpflichtigen für die erhaltene Mahlfreiheit erlegen sollten. Bei
den königlichen Erbpachtmühlen wurde diese der Grundsteuer
in den Städten der Mahlaccise zugeschlagen.

Die Eigentümer von Privatmühlen aber durften sich ent-
schädigen lassen. Die Summe konnte durch Vertrag oder
richterliches Erkenntnis festgesetzt werden.

Gewisse Beschränkungen waren nur im landespolizeilichen
Interesse vorgesehen. So war bei einem Neubau, bei Veränderung
bereits vorhandener oder Wiederherstellung eingegangener
Mühlen der betreffende Mühlenbesitzer zur Anzeige an die
Polizeibehörde verpflichtet. Bei Errichtung von Wassermühlen
wird sogar öffentliche Bekanntmachung erforderlich. Jedoch
durfte die Behörde einen Erbau nur untersagen, falls er einer
polizeilichen Vorschrift nicht entsprach. Entgegenstehende
Privatrechte hatte sie nicht wahrzunehmen, dies blieb den Beteiligten überlassen, die binnen 6 Wochen Widerspruch erheben
mussten sowohl bei der Polizeibehörde wie bei dem betreffenden
Bauherrn.

Eine besondere Berücksichtigung erfuhren auch die vielfach
noch vorhandenen, aus alter Zeit stammenden einfachen Handmühlen. Der Gebrauch derselben wurde auf dem Lande gestattet, in den Städten aber verboten.

Gleichzeitig wurde die Festsetzung des Mahllohns der
Übereinkunft der Beteiligten überlassen. Die Pflicht, „die Metze"
zu geben war damit abgeschafft. Jedoch um den Übergang zu
erleichtern, wurde für die nächsten 6 Jahre ein Maximallohn
aufgestellt.

für Weizen zum Beuteln 10 gr preuss. pro Scheffel à 83 Pfd.
    = 1,65 M. pro Ctr à 50 kg
„ Roggen „   „   6 „   „   „ Scheffel à 80 Pfd.
    = 1,02 „   „   „   „   „   „
für Mahlen eines Scheffels Roggen oder Gerste zu Brot =
    5 gr   „   „   „
für Branntwein- und Futterschrot aller Art und Malz
    3 gr   „   „   „
Von einem Scheffel Weizen (à 83 Pfd) sollte der Müller

$$47 \text{ Pfd. feines Mehl} = 56,6\,{}^0/_0$$
$$23 \text{ „ mittel „ } = 28\,{}^0/_0$$
$$\underline{10 \text{ „ Kleie „ } = 12\,{}^0/_0}$$
$$80 \text{ „ } = 96\,{}^0/_0$$

abliefern.[1])

Von einem Scheffel Roggen (à 80 Pfd.) aber:

$$32 \text{ Pfd. feines Mehl} = 40\,{}^0/_0$$
$$36 \text{ „ mittel „ } = 45\,{}^0/_0$$
$$\underline{8 \text{ „ Kleie „ } = 10\,{}^0/_0}$$
$$76 \text{ „ } = 95\,{}^0/_0$$

Es bleibt der späteren Darstellung vorbehalten, diese Ziffern für den Mahllohn und die Mehlausbeute mit andern in Vergleich zu bringen.

Von einem Scheffel Roggen, der nur geschrotet nicht gebeutelt wurde, sollte der Mahlgast 78 Pfd. Brotmehl in gestrichenem Masse erhalten.[2])

Die Ersetzung des Naturallohnes durch den Geldlohn war unstreitig damals ein grosser Fortschritt denn die Naturalabgabe verleitete oft den Müller zu Betrügereien, da das Getreide und Mehl noch nicht gewogen, sondern gemessen wurde. Der Landmann brachte alter Sitte gemäss gewöhnlich ein reichlich gemessenes Getreide. Hiervon nahm der Müller entsprechender Weise auch die Metze, was um so unauffälliger war, da das Mehl in lockerem Zustande, wie es aus der Mühle kommt, einen grösseren Raum einnimmt als die hierzu verbrauchte Getreidemenge (s. auch Hoffmann: Befugnis zum Gewerbebetrieb 1841.)

Im Zusammenhang mit dem genannten Edikt, wenn auch zeitlich auseinanderfallend, sind das Edikt vom 28. Oktober 1810 und die Mühlenordnung für die gesamte Monarchie von demselben Tage zu erwähnen. Das erstere erklärte die Mühlengerechtigkeit und den Mühlenzwang für aufgehoben, die letztere regelte die Rechte und Pflichten der Müller und der Mahlgäste. Im wesentlichen enthielten die beiden Verordnungen die gleichen Grundsätze wie das vorhin besprochene Edikt, jedoch galten sie unter Ausschluss der Gebiete, für die bereits das Edikt vom 29. März 1808 ergangen.[3])

Nur in Kleinigkeiten unterschied die vorgenannte Verordnung sich von dem Märzedikt des Jahres 1808.

[1]) vgl. Mylius: Nov. l. l. Bd. XII. N. 29.
[2], **) s. Allgemein. Gesetzsbg. f. d. pr. Staaten 1810 No. 10 und No. 11.
[3]) s. Mylius a. a. O. Bd. XII. No. 76.

So ist für die Entwickelung der Ansichten von Bedeutung die Bestimmung, dass für die Aufhebung des Mühlenzwanges keine Entschädigung gezahlt werden solle, da die Erfahrung lehre, dass die Einnahme der Berechtigten nicht vermindert, sondern die Konsumtion gewöhnlich erhöht würde.

Auch enthielt sie ein Verbot der Handmühlen, eine Bestimmung, die indess bald wieder rückgängig gemacht wurde durch das Edikt vom 7. Sept. 1811, in dem dem Landmann, Quirle, Stampfen und Steine zum Zermalmen des Getreides von neuem gestattet wurden.

Die Geschichte dieser Handmühlen ist in mannigfacher Hinsicht für jene Zeit charakteristisch. Sie zeigt, auf wie niedriger Stufe sich im allgemeinen noch die müllerische Technik befand und dass man sich gern dieses guten aber lange unerlaubten Hausmittels bediente. Denn gewiss gelang die Zubereitung von Mehl nicht viel schlechter mit den Quirlen als mit den primitiven Wasser- oder Windmühlen. Es zeigt aber auch die zahlreiche Benutzung dieser Mühlen,[1]) deren Konkurrenz man früher immer abzuwehren bemüht gewesen, wie wenig verbreitet die mit motorischen Kräften betriebenen Mühlen in den dünn bevölkerten Landstrichen waren.

Diese schweren Missstände zu beseitigen waren die neuen Gesetze auf das beste geeignet. Sie setzten an stelle des alten Mühlenregalrechts ein milde geübtes staatliches Konzessionsrecht und gewährten nicht nur dem gesamten Gewerbe durch die Hinwegräumung der drückenden Zwangsrechte ein reichliches Mass wirtschaftlicher Freiheit, sie gaben auch der Energie und Intelligenz des einzelnen ein weites Feld der Bethätigung und schufen in der allmählich entstehenden Konkurrenz ein mächtiges Weckmittel, welches jeden auf die Bahn des Fortschritts drängte.

Hierzu trug auch nicht wenig bei das Gesetz vom 29. März 1809, welches die Auflösung des Zunftverbandes der Müller in Ostpreussen, Littauen, Ermland und dem Marienwerderschen Kreise verfügte.

Schon früher hatte man über die Müllerzunft gespöttelt. Es wird berichtet, dass die Müller als Meisterstück ein Sechseck zeichnen mussten. Man hielt die Müllerzunft für eine Ausgeburt der Zunftsucht, weil ihr Handwerk so einfach ist, dass

---

[1]) In Litauen befanden sich 1810 noch in 90 % der Dörfer Handmühlen s. Dieterici: Volkswohlstand in Preussen.

es ein Mann mit gesundem Menschenverstand in einer Woche füglich erlernen kann.[1]) In der That war ja die Mahlmethode im Vergleich zu der heutigen ungeheuer einfach, dennoch erscheint jene Behauptung etwas übertrieben. In der Kurmark verlangte man von demjenigen, der das Meisterrecht gewinnen wollte, eine vierjährige Lehr- und vierjährige Wanderzeit. Auch musste der Bewerber als Meisterstück eine Zeichnung einer Wasser- und einer Windmühle mit sämmtlichen Teilen in Gegenwart des Meisters anfertigen.[2])

Das letztgenannte Edikt vom März 1809 nun regelte auf einer mehr modernen, den Anschauungen der Schule Adam Smith's entsprechenden Grundlage den Arbeitsvertrag zwischen Müller und Gesell.

Fortan durfte ein Jeder, der ein Grundstück besass, Mühlen aller Art besitzen und mit unzünftigen Arbeitern bewirtschaften. Das Auslernen von Mühlenarbeiten wie Annahme von Arbeitsgehülfen beruhte auf freien Vertrag. Die alte „Kundschaft", jene Urkunde, die der frühere Zunftgesell erhalten, verwandelte sich in ein Zeugnis vom Lehrherrn, welches dem abziehenden Gesellen gegeben wurde.

Die gesetzliche Lehr- und Wanderzeit fiel fort wie auch die sonstigen Gewerksbräuche über Lohn, Beköstigung und Behandlung der Gesellen aufgehoben wurden.

Fortan brauchte auch kein Mühlenbesitzer mehr wandernden Gesellen, Herberge, Kost oder sonst ein Geschenk zu machen. Zwar schwand damit nicht nur ein gutes Stück von der vielgerühmten Poesie des Wanderns, die des Müllers Lust ist, wie es in dem alten Liede heisst, es zeigte sich auch, dass der wandernde Müllergesell als Vermittler und Träger des Fortschritts nunmehr seine Rolle ausgespielt hatte. Denn als Bringer von allerhand Neuigkeiten und technischen Verbesserungen ward der Gesell auf seiner Wanderschaft in den meist abgelegenen Mühlenhöfen immer herzlich willkommen geheissen und in der „Feise", der alten Gesellenstube, ward dem wegmüden Wanderbursch ein guter Trunk und freundliche Bewirtung gern geboten gewesen.

Nunmehr war die Zunft aufgelöst, die Gewerksladen

---

[1]) S. Mascher: Das deutsche Gewerbewesen. S. 339.
[2]) Generalprivileg v. 23. Oktober 1747.

wanderten auf das Rathaus und das Gewerks- und sonstige Vermögen wurde unter die Zunftgenossen verteilt.

Und jetzt war auch für dies Gewerbegebiet jene formale Rezeption des römisch rechtlichen Begriffs von dem freien Arbeitsvertrag zur thatsächlichen geworden. Die bisher gebundenen Kräfte waren gelöst, um sich reicher zu entfalten und unter andern Formen zu einen zum Zwecke einer bessern und erhöhteren Bedürfnisbefriedigung.

Gleichzeitig mit der Einführung aller dieser die Gewerbefreiheit bezweckenden Gesetze ging eine vollkommene Umgestaltung der preussischen Steuer- und Finanzpolitik, durch die auch das Müllergewerbe bedeutsam beeinflusst wurde.

Einmal unterlag das Gewerbe der Besteuerung nach dem Gewerbesteueredikt v. 2. Nov. 1810.[1]) Und zum zweiten Mal ward es besteuernd getroffen durch das Edikt über die neuen Konsumtions- und Luxussteuern v. 28. Oktober 1810.[2]) Schon vor dem Jahre 1810 war in Preussen eine Verbrauchssteuer von den wichtigeren Gegenständen des Lebensbedarfs in den Städten eingeführt gewesen — die sog. Generalaccise. Insbesondere mussten für alles in die Städte eingebrachte Getreide „Schüttegelder" gezahlt werden und das Getreide, welches über die Mühle ging, versteuert werden. Dies gab den Anlass zur Einführung einer gleichförmigen Mahl- und Schlachtsteuer für das ganze Land. Man glaubte nämlich gerade einer Mahlsteuer den Vorzug geben zu müssen, weil der bei weitem grösste Teil des Staats sich an eine Vermahlungsabgabe gewöhnt hatte. Vom Scheffel Weizen wurde $1/2$ Thlr. vom Scheffel aller anderen Getreidearten und Hülsenfrüchte $5/48$ Thlr.=30 Pfg. Damaliger, d. i. $37^1/_2$ Pf. jetziger Währung vor dem Einbringen in die Mühle erhoben. Alles Verarbeiten auf andern als den unter Kontrole stehenden Mühlen ward verboten.

Der Durchführung der gleichmässigen Besteuerung von Stadt und Land traten aber bald so viel steuertechnische Schwierigkeiten in den Weg, dass man wiederum eine Scheidung von Stadt und Land vornahm. Und zwar stellte man die kleinern Städte dem Land gleich und unterwarf diese und das Land einer Personalsteuer.

---

[1]) S. Allgem. Ges. Sammlg. f. d. Kgl. pr. Staaten v. J. 1810. N. 3. vgl. Hoffmann: Zur Lehre von den Steuern.

[2]) Bornhak Geschichte des preuss. Verwaltungsrechts Bd. 3. S. 194.

Die grösseren Städte aber behielten die Mahlsteuer, wie
sie durch das Edikt vom 28. Okt. 1810 eingeführt war, bei,
unter nochmaliger Verkündung der Befreiung von den ältern
lästigen Abgaben, den Umschütte-Zettel etc. Geldern, was ver-
muten lässt, dass man es mit der Aufhebung der alten Abgaben
nicht immer so genau genommen hatte.[1]

B. Die Wirkungen der Gewerbefreiheit.

Trotzdem die Mahlsteuer eine starke Belästigung des
Publikums und der Gewerbtreibenden zur Folge hatte, trotzdem
namentlich auch die in der Nähe einer grösseren Stadt wohnenden
Müller vielfach durch die hohen städtischen Steuersätze arg
in ihrem wirtschaftlichen Emporkommen geschädigt wurden,
waren die wohlthätigen Folgen der neuen Gesetzgebung, die
Aufhebung des staatlichen Mühlsteinmonopols und des Mühlenzwangs, das Fallen aller Zunftschranken kurz der Einfluss der
Gewerbefreiheit und der Konkurrenz doch so gross, dass innerhalb der ersten 10 Jahre schon, von 1810—20 also, ein deutlich zu bemerkender Aufschwung des Gewerbes eintrat. Und
dieses Blühen des Gewerbes fand statt trotz der schwierigen
Zeitläufte. Es brachen hier eben die so lange im Schatten
gehaltenen Keime jetzt mit vermehrter Kraft hervor.

Natürlich vermehrten noch die günstigen Einwirkungen
eine Reihe anderer Faktoren. Die Einführung der Gewerbefreiheit für alle übrigen Gewerbe, die Aufhebung der verkehrs-
beschränkenden Wasser-, Binnen- und Provinzialzölle d. J. 1816
das Zollgesetz vom J. 1818 rev. 1821 äusserten ihre belebenden
Wirkungen auf das gesamte wirtschaftliche Leben. Dazu
kommen noch nach dem glücklich geführten Krieg das rasche
Anwachsen der Bevölkerung.

Aus diesen Gründen erklärt sich die schnelle Zunahme
der Betriebe wie das Streben nach einer Verbesserung der bisherigen technischen Einrichtungen.

Wie sehr sich die Zahl der Mühlen in diesem Zeitraume
vermehrt haben muss, würde man schon aus zwei spätern Verordnungen schliessen können, wenn auch keine statistischen
Nachweise wie die von den Jahren 1810, 1811, 1819 vorlagen.
Die erste Verordnung vom 18. November 1819 beseitigt für
die neuen Windmühlen den ihnen durch das A. L. R. rechtlich

[1] Finanzedikt vom 7. Sept. 1811 u. a. O. N.

gewährleisteten Schutz gegen Entziehung des Windes durch Baumanpflanzungen. Die einschlägige Verfügung besagt nämlich: „Der § 247 Tit. 15 Tl. II des A. L. R. kann bei der seit Einführung der Gewerbefreiheit stattfindenden Vermehrung die Windmühlen nicht ferner für angemessen erachtet werden; vielmehr wollen, wir, dass jedes Gewerbe einen gleichmässigen Schutz verdiene, die vorgedachte gesetzliche Bestimmung aufheben." —

Und die wieder vorsichtig gewordene Gesetzgebung bestimmte am 23. Oktober 1826 [1]) für die Provinzen, für welche das Gesetz vom 28. Oktober 1810 ergangen, also Ostpreussen und die 1814 neu erworbenen Landesteile, dass die Bedürfnisfrage für die Ertheilung der Konzession zum Bau oder zur Veränderung einer Mühle, sofern sie nicht für den eigenen Gebrauch oder Grosshandel bestimmt war, entscheidend sein solle. Es sollte polizeilich ermittelt werden, ob die in der betreffenden Gegend schon vorhandenen Mühlen hinreichten, um das Bedürfnis der Einwohner vollständig zu befriedigen. Diese Verordnung bestand bis zum Jahre 1845, wo sie durch die Gewerbeordnung beseitigt wurde.

I. Die ältere müllerische Technik.

Wasser-, Wind- und Tierkraft als Betriebsmotor.

Bevor hier jedoch im einzelnen eine Darstellung der Wirkungen der Gewerbefreiheit versucht werden soll, wird es sich empfehlen, mit einigen Worten die ältere Technik und Betriebsform der Müllerei zu berühren.

Die älteste technische Geschichte, die dürftigen Kundgebungen aus der alten Geschichte und Litteratur der Aegypter, Juden, Griechen und Römer mag hier ausser Acht bleiben. In Deutschland benutzte man bereits im frühen Mittelalter als Triebkraft für die Mühlen Wind, Wasser und Tierkraft. Daneben waren wie schon erwähnt, häufig Handmühlen im Gebrauch, zuerst wohl in den meisten Haushaltungen noch, später

---

[1]) N. 1033 d. Allg. Ges. d. pr. St. 1826.
Wie schädlich diese Bestimmungen gewesen, ersicht man aus einer Bemerkung Beuth's in den „Beiträgen". Hernach führten viele Müller die bereits eingeleiteten Verbesserungen nicht mehr weiter, weil sie sich gegen Konkurrenz gesichert sahen. (S. V.)

namentlich auf dem Lande.[1]) Und es ist begreiflich, wenn die eben so einfache wie lästige Bedienung derselben der littauischen Frau die Klage erpresste:

> „Er wird ins Scharwerk gehn
> hinaus zum bunten Hof
> und mich zurück in Thränen
> mich lassen bei dem Quirl."[2])

Sehr verbreitet waren die Rossmühlen. Doch war deren Leistungsfähigkeit gleichfalls sehr gering, da diese durch die Kräfte des tierischen Motors bestimmt war.

Wo der Ursprung der Windmühlen zu suchen ist, diese Frage ist bisher noch nicht genügend beantwortet worden. Beckmann,[3]) einer der ältesten und vorzüglichsten Bearbeiter der älteren Geschichte der Müllerei bestreitet auf das entschiedenste die Ansicht, dass Kreuzfahrer die Windmühlen aus dem Orient mitgebracht hätten. Als Grund für seine Meinung führt er an, dass man bisher im Orient keine Windmühlen gefunden habe. Wahrscheinlich sei das Vaterland der Windmühlen Deutschland[4]); dass sie in Frankreich vor 1105 bekannt, ergebe ein von Mabillon[5]) entdecktes Diplom aus diesem Jahre, in dem einem

[1]) Es wäre vielleicht nicht unangebracht, die ältere Geschichte der Müllerei zu schreiben. Denn das, was in müllerischen Lehrbüchern und Encyklopädien hiervon geboten wird, ist wenig wert und wirkt oft in seiner Naivität höchst komisch. Ein Beispiel hierfür aus einem der bekanntesten müllerischen Lehrbücher: Es wird von den primitiven römischen Steinmühlen erzählt. Daran knüpft sich der Seufzer: Wie fühlbar muss sich doch damals der Mangel eines Fachblattes gemacht haben! — Oder: die alte deutsche Mühle mit ihrem romantischen Geklapper wurde weder durch die Erfindung der Buchdruckerkunst und des Schiesspulvers, noch durch Baco von Verulam oder Martin Luther, ja auch nicht durch die Entdeckung von Amerika aus ihrem patriarchalischen Dasein aufgestört." —
[2]) S. Weber, Preussen vor 500 Jahren.
[3]) Beckmann. Beiträge zur Geschichte der Erfindungen. 1788. Seite 35.
[4]) l. c. o. 53. Anton in seinem bereits erwähnten Werk führt aber an, dass nach einer Urkunde des Königs von Mercia, Beorred oder Burgred, dieser i. J. 868 der Abtei Croyland unter mehreren Ländereien und Nutzungen auch eine Windmühle (unum molendinum ventricium) geschenkt habe. Ob hiernach die älteste Spur in England zu suchen ist, wie A. will, scheint mir trotzdem nicht wahrscheinlich. Topographia Britannica N. XI. history et antiquies of Croyland-Abbey London 1783. 4. in Append. n. VII. p. 15.
[5]) Mabillon Annales ordinis Benedicti Tom. V. Paris 1713 (nach Beckmann.)

französichen Kloster erlaubt wird, Wind- und Wassermühlen, molendina ad aquam et ventum, anzulegen. Aus einer andern alten Urkunde vom J. 1143 ersieht man, dass in England vor diesem Jahre Windmühlen (molendinum venticium) bekannt gewesen seien. Häufiger aber scheinen sie in Deutschland erst während des 13. und 14. Jahrhunderts geworden zu sein. So liess im Jahre 1393 die Stadt Speyer eine Windmühle erbauen und liess sich dazu einen Windmüller aus Holland kommen.[1] Es ist anzunehmen, dass dies eine Bockwindmühle war, denn die sogenannten Holländischen sind wie die Holländer selbst behaupten, erst in der Mitte des 16. Jahrhunderts in Flandern erfunden.[2]

Die ersteren wurden auch Deutsche genannt. Das ganze Gebäude dieser Art Mühlen war auf einem in der Mitte desselben befindlichen starken Zapfen, dem Hausbaum oder Ständer drehbar, zu diesem Zwecke war an der hinteren Wand des Gebäudes ein langer Hebel der sogen. „Sterz" befestigt. Dieser Hebel ermöglicht die Drehbarkeit der Mühle und dient zugleich auch als Stütze bei starkem Wind. Wenn das Mühlengebäude auf einem am unteren Umfang angebrachten Ringe sich bewegte, wurde die Mühle eine „Paltrockmühle" genannt.

Die Holländer Mühlen waren degegen fest mit dem Erdboden verbunden. Nur der die Rutenwelle tragende Teil, die Haube, war beweglich. Dass die Bockmühlen wegen ihrer einfachen und leichten Bauart eine geringere Leistungsfähigkeit aufweisen wie die Holländer, ist leicht einzusehen. Wegen ihrer geringen Widerstandskraft durften sie nicht die volle Windkraft ausnutzen und hatten daher meist nur einen Mahlgang. In den Holländern aber waren 2 Mahlgänge üblich.

Wassermühlen sind bedeutend früher im Gebrauch gewesen. Schon die Römer haben sie gekannt.[3] Ausonius erwähnt Wassermühlen auf der Mosel. In der Regel waren sie oberschlächtig und sehr klein. Jeder Mahlgang pflegte sein besondres Wassertriebrad zu haben. Später im 13. Jahrhundert kommen Schiffmühlen im Rhein vor. Sehr allmählich bilden sich einzelne Verbesserungen an den Mühlen heraus. Zu Anfang des 16. Jahrhunderts wird erst das Beutelwerk an den Mahlgängen angebracht, eine Einrichtung,

[1] Lehmann, Chronik der Stadt Speyer. Frankfurt 1662.
[2] s. Beckmann a. a. O. S. 37.
[3] vgl. auch einen Aufsatz in der „Mühle" von D. H. N. 23 J. 1897.
Darnach sollen schon die Chaldäer die horizontalen Wasserräder oder
Turbinen gekannt und gebraucht haben. Citat aus dem „Globus": 1897.

die zum Sichten des Mehls diente. In der Hauptsache bestand es aus einem Wollbeutel, der vom Mühlwerk beständig erschüttert wurde. — Vorzüglich berühmt und gern gekauft waren die englischen Beuteltücher, trotzdem sie doppelt so teuer wie die deutschen waren. Jedoch hielten jene sich etwa 3 Monate, die deutschen aber kaum 8 Wochen. In der Herstellung von Beuteltuch zeichneten sich sächsische und württembergische Webereien aus, in Preussen die Städte Potsdam und Berlin, wo die gesammte Judenschaft eine Manufaktur dieser Art unterhielt.[1])

II. Veränderungen in der Technik und die Mahlmethode zu Anfang des XIX. Jahrhunderts.

a) Die deutsche Flachmüllerei. b) Die alte Lohnmüllerei.

Um zu einem richtigen Verständnis, der zu Anfang unsers Jahrhunderts üblichen Mahlmethode zu gelangen, ist es notwendig, klarzulegen, was eigentlich die Aufgabe des Müllers ist. In Kürze ausgedrückt: Die Herstellung eines kleiefreien Mehls aus dem Getreidekorn. Naturgemäss stellt diese Aufgabe sich verschieden dar, je nachdem Weizen oder Roggen zur Vermahlung kommt. Das Weizenkorn ist schwieriger zu vermahlen als das Roggenkorn. Wie bekannt, besteht das Korn aus Schale und Mehlkörper. Während nun beim Roggenkorn die Schale aus 2 Häutchen besteht, der Fruchthaut und der Samenhaut, unter der die sog. Kleberzellenschicht liegt, die den Mehlkörper von der Schale trennt, besteht die Fruchthaut beim Weizenkorn aus drei und die Samenschale aus zwei Häutchen. Auch hat das eiförmige Weizenkorn auf der Bauchseite eine weite und tiefe Längsfurche mit einem ins Korninnere bis zur Mitte und darüber eindringenden Spalt. Das Roggenkorn ist dagegen walzenförmig ohne diese tiefe Furche.[2])

Beim Mahlprozess müssen nun dem Getreidekorn der Keim am untern Ende, die Bärtchen am obern Ende weggenommen, der Spalt sowie das ganze Korn von allen Unreinlichkeiten, wie Staub, Schmutz etc. gereinigt, die Häute, welche die Samenhülle bilden, entfernt, sowie der innere Kern allmählich abgemahlen

---

[1]) vgl. hierzu Beckmann A. a. O.
[2]) S. Getreide und Hülsenfrüchte als wichtige Nahrungs- und Futtermittel. Herausgeg. im Auftrage des Königl. Preuss. Kriegsministeriums. 1895. S. 7 u. 8.

werden. Die Befreiung des Getreidekornes vom Staub wird
das Putzen, die Beseitigung vom Keim und Bärtchen das
Spitzen, die Loslösung der Schale vom Mehlkörper das
Schälen genannt.

Das in Deutschland zu Anfang des Jahrhunderts übliche
Mahlverfahren genügte diesen Anforderungen etwa in
folgender Weise. Vor der Vermahlung wurde das Getreide
oberflächlich gereinigt vermittelst Siebe oder auch Windfege,
dann ward es gewaschen. Das wieder getrocknete Getreide
wurde durch einen trichterförmigen Rumpf auf den Mahlgang
geschüttet. Dieser bestand aus zwei Steinen, dem Bodenstein,
der unbeweglich war und dem Läufer, der über ersterem rotierte.
Zwischen den nach besondern Regeln bearbeiteten, geschärften,
Steinen wurde das Getreide dann vermahlen. Durch eine
Öffnung gelangte es weiter in den Wollbeutel, der wie bereits
erwähnt, dem Sichtzweck diente. Das Mehl fiel durch den
Beutel hindurch, während die gröberen Teile die sog. Ueber-
gänge, auf ein Sieb kamen, wo sie nochmals sortiert wurden.[1]

Bei dem Mahlen ging man darauf aus, gleich zu Anfang
möglichst viel Mehl zu erzeugen. Man stellte daher die Steine
eng aneinander, d. h. man mahlte „flach", dadurch wurde das
Korn scharff angegriffen und schon beim ersten Vermahlen
ergab sich das weisseste und beste Mehl. Diese unter dem
Namen „Flachmüllerei" bekannte Mahlmethode hatte hauptsächlich den Nachtheil, dass mit dem Mehlkern auch die Schale
rasch zerkleinert und vermahlen wurde, wodurch auch die
Schalenteilchen leicht dermassen pulverisiert wurden, dass ihre
Entfernung aus dem Mehl nicht mehr möglich war. Infolgedessen erhielt das Mehl häufig eine dunklere Farbe, es
wurde, wie der Kunstausdruck lautet „stippig". — Doch war
in Deutschland, wie Beckmann schon 1788 berichtet, auch das
entgegengesetzte Mahlverfahren wohl bekannt, die später durch
die Wiener Müller berühmt gewordene „Hochmüllerei"[2]

---

[1] Dies gab Veranlassung zu den Bezeichnungen „beuteln" und
„gebeuteltes Mehl", worunter man ein Mehl zu verstehen hat, das fein
vermahlen und gesichtet ist, im Gegensatz zum „Schrotmehl" und
„schroten", worunter man grobvermahlenes Mehl bezw. ein Grobzer-
kleinern von Getreide versteht.

[2] Beckmann: a. a. O. S. 46. Seit einigen Jahren haben die
Franzosen eine Art zu mahlen, welche sie mouture économique nennen,
dergestalt gepriesen, dass man solche leicht für eine neue Erfindung,

Sie wurde vornehmlich bei der Weizenvermahlung angewendet
und bestand darin, dass man die Steine weit auseinanderstellte
„hoch" mahlte. Man bezweckte damit eine allmähliche Zer-
kleinerung des Kerns unter möglichster Schonung der Schale
und gewann durch mehrmaliges Aufschütten des Schrotes das
beste Mehl zuletzt. — Im allgemeinen aber befand sich wohl
die Weizenmüllerei in ganz Deutschland noch auf ziemlich
niedriger Stufe, da die Hauptnahrung des Volkes das Roggen-
oder Roggenschwarzbrot bildete und die Fabrikation von
Weizensemmeln so gut wie unbekannt war. Erst 1817 hatte
man in Wien mit Hefe d. h. auf süsse Gährung zu backen
gelernt und zur Herstellung der sog. Kaisersemmeln das feine
Wiener Weizenmehl in Gebrauch genommen. — Von deutschen
Mehlen hatten einen gewissen Ruf die Frankfurter, Augsburger
und Ulmer Spelzmehle, die nach Beckmann auch exportiert
wurden, doch ist dies natürlich nur ausnahmsweise geschehen,
denn die Mehlerzeugung war zu damaligen Zeiten dem lokalen
Bedarf nur angepasst, selten trat der Müller als Getreidekäufer
auf, er vermahlte meist nur fremdes Getreide.[1] Meistens war ihm
verboten Mehlhandel zu treiben.[2] Der ganze wirtschaftliche
Prozess spielte sich grösstentheils in den Formen des „Lohnwerks" ab. Der Müller erhielt das Getreide geliefert und vermahlte es gegen Lohn. Seit ältesten Zeiten bestand derselbe
gewöhnlich in $1/_{16}$ oder etwas mehr des Mahlgutes, der „Metze",
auch „Multer", „Matt", „Malter", genannt. Dafür aber hatte
der Müller oft nicht einmal das Mehl zu sichten. Denn die
Regel bildete, dass die Bäcker, die vornehmlichsten Kunden,
sich ihr Mehl selbst siebten und mischten.

---

welche in der Müllerkunst Epoche machen müsse, ansehen sollte
Aber neu ist sie nicht. Sie besteht darin, dass man den Weizen nicht
auf einmal so klein macht, als man ihn haben will, sondern dass man
Schrot und Mehl öfter wieder aufschüttet und durch verschiedene Beutel
siebt. — Dann weist er darauf hin, dass diese Methode bereits den
Römern bekannt gewesen sei.

[1] vgl. hierzu: Mannheim und die Entwicklung des südwest-
deutschen Getreidehandels von Dr. W. Borgius. Verlag von J. C. B. Mohr
Freiburg i. B. S. 4. — Die genannte Abhandlung, die mancherlei
schätzenswerte Mitteilungen auch über die „Müllerei", im bes. diejenige
Badens enthält, kam leider erst in die Hände des Verfassers, als sich
das vorliegende Werk bereits unter der Presse befand.

[2] vergl. Kustermann, Mühlengewerbe im rechtsrhein. Bayern,

Als ansehnlichere Mühlenwerke des preussischen Staates werden von Krug[1]) nur drei erwähnt: die Pinnauschen bei Wehlau (jetzt eine grössere Aktienmühle), die Bubainer bei Insterburg (nach Regulierung des Pregels in den 80er Jahren abgebrochen) und die Wischwiller Mühle.

Auf ein gleichfalls recht hohes Alter blicken auch die Wesermühlen in Hameln zurück. Sie sollen bereits im 11ten Jahrhundert bestanden haben. Schon im Jahre 1100 hatte die Stadt den Mühlenstein im Stadtwappen und Siegel. Ihre Bedeutung erhellt daraus, dass sie schon im 17. und 18. Jahrhundert zur Betriebskraft 12 Wasserräder benutzten. Auch sollen sie schon im vorigen Jahrhundert Mehl nach Bremen exportiert haben.[2])

Die Beseitigung der drückendsten wirtschaftlichen Fesseln verfehlte nicht den wohlthätigsten Einfluss auf das Gedeihen des Gewerbes auszuüben. Namentlich vermehrte sich die Zahl der Bockwindmühlen. Sie hatten nur mit der wirklichen Anlage- und Betriebskosten zu rechnen und konnten daher für den halben Lohn mahlen.[3]) — Man bemühte sich um die Gunst des Publikums und war bestrebt ein feineres Fabrikat herzustellen. Daher suchte man die technischen Fortschritte, die in andern Ländern errungen waren, auch der deutschen Müllerei nutzbar zu machen. Schon im 18. Jahrhundert war von Engländern und Amerikanern die Konstruktion der Mahlgänge verbessert worden. Man betrieb diese, zu denen früher stets ein eigenes Wasserrad notwendig gewesen, nunmehr von einer Hauptwelle aus. Statt des Holzes verwendete man mehr Eisen für das Mahlgerüst. Auch schenkte man der Wahl und Schärfung der Mühlsteine[4]) grössere Aufmerksamkeit und ersetzte die alten

Münchener Volkswirtschaftl. Studien Heft 30 1899. Auch dies Werkchen, das mancherlei Beachtenswertes über das bayerische Mühlengewerbe enthält, konnte der Verfasser nicht mehr berücksichtigen. s. d. daselbst cit. Allg. Mühlenordnung vom J. 1701, wonach dem Müller der Handel mit Getreide und Brot und der Detailhandel mit Mehl verboten war, dem Bäcker, Melber und Bauern dagegen gestattet.

[1]) Krug, Abriss der preussischen Statistik 1805.
[2]) Verfasser verdankt die Notiz persönlichen Mitteilungen des dortigen Besitzers F. W. Meyer-Hameln.
[3]) Viebahn, Statistik des zollvereinten Deutschland Bd. III.
[4]) Als Mühlsteinmaterial verwendete man vielfach Sandsteine (s. Beiträge: S. 99), aber auch rheinische Basaltsteine und hin und wieder kommen bereits französische Steine vor.

Wollbeutel durch bessere Fabrikate.   Sehr geschätzt wurden
die seidenen Beuteltücher, die in Holland angefertigt wurden.

III. Ergebnisse der statistischen Aufnahmen von 1798, 1810/11 und 1819.

Neben dieser allmählich sich immer deutlicher offenbarenden
qualitativen Entwicklung zeigte das Gewerbe auch quantitiv
einen bedeutenden Aufschwung. (vgl. Tabelle I.)

Krug schätzt die Zahl der Müller in Preussen zu Anfang
des Jahrhunderts auf 25485, auf 377 Einwohner — 1 Müller.[1]
(Meister.) Doch scheint diese Zahl zu hoch gegriffen und kann
wegen der verschiedenen Mängel der Berechnung kaum einen
Wert beanspruchen.

Nach einer für die 4 Provinzen Ostpreussen, Westpreussen,
Pommern, Brandenburg aus dem Jahr 1798 mitgeteilten Statistik[2]
ergeben sich insgesamt 4909 Mühlen (Wind- und Wassermühlen),
sodass auf 665 Einwohner erst eine Mühle oder 1 Müller, was
wohl ohne grossen Fehler angenommen werden darf, käme.

Eine ganz augenscheinliche Zunahme der Mühlenbetriebe
zeigt ein Vergleich der Zählungsergebnisse von 1810 resp. 11 und
1819 für die 4 östlichen Provinzen des preussischen Staates.

Ost- und	1811 Mühlenbetriebe.	1819	Zunahme.	Mahlgänge 1811	1819
Westpreussen.	1591	2015	429 = 22 %	2486	2999
Pommern.	1101	1492	391 = 34 %	1329	1876
Schlesien.	5655	6029	374 = 6,6%	7236	7757
Brandenburg.	2698	2670	982 = 58 %	2281	3576
	10085	12206	2171 = 20 %	13332	16178

Danach hätten die 4 östlichen Provinzen, die miteinander
in Vergleich gestellt werden können, zwischen 1811 und 19
eine Zunahme der Mühlenbetriebe um 20%. Es kamen aber
in den genannten Provinzen 1810/11 auf 10000 Einwohner
28,41 Mahlgängen 1819 28,06, in den 8 Provinzen zusammen
genommen jedoch 28,93, (vgl. die Tabelle). Die Verringerung
der Mahlgänge in den verschiedenen Provinzen lässt darauf
schliessen, dass die Produktion eine Intensivierung erfahren hat.
Inwieweit in den 8 alten preussischen Provinzen nach 1816
eine Vermehrung der Mühlen zu konstatieren, lehrt ein Blick

---

[1] Bäcker schätzt K. auf 15289, und auf 628 Menschen 1 Bäcker.
[2] s. Statistik des deutschen Reichs. Monatshefte Bd. 48. 1881.

auf die Dieterici'sche Tabelle von 1816 und die Tabelle von 1819.[1] Demnach wuchs die Gesamtzahl von 23962 i. J. 1816 um 1547 Betriebe. Wie schon erwähnt fand namentlich seit 1810 eine bedeutende Zunahme der Betriebe statt. Die Zahl der ersteren nahm in den oben angeführten 4 Provinzen um 1001 zu, die der Wassermühlen um 798 und der Holländer um 202. Die guten Fortschritte, die die Müllerei Preussens in dem ersten Jahrzehnt unter der freiheitlichen Gesetzgebung machte, waren jedoch nicht der Grund für die abermalige grössere steuerliche Belastung. Es waren vor allem gewisse Mängel, die der Steuertechnik jener Zeit anhafteten, welche bewirkten, dass in 132 Städten der Monarchie die Mahlsteuer verbunden mit Schlachtsteuer eingeführt wurde unter Erhöhung des bisher üblichen Satzes. Gleichzeitig hörte die Gewerbesteuer vom 2. November 1810, die ja s. Zt. nur als ein Notbehelf erlassen war, auf, und an ihre Stelle trat die neue vom 21. Mai 1820. Die Steuer betrug von 1 Ctr. Weizen, 16 Ggr. oder 20 Sgr., von 1 Ctr. Roggen und anderen Hülsenfrüchten 4 Ggr. oder 5 Sgr. Die Gewerbesteuer wurde bei den Windmühlen nach der Bauart erhoben. Bockmühlen zahlten monatlich 8 Ggr. = 1 Mk.. Holländer monatlich 1 Thlr. Die Gewerbesteuer von Wassermühlen wurde nach Mahlgängen geschätzt. Ein Mahlgang, der das ganze Jahr hindurch immer reichlich Wasserzufluss hat, zahlt monatlich 1 Thlr. Ein Mahlgang, der in gewöhnlichen Jahren von Johannis bis Michaelis nicht soviel Wasser hat dass täglich gemahlen werden kann, zahlt monatlich $\frac{1}{2}$ Thlr. Mahlgänge, welche wegen der Beschaffenheit des Zuflusses schon im Mai zu mahlen aufhören müssen und im November erst wieder anfangen, zahlen für den Jahresbetrieb 2 Thlr. Steuerfrei waren Mühlen, die nur für den eigenen Gebrauch des Besitzers mahlen. (s. § 14 v. d. Ges. vom 21. Mai 1820.)

Trotzdem nun die Mahlsteuer, abgesehen davon, dass sie eine ausserordentliche Belästigung des Publikums herbeiführte, die grössere Werke in ihren eigenen Mauern verschloss, einen eigentlichen Mehlhandel so gut wie garnicht aufkommen liess, und trotzdem die Steuer vielfach durch Kommunalzuschlag von

---

[1] Professor Schmoller in seinem Werke zur Geschichte der deutschen Kleingewerbe giebt die Zahl der Wasser- und Windmühlen i. J. 1819 auf 23962 an. Wie die Tabelle zeigt, ist dies die Zahl aller Mühlen.

50°/₀ ganz besonders empfindlich wirkte, ward anfangs der Druck der Steuer nicht so stark empfunden. Die Bevölkerung ass grösstenteils ein Roggen- oder Roggenschrotbrod. Dieses aber war im Vergleich zum Weizen nur $1/_4$ so hoch besteuert. Und dann kann man sagen; in Hinsicht auf die frühere Art der Besteuerung war die Mahl- und Schlachtsteuer in vielfacher Beziehung ein Fortschritt.

IV. Enstehung des Fabriksystems in der Müllerei.

1) Exportbestrebungen der Müller Preussens und die Agrarkrisis um die 20er Jahre. 2) Die Mahlsteuer vom 20. Mai 1820 und die Rückvergütung für Exportmehl. 3) Fortschritte in der Technik des Mühlenbaus und der Mehlfabrikation.

Aussergewöhnliche Umstände aber kamen noch hinzu, wodurch man im Anfang der 20 Jahre veranlasst wurde, der Mehlerzeugung eine ganz besondere Aufmerksamkeit zu schenken. Infolge reicher und eine Reihe von Jahren etwa von 1816--1824 sich widerholender guter Ernten, deren Unterbringung auf den bisherigen Märkten, England, Schweden, Spanien durch eine Aenderung der ausländischen Zollgesetze unmöglich geworden, war ein ungewöhnlicher Tiefstand der Getreidepreise eingetreten. Um der Ueberproduktion einen Abzugskanal zu verschaffen, verfiel man auf den Gedanken, statt des Getreides Mehl auszuführen und zwar wollte man den Amerikanern auf den Südamerikanischen Märkten und den Westindischen Inseln Konkurrenz machen. Schon i. J. 1822 liess der Geh. Oberfinanzrath Rother durch die Kgl. Seehandlung in Danzig Probevermahlungen von Weizen vornehmen, deren Ergebnisse nicht gerade ungünstig für die deutsche Mehlfabrikation schienen und den Wunsch erregten, durch weitere Versuche und Vergleiche mit nordamerikanischen Weizen- und Mehlsorten festzustellen, auf welche Weise am besten aus den inländischen Fruchtsorten ein konkurrenzfähiges Fabrikat zu erzeugen möglich sei.[1] Zu dem Zweck wurden dann von dem Genannten sowohl grösere Mengen amerikanischen Weizens in den Jahren 1827 und 1828 einigen Müllern zur Vermahlung

---

[1] Beiträge zur Kenntnis des amerikanischen Mühlenwesens. Berlin 1832 S. 98.

gegeben wie verschiedene amerikanische Mehle zur Beurteilung und Untersuchung ihrer Backfähigkeit und Vergleichung mit inländischen Erzeugnissen übersandt.

Das Resultat der Untersuchungen war, dass, wenn auch die amerikanischen Sorten einige Prozente mehr feines Mehl ergaben, die technisch am besten eingerichteten inländischen Mühlen sehr wohl ein ebenso gutes Mehlfabrikat wie die Nordamerikaner herzustellen vermochten. Nicht am wenigsten waren diese Erfolge den Bemühungen der preussischen Regierung, namentlich dem Geh. Oberfinanzrath Beuth, zuzuschreiben. Letzterer hatte bereits 1825 in einem Aufsatz über Mehlausfuhr und Verbesserung des Mahlwesens[1]) darauf hingewiesen, worin die Vorzüge der englisch-amerikanischen Mahlmethode bestünden und genaue Beschreibungen der englischen guten Mühleneinrichtungen mitgeteilt. Infolgedessen hatte man verschiedentlich begonnen, englische Kornreinigungsmaschinen und englisches Siebwerk zum Sichten des Mahlguts einzuführen. Beides waren hölzerne Gestelle in Cylinderform öfter sechseckig, die entweder mit durchlöchertem Eisenblech oder Drahtgewebe zur Kornreinigung oder mit einem Messingdrahtgewebe und seidenen Beuteltüchern beschlagen zur Mehlsichtung dienten. In der Mitte der Cylindersiebe war eine Welle mit Flügeln und Borsten angebracht, welche durch die Reibung und oftmalige Bewegung der Körner für eine bessere Reinigung sorgten, andererseits Verstopfungen des Mahlgutes verhinderten.

Das Hauptverdienst der Amerikaner aber war neben vielen Konstruktionsverbesserungen, die man ihnen zu verdanken hatte wie z. B. die Schnecken- und Paternosterwerke zur Ersparung der kostspieligen menschlichen Arbeitskräfte, dass sie frühzeitig die Vorzüglichkeit des französischen Mühlensteinmaterials, wie es am besten in den Brüchen von La Ferté-sous-Jouarre gebrochen wurde, erkannt hatten. Mit Hilfe dieser sogen. „french burrs", die aus lauter einzelnen besonders harten und porösen Stücken zusammengesetzt wurden, war es ihnen gelungen, ein schönes und haltbares Dauermehl unter hoher Kornausbeute[2]) zu erzeugen. In Preussen hatte man sich infolge des

---

[1]) Verhandlungen des Vereins für Gewerbefleiss 1825.
[2]) Nach Wulff und Ganzel in den „Beiträgen" S. 74 erzielten die Amerikaner aus 100 Scheffel à 60 Pfd 22 Fässer à 196 Pfd. feinsten Exportmehls, also etwa 71 %.

schlechten Steinmaterials und der mangelhaften Reinigungsmaschinen genötigt geseheu, das Getreide vor dem Vermahlen
zu waschen oder stark anzufeuchten. Ein aus derartig be-
handeltem Getreide erzeugtes Mehl hatte sich bisher wenig
haltbar erwiesen und konnte aus diesem Grunde schon kaum für
den Handel in Frage kommen. Mit dem Bekanntwerden der
englisch-amerikanischen Errungenschaften und unter dem Einfluss aller die Fortentwicklung der Müllerei günstig gestalten-
der Momente, machten sich diese Neuerungen vor allen ge-
wandte unternehmende Kaufleute zu Nutze. In Berlin entstand
schon 1822 eine Dampfmühle, welche von einem Mechaniker
Freund für die Firma Schuhmann und Krauske eingerichtet
wurde.[1] Im nächsten Jahr baute derselbe eine zweite in
Magdeburg, wo dann 1825 von einem Engländer Fenton
Murray eine Dampfmühle ganz nach amerikanisch-englischem
Muster erbaut wurde, In rascher Folge wuchsen bald in verschiedenen Städten wie Guben, Danzig und Königsberg andere
empor, die ohne gerade mit Dampf betrieben zu werden, sich
durch ihre vorzüglichen Einrichtungen auszeichneten und den
Exporthandel zu pflegen begannen.[2] Hierbei aber zeigte die
Regierung dem Gewerbe ihre besondere Fürsorge dadurch, dass
sie gewisse Rückvergütungen der Mahlsteuer nach bestimmten
Sätzen bei einer Mehlausfuhr zur See eintreten liess.

Nach steueramtlicher Vorschrift mussten in der Regel 24
Centner Weizen zur Mühle abgewogen werden. Jeder Centner
wurde mit 20 Sgr. versteuert, demnach 24 Ctr. mit 48 Mk.
Als Ausbeute wurden angenommen 20⅝ Ctr. besseres und
geringeres Mehl, im einzelnen durchschnittlich:

an Mehl erster und zweiter Sorte	16	Ctr. =	67 %
an grobem Mehl dritter Sorte	2	Ctr. =	8 %
an Mehlabfall vierter Sorte	2⅝	Ctr. =	11 %
	20⅝	Ctr.	
Kleien und sonstiger Abgang	3⅜	Ctr. =	14 %
	24	Ctr.	100 % [3]

---

[1] In dem cit. Schmoller'schen Werke findet man wie auch sonst
vielfach die Zahl 1825 als Entstehungsjahr der ersten Dampfmühle angegeben.

[2] Merkwürdigerweise beschränkt ein Reskript vom 29. August 1827
den Betrieb der Dampf- und Rossmühlen auf die Zeit von 6 Uhr Morgens
bis 9 Uhr Abends.

[3] Deutsche Weizensorten hinsichtlich ihrer Ausbeutefähigkeit nach einer

Der Steuersatz für 16 Ctr. Mehl I. und II. Sorte betrug 42,70 M.

$$
\begin{array}{llll}
\text{„} & \text{„ 2 „} & \text{„ III. Sorte} & \text{„ 4,00 „} \\
\text{„} & \text{„ } 2^3/_8 \text{ „} & \text{„ IV. „} & \text{„ 1,30 „} \\
& 20^5/_8 \text{ Ctr.} & & = 48,00 \text{ „}^1) \\
\end{array}
$$

Jedoch blieb, da die Ausbeutezahlen in Wirklichkeit nicht erreicht wurden,[2]) auch im günstigsten Fall, wenn alles Mehl exportiert wurde, der Centner feinen Mehls bei einem hohen Kommunalsteuerzuschlag, etwa von 50 %, immerhin noch mit 30—40 Pf. belastet.[3])

---

im Jahre 1827 vom Mühlenbesitzer C. in Guben angestellten Vermahlung.

3.	2.	1.	4.
Polnischer hochbunter	Uckermärkischer gelber	Frankensteiner weisser	Pommerischer brauner
86 Pf. p. Berl. Sch.	87 Pf. p. Berl. Sch.	88 Pf. p. Berl. Sch.	86 Pf. p. Berl. Sch.
durchschn. Gew.	durchschn. Gew.	durchschn. Gew.	durchschn. Gew.
$63^7/_{11}$% suprf. Mehl	$63^9/_{11}$% suprf. Mehl	$64^8/_{11}$% suprf. Mehl	$63^5/_{11}$ suprf. Mehl
$8^9/_{11}$ ordinäres „	$7^{10}/_{11}$ ordin. Mehl	$8^9/_{11}$ ordinäres „	$7^7/_{11}$ ordin. „
$23^6/_{11}$ Futtermehl	24 Futtermehl	$23^1/_{11}$ Futtermehl	$24^4/_{11}$ Futtermehl
und Kleie		und Kleie	und Kleie
$4^5/_{11}$ Abgang	$5^3/_{11}$ Abgang.	$4^2/_{11}$ Abgang	$4^5/_{11}$ Abgang

Demnach wäre am ausbeutungsfähigsten der Frankensteiner Weizen. Jedoch bemerkt C. bäckt es sich nicht so gut. Polnischer würde ebensoviel Prozent an Feinmehl ergeben wie der Uckermärkische, wenn er besser gereinigt wäre. Sonst sei das Mehl vorzüglich. Das schlechteste Aussehen habe das Pommersche Mehl. Daher wäre am besten für den Export Polnischer Weizen allein oder mit Uckermärker gemischt.

[1]) vgl. Reskr. v. 23. Jan. 1825, 6. Febr. 1825, Kab.-Ordre v. 13. Febr. 1825

[2]) Aus 60 Ctr. gereinigtem und getrocknetem Weizen stellte der genannte Kaufmann S. her:

feinstes Exportmehl	24 Ctr. 20 Pfd. = $40^1/_3$ %
erstes Bäckermehl	11 Ctr. 89 Pf. = $19^2/_3$ %
zweites Bäckermehl	7 Ctr. 55 Pfd. = $12^1/_2$ %
Kleie	13 Ctr. 55 Pfd. = $22^1/_2$ %
Abgang	3 Ctr. 25 Pfd. = $5^1/_2$ %
60 Ctr. = 100 %	

Aus 19 Ctr. gereinigtem Weizen stellte der Mühlenbesitzer C. in Guben her:

Exportmehl	12 Ctr. oder	$63^1/_2$	%
Bäckermehl	1 „ „	$5^1/_4$	„
Futtermehl	2 „ „	$10^1/_2$	„
Kleie	3 „ „	$15^2/_3$	„
Abgang	1 „ „	$5^1/_4$	„
	19 „ =	100	

vgl. „Beiträge" S. 116 und 117. Es verdient hervorgehoben zu werden, dass man gegenwärtig wiederum bestrebt ist, für ausgeführte Mehle Rückvergütungen zu gewähren resp. Zoll anzuschreiben nach den Wertstufen der Fabrikate.

[3]) vgl. die Kalkulationaufstellung des Kaufmanns Spalding in Stralsund in den „Beiträgen" S. 134.

Um auch diesen Mangel der müllerischen Technik erfolgreich zu bekämpfen ging die Regierung, der besonders viel an der Ausfuhrfähigkeit der im Preise so gesunkenen landwirtschaftlichen Produkte lag, in ihrer Fürsorge für das Gewerbe noch weiter. Durch Männer aus der Praxis sollte die englische und amerikanische Müllerei an Ort und Stelle studiert werden. Daher wurden einige junge Müller auf dem Gewerbeinstitut ausgebildet und 1827 auf Reisen gesandt, um, wie Ferber (in seinen Beiträgen) berichtet,[1]) in Europa und Amerika das aufzusuchen, was erforderlich ist, um das preussische Mehl vorzugsweise wohlfeil, haltbar und wegen seiner innern Güte gesucht auf den Märkten des Auslands zu machen."

Mit grosser Genugthuung konstatiert er dann in einem spätern Bericht.[2]) „die sich steigernde Ausfuhr von Mühlenfabrikaten, welche sich im Jahre

1827 auf 46647 Ctr.
„ 28 „ 53700 „
„ 29 „ 26514 „
„ 30 „ 61544 „
1831 bereits auf 141040 Ctr.

belief als eine gewissermaassen neue Erscheinung, die mit Freude und Beruhigung vom preussischen Handel und Ackerbau betrachtet wurde." „Doch ist dies," fährt er fort, „nicht die grösste Höhe, die man diesem rein nationalen wichtigen Gewerbzweig, der alles Erforderliche zur Herstellung und Verführung vom Lande selbst erhält mit Zuversicht versprechen darf, nachdem alle die technischen Schwierigkeiten beseitigt sind, welche anfänglich diesem Handel entgegenstanden und ihn gar sehr erschwerten."

Wenn nun auch diese Erscheinung keineswegs so neu war — vgl. die Ausfuhr Stettins an Mehl 1824—2947 Ctr.[3]) 1825—3507, 1829—27444 — und alle Schwierigkeiten der Technik bei weitem noch nicht überwunden waren, so war doch unstreitig ein bedeutender Fortschritt gemacht worden. Und die Zukunft versprach für diesen Erwerbszweig in der That manche Erfolge.

---

[1]) Ferber: Beiträge zur Kenntnis der Gewerbe Preussens v. J. 1829.
[2]) Derselbe: Neue Beiträge v. J. 1832.
[3]) Statistik der überseeischen Ausfuhr Stettins.

Fassen wir unsere bisherigen Erörterungen noch einmal kurz zusammen, so ist als Resultat festzustellen: Infolge des günstigen Einflusses der Wirtschaftspolitik, namentlich Abschaffung aller veralteten gewerblichen Hemmungen findet in der Zeit von 1818—30 ein allgemeiner Aufschwung des Müllergewerbes statt. Unter der Einwirkung der freien Konkurrenz wird die Technik im Mühlenbau und in der Mehlfabrikation verbessert, entstehen die ersten Dampfmühlen und zeigen sich die Anfänge einer Erfolg verheissenden Handelsmüllerei.

Kapitel II.

Die Mühlenindustrie vom Beginn der dreissiger Jahre bis zum Ende der sechziger Jahre.

A. I. Die Ausbildung des Fabriksystems in der Müllerei 1831—1845/49.

1) Erweiterung des innern und äussern Marktes.

Im vorigen Abschnitt ist gezeigt worden, wie die Notlage der Landwirtschaft am Ende des zweiten Jahrzehnts die unmittelbare Veranlassung wurde zu einer staatlichen Förderung der Mühlenindustrie Preussens, insbesondere des Mehlausfuhrhandels. In dieser Periode, die die weitere Ausbildung der Mühlenexportindustrie zeigt, muss man zweckmässig unterscheiden zwischen der ersten und zweiten Hälfte der zu schildernden Zeit. Vom Beginn der 30 Jahre bis etwa zu Ende der Vierziger 1847/49 findet unterstützt durch den allgemeinen gewerblichen Aufschwung eine weitere Ausbildung des Fabriksystems statt. Die Konkurrenz wird überall stärker, der Verkehr, ein nicht zu unterschätzender Faktor, gestaltet sich reger und reger, durch Zusammenschluss der verschiedenen deutschen Staaten wird der Binnenmarkt erweitert. Die grossen Vorzüge des Dampfmühlenbetriebs führen eine bedeutende Vermehrung der Dampfmühlen herbei. Soweit sie für das Inland arbeiten, verändern sie die alte Betriebsform der Lohnmüllerei; dennoch werden bedeutende technische Fortschritte im Vergleich zu denjenigen andrer Länder nicht gemacht. Als gewaltige Hemmnisse wirken die Mahlsteuer und wohl auch der hohe Schutzzoll.

Ein andres Bild bietet dagegen der zweite Teil der Periode. Während erst jetzt die meisten aussenpreussischen Staaten zu freiern Gewerbeverfassungen gelangen, zeigten sich in der Mühlenindustrie Preussens deutlich alle Merkmale der industriellen Revolution. Die Technik führt die ökonomische Umwälzung vollkommen durch, sie setzt an die Stelle der Lohn- und Tauschmüllerei die Handelsmüllerei. Mit der Erweiterung des Absatzmarktes bilden sich bereits Grossbetriebe, grössere Aktien-

mühlen entstehen. Der Mehlhandel gewinnt neben dem Getreidehandel an Bedeutung. Mit Hülfe neuer Maschinen sucht man
die Produktionskräfte immer mehr zu steigern; vor allem
ermöglichen die neuen Erfindungen eine zunehmende Ersparnis
menschlicher Arbeitskräfte. Das Schwinden der Naturalwirtschaft schädigt die kleinern Lohnmüller indirekt, indem sie
ihnen das grösste Kontingent ihrer Mahlkunden, die landwirtschaftlichen Arbeiter entzieht. Die Ausbildung des Verkehrs
verschärft die Konkurrenz, die gesteigerten Ansprüche und die
hohen Kosten moderner maschineller Mühleneinrichtungen
stellten an den einzelnen Mühlenbesitzer grosse pekuniäre
Anforderungen, nur einer Minderheit gelingt es, begünstigt
durch Glück, eigene Thatkraft, günstigen Produktionsort etc.
in die Reihe der Grossbetriebe zu treten.

Im praktischen Leben ist man nur zu leicht geneigt, die
Bedeutung allgemeiner Momente sowohl für den Einzelbetrieb
wie für das Blühen eines ganzen Gewerbes zu unterschätzen.
Und doch verdankt der einzelne Gewerbtreibende sehr
viel der Gesammtheit, den ihn umgebenden Verhältnissen.
Auch hier gilt es wie überall sonst im Leben: Und was man
ist, das blieb man andern schuldig. Wenn ein kluger Kaufmann
eine neue Tausende ersparende Maschine erwirbt, wenn ihn,
wovon er sich anfangs kaum selbst bewusst, der gewaltige
Strom der allgemeinen gewerblichen Entwicklung erfasst und
ihn und sein Schifflein trägt, wenn zahlreiche Stromschnellen
beseitigt, das Bett vertieft wird, wieviel hat er andern zu
danken und wieviel seiner geschickten Steuerkunst?

Es wird daher im folgenden auf diese Umstände das ihnen
zukommende Gewicht gelegt werden, wenn es auch der Rahmen
der Studie nicht erlaubt, dies überall in gleicher Weise zu thun.
Als ein Faktor von allgemeinerer Wirkung wurde neben
der freien Konkurrenz der sich reger gestaltende Verkehr,
der naturgemäss die Bedeutung der Schaffung eines grössern
Markts hatte, oben hervorgehoben. Ein genaueres Eingehen
auf diesen Punkt im einzelnen dürfte hier nicht angemessen
sein. Nur ein kurzer Hinweis sei gestattet auf die gewaltige
Umgestaltung, die das Verkehrswesen in jener Zeit erfahren hat.
Wir teilten, wie schon oben ausgeführt, die zu schildernde
Periode in zwei Abschnitte, den ersten bis zur Mitte des 5ten
Jahrzehnts. Der Grund hierfür liegt in dem Umstand, dass

die Zeit von 1830—1870 durch den Erlass der preussischen
Gewerbeordnung, das Notstandsjahr 1847, die grosse politische
Bewegung des Jahres 1848, einen tiefen Einschnitt erfährt.
Infolgedessen unterscheidet sich die erste Epoche in ihrem
ganzen Charakter scharf von der darauf folgenden ca. 15jährigen.
Man muss sich erinnern, wenn man die ungeheure Bedeutung
der Verkehrsumwälzung für das gesammte Wirtschaftsleben sich
vor Augen stellen will, dass **Dampfschiff und Eisenbahn
erst um die 30er Jahre als staunenswerte Wunder der Technik
in einigen Gegenden** Deutschlands mehr zum Personenverkehr
als Gütertransport eingeführt wurden.[1]

Auf dem Mittelrhein beginnt 1827 die Dampfschifffahrt mit 2
Dampfschiffen. Dann hebt sie sich in den nächsten Jahren sehr
rasch. Während im Jahre 1827 die Zahl der Reisen 97 betrug
und die Summe der transportirten Güter 57134 Ctr., stieg die
erstere Zahl im Jahre 1838 auf 1300 und die Summe der Güter
betrug 181075 Ctr.

Im Oktober 1838 wurde der Rhein bereits in seiner ganzen
Länge von Basel bis Rotterdam mit 32 Dampfschiffen befahren.[1]

Bald auch folgen die andern grössern Ströme, Elbe, Weser
und Oder. Namentlich die Seehandlung machte sich um die
Dampfschifffahrt auf Spree, Havel und Oder verdient. Ebenso
zeigte der Strassen- und Eisenbahnbau rasche Fortschritte.
Noch im Jahre 1832 besass der preussische Staat nicht mehr
als etwa 1400 Meilen Kunststrassen[2], 1849 1616 Meilen,
1855 1767½ Meilen[3], 1859 waren es an Staats- und Privat-
chausseeen gegen 3400 Meilen vorhanden oder 1,93 Meilen auf
1 Quadratmeile. Über die Ausgestaltung des deutschen Eisen-
bahnnetzes dürften folgende kurze Notizen am besten orientieren:

1835	6	km	Eisenbahn
1840	548,9	„	„
1850	6044,3	„	„
1860	11632,7	„	„
1870	19575	„	„ [4]
1880	33711,1	,,	,,
1890/91	41818	,,	,,
1896/97	46114,5	,,	,.

[1] Ferber: „Beiträge S. 197 Tab. XIII.
[2] Weber hist. stat. Jahrb. 1830—31 S. 247.
[3] v. Reden. Statist. S. 401.
[4] v. d. Borght. a. a. O. S. 288 u. stat. Jahrbuch f. d. d. Reich 1898.

Gleicherweise wie für den Eisenbahnbau wurde auch für den Verkehr zu Wasser ausserordentlich gesorgt. Bedeutende Auf. wendungen wurden sowohl für die Verbesserung natürlicher wie für Herstellung künstlicher Wasserstrassen schon im 2. Jahrzehnt gemacht. Die Regulierung des Rheins, der Oder, Schiffbarmachung der Saale 1822, der Lippe, der Havel, Verbesserung des Klodnitzkanals u. s. w. sind die rühmlichen Zeugnisse jener Zeit, es waren grosse Wechsel auf die Zukunft, die diese reich mit Zinseszins eingelöst hat.

Dass das Verkehrsbedürfniss aber einer so gewaltigen Steigerung fähig war, lag nicht zum wenigsten daran, dass man die alte glaevae adscriptio beseitigt, dem einzelnen die Bewegungsfreiheit zurückgegeben, die die Grundvoraussetzung aller wirtschaftlichen Kräfteentfaltung ist, ohne die auch die besten Gewerbeverfassungen und die schönsten Verkehrsverbesserungen nur wie breitgegrabene Kanäle sind, denen der Strom des Lebens fehlt. Welchen Anteil noch die Gründung des Zollvereins für die gewerbliche Entwicklung gehabt hat, ist zu bekannt und von den berufensten Federn geschildert werden, sodass es sich hier erübrigt, darauf des Nähern einzugehn. Jetzt war der Verkehr im Innern erst thatsächlich frei geworden oder hatte wenigstens einen be. deutenden Schritt hierzu gemacht, jetzt erst rückten die Zolllinien an die Grenzen eines weitern Gebietes, der innere Markt erfuhr eine bedeutende Vergrösserung.

Zahlreiche verkehrshindernde Stapelrechte[1]) fielen, und verschiedentlich wurden die Flusszölle für einzelne Waren, darunter Mehl und Grütze, bedeutend ermässigt. So wurde, nachdem schon der Elbzoll (s. Elbschifff. akte v. 23. Juni 1821) und der Weserzoll (Weserschiffakte v. 10. Sept. 1823, ergänzt 21. Dez. 1825) der erstere für Mehl aller Getreidearten um $\frac{1}{4}$, der letztere für Mehl um die Hälfte und für Graupen, Gries, Grütze um $\frac{1}{4}$ erniedrigt waren, auch der Rheinzoll (Tarif v. 5. Juli 1831) für Mehl und Grütze um $\frac{1}{4}$ ermässigt.

Auf einen weiteren Punkt, die Bedeutung des Mehlausfuhrhandels für das Mühlengewerbe Preussens, wurde bereits zu Ende des vorigen Abschnitts hingewiesen und dabei zu zeigen versucht, wie nicht sowohl eine Geschmacksverfeinerung die eigentliche Ursache der vielerlei technischen Verbesserungen

---

¹) so in Mainz, Köln (s. Weber hist. stat. Jahrb. 1832/33 S. 325.

bildete, sondern der beträchtliche Gewinn, den ein konkurrenzfähiges Mehl auf den ausländischen Märkten erzielen konnte, das Hauptreizmittel war. Inzwischen nun zeigte sich namentlich in der städtischen Bevölkerung preussischer und ausserpreussischer Städte ein vermehrtes Bedürfnis nach feineren Fabrikaten. Die Semmeln, Franzbrötchen und anderes Gebäck fanden vor allem bei der wohlhabenderen Bevölkerung rasch Eingang. Die Folge davon war, dass, soweit es bei der Fesselung des Gewerbes durch die Mahlsteuer und die hohen Kommunalabgaben möglich war, sich ein bescheidener Mehlhandel unter den einzelnen Städten oder vom Lande nach der Stadt zu entwickeln begann. Von den grösseren Mühlen aber an günstig gelegenen Wasserstrassen oder Häfen ein lebhafterer See-Export.

2) Einführung der Dampfkraft in die Müllerei.

Seit der Erweckung feinerer und grösserer Bedürfnisse im Inland selbst, genügten natürlich die alten Ross-, Wind- und Wassermühlen immer weniger den gesteigerten Ansprüchen und so traten die dem Dampfmühlenbetriebe anhaftenden Vorteile ganz besonders hervor. Nicht allein konnte eine Dampfmühle beliebig an jeder Stelle errichtet werden, sie waren auch nicht wie die Wind und Wassermühlen von den höchst unzuverlässigen und unregelmässigen Betriebskräften, von Wind und Wasser, abhängig. Infolgedessen waren die Dampfmühlen viel seltener den beim Windund Wassermühlenbetrieb so zahlreich vorkommenden Störungen ausgesetzt. Auf diesen technischen Vorzug der Dampfmüllerei kann aber nicht genug Gewicht gelegt werden. Er ist um so mehr hervorzuheben, als man damals die Wasser- sowie Windkraft noch höchst unvollkommen auszunutzen verstand. Flüsse mit starkem Gefälle oder heftigen Strömungen konnten überhaupt nicht oder nur schlecht zum Treiben von Mühlen verwendet werden. Zu dieser unvollkommenen Kraftausnutzung kamen noch die übrigen Nachtheile der genannten Betriebsmotoren. Nicht immer weht der Wind zu allen Tages- und Jahreszeiten gleich stark. Es herrscht in vielen Gegenden im Binnenlande manchmal $1/_3$ im Jahr fast vollständige Windstille, in andern Gegenden, auf Höhen oder an der Küste weht der Wind mit einer gewissen Regelmässigkeit, wiederum kann der Wind auch in Gegenden, wo er sonst regelmässig zu wehen pflegt, durch Wälder, Höhenzüge, Bauten etc. abgelenkt und

in seiner Stärke gebrochen werden. Ebenso kommen grosse
Störungen beim Wasserbetrieb vor, bald schädigt die Wassermühle im Frühling plötzlich hereinbrechendes Hochwasser, bald
wird das Wasserrad durch Blättermassen oder Eisschollen ver-
stopft oder es befriert wohl ganz mit Eis und muss langsam
und vorsichtig jeden Tag abgeeist werden. Gegenüber diesen
vielfachen Nachteilen der Wind- und Wassermühlen hatte die
Dampfmühle schon durch ihren regelmässigeren Betrieb ganz
bedeutende Vorteile. Nicht allein war sie hierdurch in den Stand
gesetzt, sofort und zu jeder Zeit lieferungsbereit zu sein, ihr
Hauptvorzug bestand in ihrer erhöhten Leistungsfähigkeit.
Denn die in den räumlich erweiterten Dampfmühlengebäuden
leicht angebrachten technischen Verbesserungen bei den Stein-
mühlgängen wie bei den Sichtmaschinen und die Verbesserungen
im Transport des Mahlguts ermöglichten die Vermahlung einer
grösseren Menge in kürzerer Zeit unter gleichzeitiger Erhöhung
des Ausbeutequantums. Vor allem aber gelang es der verbesserten Technik ein exportfähiges Dauerfabrikat herzustellen, was von äusserster Wichtigkeit war, da die bisherigen
nach dem älteren Verfahren hergestellten Mehle bald zu verderben pflegten. So entstand der Name des „Dauermehls", das
lange als Etikette für alle kunstmässig hergestellten Fabrikate
des Dampfmühlenbetriebs diente.

Infolge der geschilderten grossen Vorzüge des Dampfmühlenbetriebs warf sich die kaufmännische unternehmungs-
lustige Intelligenz mit vermehrtem Eifer auf die Mehlfabrikation.
Ueberall entstanden Dampfmühlen und die Regierungen der
verschiedenen deutschen Staaten richteten ihr Augenmerk auf
die Entwicklung einer leistungsfähigen Mühlenindustrie. Bayern
setzte schon i. J. 1828 einen Preis aus für die Erbauung einer
amerikanischen Mühle mit drei Gängen. Den Preis erwarb
der Mechaniker Späth in Nürnberg. Die Württembergische
Regierung liess 1830/31 eine Mühle amerikanischer Art in Berg
bei Stuttgart erbauen. In Baden entstand 1834 die erste
Dampfmühle und zwar in Mannheim. Wie sehr die Regierung
derartige Fabrikbetriebe begünstigte, ergiebt sich auch daraus, dass die Badensische Mühlordnung v. J. 1822 auf Dampfmühlen nur anzuwenden war, „soweit sie passt".[1] In Sachsen
entstanden erst 1835[2] 2 Dampfmühlen, beide in Leipzig.

---

[1] S. Borgius l. c. Bd. I. S. 136.   [2] Weber hist. st. J. 34/35.

In Preusen aber wurden die verschiedenen Mühlen, die von der Kgl. Seehandlung erworben[1]) und umgebaut wurden, als Mustermühlen vorbildlich. Im J. 1834 kaufte die Kgl. Seehandlung die Ohlauer Mühle (Ohlau gehörte zu den nicht mahlsteuerpflichtigen Städten) und liess sie durch Ganzel, einen der nachAmerika gesandtenGewerbeschulzöglinge, umbauen. Siehatte 8 Mahlgänge, Räder von Gusseisen und Mühlsteine aus Brest. Ihre Leistungsfähigkeit in 24 Stunden betrug 500 pr. Sch., etwa 20 t, eine für die damalige Zeit bedeutende Quantität. Für 100 Pfd. Getreide nimmt sie 8 Pfd. Mahlmetze, also etwas mehr wie $1/_{12}$ vom Ctr. und rechnet 5 Pfd. als Verstäubung ab. Bei Weizen giebt sie dafür 60 Pfd. fein, 10 Pfd. mittel, 5 Pfd. schwarzes Mehl und 20 Pfd. Kleie, bei Roggen ebenso 40, 20, 10 und 25 Pfd. Nimmt man mit Hansen[2]) an, dass der Durchschnittspreis für Weizen i. J 1834 pro Tonne 104,6 Mk., für Roggen 83 Mk. beträgt, so würde das für den Ctr. einen Mahllohn ergeben beim Weizen von 43.5 Pfg.

beim Roggen von 34.5 Pfg.

pro Tonne à 1000 kg. Weizen 8,70 Mk.

pro Tonne à 1000 kg. Roggen 6,90 Mk.

Es wird sich späterhin Gelegenheit ergeben, diese Zahlen mit den heutigen in Vergleich zu setzen.

Wie zahlreich und rasch der Dampfbetrieb im Mühlenwesen Eingang fand, zeigt die folgende kleine Übersicht. In Berlin bestanden 1837 bereits 3 Dampfmühlen, in Danzig wurde 1836 die grosse achtgängige Stadtmühle, die 4500 Rthlr. Pacht gab, zu einer amerikanischen unter Aufwendung von 30000 Rthlr. Kosten umgestaltet, und sollte jährlich 50000 Tonnen (natürlich à cca. 190 Pfd.) Mehl liefern.

In Bollentin b. Stettin wurde 1837/38 eine Aktienmühle erbaut, die 4—5000 Wispel Getreide jährlich vermahlen sollte und zwar „nicht nur mit Steinen, sondern auch mit metallenen Walzen, die aus der Schweiz bezogen waren." Sie erhielt eine Dampfmaschine von 30 P. S. Weber (S. 62 hist. st. J. 1834/35) erwähnt ausdrücklich, dass die Mühle sogleich Mehl für das Getreide liefere, also Tauschmüllerei triebe, wie auch nach Wunsch des Mahlgastes Getreide gegen Naturallohn vermahle. Die

[1]) Zum Teil hatte die Seehandlung diese Mühlen angekauft, um die Vorrechte der früheren Besitzer inbezug auf die Wasserverhältnisse hinwegzuräumen wie z. B. die Bromberger und Ohlauer Mühle.
[2]) Hansen, Preis des Getreides 1892.

Mühle besteht noch heute unter dem Namen „Stettiner Walzmühle Akt.-Ges." Eine andere amerikanische Mühle wurde
1836 in Münster errichtet mit einer Maschine von 24 P. S.
Eine amerikanische Mahlmühle zu Brodden bei Meve (Reg.-
Bezirk Marienwerder, errichtet 1837), versandte im Jahre
1838—28365 Tonnen oder 48777 Ctr. Mehl (die Tonne zu
1.70 Ctr.) Im Jahre 1838 entstand ein Werk in Zandowitz
bei Grossstrehlitz und eins zu Bahrzin bei Ratibor, 1839 zu
Pischkowitz in der Grafschaft Glatz, woher eine Tonne feines
Weizenmehl N. I. à190 Pfd. Netto zu 8 Rthlr. 20 sgr. und
Roggenmehl N. I. zu 6 Rthlr. 10 Sgr. verkauft wurden. Aber
auch die Windmühlen, besonders die holländischen Mühlen
wurden in dieser Zeit vergrössert und verbessert, sodass sie
zur Dauermehlfabrikation übergehn konnten, wie beispielsweise eine grosse Holländermühle bei Breslau.

In den 40er Jahren pflegte namentlich die Königl. Seehandlung den Seeexport, indem sie verschiedene Mühlen teils
kaufte, teils pachtete, um die beständig sinkenden Getreidepreise wieder etwas in die Höhe zu bringen. So pachtete sie
die Mühle in Beuthen i. Schl. für die Zeit vom 1. Mai 1840
bis 1. Mai 1850 für einen jährlichen Zins von 8000 Rthlr.,
1842 aber erstand sie die bekannten Mühlenwerke zu Bromberg, die noch heute im Besitz der Seehandlung sind.

Das Werk bestand damals aus 3 Mahlmühlen von zus.
22 Gänge, 1 Brettschneidemühle, 1 Öl- und 1 Tuchwalkmühle.
Der Kaufpreis betrug 104000 Thlr. 1868 bestand das
Etablissement, was hier gleich angefügt werden mag, aus
15 Werken, darunter 5 Mahlmühlen mit 31 Gängen, 1 Schneidemühle, 5 Speichern, eigener Maschinenwerkstatt, Schmiede,
Schirrhaus und 6 Holzöfen, 10 Wasserrädern von 287 P. S.
Beschäftigt wurden 184 Arbeiter und es wurden täglich vermahlen 1000 Scheffel poln. Weizen, ebensoviel Roggen und
75 Scheffel Gerste, was eine Jahresvermahlung ergiebt von
ca. 605900 Ctr.

Ferner kaufte sie eine Windmühle mit 4 Gängen in Potsdam
an und erbaute dafür eine Dampfmühle von 8 Gängen mit 48 HP,
die i. J. 1843 in Betrieb gesetzt wurde. Späterhin wurden
noch 7 Windmühlen mit 10 Gängen dazu gekauft und kassiert.[1]

---

[1] Amtl. Bericht d. Berl. Gewerbeausstell. 1847 III s. S. 50.

Denn bis zum J. 1845 blieb die Bedürfnisfrage bei Anlegung neuer Mühlen entscheidend.

Nicht ohne besondern Grund ist hier das Thatsachenmaterial in zahlreichen Belegen gesammelt worden. Es war dies eine unerlässliche Notwendigkeit, um Vergleichungsmassstäbe zu gewinnen und später damit operieren zu können. Im vorhergehenden haben wir die mannigfachen grossen Vortheile kennen gelernt, die die Verwendung der Dampfkraft mit sich führte. Nunmehr werden wir zu untersuchen haben, welchen Einfluss das Fabriksystem auf die alte Lohnmüllerei ausgeübt hat.

3) Einfluss der veränderten Technik auf die Lohnmüllerei.

Es ist offensichtlich, dass, solange sich die Müllerei in den Bahnen des alten Lohnwerks bewegte und der Müller mit dem Mehl, das er erzeugt hatte, keinen Handel treiben durfte, ein eigentlicher Fortschritt nicht gut denkbar war. Die so Gewaltiges weckende Triebfeder des Selbstinteresses blieb abgespannt, der Trieb nach Vervollkommnung erstickt, solange dies System die Herrschaft führte. Denn weder beim Einkauf seines Rohstoffes noch beim Verkauf des Mehls konnte der Lohnmüller von etwa sich bietenden günstigen Conjuncturen Gebrauch machen. Wohl aber konnte sein Verdienst durch das Sinken der Getreidepreise recht empfindlich geschmälert werden. Des weitern hatte diese Lohn- oder Postenmüllerei den grossen Nachteil, dass sie den ganzen Betrieb unendlich zerstückelte und die Betriebszeit enorm verlängerte.

Jede Mühle wurde gewissermassen in 3—4 kleine, ganz apart für sich gehende Mühlen zerlegt. Der grosse Nachteil dieser Einrichtung gegenüber einer allein auf Handelsmüllerei gerichteten Mühle mit einpostigem Mehlprozess lag darin, dass erstere mehr Bedienungspersonal erforderten. So wurden in der Berliner kgl. Mühle auf 16 Gänge 18 Müller, in Bromberg auf 12 nur 4 gebraucht.[1]

Das Mahlgut jedes einzelnen musste eben bis zum letzten Korn allein vermahlen werden. Es wurde aber auch die Betriebskraft nicht vollständig ausgenützt durch das Vermahlen vieler kleiner Posten. Eine derartige Kraftvergeudung konnte aber eine Dampfmühle wegen der Kostspieligkeit ihrer Betriebskraft nicht treiben. Im Interesse ihres regelmässigen, ununterbrochen

[1] s. Eichholz in der „Hütte" 1851 S. 34.

aufrechtzuerhaltenden Betriebes musste sie die alte Lohnmüllerei
abwerfen und neue Formen finden, die den Bedürfnissen der
rationelleren Müllerei besser entsprachen. Als erste und natür-
lichste Form bot sich hier der Tausch dar, der Kunde tauschte
gegen sein Getreide Mehl ein. Die Tauschmüllerei war
zweifelsohne gegen die frühern Verhältnisse ein grosser Fortschritt. Ein Beispiel, wie getauscht wurde, ist oben angeführt
(s. die Ohlauer Mühle.) Die Tauschmüllerei ermöglichte es vor allem,
stets vollen Betrieb zu halten, der Dampfmüller mahlte beständig
sozusagen auf Vorrat, dann aber war ihr grosser Vorzug, die so-
fortige Bedienung des Kunden. Letzterer brauchte nicht mehr, wie
es früher wohl vorkam, wochenlang auf sein Mehl zu warten
oder sich vergeblich zur Mühle zu begeben. Dennoch war
bei der Tauschmüllerei eine eigentliche Blüte ausgeschlossen.
Denn auch in diesem Fall wurde bei sinkendem Getreidepreis
der Mahllohn herabgedrückt, grössere Gewinne konnten, da
bei reiner Tauschmüllerei ebenfalls günstige Einkaufs- oder
Verkaufsbedingungen nicht wahrgenommen werden konnten,
schlechterdings nicht erzielt werden, auch hier fehlte der kräftige
Ansporn des Selbstinteresses. Ausserdem setzte die Tauschmüllerei jedesmal Schätzungen und Unterhandlungen über Güte
des Mahlgutes, des Getreides, voraus, was natürlich, wie auch
noch heute, zu Reibungen führte, die nicht leicht überwunden
werden konnten. So bildete die Tauschmüllerei für die grössern
Mühlwerke nur ein Übergangsstadium und am Anfang der
40 Jahre finden wir bereits vollständig ausgebildete **Handelsmüllerei**; das Getreide wird in grössern Mengen auf dem
Binnen- oder Auslandsmarkt eingekauft, zu Mehl verarbeitet
und, wo die Konjunkturen günstig sind verkauft. Beispielsweise verarbeiteten die Bromberger Mühlen für überseeische
Versendung an Weizen 1841 10938 Ctr. 68 Pfd. nach Abdörrung
der Körner zu 7015 Ctr., 77 Pfd. Feinmehl (etwa 63 %).

II. Erschwerungen des Mehlhandels.

Gleichwohl muss man sagen, hielt sich der Mehlhandel
trotz des lebhaften Aufschwungs in den 30 Jahren im 5 und
6ten Jahrzehnt in sehr bescheidenen Grenzen. Die Mahlsteuer
legte jedem Handel gewaltige Schwierigkeiten in den Weg.
Auch die Technik machte im grossen und ganzen nicht besondere Fortschritte im Vergleich zu derjenigen anderer Länder.

Während i. J. 1831 die Mehrausfuhr von Mehl und Mühlenfabrikaten 26107 Ctr. betrug, und in den nächsten Jahren bis
1838 beständig stieg,

Mehrausfuhr von Mehl u. Mühlenfab.   Mehrausfuhr von Nudeln, Kraftmehl[1])
1832 auf 45911 Ctr.   14954 Ctr.
1833 „   60280 „   14679 „
1834 „ 136010 „   8421 „
1835 „ 141752 „   10653 „
1836 „ 170894 „   6185 „
1837 „ 220311 „   eingeschlossen Nudeln, Kraftmehl
1838 „ 274348 „   Stärke u. s. w.

sank sie in den nächstfolgenden auf 182521 i. J. 1839. 135987
i. J. 1840, stieg nochmals 1841 auf 250450, um i. J. 44 bis
auf 34276 Ctr. zu sinken.   Ebenso stieg zwar die Durchfuhr
von 12415 Ctr. i. J. 32, auf 20484 i. J. 33, 33205 i. J. 34,
um in den nächsten Jahren zu fallen auf 4465, 7198, 2667,
913, 1401 im Jahre 39 (vergl. Tabelle IV. Commerzialnachweise).

Einen sichern Barometer für den gewaltigen Rückgang der preussischen Weizenmehlausfuhr zeigt ein Blick auf
die Einfuhrzahlen von Weizen und Weizenmehl in England.
Nach Hübner[2]) stieg die Einfuhr von Weizen dahin von 1842
bis 53 um das $2\frac{1}{2}$fache und die Mehleinfuhr von Weizen ver-
dreifachte sich, verminderte sich dagegen aus Preussen um $\frac{1}{6}$.

| | Weizen in Quarters | Weizenmehl in Ctr. | wovon aus Preussen an | | aus Hansa-städten | aus dem übrigen Deutschland | |
			Weizen-Quarters	Weizenmehl in Ctr.	Weizenmehl in Ctr.	Weizenmehl in Ctr.	Weizen in Quarters
1840	1993383	1537838	800508	23433	21664	131	—
1841	2409754	1263126	881982	27490	16332	253	—
1842	2717454	1129852	737687	4079	4807	—	—
1843	940190	436878	658028	5164	2298	—	—
1847	2656455	6329058	490435	8726	20611	699	72258
1848	2589957	1754449	522049	21374	4667	—	171659
1849	3845378	3349839	614907	5970	4502	89	167422
1850	3738995	3819440	832731	10217	27569	—	158655
1851	3812008	5314414	696175	1	13065	2	163733
1852	3060268	3865173	451938	1241	18115	1	130144
1853	4915430	4621506	1144702	3999	71586	—	185417

Wie sehr die Mahlsteuer das Gewerbe einschnürte, ergiebt
sich aus einer Berechnung Hoffmanns[3]). Danach betrug sie von
1816—37 vom Weizen durchschnittlich $18\frac{2}{3}$ %, vom Roggen
$9\frac{1}{2}$ % des Werthes.   Trotz ihrer vielen Schädigungen hat sie
aber ohne Zweifel indirekter Weise einem Mehlkleinhandel vom
Land nach der Stadt Vorschub geleistet, da man infolge der

[1]) Dieterici stat. Uebers. Bd. I.
[2]) S. Hübners Jahrbuch 1855 S. 35.
[3]) Hoffmann, Zur Lehre von den Steuern S. 335.

hohen Besteuerung gern Mehl in kleinen Quantitäten nach der
Stadt einführte andererseits auch vielfach heimlich grössere
Mengen einschmuggelte. Bei dem heute nur noch geringen Interesse an der Steuer und ihrer damaligen Ausgestaltung, erübrigt
es sich wohl, noch des nähern auf die Steuer einzugehen.[1])
Dass infolge der Steuer geradezu direkte Erschwerungen des
Handels stattfanden, lehrt ein vom 5. Febr. 1839 für Schlesien
erlassenes Reskript. Demnach sollten die erleichternden Bestimmungen wegen des Mehlexports nur Anwendung finden,
wenn das Mehl über preussische Seeplätze ging, wodurch erst die
Möglichkeit gegeben sei, die Ausfuhr zu kontrollieren. Darum
wurde in Schlesien jede steuerfreie Mehlbereitung und jedes Kon-
tierungsverfahren in steuerpflichtigen Städten untersagt. Ausdrücklich wurde in der Verfügung noch hervorgehoben, dass,
wenn sich ein grosses auf Mehlausfuhr seewärts über preussische
Hafenplätze gerichtetes Unternehmen bilden sollte, so „sollte
diesem keine Hoffnung auf Steuererleichterung gemacht werden,
vielmehr angeraten werden, das Mehl auf Mühlen des klassen-
steuerpflichtigen Landes zu bereiten und dort Mehlmagazine
anzulegen.“

Aus diesen Gründen erklärt sich wohl zur Genüge, dass in
Preussen wie in den übrigen Staaten des Zollvereins bis zum
Ende der vierziger Jahre die Technik in der Mehlfabrikation
selbst sich wenig vervollkommnete. Man begnügte sich damit, die
englischen und amerikanischen Erfindungen einzuführen. Und
man geht wohl nicht fehl, wenn man auch dem hohen Schutzzoll von 2 Thlr. pro Ctr. Mehl einen Teil der Schuld an der
nicht besonders fortschreitenden technischen Entwickelung.
zuschreibt. Denn die besseren Fabrikate der inzwischen weit
vorgeschrittenen österreichischen Mühlenindustrie konnten nur
selten den Zoll überwinden und dadurch den inländischen
Mühlen Konkurrenz bereiten.

Daher darf man sich auch nicht wundern, wenn bei der
1844 abgehaltenen allgemeinen deutschen Gewerbeausstellung in
Berlin die Zahl der Aussteller nur gering war und die ausgestellten Erzeugnisse noch keinen sehr hohen Grad der Vervollkommnung verrieten. Ausgestellt waren Weizenmehle erster

---

[1]) s. Resultate der Mahl- und Schlachtsteuer in der Periode von
1838—1861, eine finanzstatistische Abhandlung von Reinick Zeitschr. d.
kgl. preuss. stat. Bureaus I. Th. 1863. S. 217—234, II. Th. 1864. S. 160—167.

Qualität: der Gesellschaft der Adlermühle zu Berlin. (Preise fehlten.)

Weizenmehle der Seehandlungsmühlen in Bromberg 100 Pfd. = 5 Rthlr. 10 Sgr.

„   „ Grosshändler Erich - München Zollztr. = 8 Rthlr. 17 Sgr.

„   „   „ Witt in Danzig 1 Ztr. = 5 Rthlr. 20 Sgr.

„   „ Seehandlungsmühle in Potsdam 1 Ztr. = 4½ Rthlr.

„   Potsdamer Wassermühle 1 Ztr. = 3 Rthlr. 20 Sgr. unversteuert.

Roggenmehle I. Qualität

„   Potsdamer Wassermühle 1 Ztr.=3 Rthlr. unversteuert

„   Seehandlungsdampf. Potsdam 1 Ztr. = 3 Rthlr. 15 Sgr.

„   „ -Tiergarten b. Ohlau 100 Pfd. = 2 Rthlr. 12 Sgr.

„   Kohlbach in Alt-Ruppin

„   Grunau in Elbing 1 Ztr. 2⁵⁄₆ Rthlr.

„   Erich in München.

Roggenmehl II. Qualität

Seehandlungsm. Potsdam 1 Ztr. 3 Rthlr.[1])

III. Verbesserungen der Technik der Müllerei in den ausserdeutschen Staaten.
Erfindung der Turbinen.
Entstehung der Walzenmüllerei.

Neben Österreich hatten vor allem Frankreich, Belgien und England einen riesigen technischen Vorsprung gewonnen, sodass in dem Bericht des Leiters der kgl. Seehandlungsmühlen 1844[2]) ausgesprochen werden konnte, dass auch die bessern inländischen Werke diesen ausländischen gegenüber so zurückständen wie die in den 20 Jahren gegen die damals eingeführte amerikanische Müllerei.

In Frankreich hatte man sich namentlich um eine bessere Ausnutzung der Wasserkräfte durch die Erfindung der Turbinen

---

[1]) s. Berichte über die allgemeine deutsche Gewerbeausstellung in Berlin Bd. III. S. 50.

[2]) Verhältnisse der kgl. Seehandlungsmühlen 1844.

oder Kreiselräder, horizontaler Wasserräder, bei denen sich das Rad um eine vertikale Welle drehte, sehr verdient gemacht. Schon im Jahre 1826 war ein hoher Preis von 6000 Fr. ausgeschrieben worden, endlich gewann ihn ein Civilingenieur Fourneyron i. J. 1833. In Deutschland wurden die ersten Versuche i. J. 1836 unabhängig von Fourneyron gemacht. Ein neues System derartiger Maschinen erfanden 1837 die Mechaniker Henschel und Sohn aus Kassel; zwar wies ihre Turbinenkonstruktion nicht so hohe Wirkungsgrade auf wie die F.schen, allein der Stein war wenigstens ins Rollen gekommen und 1840 wurde ihnen die erste grössere Ausführung übertragen bei einer Mühle in Holzminden. Weiterhin verbesserten den Turbinenbau ein Werkmeister einer Mühlhausener Maschinenfabrik, Jonval, der sich seine Erfindungen in Frankreich patentieren liess. In Deutschland aber schritt die Anwendung von Turbinen erst rascher vorwärts, als die Firma Nagel[1]) in Hamburg sich anfangs der 40er Jahre mit dem Erbau derselben eifriger zu beschäftigen begann. (1842 Schweriner Bischofsmühle.) In der deutschen Schweiz wurde durch ihre Turbinenräder sehr bekannt die Firma Escher und Wyss (Tangentialräder).

Die Erfindung der Turbinen ermöglichte vor allem, wie Rühlmann, einer der vorzüglichsten Bearbeiter und Kenner der Mühlentechnik ausführt, der Industrie die Nutzbarmachung von Kräften, die mit den vorher genannten Maschinen geradezu unbrauchbar genannt werden mussten. Als Berühmtheit galt die Turbine zu St. Blasien im badischen Schwarzwalde. Das Aufschlagwasser stürzte aus einer Höhe von 108 Mtr. auf ein Wasserrad von nur 1²/₃ franz. Fuss (0,550 m) Durchmesser, das in der Minute 2300 Umläufe machte. — Gegenüber den vertikalen Wasserrädern sind Turbinen insofern vortheilhafter, als sie sich bei den verschiedenartigsten Gefällen anwenden lassen, mögen sie nun 0,3 m betragen, oder ansteigen bis zu 1,60 m. Vertikalräder dagegen können bei höhern Gefällen als 16 m nicht verwandt werden, andererseits verdienen die oberschlächtigen Wasserräder für kleine Wassermengen von 0,30 m bis 0,80 Cubikmeter pro Sekunde und ungefähr von 3 m Gefälle an aufwärts bis zu 12 m, den Vorzug, da ihr Nutzeffekt

---

[1]) 1864 Northeim, erstes Nagel & Kämp'sche Wasserrad.

wächst, wenn die Wassermenge kleiner wird als wofür die
Konstruktion des Rades beschafft wurde. Der Nutzeffekt bei
kleinem Gefälle beträgt 65—70, bei hohem Gefälle kann er sich
steigern nach d'Aubuisson bis auf 76%.[1] Bei hohen Gefällen
aber auch bei mittleren und einem grossen Aufschlagsquantum verdienen sie wegen ihrer Dauerhaftigkeit den Vorzug vor vertikalen Wasserrädern, arbeiten auch bei ver-
schiedenem Gefälle mit fast gleichem Wirkungsgrad und leiden
durch Stauwasser nicht so grosse Störungen ihres Ganges.
Jedoch verursachen Veränderungen im Aufschlagsquantum
grössere Arbeitsverluste als dies bei den Vertikalwasserrädern
der Fall ist. Auch erfordern sie reines Wasser und sind wegen
der Kostspieligkeit und Schwierigkeit etwaiger Reparaturen
nur für grössere Betriebe geeignet.

Zwei andere französische Erfindungen waren die des
Trieurs (Ausleser) und des Tarars, die beide den Zwecken der Getreidereinigung dienten, wodurch mittelbar eine Verfeinerung
des Fabrikats erreicht wurde. Denn die Hauptbedingung für
die Herstellung eines vorzüglichen weissen Mehls ist die sorgfältigste Reinigung des Getreides. Die erstere Maschine, eine
sogenannte Unkrautauslesemaschine, bestehend aus einem
zylinderförmigen eisernen Mantel mit halbkuglichen Öffnungen
zur Entfernung der im Getreide vorkommenden runden
Körner wie Wicken, Raden etc. dienend, war 1844/45
von einen Lyoner, Vachon, erfunden, dann in den 60
Jahren verbessert, gelangte sie 1867 auf die Pariser Weltausstellung. In Deutschland wurde sie 1868 von dem später sehr
bekannt gewordenen Trieurfabrikanten Joh. Mayer gelegentlich
einer Kölner landwirthschaftlichen Ausstellung gezeigt. — Eine
zweite Reinigungsmaschine war der Tarar, eine bedeutende
Verbesserung der früheren Windfegen und der englischen Korn-
reinigungsmaschine; sie diente vorzugsweise zur Aussonderung
von Spreu und Stengelteilchen. Ein gewisses Aufsehen erregte
die von Josse erfundene und auf der Pariser Weltausstellung
1867 aufgestellte Sortiermaschine, die 2,5 hl Getreide in der
Stunde reinigte. Wie innig der Zusammenhang zwischen Wirtschaft und Technik ist, kann man auch in diesem Fall auf das
klarste erkennen. So lange noch der Mahlzwang herrschte und die
Mühlenwagetabellen genau vorschrieben, wieviel Mehl und Kleie

---

[1] S. Rühlmann a. a. O. Art. Wasserräder. Bd. I. S.316 u. ff. 1875 2. Aufl.

der Müller wieder herausgeben müsse, und wieviel er Abgang rechnen dürfe, konnte sich der Müller auf eine weitgehende Reinigung selten einlassen. Denn jene Vorschriften nahmen nicht genügend Rücksicht auf die verschiedenen Qualitätsunterschiede des Getreides, sie waren für den grossen Durchschnitt berechnet. Wenn also der Müller die vorschriftmässigen Quantitäten erreichen wollte und an Maass und Gewicht nichts fehlen sollte, so geschah dies natürlich auf Kosten einer guten Reinigung. Es wurde das Getreide eben ungesäubert auf den Mahlgang geschüttet vielleicht oberflächlich nur gespitzt und alsbald so vermahlen. Ausser diesen Erfindungen rühmt Rühlmann als charakteristische Eigenschaften des französischen Mühlenbaus noch die gefälligen, ja eleganten Formen und Verhältnisse, ferner eigentümliche Details, beispielsweise mechanische Aufschütter für das Mahlgut, sinnreiche Mehlkühlapparate, vervollkommnete amerikanische Cylinderbeutel mit Überzügen von Seidengazen, sowie für das Vorbereiten des eigentlichen Mahlprozesses dienende Maschinen sog. Quetschwalzen.

Zu derselben Zeit versuchten in den verschiedensten ausserdeutschen Ländern zahlreiche Köpfe das Problem der Walzenvermahlung zu lösen, d. h. durch Herstellung eiserner Walzen das teure und schwierig zu behandelnde Steinmaterial zu ersetzen. Nach den missglückten Versuchen von Helfenberg aus Rorschach (St. Gallen) 1821/22, Bollingen - (Wien) und Collier- (Paris 1823) gelang es einem russischen Hofrat von Müller zuerst in Warschau, dann in Triest und zuletzt in Frauenfeld-Schweiz die ersten brauchbaren Stühle fertig zu stellen. Jedoch erfüllten sie noch nicht in vollkommener Weise ihren Zweck, bis es einem Züricher Ingenieur Sulzberger i. J. 1834 gelang bedeutende Konstruktionsverbesserungen anzubringen und einen brauchbaren Stuhl anzufertigen. Es konstituierte sich dann auch in Frauenfeld eine Aktiengesellschaft zur Fabrikation solcher Walzen die mit grosser Energie den Vertrieb in die Hand nahm. In Mainz entstand 1837 die erste Walzenmühle, dann in Stettin, die oben bereits erwähnte Walzenmühle; in München[1]) führte die Walzenmüllerei der Grosshändler

---

[1]) Diese Mühle bekannt unter dem Namen Ludwigsmühle, vermahlte mit 24 Walzenstühlen oder 72 Walzenpaaren in 24 Stunden 300 Ctr. Weizen oder $1/2$ Ctr. p. Stunde u. P. S., die Verstäubung betrug $2^0/_0$, die erhaltene Kleie $14^0/_0$.

Erich ein und endlich gelang ihre Einführung auch in Leipzig. In Ungarn wurde die erste Kunstmühle nach englisch-amerikanischem System 1835 errichtet, die erste Dampfmühle entstand 1836 in Oedenburg, sie ging aber nach kurzer Thätigkeit ein. Von bahnbrechender Bedeutung wurde für Ungarns Mühlenindustrie aber erst die Pester Walzmühle, die gleichfalls kleine Stahlwalzen zum Mahlen verwandte. Sie wurde innerhalb 3er Jahre erbaut 1839/42.[1] Jedoch begann der Siegeszug der Walzenmüllerei erst 40 Jahre später, als der entstehende Grossbetrieb zu seiner Massenproduktion die entsprechenden Maschinen verlangte. Da kamen jene epochalen Erfindungen zu stande, die den modernen Walzenstuhl zu einem Kunstwerk der Technik machten.

Die Blüte der Mühlenkunst ward aber in Österreich erreicht. Dort hatte man schon um das Jahr 1810 das Hochmahlverfahren in vorzüglicher Weise ausgebildet, wozu namentlich das dortige Material, die harten ungarischen Weizensorten die natürliche Veranlassung gegeben hatten. Das Verfahren ist bereits geschildert.[2] Es besteht, darin durch weitgestellte Steine unter vielmaligem Aufschütten (8—10 mal) anfangs nur gröblich zerbrochene Körner (Hochschrot) zu erzeugen, wobei sich nur wenig Mehl bilden darf. Dies so entstandene Mehl wird abgesondert, ebenso wird abgesondert der Gries und die grobe und die feine Kleie. Aus dem ersten entsteht das zweite Schrot, also wiederum Griese, Mehl und Kleie. Die Zwischenprodukte von Mehl und Gries heissen Dunste, diejenigen zwischen Gries und Schrot, Auflösungen. Natürlich erforderte diese Mahlmethode besonders feine Siebvorrichtungen, deren Erfindung auch einen niederösterreichischen Müller, namens Paur, gelang. Die von ihm erfundene Griesputzmaschine hatte den Zweck durch Erzeugung eines künstlichen Windstroms die Griese und feineren Kleieteilchen nach dem spezifischen Gewicht desselben zu sortieren.

---

[1] Wenn die Ungarn in ihrem grossartigen Nationalstolz das Verdienst für sich in Anspruch nehmen, nach der Schweiz als zweite Nation die Stahlwalze in ihrem Lande eingeführt zu haben (s. Ungarns Mühlenindustrie 1896, herausg. vom kgl. ungar. stat. Bureau S. 14) so gebührt ihnen dieser Ruhm nicht.

[2] Dass diese Methode keineswegs absolut neu war, ist schon oben gezeigt worden. Schon die Franzosen kannten diese Art Müllerei, die mouture économique, ebenso die Deutschen. Nur scheint man in Deutschland sich infolge Einführung der amerikanischen Flachmüllerei für wenige Zeit dieser Methode abgewandt zu haben.

Die nach diesem Verfahren erzeugten feinen Mehle, die sog. Wiener Auszugsmehle, Kaisermehle, wurden besonders zu den in Wien sehr beliebten Kaisersemmeln und Kipfeln verwandt, wie auch zur Nudelfabrikation. Der Kaiserauszug ist der am feinsten zu Mehl vermahlene Gries, dann folgt Bäckerauszug, der etwas kerniger ist oder nach der Müllersprache „griffiger". Dann folgen noch 2—3 Sorten geringerer Mehle und Kleien. Einige Beispiele über die Ausbeuteprozente wie die Preise der Mehlsorten finden sich weiter unten.

IV. Die Wissenschaft, insbesonders die Chemie und die Nahrungsmittelgewerbe.

Auch die deutsche Wissenschaft begann inzwischen genauere Untersuchungen über die verschiedensten Nahrungsmittel anzustellen. Die bahnbrechenden Arbeiten Liebigs und seiner Schüler griffen unmittelbar in das praktische Leben ein und übten einen bedeutenden Einfluss auf die Industrie und Landwirtschaft aus.[1]) Für die Müllerei führten sie allerdings

---

[1]) Der Gehalt der zwei wesentlichsten Bestandteile des Getreides, des Klebers und des Stärkemehls, ist nach Klima, Boden, Düngung sehr verschieden. So enthalten nach Moleschott, Physiologie der Nahrungsmittel, 2. Aufl., Giessen 1859, S. 100 u. ff. 100 Teile:

Weicher Odessa Weizen	10,4 Teile	Kleber.
	68,2 „	Stärkemehl.
Amerikanischer Georgia Weizen	14,36 „	Kleber.
	68,93 „	Stärkemehl.
Weisser polnischer Weizen	35,10 „	Kleber.
	38,91 „	Stärkemehl.
Schlesischer Weizen	22,64 „	Kleber.
	51,58 „	Stärkemehl.
Pommerscher Weizen	13,59 „	Kleber.
	58,78 „	Stärkemehl.

Die Bestandteile des Weizens im Mittel auf 1000 zurückgeführt sind nach dem Genannten

	Weizen	Roggen
Kleber und lössliches Eiweiss	135,37	107,49
Zellstoff	32,39	49,63
Stärkemehl	568,64	555,19
Dextrin	46,69	84,50
Zucker	48,47	28,76
Fett	18,54	21,09
Salze	19,96	14,61
Kali	4,46	3,41
Natron	1,91	1,83

zu einer gewaltigen Überschätzung des Nahrungswertes der Kleie für die menschliche Ernährung. Liebig hielt sogar die Kleieabsonderung für Luxus. Wenn auch die Wissenschaft in der Folge diesen Standpunkt verlassen hat, (s. in folgenden die Untersuchungen von Plagge und Lebbin) und die müllerische Technik in ihrer Hauptmasse stets bemüht war, feinere und weissere Mehle zu erzeugen, so sind gewisse Jdeologen, Leute mit mehr oder weniger exakter Bildung dabei geblieben für ihre Vollbrode, Nährsalzkraftbrode etc. Propaganda zu machen, indem sie ihren Erzeugnissen ein wissenschaftliches Mäutelchen umhingen. Und so kann man noch heute in manchem Schaufenster eines Bäckerladens derartige nach „wissenschaftlichen Grund-sätzen" erbackene Brode liegen sehen und bei der Langsamkeit mit der einmal fest eingewurzelten Volksanschauungen neuen u. bessern Platz machen, wird das wohl noch einige Zeit so bleiben und in populären Zeitschriften werden spaltenlange Artikel ver-öffentlicht über masslose Vergeudung von Volksvermögen mit dem alten Refrain: „Begnügt Euch mit Eurem Kommissbrot." Wenn wir für diese Periode bis zum Ende der 40 Jahre tief-gehende technische Umwälzungen nicht haben konstatieren können, so müssen doch in der Dampfmüllerei gewisse, namentlich auf die Hebung der Produktionskraft hinzielende Fortschritte erwähnt werden. Allein es empfiehlt sich schon

	Weizen	Roggen
Kalk	0,57	0,77
Bittererde	2,21	1,61
Eisenoxyd	0,19	0,21
Phosphorsäure	9,98	6.56
Schwefelsäure	0,02	0,05
Kieselsäure	0,21	0,17
Chlornatrium	0,41	0.00
Wasser	129,94	138,73

Die chemische Analyse des stickstoffhaltigen Klebers und des stick-stofffreien Stärkemehls nach Moleschott ist folgende:

Kleber zur Bildung von Blut und Muskelfasser	Stärkemehl zur Bildung von Fett und Wärme.
Kohlenstoff 55,7	Kohlenstoff 44,45
Wasserstoff 7,8	Wasserstoff 6,17
Stickstoff 14,5	Sauerstoff 49,38
Sauerstoff 22,0	100
100	

des Zusammenhangs wegen dies im folgenden Teil bei der ausführlichen Besprechung der statistischen Ergebnisse mit zu berühren.

V. Kritische Würdigung der statistischen Aufnahmen.

In der bisherigen Untersuchung haben wir an einer Fülle von Einzelthatsachen die weitere Ausbildung des Fabriksystems in der Müllerei verfolgt, wir haben die vielfachen technischen und wirtschaftlichen Veränderungen, die vorzüglich die Einführung der Dampfkraft zur Folge hatte, aufgedeckt. Nunmehr bleibt noch, um das Bild zu vervollständigen übrig, die Massenbeobachtungen zu prüfen, die die Statistik darbietet. Erst durch ein Zusammenhalten und Vergleichen der Erfahrungen der beiden Beobachtungsformen werden wir hoffen können, zu ausreichend sichern Resultaten zu gelangen.

Bevor wir aber in eine eingehendere Besprechung eintreten, muss die allgemeine Bemerkung vorausgeschickt werden, dass wohl für keines der in der besten der Statistiken, in der preussischen Fabrikentabelle, enthaltenen Gewerbe, die Dürftigkeit der statistischen Nachrichten so gross ist wie für die Müllerei. Für die wichtigste Frage, die der Produktionskraft des Gewerbes, deren Feststellung gerade bei der Mühlenindustrie nicht so grosse Schwierigkeiten bietet, fehlen die elementarsten Nachrichten. Gewöhnlich findet man nur katastermässig die Zahl der Mühlen nach ihren Betriebskräften unterschieden. Nicht einmal die vollständigen Ziffern der Mühlengänge werden angegeben, sie fehlen für die Windmühlen. Die Dampfmühlen werden erst seit 1837 gezählt. Unter den aufgezählten Wassermahlgängen aber wird nicht zwischen den verschiedenen Arten von Gängen unterschieden, ob Spitz-, ob Schrot- oder Graupen- oder Mahlgang. Infolgedessen sind Folgerungen über die Grösse der bewegenden Kräfte schwer zu machen, zumal da keinerlei Erhebungen über die Zeitdauer, in welchen volle, halbe oder nicht zureichende resp. gar keine Wasserkraft vorhanden ist, stattgefunden, ebenso verhält es sich bei den Windmühlen. Es genügen also die Zahlen nicht einmal, um allgemeine Folgerungen anzustellen über technische Vervollkommnung.

Aus diesen Gründen auch ist es fast unmöglich das Produktionsquantum des Gewerbes zu berechnen wie das darin

ruhende Anlage- oder Betriebskapital. — Diese statistischen
Mängel reichen sogar bis in die neuesten Zählungen hinein,
auch hier sucht man vergeblich das Produktionsquantum zu
bestimmmen, ev. aus dem Kraftverbrauch zu berechnen. Immer
bleiben noch verschiedene Unbekannte. Wieviel Turbinen
bei den durch Wasserkraft getriebenen Mühlen in Gebrauch
sind, nach welchen Systemen sie erbaut, wieviel Walzen
und von welcher Grösse und Vermahlungsfähigkeit vorhanden sind, bleibt ein sorglich gehütetes Geheimnis, eine nicht
zu enträtselnde Sphinx. — Infolgedessen kann man auch aus
den blossen Zahlen der Mühlenbetriebe keine genauen Schlussfolgerungen machen inbezug auf die Konkurrenzfähigkeit
von Kleinbetrieb gegenüber Grossbetrieb oder Dampfmühle. Die
kleinen Wind- und Wassermühlen können relativ zunehmen,
dennoch können sie aus dem Felde geschlagen sein, da ihre
technischen Unvollkommenheiten ihre Produktion im Vergleich
zu derjenigen von grössern Werken als ein Minimum erscheinen lassen.

Die Einwände gegen die statistischen Angaben, wie sie
jedem, der tiefer in die technische Entwicklung des Gewerbes
geschaut, sofort aufstossen, mussten erhoben werden, damit
wir uns dieses sonst vorzüglichen Hülfsmittels der Beobachtung
gefahrlos bedienen können.

Für das Jahr 1831 existiert eine Summierung der Mühlen
Preussens von Ferber und ausführlicher von Dieterici. Nach
letzterem waren Wassermühlen 13949 mit 22693 Gängen

Bock-Mühlen   9764
Holländer-Mühlen   687
Rossmühlen   1184
_____
insges. 25584

Für die 3 letzten Arten wurde nun pro Mühle ein Mahlgang angenommen.
Daher erhielt man 22693 Wassermühl-Gänge

9764 Bockmühl-Gänge
687 Holländermühl-Gänge
1184 Rossmühl-Gänge
_____
Summa 34328 Mahlgänge.

Dass eine derartige rein nach äusserlichen Momenten erfolgte Zusammenstellung und Schätzung keine weitern Schlüsse

auf den Betriebsumfang der Mühlen zulässt, dürfte einleuchten. Ein Wassermahlgang vermahlte natürlich mehr wie ein Windmühlengang oder Rossmühlengang, und ein Dampfmühlengang mehr wie der einer Wassermühle. Diese Entdeckung machte schon Hoffmann und reduzierte dem entsprechend diese Zahlen auf Wassermühlgänge. Jedoch blieb die Statistik bei der äusserlichen, nur etwas genaueren Zählung und Schätzung, (Dieterici rechnet 1837 2 Mahlgänge auf 1 Holländermühle, auch wurden die Gänge der Ross- und Dampfmühlen später gezählt) bis zur Zählung von 1861 und die Reichsstatistik berechnete danach gewissenhaft die Mahlgänge auf 10000 Einwohner.[1] (vgl. Tabelle II.) Dass diese Berechnung zu keinen weitern Schlüssen berechtigt, liegt auf der Hand.

Hoffmann berechnete für das Jahr 1837 die Mahlgänge in folgender Weise. Einen Dampfmahlgang schätzt er auf das $1^{1}/_{2}$fache eines Wassermahlgangs, welcher das ganze Jahr hindurch hinreichend Wasser hat. Einen Windmühlgang auf das $^{1}/_{2}$fache eines Wassermühlgangs. Rossmühlen aber, welche nur bestimmt sind, den Bedarf grosser mit Brauereien verbundener Landwirtschaften zu bestreiten, werden 1 Windmühlgang gleichgeschätzt. Demnach giebt er folgende Übersicht:

	Mahlgänge	auf 10000 Einwohner
Preussen	2855	133
Posen	2203	188
Brandenburg	3143	180
Pommern	1666	168
Schlesien	7464	279
Sachsen	4314	276
Westfalen	2836	214
Rheinprovinz	5761	235
	30242	21,4

Die Reichsstatistik aber rechnet für 1831 26,33 und 1846 24,15 Mahlgänge auf 10000 Einwohner. —

Die Hoffmansche Reduktion erhält man aber für Preussen wenn man folgende Zahlen summiert

---

[1] R.-St. Bd. 34. Thl. II. S. 110.

1837: Wassermühlen 14110 mit zusammen Mahlgängen 23771
Bockmühlen   9985 geschätzt auf   „   4992,5
Holländermühlen 735 gesch. auf $\dfrac{735 \text{ à } 2}{2}$ „   735,5
Rossmühlen   1247 (1294) gesch. auf 647   „   647
Dampfmühlen   27 mit 64 Gängen gesch. auf 96   „   96

                       26104   30242

Für das Jahr 1831 erhielte man, wenn die Zahl der Mahlgänge auf Wassermahlgänge reduziert würde, 29869 Gänge, wobei noch zu den Dieterici'schen Zahlen für 7 Dampfmühlen[1]) mit schätzungsweise 10 Gängen = 15 Wassergänge hinzugerechnet sind. Auf 10000 Einwohner kamen daher 1831 22,1 Wassermahlgänge.

Die Mahlkraft der Müllerei Preussens.

Würde man die Mahlkraft des Landes i. J. 1831 berechnen wollen, so wäre zu berücksichtigen, dass man nur etwa 2 Monate auf Vollbetrieb, 4 Monate auf halben und 2 auf $^1/_4$ Betrieb rechnen könnte, 4 auf gar keinen wegen Eisgang, Reparatur etc. Ein Mahlgang vermahlte nun meist in 24 Stunden 12 Ctr. Getreide zu Mehl,[2]) folglich 29869 × 12 × 60 = 21,50 Mill.Ctr.

    +   29869 ×   6 × 120 = 21,50   „   „
    +   29869 ×   3 ×   60 =   5,37   „   „
                                          47,39 Mill. Ctr.

Nach Dieterici kommt nach den Resultaten der Mahlsteuer in den Städten auf den Kopf der Bevölkerung 0,769 Sch. Weizen und Weizenfabrikate und 3,00 Sch. Roggen und Roggenfabrikate. Setzt man den Verzehr von Stadt und Land gleich, so ergiebt sich an Roggenverbrauch 10,03 × 3,01 = 39,22 Mill. Sch., an Weizen 10,02. Jedoch hält Dieterici diese Zahl für zu hoch und schätzt den Verbrauch nur auf etwa 8 Mill. Sch. Weizen, im Ganzen also auf 47,24 Mill. Scheffel Getreide = 38 Mill. Ctr. Demnach würde noch für den Jahres-Durchschnitt die Produktionkraft der Mühlen mit 12 Ctr. pro Tag und Mahlgang zu hoch gegriffen sein. Wahrscheinlich sind auch unter den Wassermahlgängen die Spitz- und Schrotgänge mitgezählt, sodass aus diesem Grunde die Multiplikation zu gross wird.

---

[1]) Schimmelpfennig, Die indirekten Steuern.
[2]) S. Neumann, Der Wassermahlmühlenbau 1810 S. 38, vgl. auch die Stralsunder Mühle, die in 12 Stunden 24 Ctr. Weizen schrotete, gewiss mit 2 Gängen, also pro Gang 12 Ctr. in 12 Stunden. (s. Beiträge.)

Von den statistischen Erhebungen der nächstfolgenden Jahre eignen sich zu einem Vergleich mit den 31er Angaben am besten diejenigen des Jahres 1846. Während die Bevölkerung sich um 2,4 Mill. oder 18% vermehrte, stieg die Zahl der Mühlen von 25584 auf 28062 oder von 100 auf 112, die der Mahlgänge (nach der R.-St.) auf 38911 oder von 100 auf 116. Ganz bedeutend vermehrten sich die Bockwindmühlen um 1325 = 13%, die Holländer um 353 = 51%, die mit Wasserkraft betriebenen Mühlen dagegen nur um 301 Mühlen.

Einen Überblick über die Entwicklung gewähren folgende Ziffern, wobei auch die Zahlen für 1861 angefügt sein mögen.

1831	mit Tierkraft betriebene Mühlen			1184
1846	„	„	„	1568
1861	„	„	„	1723
1831	Bockwindmühlen 9764. Holländermühlen 687 zus.			10451
1846	„ 11089	„	1040 „	12129
1861	„ 13128	„	1738 „	14866
1831	mit Wasserkraft betriebene Mühlen			13949
1846	„	„	„	14250
1861	„	„	„	14627

Aus der beständigen Zunahme dieser mehr oder weniger kleinen Mühlen lässt sich wohl schliessen, dass die Dampfmühlen den andern Mühlen noch nicht derartige Konkurrenz machten, dass diese absolut konkurrenzunfähig dastanden, allerdings schmälerten ihnen die grossen Mühlen immermehr ihren Anteil an der Erzeugung des Gesammtmehlbedarfs.

Weitaus die grössten Fortschritte qualitativ und quantitativ machten aber die Dampfmühlen. In ersterer Hinsicht war es für sie durchaus Notwendigkeit, beständig ihre Produktionskraft zu steigern, um die grossen maschinellen Kosten dadurch zu verringern.

Anderseits begünstigte auch die ausgedehntere Produktion von Kraftmaschinen, ihre beständig sich vergrössernde und relativ verbilligende Erzeugung von Maschinenkräften die Einführung dieser Maschinen in die Müllerei. Leider bleibt auch in diesem Fall die Statistik sehr unvollkommen. Erst vom Jahr 1837 werden die Dampfmühlen statistisch erfasst, während die erste mit Dampf betriebene Mühle, wie anfangs erwähnt, bereits 1822 errichtet wurde. Weitere technische Fortschritte wie Anwendung der Kondensation, Kompoundsystem werden nicht berührt. Es werden nur Gesammtzahlen der Mühlen wie der Mahlgänge und der Maschinenkräfte angegeben, vom Jahr 1846 kommt noch eine Angabe über die Zahl der Beschäftigten hinzu.

Eine Zusammenstellung dieser Zahlen giebt nachstehende Tabelle:

Altpreussen.

Jahr.	Zahl der Dampfmühlen.	Mahl- gänge.	Ma- schinen.	Pferde- kraft.	Beschäf- tigte.
1831	7	—	--	—	—
1837	27	64	—	377	-—
1839	32	—	—	—	—
1840	34	93	—	—	—.
1843	69	196	—	—	—
1846	115	303	71	927	523
1849	190	524	95	1111	762
1852	239	604	172	2007	857
1855	356	890	337	3566	1217
1858	556	1425	521	6195	1851
1861 [1])	668	1727	600	8101	2255

Hiernach vermehrten sich von 1837—1846 die Dampfmühlen nur um das vierfache, von 46—61 aber um das fünffache. Auf 1 Dampfmühle i. J. 37 kamen 2,37 Mahlgänge und 14 P. S.

1846 kamen auf 1 Dampfmühle 2,6 Mahlgänge, 8,05 PS. u. 4,5 Beschäftigte
1849 - „ „ „ 2,7 „ 5,7 - „ 4,0 „
1855 - „ „ „ 2,5 „ 10,0 - „ 3,4 „
1858 - „ „ „ 2,56 „ 11,12 - - 3,3 „
1861 „ - „ „ 2,5 „ 12,1 - - 3,37 „

Die durchschnittliche Leistungsfähigkeit einer Dampfmaschine (die betreffenden Angaben werden erst seit 1846 gemacht) in der Getreidemüllerei waren

1846 = 13,1 P.S.
49 = 11,7 „
52 = 11,7 „
55 = 10,6 „
58 = 11,9 „
61 = 13,5 „[2])

[1]) Die Zahlen über Stärke der Motoren, Anzahl, von 1846—61 sind den preuss. stat. Jahresb. entnommen 1862. Bd. I u. II. S. 561.
Viebahn, Stat. d. zoll. Deutschld. Bd. III 760.
[2]) Preuss. stat. Jahrb. a. a. O.

Welche Schlussfolgerungen können nun aus diesen Ziffern gezogen werden? Betrachtet man zuerst die Zahlen von 1837 und 1846/49, so fällt vor allem die sprunghafte Vermehrung der Dampfmühlen um die Mitte des 5. Jahrzehnts auf. Von 1843—49 wachsen trotz der gewerblichen Leidensperiode der Jahre 46/49 die Dampfmühlen in fabelhafter Schnelligkeit, sie steigen von 100 auf 273, die Mahlgänge wachsen von 100 auf 267, und die Maschinenkräfte in den Jahren 1837—49 von 100 auf 294. Wenn nun die Durchschnittzahlen für 1837 nur je 2,37 Mahlgänge und 14 P.S. für 1 Dampfmühle ergeben, 1846 die Zahl der Mahlgänge fast unverändert bleibt, diejenige der Maschinenkräfte sich sogar verringert, so ist diese Durchschnittszahl zu erklären als Ergebnis sehr grosser und ziemlich kleiner Betriebe. Wie nämlich oben an einzelnen Beispielen gezeigt wurde, hatten einige der ersten Dampfmühlen 20, 30 und mehr P.S. Eine der ersten Mühlen mit Dampfkraft, die zu Magdeburg v. J. 1825, hatte für 4 Mahlgänge, Grawinkler Steine $3^1/_2$ Fuss Durchmesser, eine Kornreinigungs- und englische Mehlmischmaschine 18 P. S., pro Mahlgang = 4,5 P. S., die Stettiner Walzmühle hatte eine Maschine mit 30 HP., die Mühle in Münster 24 HP. Die Potsdamer Mühle hatte 1843 für 8 Mahlgänge sogar 48 HP., also für 1 Gang 6 HP., die pro Tag i. J. 1846 42,8 Ctr. Getreide zu Mehl vermahlten. Wie bedeutend die Hebung der Produktivkraft in diesem Zeitraum gewesen, wird ersichtlich, wenn man demgegenüber hält, dass im Jahre 1831 im Durchschnitt kaum eine Mahlkraft von 12 Ctr. pro Tag und Mahlgang erreicht wurde, in einzelnen Ausnahmefällen 24 Ctr. Auch die Äusserung eines Mühlenbauinspektors aus den 20er Jahren kann hier angeführt werden. Als die Erfindung der Walzenvermahlung grosse Hoffnungen hinsichtlich der Menge der erzeugten Mehle weckte, meinte dieser, auch in der besten und zweckmässigst eingerichteten Wassermühle sei es unmöglich 300 Pfund Getreide in 1 St. fein zu mahlen, also 72 Ctr. in 24 St. —[3]) Wie nahe man dieser Zahl schon um die Mitte der 50er Jahre gekommen, lehrt obiges Beispiel.

Hinter dieser in Preussen sich vollziehenden gewerblichen Entwicklung blieb jedoch diejenige der andern deutschen Staaten weit zurück. Da das Schema der Aufnahme für diese

---

[3]) Verh. d. Vereins f. Gewerbefl. Preussen 1825.

Staaten wie für Preussen dasselbe war, können die einzelnen Ergebnisse hier zum Vergleich gebracht werden. Jedoch soll noch mit einigen wenigen Worten auf die Gewerbeverfassungen dieser Staaten eingegangen werden, namentlich soweit sie das Mühlengewerbe regeln. Gewöhnlich wird dies Moment sehr überschätzt. Wenn nicht auch sonst andere Ursachen und Verhältnisse die gewerbliche Entwicklung im allgemeinen günstig beeinflussen, bleibt auch die beste freiheitlichste Ordnung eines einzelnen Gewerbes ohne Wirkungen für das Gedeihen desselben.

Bayern.

In Bayern hatte die rechtliche Regelung des Gewerblebens eine bunte Fülle eigentümlicher Rechtsgebilde geschaffen, wie sie vielleicht in keinem der übrigen deutschen Staaten anzutreffen waren. Man unterschied sog. reale und radizierte Gewerbegerechtigkeiten und ausserdem noch Zwangs- und Bannrechte. Diese Rechtsgestaltung war ein Ausfluss jener mittelalterlichen Rechtsanschauung, wonach die Befugniss zur Ausübung eines Gewerbes ein freiveräusserliches geldwertes Privatrecht sei.[1]

Unter einer realen Gewerbegerechtigkeit verstand man die verkäufliche und vererbliche Befugnis zum Gewerbebetrieb, unter einer radizierten die mit dem Besitz einer unbeweglichen Sache verbundene und nur mit dieser veräusserliche Berechtigung.[2]

Mühlen und Brauereien galten nun als radizierte Gewerbe, obendrein bestand für diese bis zu Anfang des Jahrhunderts ein Zwangs- und Bannrecht. Der Mühlenzwang ward erst 1809 aufgehoben.[3] Die Besteuerung der Mühlen fand nach Mahlgängen statt und führte den Namen: Mühlanlage.[4]

Eine eigentliche Reform des Gewerbewesens fand erst durch Gesetz vom 11. Sept. 1825 statt, das ein gewerbliches

[1] vgl. hierzu Kaizl, Der Kampf um Gewerbereform und Gewerbefreiheit in Bayern, Schmollers staatswiss. Forschungen Bd. II. S. 52 u. f. Ferner: Schlichthörle, die Gewerbsbefugnisse der kgl. Haupt- und Residenzstadt München. Erlangen 1845. Bd II. S. 125 ff.
[2] s. Kaizl, a. a. O. S. 51.
[3] s. hierzu Seydel, Bayerisches Staatsrecht. Bd. I. S. 324. Ferner Bayr.-Reichsbl. 1809. S. 1329, 1803, 1021, 1805, 640, 1868, 1705. — Nach Kustermann galt die allgemeine bayerische Mühlenordnung v. J. 1701 bis zum J. 1845.
[4] s. Seydel, a. a. O. Der höchste Satz war 14 fl. für 7 und mehr Gänge, der geringste 1 fl. für 1 Gang.

Conzessionssystem zur Einführung brachte. Für die Müllerei war es insofern noch von besonderer Bedeutung, als es auch für Mühlen die Errichtung neuer radizierter Gewerbegerechtigkeiten ausschloss. Jedoch war die Behörde auch hier noch in der Lage, die Bedürfnisfrage zu prüfen.[1])

Erst das Jahr 1868 brachte vollkommene Gewerbefreiheit und mit ihr einen kräftigen Anstoss zum technischen Fortschritt, wozu auch noch die Konkurrenz des Auslands, namentlich die Österreich-Ungarns mit seinen vorzüglichen Fabrikaten beitrug.

Über die Zahl der Müller vor 1846 sind mir nur bekannt die Rudhart'schen Zahlen[2]) nach den Gewerbesteuerkatastern vom Jahre 1822. Danach hatte Bayern

im Ihnakreis	1485	Müller.
„ Oberdonaukreis	1114	„
„ Unterdonaukreis	1260	„
„ Obermainkreis	1718	„
„ Rezakreis	1242	„
„ Regenkreis	8633	„
Summa	15452	„

Für 1847 und 1861 werden folgende Zahlen angeführt:

		1847	1861
Wassermühlen:	Mühlen	= 9506	= 9624
	Gänge	= 21650	= 22584
Zahl der Meister, welche f. eigene Rechnung arb.		= 18689	= 9446
Zahl der Gehülfen und Lehrlinge		=	= 10488
	Summa		19934
Bockmühlen:	Mühlen	= 1	= 3
	Meister	= 1	= 1
	Holländer	= 1	= —
	Meister	= 1	= —
Durch tierische Kräfte		= 40	= 73
	Meister	= 54	= 82
	Arbeiter	= 51	= 75
Durch Dampf		= 2	= 33
	Mahlgänge	= 4	= 84
	Arbeiter	= 4	= 62

[1]) s. Kaizl a. a. O. S. 80.
[2]) Rudhart, Zustand Bayerns 1829. Bd. II. Beilage XLII.

1847 Gesammtzahl der Mühlen = 9550   1861 = 9735
,,   der Gänge = 21697   = 22736
,,   der Meister ⎫
u. Gehülfen ⎬ = 18800   = 20154
Lehrlinge ⎭

Es kamen also im Jahre 1847 nur 2,26 Mahlgänge auf 1 Mühle, 1861 2,33, demnach waren nur kleine Betriebe vorhanden. Doch kamen auf je 10000 Einwohner i. J. 46 48.2. 1861 aber 48,5 Mahlgänge. Die Zunahme derselben betrug 4 %, die der Mühlen nur 1,9 gegen 2,2 % Bevölkerungszuwachs.

Sachsen:

In Sachsen herrschte gleichfalls Bier- und Mahlzwang und es wurden nach der Generalaccis-Ordnung vom 12. Juni 1824 auch Getreide und Mehl nach bestimmten Sätzen versteuert. Erst nach dem Gesetz vom 27. III. 1838 wurde jener Zwang aufgehoben gegen Entschädigung der Zwangsberechtigten von Seiten der Zwangspflichtigen. Die Gewerbefreiheit ward 1862 proklamiert.

1837:	Mühlen.	Mahlgänge.	Spitzgänge.	Schrotgänge.
Wassermühlen	3027	5029	355	30
Schiffmühlen	15	25	—	—
Summa	3042	5954	355	30
Holländer Mühlen	47	50	—	—
Bock Mühlen	285	293	6	3
Rossm. m. zus. 6 P.S.	5	—	—	—
Dampfm. ,, 10 ,,	2	.. .	—	—
Summa	3381	5397	361	33
		5791		

1846		1861			
Wassermühlen =	3183	3190 ⎫			
Gänge =	5704	6145 ⎬	mit 7635 Arbeitern.		
Windmühlen =	511	549 ⎫			
Gänge =	511	549 ⎬	,,	786	,,
Rossmühlen =	6	3 ⎫			
Gänge =	? (6 geschätzt) 3 ⎬	,,	2	,,	
Dampfmühlen =	5	7 ⎫			
Gänge =	17	20 ⎬	,,	35	,,
P. S. =	86	= 320 P. S.			
Arbeiter =	46	—			
Zahl der Mühlen =	3705	= 3749	mit 8458 Arbeitern.		
,, ,, Gänge =	6238	= 6717			
(geschätzt.)					

Auch in Sachsen bildeten die Mühlen bis 1861 nur kleine Anlagen.[1)]

1837 kam auf eine Getreidemühle nur 1,76 Gänge.

1846 „ „ „ „ „ 1,68 „

1861 „ „ „ „ „ 1,7 „

Von 1837—46 wuchs die Zahl der Mühlen um 8,7 %, die der Mahlgänge um 7,5 %, blieb aber hinter dem Bevölkerungszuwachs, der 10,9 betrug, zurück. Folglich muss auch hier eine Intensivierung der Betriebe stattgefunden haben. Denn auch die Mahlgänge nehmen ab von 37,7 u. 34,0 pro 10000 Einwohner bis 30,2 i. J. 1861.

Die zunehmende Bedeutung der Dampfmühlen wird deutlich gekennzeichnet durch den Gebrauch von Maschinenkräften. Durchschn. P. S. auf 1 Mühle im Jahre 1846 = 22,40.

1856 = 20,73.

1861 = 21,33.

Württemberg.

Vor dem Beginn der 60er Jahre hatte auch Württemberg keine Gewerbefreiheit. Allerdings beseitigte es ebenfalls früher, durch Ges. vom 22. April 1828 für Müller und Bierbrauer den Zunftzwang, während Fleischer und Bäcker noch zünftig blieben. Durch Instruktion vom 6. Juni 1828 war die Ausübung des Müllergewerbes an die Ablegung einer Prüfung geknüpft oder der Inhaber bezw. Werkführer musste den Nachweis führen, dass er nach alter Zunftordnung das Meisterrecht erlangt und 7 Jahre als Gehülfe oder Lehrling zur Zufriedenheit gedient.

[1)] Bei Besprechung der Zählungsergebnisse der ausserpreussischen Staaten und der Vergleichung mit preuss. Verhältnissen passiert Schmoller in s. cit. Werke ein Versehen.

Er sagt: In Sachsen existieren (1855) 512 städtische, 343 ländliche Mühlen. Von 5328 gewöhnlichen deutschen Gängen sind 3979 noch nicht über 4 Monate im Gange.

Die sächsische Statistik aber, auf die Bezug genommen wird, berichtet ganz etwas anderes. Sie giebt an, wieviel Monate während eines Jahres diese 2979 deutschen Mahlgänge im Umtrieb sind, 1018 weniger wie 2 und 1961 über 2—4 Monate. —

An einer andern Stelle wird gesagt, nach Viebahn kamen auf eine badische Dampfmühle 14, auf eine pommersche aber 40 Gänge i. J. 1861. Es muss heissen auf 10 Dampfmühlen.

Mahlmühlen.	Arbeiter.	Unternehmer und	Arbeiter.[1]
1829	1876	...	—
1835	1966	866	2852
		besch. Personen	
1852	2052	4889	
		Dirigenten.	besch. Pers.
1861	2084	3245	2080	5325

Darunter 2046 durch Wasserkr. betrieb. Mühlen
31 „ Tierkraft
7 „ Dampf.

Die Bevölkerung wächst sehr spärlich von 1835—52 um 1,3 %, nimmt dann sogar relativ ab, sodass die Gesammtvermehrung von 1835—61 nur 0,95 % beträgt. Die Mühlen vermehren sich während der ersten Aufnahmen um 4 %, den folgenden Jahren 1852—1861 um 5, die Zahl der Mahlgänge von 1835—1861 steigt dagegen nur von 100 auf 101,4, sodass 1861 nur 30,2 Mahlgänge auf 10000 Einwohner kommen.

Baden:

Baden ähnelt in vieler Beziehung Württemberg.[2] Bis 1862 blieb der Zunftzwang bestehen. Nur langsam nimmt die Bevölkerung zu, von 1846—61 um 0,7 %, erst von den 60er Jahren macht sich ein rasches Steigen bemerkbar. Von 1861—75 vermehrt sie sich von 100 auf 109.

	1846	1861	
Wassermühlen	= 1802	= 1922	
Gänge	= 4418	= 4898	
Beschäftigte	= 3724	= 4223 davon Meister 1845	
Windmühlen	= —	— Gesellen u. Lehrl. 2378	
Rossmühlen	= 4	15	
Gänge	= 4	16	
Arbeiter	= 6	4	
Dampfmühlen	= —	19 mit 113 P.S.	
Gänge	= —	= 27	
Arbeiter	= —	= 11	
Gesamtzahl d. Mühl.	= 1806	= 1956	
„ „ Gänge	= 4422	= 5041	
„ Beschäftigten	= 3730	= 4257 [3]）	

---

[1] s. Köhler Württemberg Gewerberecht S. 192.
[2] Dietz: Das Gewerbe im Grossherzogtum Baden.
[3] Es ist hinzugezählt entsprechend der Zahl der Dampfmühlen die Zahl 19.

Es vermehrten sich hiernach die Mühlen um 8,3 % die Mahlgänge fast nur 14 %. Auf 1 Mühle kamen 1847 nur 2,06 Beschäftigte, 1861 nur 2,1. Auch hier waren demnach die Kleinbetriebe vorherrschend.

1849 bestanden in Baden Kunstmühlen nach dem neuern System:[1]) mit Dampf 1, Fabrikationsmenge jährl. 48000 Ctr., Ort Mannheim, Arbeiter 15, mit Wasserkraft 7, Fabrikationsmenge jährl. 50562 Ctr., Arbeiter 36.

---

[1]) Hübner: Übersichten. Bd. V. 1857. S. 81.

Die Mühlenindustrie vom Ende der 40er Jahre bis Ende der 60er Jahre.

1. Die Fortbildung des fabrikmässigen Betriebs in der Getreidemüllerei Deutschlands zur fabrikmässigen Grossindustrie von etwa 1850—1870.

Nach Überwindung der im allgemeinen für die grosse Masse der Mühlen nicht sehr günstigen 40er Jahre machte sich in den 50er Jahren wieder ein lebhafter Aufschwung bemerkbar. Die Preise der landwirtschaftlichen Artikel zeigen ein anhaltendes Steigen. Dass dieser Umstand nicht ohne besondere Wirkungen für die Getreidemüllerei blieb, braucht kaum hervorgehoben zu werden.

Es wurde bereits darauf hingewiesen, dass in dieser Periode die Handelsmüllerei den Sieg über die alte Lohnmüllerei davonträgt.

Skizzieren wir hier scharf die Momente, die hierfür entscheidend waren. Dabei kommt hauptsächlich in Betracht die moderne Verkehrsentwickelung, die ein beständiges Sinken der Frachten herbeiführt, ausserdem, was gleichfalls von allgemeiner Bedeutung ist, das Zunehmen der Geldwirtschaft resp. das Schwinden der Naturalwirtschaft. Mit dem Naturallohn hing die Lohnmüllerei auf das innigste zusammen. War es nun für die grössern Mühlen zur zwingenden Notwendigkeit geworden, nicht mehr für jeden einzelnen Mahlgast jeden Centner Korn allein zu vermahlen, um nicht die Rentabilität der Mühle aufs äusserste zu gefährden, so war es ebenso selbstverständlich, dass sie überall Geld als Mahllohn forderten, da die ständig schwankenden Getreidepreise bedeutende Schwierigkeiten in Bezug auf die Berechnung des thatsächlichen Verdienstes machten. Infolge dieser Umstände kam, da auch die grössern Mühlen sich immer mehr bestrebten, die neuesten technischen Errungenschaften des Auslands einzuführen und bessere Fabrikate zu liefern, jene alte bürgerliche Gewohnheit,

das Getreide auf dem Markt nach alter guter Sitte einzukaufen und beim Ortsmüller vermahlen zu lassen, mehr und
mehr in Fortfall. Die moderne Arbeitsteilung griff hier ein,
die Verhältnisse wurden grösser und grösser, der kleinstädtische
Rahmen gesprengt, man begann rascher zu leben, nicht jeder
Hausvater hatte soviel freie Zeit, sich mit Kornkauf zu befassen, er scheute auch die Umständlichkeiten mit der Vermahlung, kurz, man begann immer mehr fertiges Mehl für den
Hausbedarf zu kaufen. So blühte allmählich und entfaltete
sich der Mehlhandel namentlich da, wo er durch keine Mahlsteuer belästigt wurde, in immer grösseren Dimensionen.

Gleichen Schritt mit den gesteigerten Bedürfnissen, ja
diese klug erweckend, wo sie noch schlummerten, hielt der
industrielle Fortschritt sowohl in der Gründung von grossen
Betrieben mit gewaltiger Vergrösserung der Produktion wie
in der Mehlfabrikation selbst. Die im vorigen Abschnitt ausführlicher beschriebenen Maschinen, die Trieure, Tarare, Turbinen
und die verschiedentlichen Sichtapparate werden jetzt auch in
deutschen Mühlen üblich. Neben mancherlei andern Konstruktionsverbesserungen wurden ferner an den Mahlgängen sog. Exhaustoren und Ventilatoren angebracht, maschinelle Einrichtungen, die
den Zweck hatten, die Erhitzung des Mahlgutes durch Ab-
saugung der heissen Luft zu verhindern und beständig frische
Luft zuzuführen. Derartige Verbesserungen wurden schon
1847 in den Berliner kgl. Mühlen eingeführt und darauf auch
in den Bromberger Werken.

Von den ersten Mühlen wird erwähnt, dass sie im Jahre
1848 schon 26 Mahlgänge in Betrieb hatten. Die Bromberger
Mühlen aber hatten ihre Produktionskraft bereits auf 700 pr.
Scheffel Vermahlung in 24 St. gesteigert, und gebrauchten pro
Mahlgang (1,46 Durchmesser der Steine) eine Maschinenkraft von
7 P. S., davon 1 auf die Bewegung der Hülfsmaschinen nebst
zugehörigen Sieben, Schrauben, Elevatoren, Sackwinden etc.
im Ganzen auf 12 Gänge 84 P. S.

Zahllose Neugründungen von grösseren Dampfmühlen
aber erfolgten von Mitte der 50er Jahre. 1857 entstand
bei Stettin eine zweite grosse Mühle, die Stettiner Dampf-
mühl - Aktien - Gesellschaft. Die Dampfmaschine hatte
170 P. S. und 22 Mahlgänge und konnte täglich 75 Wispel
Roggen oder 100 Wispel Weizen vermahlen, ausserdem

die Reismühle 400 Centner Reis. Andere solcher Aktien-
mühlen waren die Wittener (geg. 1856), die Kölnische, die
33 000 Ctr. Weizen zu feinem Mehl und 7300 Ctr.
Roggen zu
Mehl und Schrot verarbeitete, die Dampfmühlengesellschaft in
Unna. Die Wittener Dampfmühle erlangte bald einen grossen
Ruf für ihre Fabrikate, darunter Griese und Nudeln. In
Minden ward eine Dampfmühle auf eine Vermahlung von $1/_2$ Mill.
Scheffel Weizen eingerichtet. Die Ausfuhr per Eisenbahn aus
Münster betrug fast 50 000 Ctr. In Berlin, wo man steuerfreie Mehlniederlagen gestattet hatte, entstand 1856/57 die
Berliner Brotfabrik mit 12 Gängen und 4 Backöfen. Sie sollte
den humanen Zweck verfolgen, der ärmeren Bevölkerung ein
gutes und billiges Brot zu beschaffen. Friedrich Wilhelm IV.
soll sogar die ersten 100 Aktien der Mühle selbst besessen
haben. (Über die Aktienmühlen und die eingezahlten Kapitalsummen vgl. die Tabelle, wahrscheinlich sind nicht alle Aktiengesellschaften darin enthalten.)

Die Aktiengesellschaften in der Getreidemüllerei 1856/57. [1])

Namen der Aktien-Gesellschaft.	ge-gründet.	Aktien à Thlr.	Nominal Kapital.	Einge-zahlt Ende 58.	Total einge-zahlt	Dividenden		
						1856	57	58
WittenerDampf-mühl.-Akt.-Ges.	1856	400	300000	voll	—	—	$10^5/_1$	9
StettinerDampf-mühl.-Akt.-Ges.	1857	500	600000	„	—	—	—	—
Kölnische Dampfmühlen	1857	100	250000	„	—	—	—	—
Dampfm.-Akt.-Ges. in Unna	1857	—	150000	„	—	—	—	—
Stettiner Walz-mühlen Akt.Ges.	1836	—	210000	„	—	30	25	20
Ludwigs Walz-mühle München	1838	300 Fl.	500000	—	285715	—	—	—
Berliner Brot-fabrik Berlin	1856	—	300000	„	—	—	—	2
Sa. =	7	—	2095715	—	—	—	—	—

[1]) s. Hübner, stat. Uebersicht 1859. S. 148.

Namen der Aktien-Gesellschaft.	ge-gründet.	Aktien à Thlr.	Nominal -Kapital	Einge-zahlt Ende 58.	Total einge-zahlt.	Dividenden		
						1856	57	58
Brotfabriken Magdeburger Akt.-Ges.	1857	—	100000	—	—	—	—	—
Erzgebirgische Sozietäts-Brauerei und Bäckerei in Cainsdorf	1858	—	105000	—	50 Thl.	—	—	—

Wie rapide die Ausfuhr in diesem Zeitraum stieg, lassen die folgenden Zahlen erkennen. Danach wurde aus dem Zollverein mehr ausgeführt:

1856	an Mehl und Mühlenfabrikaten					94793 Ctr.[2]	
57	„	„	„	„	„	233390	„
58	„	„	„	„	„	245239	„
59	„	„	„	„	„	301379	„
60	„	„	„	„	„	303120	„
61	„	„	„	„	„	489204	„
62	„	„	„	„	„	670506	„

Aber auch im Inland wurden grosse Mengen feinen Mehles verlangt.[1] Denn neben der Müllerei erfasste der Sturmeswirbel der technischen Entwicklung und Vorwärtsdrängens auch die Bäckerei. Hier sind vor allem die Bestrebungen zu erwähnen zur Verbesserung der Backöfen. Die Erfindung der Getreidepresshefe 1847, die veranlasst wurde durch den Umstand, dass die Bierbrauer zur Erzeugung von untergährigem Bier übergingen und also die Bäcker ihrer obergährigen Bierhefe beraubt wurden, ist schon mitgeteilt worden. Ferner wurden in

---

[1] Bez. der Preisverhältnisse sei auf Nachstehendes verwiesen.
In Köln 1860 war der Preis für feinstes Vorschussmehl im Januar 8$^{1}/_{2}$ Rtlr. pro 200 Pfd., im April während weniger Tage 10$^{3}/_{4}$. vom Mai ab 8$^{5}/_{8}$ bis 9$^{1}/_{6}$ Rthlr.
In Berlin 1862 (s. Preuss. St. J. 1. 1862) kostete:

	Weizenmehl.		Roggenmehl.	
	O.	O/1.	O.	O/1.
Jan.	4$^{5}/_{8}$—5$^{1}/_{8}$ Rthlr.	4$^{7}/_{12}$—5 Rthlr.	3$^{5}/_{6}$—4$^{1}/_{4}$	3$^{1}/_{2}$—3$^{5}/_{8}$ Rthlr.
Juni	4$^{3}/_{4}$—5$^{1}/_{12}$ „	4$^{1}/_{2}$—4$^{5}/_{6}$	3$^{3}/_{4}$—4$^{1}/_{12}$	3$^{5}/_{12}$—3$^{2}/_{3}$
Juli	4$^{5}/_{6}$—5$^{1}/_{4}$ „	4$^{7}/_{12}$—5	3$^{5}/_{8}$—3$^{1}/_{6}$	3$^{1}/_{4}$—4$^{1}/_{12}$
Dezemb.	4$^{5}/_{12}$—4$^{3}/_{4}$ „	4$^{1}/_{4}$—4$^{7}/_{12}$	3$^{7}/_{12}$—3$^{5}/_{6}$	3$^{1}/_{4}$—3$^{7}/_{12}$

[2] s. Tabelle IV.

5*

50er und 60er Jahren die Knetmaschinen, der rotierende Back-
heerd mit Steinkohlenfeuerung in den Bäckereibetrieb eingeführt.
Aus dem Jahre 1865 datirt die Erfindung der Teigteilmaschine.
Infolge dieser verbesserten maschinellen Einrichtungen und der
grösseren Wohlhabenheit der dichter werdenden Bevölkerung
entstand in den grossen Städten die Luxusbäckerei und
Konditorei, die natürlich nur hochfeine Mehle gebrauchen
konnten. Auch nahm von diesem Zeitpunkt die Biskuit-
Cakes und Zwiebackherstellung sowie Nudeln- und Maccaroni-
Fabrikation ihren Aufschwung. Dies war der Grund, weswegen
man in den 60er Jahren das auf den Budapester Mühlen wie
in Wien und auch in Sachsen und Süddeutschland hergestellte
feinere Mehl in grossen Mengen nach Deutschland und
namentlich auch nach Berlin einführte. In Sachsen hatte man
zwar schon früh das österreichische Hochmahlverfahren angenommen und es leisteten einige Mühlen darin Vorzügliches;
zu nennen ist hier vor allen die Plauener Hofmühle. Mit
den österreichischen Mehlen aber drang die österreichische
Mahlmethode immer weiter nach Deutschland und ob man
sich anfangs auch dagegen sperrte und sträubte und vor
allem den Einwand erhob, dass die deutschen Getreide-
weizensorten zu milde seien und sich für den Hochmahlprozess schlecht eigneten, sah man doch schliesslich
die grossen Vorteile, die letzteres Verfahren bot, ein und
wenn sich auch der Kampf über ein Jahrzehnt ausdehnte,
schliesslich endigte er zwar mit einem Kompromiss, jedoch
mehr im Sinne des feineren österreichischen Mahlverfahrens.

Man nennt diese deutsche Mahlweise „Halbhochmüllerei".
Rühlmann giebt sowohl für Ausbeute wie für die durch Verkauf der Mahlprodukte erzielten Gewinne einige Beispiele, die
er einem sächsischen Fabrikanten verdankte. Zwar sind
sie aus dem Jahre 1873[1]) jedoch wird auch durch andere
Untersuchungen die grössere Rentabilität der feineren Fabrikationsweise seit Beginn ihrer Einführung bestätigt. Nach
diesen Berechnungen resp. thatsächlichen Feststellungen wurde
ausser dem Mahllohn von 12 Mk. ein reiner Gewinn von
12,61 Mk. pro Wispel erzielt, nach amerikanischer Methode
kam sogar ein Verlust von 9,61 Mk. heraus, wenn man an

[1]) s. Hannoversches Gewerbeblatt vom Jahre 1873.

dem 12 Mk. Mahllohn festhielt. In einem zweiten Fall beim Halbhochmahlen war gegenüber dem Flachmahlen ein Mehrgewinn von 2 Mk. pro Wispel noch möglich.

Es gelangten zur Vermahlung 500 Sack Weizen oder 41,66 Wispel Weizen = 42000 kg.[1]) Der Körnerpreis pro Wispel oder 1008 kg betrug = 219 Mk.

Mahlprodukte der Hochmüllerei.			Verkaufspreise der Mahlprodukte.	
Kaiserauszug	17,8 % =	7500,0 kg.	(50 kg.= 18,2 Mk.) =	2730,00 Mk.
Grieslerauszug	16,2	= 6800,0 „	(„ „ = 16,8 „) =	2284.80 „
Bäckermundmehl	14,2	= 6000,0 „	(„ „ = 14,0 „) =	1680,00 „
Griesler Mehl	24,5	= 10275,0 „	(„ „ = 12,3 „) =	2527,64 „
Nachgang	4,0	= 1662,5 „	(„ „ = 9,0 „) =	299,25 „
Schwarzmehl	2,7	= 1131,0 „	(„ „ = 5,5 „) =	124,42 „
Kleie	16,1	= 6766,5 „	(„ „ = 3.5 „) =	473,665 „
Geringe Körner	0,5	= 241,5 „	(1 kg = 12 Pfg.) =	29,00 „
Verlust	3,8	= 1623,5 „		10148,795 M.
		42000,0		

Verkaufspreis v. 42000 kg = 10148,795 M.
Einkaufspreis für 42 t = 9123,54 „ (à t 219 M.)
Gewinn = 1025.25 M.
rechnet man als Mahllohn pro Wispel 12 M. = 499,92 M.
so bleibt Nettogewinn = 525,33 M. oder pro Wispel $\frac{525,33}{41,66}$ = 12,61 M.

Werden die 41,66 t nach amerikanischer Methode vermahlen so ergiebt sich:

bestes Mehl	50 % =	21000 kg	(50 kg = 16 Mk.)	= 6720 Mk.
zweite Sorte	10 % =	4200 „	(50 „ = 15 „)	= 1260 „
dritte „	10 % =	4200 „	(50 „ = 12 „)	= 1008 „
Kleie u. ord. Mehl	25 % =	10500 „	(50 „ = 3½ „)	= 735 „
Verlust	5 % =	42000 „		= 9723 „

Verkauft zu 9723,00 Mk.
Einkaufspreis zu 9623,46 „
Mithin Gewinn = 99,54 Mk., das ist pro Wispel = 2,83 Mk. oder wenn man noch 12 Mk. Mahllohn pro Wispel berechnen will, sind zu zu addieren 499,92 Mk, insgesammt also = 10123,38 Mk. Zieht man von den 10123,38 Mk. den Verkaufspreis mit 9723,00 Mk. ab, so ergiebt sich ein Verlust von 400,41 Mk. oder pro Wispel = 9,61 Mk.[2])

Das nächst angeführte Beispiel verdankt R. einem hannoverschen Mühlenbesitzer.

---

[1]) 12 Sack = 1 Wispel = 24 pr. Sch. Ein preuss. Sch. = 0,5496 hl.
[2]) Rühlmann, Maschinenlehre Bd. 2. S. 194 der zweiten Auflage.

van den Wyngaert giebt an (nach dem stenogr. Bericht der VI. Versammml. Deutsch. Müller 1872 S. 59) dass pro preuss. Scheffel = 0,5496 hl durch eine bayrische Hochmühle ein Plus von 1,266 Mk.
„ „ badische „ „ „ „ 1,100 „
„ „ preussische Flachmühle „ „ „ 0,925 „ erzielt wurde.

Diese Kalkulation bezieht sich auf den finanziellen Vergleich des Halbhochmahlprozesses mit dem der Flachmüllerei.

Halbhochgemahlen.

5 Wispel = 65,995 hl Weizen von 5000 kg Gewicht.

A. Gries:

    10 % = 500 kg (50 kg = 19,75 Mk.) = 197.50 Mk.

B. weisses Mehl:

    Nr. 0 40 % = 2000 kg (50 kg = 16,50 Mk.) = 660,00 Mk.

    Nr. Ia 5 % = 250 „ (50 „ = 15,75 „) = 78,75 „

    Nr. Ib 15 % = 750 „ (50 „ = 15,00 „) = 225,00 „

    Nr. II 5 % = 250 „ (50 „ = 12,00 „) = 60,00 „

C. Kleie:

    Nr. I $2\frac{1}{2}$ % = 125 „ (50 „ = $7\frac{1}{2}$ „) = 18,75 „

    Nr. II $7\frac{1}{2}$ % = 750 „ (50 „ = 5,5 „) = 41,22 „

D. Schalen:

    10 % = 500 „ (50 „ = 4,5 „) = 45,00 „

                                       = 1326,25 „

Flachgemahlen.

A. weisses Mehl II.

    Nr. 0 67,5 % = 3375 kg (50 kg = 16,5 Mk.) = 1113,75 Mk.

    Nr. I 2.5 % = 122 „ (50 „ = 15,5 „) = 37.50 „

    Nr. II 5,0 % = 250 „ (50 „ = 12,0 „) = 60,00 „

B. Kleie:

    Nr. I $2\frac{1}{2}$ % = 125 „ (50 „ = 7,5 „) = 18,75 „

    Nr. II $7\frac{1}{2}$ % = 375 „ (50 „ = 5,5 „) = 41,25 „

C. Schalen:

    10 % = 500 „ (50 „ = 4,5 „) = 45,00 „

                                       = 1316,25 „

Demnach Mehrgewinn zu gunsten der Halbhochmüllerei = 1326,25 − 1316,25 = 10 M. oder pro Wispel = $^{10}/_5$ = 2 Mk.

Wenn nun auch die Gewinne bei der Hochmüllerei im ganzen ziemlich hoch waren, so stellten sich auch die Selbstkosten nach Angaben von Sachverständigen bedeutend höher. Zum Teil liegt das daran, dass man beim Hochmahlprozess mehr Arbeitskräfte bedarf, demgemäss also mehr Löhne zahlen muss, ferner zahlreichere Maschinen notwendig sind und die Reparatur- und Abnutzungskosten bedeutender sind. In einem Bericht des Generalvorsitzenden des Müllerverbandes werden die Fabrikationskosten bei Hochmüllerei angegeben mit 10—15 Sgr. p. Ctr., bei der Flachmüllerei mit 6 Sgr., dazu soll noch Verdienst kommen 5—10 Sgr.

Von grösstem Interesse sind einige Produktionskostenberechnungen aus dem Jahre 1871, die in der Fachzeitschrift „Die Mühle" veröffentlicht wurden. (s. Anhang.) Danach stellte sich in einer Dampfmahlmühle von 13 Gängen und 200 000 Ctr.

Weizenvermahlung der Selbstkostenpreis auf $4\frac{1}{2}$ Sgr. pro Ctr.; in einer süddeutschen Wassermühle bei 35446 Ctr. Weizen und Roggenvermahlung aber auf 54 Kreuzer oder 15 Sgr. pro Zollcentner. Die Betriebskosten einer dritten Mahlmühle verbunden mit Ölmühle stellten sich pro Ctr. Weizen auf 2,40 Sgr., pro Ctr. Samen auf 4,50 Sgr., die Handelsbetriebskosten betrugen pro Ctr. Weizen und Samen 3,40 Sgr.; diese Mühle verarbeitete durchschnittlich 70000 Ctr. Weizen und die Ölmühle 40000 Ctr. Samen. Eine Holländer Windmühle mit 4 Gängen und 12000 Ctr. Roggen- und Weizenvermahlung produzierte mit $7\frac{3}{4}$ Sgr., von einer gewöhnlichen Bockwindmühle wurde bei Annahme gewöhnlicher Verhältnisse und einer Jahresvermahlung von 148 Ton. ein Minus von 591 Mark herausgerechnet.

In der That büssten die kleineren Betriebe je mehr die Technik fortschritt und die grösseren Betriebe an Terrain gewannen, an ihrer Konkurrenzfähigkeit ein. Leider besitzen wir keine statistische Erhebung vom Ende der 60er Jahre und so kann man diesen Produktionsrückgang nicht so deutlich verfolgen. Auch waren viele der um die Mitte der 60er Jahre entstandenen Grossbetriebe direkt auf den Mehlexport hin gegründet, wie z. B. die noch heute als Aktiengesellschaft florierenden Neumühler Werke bei Kiel, die sich mit ihren 48 Mahlgängen durchaus als Grossbetrieb qualifizierten. Andere bedeutende Etablissements waren die Northeimer Mühle (1864 gegründet als Akt.-Ges.)[1] Sie besteht gleichfalls noch heute. In Süddeutschland entstehen auch bereits grössere Betriebe, wie die Kunstmühle in Steinle bei Ulm (1865), die Krämersche Mühle in Schweinfurt (1867) etc.

Immerhin kann man für Preussen schon aus der Zählung vom Jahre 1861, die Überlegenheit der technisch vollendeten grossen Mühlen, sei es Dampf- oder Wassermühlen konstatieren. Die Fortschritte der Dampfmühlen sind oben bereits im Zusammenhang behandelt worden Hier bleibt nur zu untersuchen, welche Veränderungen im Bestand der übrigen eingetreten.

2. Die Zählungsergebnisse für die Länder des Zollvereins vom Jahre 1861.[1]

Betrachten wir zuerst den Bestand der Wassermühlen in Preussen, so sieht man, dass im Jahre 1849 ebenso wie 1861

---

[1] Überhaupt hob sich die Hannoversche Mühlenindustrie in diesen Jahren bedeutend. In Hildesheim waren 1861 schon 2 Mühlen mit 17, in Hannover 2 mit 22 Gängen.

auf 10000 Einwohner nur 10 mit Wasserkraft betriebene Mühlen kamen. Es hatten sich also diese Mühlen nicht in demselben Verhältnis wie die Bevölkerung vermehrt. Die grössern hatten ihre Produktion bedeutend gesteigert, somit war eine Zunahme der kleinern nicht möglich geworden. Nach dem Gefällereichtum, wobei die Gebirgsländer natürlich bevorzugt sind, verteilten sie sich in folgender Weise: In den Provinzen Ost- und Westpreussen, Posen kamen 4, in Pommern und Brandenburg 5, Hannover 7, Sachsen und Westfalen 10, Schlesien und Rheinland 11, Hohenzollern 13, Nassau 20, Kurhessen 21 auf 10000 Einwohner. Die grössere Ausnutzung der Wasserkräfte zeigt ein Vergleich der Mahlgänge. 1849 hatten die 14477 preussischen Wassermühlen 25122 Gänge, 1861 aber hatten die 14713 Mühlen das Doppelte, nämlich 28098 Gänge. Die stärkstbetriebenen Mühlen, über das doppelte an Mahlgängen, hatten die Provinzen Preussen, Brandenburg, Sachsen, Hannover, und von den übrigen Staaten Bayern, Baden, Thüringen. Dreifach soviel Gänge als Mühlen hatten Württemberg, Anhalt. Die Vereinsstaaten waren also relativ besser mit Wasserkraft besetzt wie Preussen, schon wegen der geringer entwickelten Dampfmühlen. Oldenburg und Anhalt hatten zwar nur 6, Braunschweig 10, Waldeck 11, Württemberg und Lippe 12, Baden, Sachsen und Hessen 14, Luxemburg 16, Thüringen 18, Bayern 20 Wassermühlen auf 10000 der Bewohner.[2]) Im Gesammtdurchschnitt des Zollvereins kamen 11 Wassermühlen auf 10000 Einwohner.

Noch ungleicher verteilt sind die Windmühlen, auch hier kamen 1849 wie 1861 durchschnittlich nur 8 auf 10000 Bewohner.[1]) Windmühlen sind vor allem in den Gegenden zu finden, wo keine Gefälle oder wenig vorhanden. Daher hatten die Rheinprovinz 1, Westfalen 3, Hannover 4, Ost- und Westpreussen 8, Schlesien 9, Brandenburg 11, Sachsen 12, Posen 18 auf 10000 Einwohner. Von den andern Vereinsstaaten hatten Hohenzollern, Nassau, Frankfurt überhaupt keine, Lippe 1, Sachsen und Thüringen 2, Braunschweig 4, Oldenburg 5, Anhalt 8, der Gesammtverein aber nur 5 auf 10000. — Was die Rossmühlen betrifft, so hatten sich diese,

---

¹) vgl. hierzu die Tabelle II.
²) s. Viebahn a. a. O. Bd. III. S. 756.

wohl meist infolge der Teuerung der Futterpreise von 1858 bis 1861 vermindert, von 1893 auf 1728 oder 9 auf 100000 Einwohner. Im Gesammtzollverein kamen sogar nur 6 auf 100000. Der Betriebsumfang ist gering, da die 2048 Rossmühlen nur 2158 Mahlgänge hatten. Über die in Mühlenanlagen steckenden Durschnittswerte macht Viebahn folgende Angaben: Eine Wind- u. Rossmühle kommt auf etwa 1000 Thlr., eine Wassermühle auf etwa 8000 Thlr., eine Dampf- und Kunstmühle auf etwa 40000 Thlr. Die Mühlenbaukosten einer dreigängigen Kunstmühle erreichen leicht 4000 Thlr., Anlegung einer Turbine kostet nicht viel weniger. — Das dürfte ungefähr stimmen, wenn man bei Windmühlen an eingängige Bockwindmühlen denkt, bei Wassermühlen an solche von 2 Mahlgängen und ev. einem sog. Schrotgang.

Ziehen wir mit einigen wenigen Worten das Fazit der Entwicklung der Mühlenindustrie bis zum Ende der 60er Jahre. Der rapide technische Fortschritt in der Mehlfabrikation führt eine ökonomische Umwälzung herbei. Die alte Lohnmüllerei unterliegt der Handelsmüllerei, es entsteht bereits unter günstigen Verhältnissen der moderne Grossbetrieb. Infolgedessen ist es nur eine Frage der Zeit, wann es ihm vollständig gelingt, den Kleinbetrieb aufzusaugen.

---

1) Viebahn berechnet 7 i. J. 61 u. a. O. S. 757.

Kapitel III.

Die weitere Ausbildung des fabrikmässigen Grossbetriebs in der Müllerei Deutschlands von 1870—1880.

1. Die moderne Verkehrsumwälzung.

Mit dem Beginn des . achten Jahrzehnts treten wir ein in die Zeit des modernen wirtschaftlichen Lebens. Immer deutlicher und rascher verändert sich das Bild des Gewerbes gegen die früheren Epochen, immer gewaltiger wird es in seinen Proportionen, und immer schärfer weist es die charakteristischen Züge moderner Produktion und Absatzgestaltung auf.

Als einen der gewaltigsten Veränderungsfaktoren haben wir in den frühern Kapiteln die Technik kennen gelernt. Das Tempo des technischen Fortschritts nimmt für die Mühlenindustrie in dieser Periode womöglich noch um einige Grade zu, wozu noch die auch in andern Industrien erfolgten Errungenschaften ganz bedeutend beitragen. Denn erst mit der Entwicklung des Eisenbahnbaus in Deutschland entsteht hier eine von England unabhängige Maschinenfabrikation, die bald einen riesenhaften Aufschwung nimmt. Vielfach nämlich entstanden die Maschinenfabriken aus den Reparaturwerkstätten für die Lokomotiven. Daneben begünstigten natürlich noch andere Umstände die nunmehr in den verschiedensten Gewerben hervortretenden Tendenzen zur Grossindustrie.

Nach den Kriegen von 1866 und 1870/71 gewinnt Deutschland seine politische Einheit. Die im Laufe der 60er Jahre überall eingeführte freiere Gewerbeverfassung entbindet zahlreiche wirtschaftliche Kräfte. Jetzt treten auch die wirtschaftlich noch zurückgebliebenen deutschen Staaten unter die Zeichen des modernen industriellen Lebens. Auch hier erwachsen grossindustrielle Etablissements, Exportindustrien entwickeln sich. Der Absatzmarkt dehnt sich in dieser Zeit der Freihandelsära beträchtlich aus. Es kommt zum Abschluss von Handelsververträgen mit Frankreich 1862, Belgien 1863, Grossbritannien und Italien 1865, Österreich-Ungarn 1868.

Damit entfällt für unsere Darstellung der Entwicklung der Mühlenindustrie die Notwendigkeit sich lokal zu beschränken auf die Betrachtung der Müllerei einzelner deutscher Staaten, unsere Perspektiven erweitern sich, wir haben nunmehr vorzugsweise die Entwicklung der gesammten deutschen Mühlenindustrie zu schildern, wie sie sich unter dem Einfluss einer rastlos vorwärtseilenden Technik und einer kolossalen Verkehrserleichterung in diesem Zeitraum gestaltet. Mit dem letzten Moment hängt innig zusammen die sich steigernde Bedeutung der Konkurrenz. Erst jetzt beginnt sie sich in weiten Kreisen fühlbarer zu machen. Der natürliche Schutz vor Konkurrenz, den eine Mühle durch ihre abseitige Lage bisher gehabt, beginnt vielfach illusorisch zu werden. Die an grossen Verkehrspunkten oder an Seeplätzen gelegenen Mühlen, die in manchem einen Vorsprung vor anderen Mühlen gehabt, werden, da Deutschland immer tiefer in den internationalen Verkehr einbezogen wird, von der Weltkonkurrenz auf die Bahn des Fortschritts gedrängt. Sie sehen sich genötigt, um ihre Absatzgebiete zu erhalten, billiger zu produzieren.

Der Mehlhandel wird Welthandel, da sich bei allen getreideproduzierenden Ländern das Bestreben kund giebt, statt des Rohstoffs-Getreide das Fabrikat oder Halbfabrikat Mehl auszuführen, und den durch die Vermahlung entstehenden Mahllohn im eigenen Lande zu behalten, an Transportkosten zu sparen und gute Futtermittel zurückzubehalten. —

Dass die Getreidemüllerei, im besondern die grössern Mühlen der Vervollkommnung des Transportwesens bedeutende Vorteile zu danken haben, bedarf keiner weiteren Erörterung. Das ganz Deutschland immer reichlicher durchziehende Kanalnetz, die Regulierungen der grossen Ströme, ihr Ausbau zu Grosswasserwegen, die Hinwegräumung lästiger Verkehrshindernisse (u. a. Beseitigung der Schiffmühlen; auf der Elbe waren noch um die 50er Jahre gegen 150, in den 80er kaum noch ein Dutzend) ferner Abschaffung der letzten noch bestehenden Wasserzölle wie des Elbzolls 1870 heben die Stromschiffahrt und führen ein beträchtliches Sinken der Frachten herbei, wie ja auch die Seefrachten infolge der modernen Verkehrsumwälzung einen bedeutenden Rückgang offenbaren.

Die Statistik der Frachtenkosten gehört bekanntlich zu den wenig behandelten Materien der nationalökonomischen Wissenschaft. Erst neueren Forschungen hat man hierüber interessante Nachrichten zu verdanken. Einer Enquete der Hamburger Handelskammer, deren Resultate von Dr. Soetbeer veröffentlicht wurden ist die erste der nachstehenden Tabellen entnommen. Die Zweite ist zusammengestellt auf Grund der Handelskammerberichte von Mannheim.

Durchschnittliche Kosten der Beförderung von Weizen.[1]

Jahre.	im Dampfschiff von New-York nach Liverpool	von Chikago nach Liverpool[2] bei Benutzung des Dampfschiffes von New-York nach Liverpool und der Wasserstrasse von Chikago nach New-York Mk. für 1000 kg.	Eisenbahn Staaten von Amerika	Durchschnittliche Preise für Weizen aus den Vereinigten Staaten von Amerika ohne Zoll.
1873—75	30,68	55,44	74,83	244,20
1876—80	22,69	40,82	50,93	211,90
1881—85	12,24	24,87	34,60	189,40
1886—90	9,60	22,00	33.02	149,70
1891—94	—	18,03	29,97	152,00
1891—95	7,90	—	—	149,80
1891—94 gegen 1873—73	—	—37,41	—44,86	—92,20
1891—95 gegen 1873—75	—22,78	—	—	—94,40

Seefrachten per 1000 Kilo in Mark nach Rotterdam und Antwerpen[3] von

	Ostsee.	Schwarzes Meer.	Petersburg.
1887	6,08	10,30	5,83
1888	8,92	14,58	10,06
1889	7,75	16,05	8,92
1890	7,17	13,41	6,66
1891	7,17	15,52	7,42
1892	8,41	12,08	8,56
1893	6,42	11,40	6,63
1894	6,02	11,17	6,32
1895	6,25	12,35	6,39
1896	5,86	11,61	7,04
1897	5,95	9,25	6,05
1898	5,60	10,70	5,95

[1] s. Jahrbücher f. Nationalökonomie und Statistik, Jahrgang 1896. S. 866. Kosten der Beförderung von Getreide und Sinken der Getreidepreise seit 1870 von Dr. H. Soetbeer.
[2] Ausschliesslich der Umladungs- und Versicherungskosten in New-York.
[3] s. Handelskammerberichte von Mannheim 1887—1898.

	New-York	La-Plata.	Indien.
1887	14,83	13,67	24,66
1888	12,67	16,50	25,45
1889	15,83	16,85	25,50
1890	13,41	19,75	17,46
1891	12,37	19,17	20,08
1892	14,96	17,74	23,69
1893	10,38	16,52	20,70
1894	9,88	18,87	21,10
1895	11,12	16,79	20,50
1896	10,72	15,25	12,16
1897	12,85	12,65	11,95
1898	14,40	15,85	17,95

Aus der ersten Tabelle geht hervor, dass die Beförderungskosten von Chikago nach Liverpool im Verlauf von 20 Jahren
um 37,41 resp. 44,86 Mk. pro Tonne gesunken sind. Wenn
aber der bekannte Eisenbahnpolitiker Ulrich in einem neueren
Schriftchen: „Staatseisenbahnen, Staatswasserstrassen und die
deutsche Wirtschaftspolitik" 1898. S. 34. von den Resultaten
dieser Tabelle sagt: „Mindestens ebensoviel oder noch etwas
mehr (!!) beträgt selbstverständlich (?) die Frachtherabsetzung
bis Hamburg oder Rotterdam", so ist das eine durch nichts
bewiesene Behauptung, bei der der Wunsch sicher der Vater
des Gedankens gewesen ist.

Ulrich möchte gern beweisen, dass die gesunkenen Frachtsätze die Hauptursache sein sollen, weshalb die Getreidezölle
kein dauerndes Hindernis für den ausländischen Getreideimport
nach Deutschland dargestellt haben. Dazu verschweigt er bei
seinen Zitaten, dass die angeführten Ziffern die Beförderungskosten ausschliesslich der Umladungs- und Verschiffungskosten
in New-York darstellen. Er sagt auch nichts davon, was aus
den andern Soetbeerschen Tabellen hervorgeht, dass das Sinken
der Frachten am meisten eingetreten ist in der Zeit von
1870—1881/82, als sich der Schifffahrtsverkehr in einer Umwälzung befand, als der Übergang von der Segel- zur Dampfschifffahrt stattfand, als eine Steigerung der Leistungsfähigkeit der Schiffe durch den grösseren Tonnengehalt und durch
grössere Fahrgeschwindigkeit und die geringere Risikoprämie
eine billigere Verfrachtung ermöglichte. Unsers Erachtens
waren es vorzüglich die allgemeinen Fortschritte der Technik
auf dem Gebiet des Schiffbaus, die ein so bedeutendes Sinken
der Frachten hervorgerufen haben.

Andere Ursachen haben in der Folgezeit gewirkt und die Frachtsätze noch weiter herabgedrückt. Jedoch ist der Rückgang seit etwa Mitte der 80er Jahre keineswegs so bedeutend wie in dem vorhergehenden Jahrzehnt. Hier hat preisdrückend die Einführung der Schutzzollgesetzgebung in den meisten europäischen Staaten gewirkt. Der ausscreuropäische Exporteur namentlich musste, wenn er sein Getreide loswerden wollte, mit einem festen Zollbetrag rechnen. Diesem festen Betrag gegenüber standen für ihn 2 variable Beträge, die eigenen Produktionskosten und die Frachtsätze. Auf sie musste er jetzt drücken, wenn er sein Getreide überhaupt nach Europa bringen wollte. Infolgedessen hat auch die Schutzzollgesetzgebung auf den Weltmarktpreis des Getreides herabdrückend gewirkt.

Bezüglich unserer Behauptung, dass die Frachtkosten hauptsächlich von 1870—1880 abgenommen, siehe die nachstehenden Soetbeerschen Ziffern.

Weizen von New-York nach Liverpool im Dampfschiff Pence = 8.5 Pf. für 60 Lbs. = 27,2 kg + 5 Prozent Kaplaken.

1873	10,5683
1874	9,0302
1875	8,4979
1876	7,9988
1879	6,1751
1880	5,8583
1881	4,1581
1882	3,8067
1883	4,9172
1891	3,0833
1895	2,1635

Dass jedoch beispielsweise die Rheinfrachten keineswegs in demselben Verhältnis wie die Seefrachten abgenommen haben, geht aus folgenden Zahlen hervor. Rheinfracht Rotterdam—Mannheim pro To. à 1000 kg (565 km) in Mark.

1880	7,08
1882	6,32
1887	5,57
1888	4,71
1889	4,46
1890	4,01
1891	4,36
1892	3,48
1893	4,75
1894	3,77
1895	4,56
1896	3,73
1897	3,78
1898	4,22

Hiernach haben die Rhein-Frachten seit 1888 keine grössere Abnahme mehr erfahren.

Dass aber die Ermässung der Beförderungskosten, wie Ulrich meint, in demselben Tempo immer weiter anhalten wird, ist auch nur eine Vermutung, die wenig Wahrscheinlichkeit für sich hat. Die schlimmsten Prophezeiungen treffen ja leider nie ein.

2) Revolutionierung der müllerischen Technik.

So hoch man nun auch die Vorteile des erleichterten Verkehrs, namentlich die gewaltige Absatzausdehnung anschlagen mag, sie kamen der jetzt kräftig Wurzel schlagenden Grossindustrie vor allem dadurch zu Gute, dass die Technik die Massenproduktion immer leichter machte. Eine der diesen Zwecken vornehmlich dienenden Maschinen war der Carr'sche Desintegrator, der bereits zu Anfang der 70er Jahre in verschiedenen Industrien Eingang gefunden hatte, z. B. beim Zerkleinern der Kohlen (zur Herstellung von Brikets) der Zinkerze, Zucker, Rüben, Thon etc. Die Maschine besteht aus zwei gegeneinanderrotierenden Scheiben, an denen Stahlbolzen befestigt sind. Sie bewegen sich mit grosser Geschwindigkeit gegeneinander und schleudern das zwischen sie gebrachte Getreide mit solcher Gewalt zwischen den Bolzen hin und her, dass es in feines Brotschrot verwandelt wird. Nach den Angaben des Erfinders vermahlt eine Maschine von 1,8 m Durchmesser und 0,23 m Scheibenabstand bei 400 Umgängen pro Stunde 90 Ctr. Weizen. Allerdings entspricht dieser riesigen Leistungsfähigkeit ein ebenso bedeutender Kraftaufwand nämlich 145 P. S. Diese Arbeitsleistung von 1080 Ctr. in 24 St. rechnet der Erfinder gleich einem Arbeitsquantum von 25 Mahlgängen, eine Berechnung, die Professor Kick-Wien nicht gelten lassen will, da in österreichischen Mühlen auf 4 Gängen à 7 P. S. 1200 Zollzentner in 16 St. geschrotet wurden, in 24 Stunden = 1800 Zollzentner. Infolgedessen wäre es das Quantum von 5 Gängen oder wenn man die Verkleinerung des Desintegrators als doppelt so intensiv annimmt, von 10 Gängen. — In der That wurde von einem hannoverschen Mühlenbesitzer eine Leistung von 2000 Ctr. fesgestellt.[1]

Im Laufe der Zeit hat man in Deutschland ähnliche Maschinen konstruiert, sog. Dismembratoren oder Zerleger genannt. Bei dieser Maschine dreht sich nur die eine Scheibe, jedoch mit vergrösserter Geschwindigkeit.

Eine andere der epochemachenden Erfindungen dieser Jahre war die Centrifugalsichtmaschine, die von einem Altonaer Bäcker bereits 1868 erfunden war. Dieser pflegte nämlich nach Art vieler Bäcker sein gegen Lohn vermahlenes Mehl

---

[1] s. Sten. Bericht der VI. Müllervers. des Verbandes deutscher Müller 1872 S. 86.

selbst zu beuteln und hatte sich hierzu eine Maschine konstruiert.
Sie wurde später von der bekannten Maschinenfabrik Nagel
und Kämp technisch vollendeter ausgebaut und verdrängte
bald wegen ihrer erstaunlichen Leistungsfähigkeit die alten
Sichtcylinder.[1]) Die Vorzüge der Maschine fasst Kick in
folgendem zusammen: Intensive Sonderung des Mehls von den
gröbern Mahlgutteilchen (Mehrleistung), was besonders bei der
Flachmüllerei sowie heim Ausbeuteln milden Weizens wichtig
ist; leichtes Auswechseln der Bespannung. Dem gegenüber
stehen höhere Anschaffungskosten, grösserer Gazeverbrauch,
grösserer Kraftverbrauch. Doch dies ist darum gegenstands-
los (besser gesagt wohl nur relativer Nachteil), weil mehr f e i n e
Produkte gewonnen und somit zum Hochmahlen ein geringeres
Arbeitsquantum gebraucht wird. Schliesslich erfordert die
Maschine grössere Aufmerksamkeit in der Wartung.[2]) Neuerdings beginnt aber auch die Centrifugalsichtmaschine wieder
durch eine andere verdrängt zu werden, den Haggemacher-
schen Plansichter.

Eine zweite Revolutionierung in der Getreidemühlenindustrie
führte um die Mitte der 70er Jahre aber erst die sogenannte
Walzenmüllerei herbei. Auf die frühesten Versuche mit
Stahlwalzen das Getreide zu vermahlen, ist bereits oben hingewiesen worden. Den Anstoss gab die Erfindung eines
schweizerischen Müllers in Neapel, Wegmann, der zu den
Walzen ein bisher noch nicht angewandtes Material, Porzellan,
gebrauchte und in den Walzenstuhlungen ein neues Konstruk-

---

[1]) Die Maschine lieferte aus einem bestimmten Quantum Mahlgut
in bestimmter Zeit 50 %, der alte „Cylinder" 46,6 % Mehl, die Qualität
von 0—1 Mehl war bei ersterm 62—62½, bei letzterem 61—61½ %.
An reinem Gewinn wurde berechnet jährlich 73 Thl. gegenüber der
Mehlsichtung mit dem alten Cylinder. s. Bericht der VI. Müllervers.
1872. S. 22.

[2]) Vergleichende Versuche für Weizenmehlsichtung in der Rhume-
Mühle Northeim 1872.

	Alte Cylinder.	Centrifugalsichtmaschine.
I. Mehl	44,12 %	51,47 %
1. Gries	25,74 „	19,39 „
2. Gries	5,14 „	3,68 „
Nachmehl	—,—	1,46 „
Gries und Kleie	3,68 „	3,68 „
Schalen	21,32 „	21,32 „

s. Bericht der VI. Generalvers. d. V. D. M. 1872. S. 28.

tionsprinzip zur Anwendung brachte. Dieses Prinzip ward
von der Budapester Maschinenfabrik Ganz & Co.
adoptirt, nur verwandte man an Stelle des Porzellans Hartgusswalzen und
gab ihnen eine schräge Riffelung. — Auch die Wegmann'sche
Erfindung wie die Centrifugalmaschine stiessen anfangs, da sie
natürlich nicht wie Pallas Athene in vollendeter Rüstung, fertig
dem Kopfe ihrer Väter entsprungen waren bei ihrer Einführung auf manchen Widerspruch, jedoch eroberten sich beide
bald ein weites Gebiet. Heute baut fast jede namhafte
Mühlenbaufirma Walzenstühle nach eigenem System mit mehr
oder weniger Veränderungen. Die grobgeriffelten, mit drei-
eckigen Vertiefungen versehenen Walzen werden zum
„schroten" verwandt, die fein geriffelten zum „auflösen", die
glatten zum „ausmahlen". Zum Ausmahlen der letzten Rückstände, namentlich der „Dunste" haben sich die Porzellan-
walzenstühle am besten bewährt. Der Erfinder rühmt sie als
besser wie glatte Hartgusswalzen und Mühlsteine, sie arbeiten
mit zerreibender Druckwirkung, wodurch das Mehl wirklich
gemahlen wird und nicht wie bei Hartgusswalzen durch die
gleitende Druckwirkung nur gequetscht. Sie erfordern weniger
Betriebskraft wie letztere, weil sie weniger Druck nötig haben
und sind dauerhafter.

Als Vorteile der Walzenmüllerei gegenüber den Stein-
mahlgängen werden genannt:

1. Ersparung an Betriebskraft wegen des geringen Gewichts der Walzen wie der Steine und wegen der geringen
Reibung. Das Korn wird nur einmal erfasst, nicht so unendlich oft wie bei den Mühlsteinen. „Das Mahlgut hat den
kürzesten Weg," lautet ein bekannter Ausspruch Mechwarts,
des Direktors jener Budapester Maschinenbauanstalt. Die Gries-
körner werden zersprengt, die Kleienteile flach gedrückt, her-
ausgequetscht und nicht wie bei den Steinen zerrissen. Dadurch findet eine erhöhte Mehlausbeute statt.

2. Ersparung an Material. Die Steine nutzen sich leichter
ab und müssen öfters nachgeschärft werden. Dass diese Arbeit aber zeitraubend ist und sehr geübte kostspielige Arbeitskräfte erfordert, bedarf keiner weitern Ausführung. Ein
andrer Punkt ist, das Mahlgut wird nicht erhitzt, sondern kalt
vermahlen, ein Umstand, der von grosser Wichtigkeit ist für
die Qualität und Dauerhaftigkeit des Mehls. Hinzu kommt

noch, dass beim Schroten, Gries und Dunstmahlen auf Walzen insbesondere bei der Hochmüllerei weniger Schrote und Dunste. dafür aber mehr und schärfere Griese erzeugt werden. Eine Gegenüberstellung der Arbeit von Stein und Walze liefert Fischer-Budapest.[1]

	mit Steinen		mit Walzen	
Weizenmehl Nr. 0 =- 6,5		= 8	
1 =- 7,0		= 8	
2 = 5,0		= 6	
3 =- 5,5	35 %	= 6	43 %
4 = 5,0		= 7	
5 = 6,0		= 8	
6 = 15		= 5	
7—9 =- 25	40 %	= 27	32 %
Kleie =- 21			
Futter = 0,5	25 %	= 25 %	
Verlust = 3,5			

Bezüglich der bei Anwendung von Walzen sich ergebenden Vermahlungs-Quantitäten teilt Professor Kick in seinem Lehrbuch folgende Daten mit.[2] Für 1 dz. täglich zu vermahlender Frucht können bei Hochmüllerei 3 cm Arbeitsläuge der zusammenarbeitenden Walzen gerechnet werden. Demnach betrüge bei 100 To. die Gesammtlänge 30 cm. Hierbei wird aber vorausgesetzt, dass das Ausmahlen durch Steine geschieht. 2 cm Walzenpaarlänge schrotet in 24 Stunden bei einmaligem Durchgang I. Schrot = 5 dz. 1 cm Walzenpaarlänge liefert bei 8 Durchgängen in 24 Stunden 0,4 dz 1—8tes Schrot. 1 cm Walzenpaarlänge des Griesauflösstuhls liefert bei einmaligem Durchgang 0,9 dz. 1 cm Walzlänge des Ausmahlstuhls auf Fein-Gries oder groben Dunst liefert bei einmaligem Durchgang 1,0 dz.

Für Halbhochmüllerei kam 2,5 cm Walzenpaarlänge auf 1 dz täglich zu vermahlender Frucht gerechnet werden.

Für Mühlen, welche ausschliesslich mit Walzen arbeiten, sind für Hochmüllerei pro dz täglicher Vermahlung 3,5 cm für Halbhochmüllerei 3 cm zu rechnen. Bei einmaligem scharfen Flachmahlen ist auf 1 dz täglicher Vermahlung 1,5 cm Walzenpaarlänge zu rechnen.

---

[1] s. Artikel: Mehlfabrikation im Lueger'schen Lexikon für die gesammte Technik.
[2] Kick: l. c. 3. Aufl. 1894.

Bei der Steinmüllerei stellt sich die Produktionsmöglichkeit nach Neumann in folgender Weise dar.[1])

Bei der im nördlichen Deutschland üblichen sog. amerikanischen Müllerei rechnet man gewöhnlich bei Steinen von 1,40 Durchmesser (ohne Ventilation) pro Mahlgang eine Leistung von 18 dz Roggen oder 24 dz Weizen in 24 Stunden zur Verwandlung in Mehl. Natürlich werden diese Zahlen in Wirklichkeit, wenn man aus der jährlichen Leistung einer Mühle diese pro Mahlgang und Tag reduziert, nicht erreicht, da ein zeitweiser Stillstand der Mühlen wegen Schärfen der Steine, Windmangel, Reparaturen nicht mitberücksichtigt ist. Die gewöhnlichen deutschen vermahlen pro Gang durchschnittlich in der Stunde 12$^1/_2$ kg oder 3 dz in 24 Stunden. Bei den Mühlen mit Ventilation lässt sich annehmen, dass jeder Mahlgang von 1,40 Durchmesser mit Einschluss des nötigen Stillstandes eine durchschnittliche tägliche Leistung (24 St.) von 20 dz Roggen oder 25 dz Weizen giebt. Jedoch wird auch angeführt, das gut geschärfte Steine in 24 Stunden ohne Stillstand bis 40 dz Weizen in feines Schrot umwandeln können.

Über den Kraftverbrauch werden folgende Angaben gemacht:

bei Griesmüllerei pro Mahlgang   5   P. S.

„ gewöhnlicher amerikanischer Müllerei   7   P. S.

„ Mahlen mit Ventilation   8$^1/_2$ P. S.

Im Übrigen wird berechnet bei der Griesmüllerei für 1 P. S. pro Stunde 9—10 kg Weizen, welche in verkäufliches Mehl verwandelt werden können; bei gewöhnlicher amerikanischer Müllerei für 1 P. S. 12—15 kg; bei Vermahlen mit Ventilation für 1 P. S. 10—20 kg.

Mit diesen glänzenden Vorzügen ausgestattet gelang der Walzenmüllerei in der That der Umsturz des Bestehenden vollkommen. Durch einige Veränderungen lernte man auch für die Flachmüllerei die Verwendung der Walzen und so wurde auch für die deutschen Mahlmethoden bei den milden Weizensorten die Walzenmüllerei eingeführt. Die vielfachen Neuerungen späterhin brachten es zuletzt zu Wege, dass man in hervorragenderen Mühlen den ganzen Betrieb mehr und mehr automatisch regelte, um unter den denkbar geringsten Unkosten und den möglichst günstigen Ausbeuteverhältnissen produzieren

---

[1]) Neumann: Mahlmühlenbetrieb S. 236.

6*

zu können. Mit vielem Recht werden daher als Hauptvorteile des automatischen Verfahrens angegeben:

„Die namhafte Ersparniss von Arbeitskräften, welche durch den Wegfall aller Zwischenmanipulationen ermöglicht wird; die Kräfteersparniss, welche erreicht wird dadurch, dass jede Maschine stets dieselbe Arbeit erhält und daher am zweckmässigsten dem System angepasst und ausgenutzt wird, die stetige Gleichmässigkeit der Produkte, die Verminderung der Verlustprozente, sowie Verminderung der Gesundheitsschädlichlichkeit und Gefährlichkeit (Explos. Gefahr) der Mühlenverhältnisse. Infolge des automatischen Laufs der Produkte wird die Verstaubung auf das geringste Maass beschränkt. Schliesslich wird die systematische Übersichtlichkeit und Einfachheit der gesammten Einrichtung und Verlässigkeit des Betriebs erhöht.“[1])

In der Folge bis in die neueste Zeit hinein sind im einzelnen noch zahllose Neuerungen, technische Fortschritte zu verzeichnen, namentlich maschinelle Einrichtungen zum Staubentziehen, Cyklone, Ventilatoren etc., neue Mehlmischmaschinen u. s. w. Jedoch gehört die Besprechung dieser Maschinen in ein technisches Lehrbuch und nicht hierher, wo nur exzeptionell, nur flüchtig im Vorbeigehen auf die wichtigsten müllerischen Erfindungen als auf die Meilensteine der ökonomischen Fortentwickelung verwiesen werden soll. Doch müssen wir noch eine erst jüngst mehr üblich gewordene Maschine erwähnen, den Plansichter, nach seinem Erfinder als Haggenmacher'scher in der Müllerei bekannt. Verschiedentlich ist bereits betont worden, dass neben der Mahlmaschine die Sichtung des Mahlguts die Hauptaufgabe des Müllers ist. Als beste und reinste Sichtung stellt sich die mit dem alten horizontalen Handsieb dar, die aber quantitativ sehr wenig leistete. Dieser Übelstand ist bei dem Plansichter, der wie das Sieb auf einer horizontalen Fläche sanft hin und her gleitet, überwunden. Die Sichtung geschieht sehr intensiv, demnach geht die Trennung des Mahlguts in einzelne Teile, namentlich bei der Schrotung rasch vor sich. Daher kann der Plansichter verschiedene Sichtapparate ersetzen wie Mahlcylinder, Vorcylinder, Sichtmaschine, Sortiercylinder. Dementsprechend wird der Plansichter mehrteilig zum absichten der verschiedenen Produkte gebraucht.

---

[1]) Nach Mitteilungen von Geb. Seck-Dresden.

8) Die ökonomische Umwälzung infolge der veränderten Technik.

Die gewaltige Entwicklung, die die moderne Technik des Gewerbes genommen, hatte natürlich auch eine ökonomische Revolution zur Folge. Die zusammenhängende Schilderung derselben wird im letzten Kapitel gegeben. Wenn wir hier aber die bei der Gesetzgebung Preussens eingetretenen Veränderungen zu Anfang der 70er Jahre hervorheben und gesondert von der späteren allgemeinen Untersuchung der sozialen und wirtschaftlichen Umgestaltungen betrachten, so giebt dazu Anlass der innige Zusammenhang gerade dieser Steuern mit der frühern gewerblichen Entwicklung. Als die Rudimente einer erstarrten, mehr und mehr zum Unrecht gewordenen, Steuerverfassung hatten sich trotz der heftigsten schon seit den 40er Jahre erhobenen Angriffe und trotz der öftern Bereitwilligkeit der Regierung, hier Reformen einführen zu wollen, die Mahlsteuer und Mahlgangsteuer bis dahin erhalten. Nunmehr, da mit den maschinellen Einrichtungen immer grössere Kapitalsummen erforderlich wurden und immer gebieterischer die Tendenzen zum Grossbetrieb hervortraten, da wurde der Ruf nach erhöhter Bewegungsfreiheit, nach Loslösung von diesen tiefeinschneidenden Steuerfesseln lauter und immer lauter. In der That konnte eine Handelsmüllerei grossen Stils in den grösseren Städten der preussischen Monarchie wie Berlin, Stettin, Königsberg, Köln garnicht erblühen. Die Mahlsteuer lähmte alle kaufmännische Unternehmungslust. Durch die überaus lästigen Verkehrserschwerungen verhinderte sie jeglichen Mehlgrosshandel, sie machte es unmöglich, dass an den natürlichen Exportplätzen des Landes grosse Mehlvorräte aufgespeichert wurden, um im gegebenen Fall nach den Konjunkturverhältnissen verwertet zu werden. Sie schädigte aber auch noch eine Reihe andrer Industriezweige, die mit dem Müllereibetrieb mehr oder weniger zusammenhingen. Denn nicht nur Mehl und Brod waren steuerpflichtig, sondern auch Fabrikate, wie Stärke, Kleister, Talg, Nudeln, Dextrin, Gummi, Kartoffelmehl, Oblaten, enthülste Erbsen, Bohnen, Linsen, sogar — „Pasteten"!

Man geht wohl nicht fehl, wenn man den nachteiligen Folgen dieser Steuer die verhältnismässig erst späte Entwicklung — meist in den 80er und 90er Jahren — dieser Industriezweige zuschreibt.

Ein weiterer Nachteil der Mahlsteuer war die kolossale Verschlechterung des Brotes. Für Weizenmehl, gleichviel ob feinerer oder geringerer Qualität betrug die Steuer wie bekannt 3¹/₃ Thl. pro Ctr. Da nun auf Roggenmehl nur 10 Sgr. Steuer lasteten, so waren die geringeren Weizenmehle im Vergleich zum feinern Roggenmehl viel zu teuer. Infolgedessen musste der Müller im Interesse der Verkäuflichkeit seiner Weizenmehle die Ausbeute sehr erhöhen und dadurch die Qualität derselben verschlechtern.

Eine andere Folge der Steuern war die Beförderung des Schmuggels mit Mehl, was ausser den Defraudationsprozessen daraus erhellt, dass der Konsum von Brod und Fleisch nicht in demselben Verhältnis zum Bevölkerungszuwachs gewachsen, sondern 1 % hinter demselben zurückgeblieben war.

Der Grund aber, warum trotz der von allen Seiten aufs heftigste geführten Angriffe gegen die lästige ungerechte Abgabe, die Mahlsteuer sich so lange erhielt, war die echte grossbourgeoisiehafte Engherzigkeit, die trotz ihrer Liberalität gegen die Interessen der Allgemeinheit namentlich der ärmeren Klassen Partei ergriff, um nur für ihre eigenen zu sorgen, da sie befürchtete, bei dem Ersatz der Mahlsteuer durch die Klassensteuer stärker belastet zu werden.

Nicht minder wie die Mahlsteuer drückte die Mahlgangsteuer. Sie betrug bei Benutzung von Wind- oder Wasserkraft 12 Thlr. jährlich für 1 Mahlgang, bei Benutzung von Dampfmaschinen aber 2 Thlr. für jede P. S. Auch diese Steuer passte eigentlich nur für die erste Zeit und wirkte dann wie Unrecht. Gewiss hatte man zu Anfang in der Zahl der Mahlgänge das beste Kriterium für die Produktionskraft einer Mühle. Jedoch änderte sich dieser Zustand, wie wir aus der technischen Geschichte ersehen, sehr bald. In den bessern Mühlen, sei es mit Dampf oder Wasser, lernte man schnell die Produktion des einzelnen Mahlganges enorm erhöhen, und wenn auch die mit ihrem Mehl Handeltreibenden eine bedeutende Handelsgewerbesteuer zahlen mussten, sie vermochten dadurch, da sich die Steuer auf ein grösseres Mehlquantum verteilte, die Last derselben zu verringern. Ja die Steuer bildete wohl eigentlich einen Ansporn zum technischen Fortschritt.

Die Höhe der Steuern mögen einige Beispiele illustriren:[1])
Die Stettiner Dampfmühlenaktiengesellschaft, welche 80 Arbeiter
beschäftigte, zahlte 1870:

$$\begin{array}{lll}
\text{an Mahlsteuer} & = 440 \text{ Thl.} & \text{(d. h. v. 120 P. S.)} \\
\text{„ Handelsgewerbest.} & = 192 \text{ „} & \\
\hline
& = 532 \text{ „}
\end{array}$$

Die Walzmühle mit 40 Arbeitern zahlte:

$$\begin{array}{ll}
\text{an Mahlgangsteuer} & = 300 \text{ Thl.} \\
\text{„ Handelsgewerbest.} & = 144 \text{ „} \\
\hline
& = 444 \text{ „}
\end{array}$$

Die Berliner Aktien-Brotfabrik

$$\begin{array}{ll}
\text{an Mahlgangsteuer} & = 160 \text{ Thl.} \\
\text{„ Fabrikationsgewerbest.} & = 96 \text{ „} \\
\text{„ Bäckergewerbest.} & = 500 \text{ „} \\
\hline
& = 856 \text{ „}
\end{array}$$

Dagegen zahlte die Maschinenbaugesellschaft Vulkan-
Stettin mit 1500 Arbeitern nur 252 Thlr. Gewerbesteuer, und
die Portland-Cementfabrik mit 80 Arbeitern 216 Thlr.
1865 zahlte dieselbe Fabrik an Gewerbesteuer 960 Thlr.;
1858/59 zahlte sie im ganzen Grundsteuer, Gewerbe-,
Mahlgang- und Handelssteuer eine Summe von 2300 bis
2400 Thlr. Man sieht hieraus, dass auch durch die enormen
Steuern, die man in gewissem Sinne als „Umsatzsteuern" an-
sprechen kann, die Entwickelung zum Grossbetrieb auf die
Dauer nicht unterbunden werden konnte.

Die Abschaffung der Mahlgangsteuer gelang endlich 1872,
und die der Mahlsteuer durch Gesetz vom 25. Mai 1873 mit
Wirkung vom 1. Januar 1875. An ihrer Stelle trat die
Klassensteuer. Damit waren zwei gewaltige Hindernisse
aus dem Wege geräumt, die einem glücklichen Gedeihen des
Gewerbes und einem Fortschritt zu der Höhe, wie ihn die
moderne Technik vorbereitet hatte, entgegenstanden. Infolgedessen war auch im Mühlengewerbe das Gründungsfieber in
jenen „Gründerjahren" sehr gross. Während 1871 nur in
Schweinfurt eine Aktiengesellschaft mit einem mässigen Kapital
entstand, wurden 1872 allein 5 Aktienmühlen mit einem Kapital
von fast $5\frac{1}{2}$ Millionen gegründet.[2]) Darunter die bedeutende

---

[1]) s. Weinhagen: Über Gewerbesteuer VI. Vers. Bericht d. Verb.
d. Müller a. a. O. 1871.
[2]) vgl. unten die Statistik der deutschen Aktiengesellschaften in
der Mühlenindustrie.

Löhnberger Mühle, die Leisniger Werke, die Stralsunder Dampf-
mühle, die ganz allein Exportzwecken dienen sollte. Von
Interesse dürfte die beigegebene Tabelle aus dem preussischen
statistischen Jahrbuch sein, welche die Errichtung der Mühlen-
Aktiengesellschaften in Preussen bis zum Jahre 1874 behandelt.
Leider werden nicht die Namen der Gesellschaften angeführt,
sodass sie mit der unten stehenden Statistik der heutigen
Aktiengesellschaften nicht verglichen werden kann.

Die Mühlen-Aktiengesellschaften in Preussen
errichtet[1]) in den Jahren 1801—74.

in den Jahren	Zahl der Mühlen	Kapital in Thlr.	Auf 1 Akt.-Ges. kommt Kapital	
1801—25	2	62700	31350	
1826—50	1	191500	191500	
1851—70	3	1092000	364000	
zus. 1800—70	6	1346000	224000	
davon eingegangen	1	300000	300000	

Aktiengesellschaften nach dem 11. Juni 1870.
Mühlen u. Reisschälmühlen.

von Juli bis Dez.	Zahl der Mühlen	Kapital in Thlr.	Auf 1 Akt.-Ges. kommt Kapital	
1870	2	45000	22500	[1]) Königsberg i. Pr. u. Frankfurt a. O., ohne Kapitalangabe.
1871	2 [1])			
72	12	2028500	169042	
73	1	4000	4000	
74	2	12000	6000	
Summa	19	2089500	122012	

Aktiengesellschaften in Preussen am Ende d. J. 1870
excl. der wieder Eingegangenen.

	Zahl der Mühlen	Kapital in Thlr.	Auf 1 Akt.-Ges. kommt Kapital
Vor- u. bis 11. Juni 1870	5	1046200	209240
nach 11. Juni 1870—74	19	2089500	122912
zusammen	24	3135700	142509

Die Baltischen Mühlen zu Neumühlen bei Kiel aber vermahlten 1872 bereits 35269 t Weizen, 1873: 23600 t, 1876:
38000 t. Es hatte sich demnach, vergleicht man diese Ver-
mahlungen mit denjenigen der Aktienmühlen Ende der 50er
Jahre, die Produktionskraft in kaum zwanzig Jahren ver-
zwanzigfacht, da man jetzt ebensoviel Tonnen wie früher
Centner Getreide vermahlte.

---

[1]) Preuss. stat. Jahrbuch IV. II. Teil. S. 134.

Jahresvermahlungen der Baltischen Mühlen
zu Neumühlen bei Kiel in Tonnen à 1000 kg.

	Weizen	Roggen	zus.	Dividende
1872	35269	Roggen		
73	23600			
74	—	abgebrannt		
75	—	—		
76	—	38000		
77	—	52700	zus.	
78	22342	27937	51279	
79	30400	28400	58800	Dividende
80	44300	10700	55000	
81/82	66254	1876	68130	
82/83	76023	387	67410	
83/84	72536	—	72536	
84/85	87469	322	87791	11 %
85/86	70772	1436	72708	4 „
86/87	62278	3401	65679	3 „
87/88	54846	9217	64063	3 „
88/89	55273	11193	66466	$4\frac{1}{2}$ „
89/90	52239	4903	57142	3 „
90/91	47428	1952	49380	3 „
91/92	42913	450	43363	4 „
92/93	57211	—	57211	5 „
93/94	41098	753	41851	15 M. p. Aktie
94/95	45743	7792	53535	0 %
95/96	43507	18619	62126	0 „
96/97	24607	23925	48532	0 „
97/98	—	—.	52582	0 „

Dieser Betrieb ist einer der grössten, den wir in Deutsch
land haben. Die bewegende Kraft bilden neben einer Arbeiterzahl von 170 Personen, 3 Dampfmaschinen, 2 à 500, 1 à 125 PS.
und 7 Turbinen (Jonval-System) von 120 PS. Von 1872
bis 1882 hat der Betrieb seine Vermahlungsfähigkeit verdoppelt,
i. J. 1884/95 erreichte er seine höchste Höhe mit einer Verarbeitung von 88000 t. — Die angeführten Zahlen schildern
anschaulich die wechselnden Konjunkturen. Aus einer reinen
Weizenmühle wurde der Betrieb auch zur Roggenvermahlung
eingerichtet, so dass mit schwieriger werdendem Weizenmehl-

export der Roggenmehlhandel mehr gepflegt werden konnte. Neuerdings hat die Mühle sogar die Verarbeitung von Mais und Gerste aufgenommen.

Natürlich wurden auch von einzelnen Privaten grössere Unternehmungen ins Leben gerufen, die noch heute bestehen. Es sei hier nur an die grossen Wesermühlen in Hameln erinnert, die 1874 bedeutend vergrössert entstanden. Die Betriebskraft der ältern Anlage bilden heute 6 Henschel-Jonval-Turbinen mit 600 P S., die der zweiten 3 Henschel-Jonval-Turbinen mit '400 P S. und 200 Arbeiter. Überhaupt wurde Westfalen und Hannover in dieser Zeit besonders reich an grossen mit Turbinen und Dampf getriebenen Mühlen, was die beiden Provinzen ihren vorzüglichen Wasserkräften und ihren ausgezeichneten Verkehrsverhältnissen zu danken hatten.

Ein umfassenderes Bild des Gewerbes gewähren uns aber die Ergebnisse der Gewerbezählung vom 1. Dezember 1875, die wir hier betrachten und, soweit angängig, mit den Resultaten der Zählung von 1861 in Vergleich ziehen wollen.

Resultate der Gewerbezählung vom 1. Dezember 1875.

Allgemein betrachtet kann auch die 75er Gewerbezählung noch nicht als vollkommen gelten. Sie weist verschiedene grössere Mängel auf. Die Unterscheidung der Betriebe nach Zahl der Beschäftigten kennt in der Hauptsache nur Kleinbetriebe, Betriebe von 0—5 Personen und Grossbetriebe, solche mit 6 und mehr Personen.

Auch bezüglich der Motoren und Arbeitsmaschinen weist die Statistik eine Lücke auf, da nur für die Hauptbetriebe mit mehr als 5 Gehülfen, die sog. Grossbetriebe, genaue Angaben gemacht wurden.[1]

Zu bemerken ist noch, dass nicht wie bisher die Zahl der Mühlen mit Tierkraft nachgewiesen wird, sondern die der Tiergöpel, ebenso die der Mühlenbetriebe mit Wasserkraft.

Unter den statistischen Ergebnissen, die am meisten in die Augen fallen, ist in erster Reihe zu nennen die in wachsendem Maasse eingetretene Verwendung der Dampfkraft.

Unter den Gewerbebetrieben mit mehr als 5 Geh. waren Hauptbetriebe 1053, Nebenbetriebe 269, i. g. = 1313, die 16835 Personen beschäftigten, pro Betrieb also 12,8.

---

[1] vgl. Bd. 18. III. u. Bd. 34. Teil 2 d. St. d. d. R.

In diesen Betrieben war die Zahl der Betriebe mit Dampfmaschinen im deutschen Reich 438, Zahl der Dampfkessel 652.

	Zahl der Betriebe mit stationären Dampfmaschinen	Zahl der Dampfmaschinen	Zahl der P.S.
Zahl der Betriebe mit stationären Dampfmaschinen =	425	493	14847
„ „ transportablen =	20	23	250
„ „ mit Heissluft =	1	1	1
	446	517	15098 P.S.
„ „ mit Wasserkraft	832		31632 P.S.
darunter Betriebe mit Turbinen	194	372 Turbinen	8318 „
„ „ Windmühlen	{	24 Bockwindmühlen. 35 holl. Windmühlen.	
„ „ Tier-Göpel	12		

Auf 1 Dampfmühlenbetrieb kamen durchschnittlich 34 P. S.
„ 1 Turbinenbetrieb „ „ 42 P. S.

Demnach gegen 1861 eine Zunahme der P. S. pro Dampfmühle um 183 %.

Über die motorischen Kräfte in der preussischen Mühlenindustrie sollen die nachstehenden Zahlen orientieren. Die Zahl der Motorenbetriebe überhaupt war 33785, die Zahl der mit Wasserkraft betriebenen Mühlen belief sich auf 16383, die Zahl der P. S. der Maschinen auf 117179. Darunter waren 148 Turbinenbetriebe mit 256 Turbinen, deren Stärke 5294 P. S. betrug, von den 16383 obengenannten Mühlen waren nicht weniger als 16117 Mühlenkleinbetriebe, die 102751 Wasserpferdekräfte hatten, d. h. auf einen Betrieb kamen durchschnittlich 6 P. S., welche Kraft nur zu einem Mahlgang zu reichen pflegt. Während auf die 266 Wassermühlengrossbetriebe 14428 P. S. kamen oder pro Betrieb 54 P. S., was gleichbedeutend ist einer Wasserkraft von etwa 8 Gängen. Die Zahl der Dampfkraft verwendenden Betriebe mit stationären Maschinen betrug 1169, die Anzahl der Maschinen 1206, Zahl der P. S. 20151, die der Betriebe mit transportablen Maschinen 48 mit 51 Maschinen und 449 P. S. Durchschnittlich kam auf einen Dampfbetrieb mit stationärer Maschine 17 P. S., auf 1 mit transportabler 5 P. S. Sehr gering war die Verwendung von Gas- und Heissluft. Mit ersterm wurden 6 Betriebe gezählt, deren 6 Maschinen 14 P. S. entwickelten, mit letzterer 3 mit 5 P. S.

Was den numerischen Bestand der Betriebe in Deutschland anbelangt, so wurden 59908 Mühlenbetriebe mit 126563 be-

schäftigten Personen gezählt, d. i. auf je 10000 Einwohner
14 Betriebe und 29,6 Beschäftigte. Für die nähere Unterscheidung der Betriebe nach Grössenklassen müssen 2128 Betriebe ausser Ansatz bleiben. In ihnen als Nebenbetrieben ist
keine Person ausschliesslich oder hauptsächlich thätig. Von
den verbleibenden 57780 Hauptbetrieben wurden 56727 oder
98,10 % ohne oder mit nicht mehr wie fünf und nur 1053 =
1,8 % mit mehr als 5 Gehülfen betrieben. Von diesen letztern
wiederum waren 494 Betriebe mit 5—19 Gehülfen,

$$529 \quad \text{„} \quad \text{„} \quad 11-59 \quad \text{„}$$
$$30 \quad \text{„} \quad \text{„} \quad \text{mehr als 50 Gehülfen.}$$

Es kamen durchschnittlich auf 1 Mühlenhauptbetrieb 2,19
Personen, auf 1 Mühlengrossbetrieb mit über 5 Personen rund
16 Personen, auf 1 Mühlenkleinbetrieb von 0—5 Pers. = 1,9 Pers.

Demnach muss als allgemeines Ergebniss für 1875
noch das Vorherrschen des Kleinbetriebs konstatiert werden.
Die niedrige Durchschnittszahl von 2,19 Personen ist die
Mittelzahl aus der grossen Summe zahlreicher Klein- und
weniger grösserer Betriebe. Sie wurde zwar in einigen Gegenden übertroffen, jedoch übersteigen auch diese Zahlen das
Durchschnittsniveau nicht so besonders. Die höchste Zahl
wurde in der sächsischen Kreishauptmannschaft Leipzig mit 3.4
Personen pro 1 Hauptbetrieb, dann Berlin mit 3,17 Pers., die
niedrigste in Posen mit 1,63 erreicht.

Dass sich in der Zeit von 1861 bis 75 die Konkurrenz
der mittelgrössern Betriebe gegenüber den kleinern, technisch
unvollkommnern Mühlen deutlich fühlbar gemacht, lehrt schon
der einfache Vergleich der Stärkeziffern,

In Preussen (auschliesslich. Schleswig-Holstein) gab es
1861 an Mühlen und Reisschälmühlen

36960 mit 66889 besch. Pers.
1875 waren es nur 34880 „ 68337 „ „

Es fand also ein Rückgang von 2080 Betrieben = 5,6 %
statt, wobei noch zu berücksichtigen bleibt, dass die Zahl der
Mühlenbetriebe der Wirklichkeit nicht ganz widerspricht, da
nämlich eine Anzahl Mühlen, die mit verschiedener Betriebskraft eingerichtet waren, nicht blos einmal, sondern bei jedem
ihrer Motoren gezählt wurden. Dieser Fehler wurde namentlich bei den holländischen Mühlen und den grössern Wassermühlen gemacht. In der That dürfte also der Rückgang im

einfachen ziffernmässigen Bestand noch grösser gewesen sein, was einer grössern Aufsaugung der Kleingetriebe gleichkäme. Im Durchschnitt kamen 1861 auf 1 Betrieb 1,8 Personen,

$$1875 \quad „ \quad 1 \quad „ \quad 1,9 \quad „$$

In ganz Preussen (einschl. Schleswig-Holstein) waren Hauptbetriebe mit 5 und weniger

$$\text{Gehülfen} = 34301 \text{ mit } 62628 \text{ besch. Pers.}$$

$$\left.\begin{array}{l} \text{mit } 6—10 \quad „ \quad = \quad 194 \quad „ \\ „ \ 11—50 \quad „ \quad = \quad 278 \quad „ \\ „ \ 51—200 \quad „ \quad = \quad 23 \quad „ \end{array}\right\} \quad 495 = 8868 \ „$$

$$\overline{34796 \text{ Betr. mit } 71496 \ „}$$

Hinsichtlich der Besitzverhältnisse werden unterschieden einzelne Personen einschl. der im Besitze von
Kompagniegesellsch. u. off. Handelsgesell. $= 34769$ Betriebe

im Besitze von wirtschaftl. Gesellschaften und
Genossenschaften $= 21 \quad „$

$„ \quad „ \quad „$ kommunaler Korporationen $= 3 \quad „$

$„ \quad „ \quad „$ des Staates $= 3 \quad „$

$$\overline{= 34796 \text{ Betriebe}}$$

Bezüglich der sozialen Stellung der beschäftigten Personen werden hier zum ersten Mal genauere Aufschlüsse zur Kenntnis gebracht. Es waren

Inhaber u. Geschäftsleiter in
Betrieben mit 0—5 Gehülf.
$= 32137$ männliche Personen
$= \ 1435$ weibliche $\quad „$

$$\overline{33572 \text{ Personen}}$$

$$\left.\begin{array}{l} \text{Arbeiter und Gehülfen} \quad = 23015 \text{ m.} \\ \qquad\qquad\qquad\qquad = \quad 74 \text{ w.} \\ \qquad\qquad\qquad\quad \overline{23089} \\ \text{Lehrlinge} \qquad\qquad\quad = \ 5963 \text{ m.} \\ \qquad\qquad\qquad\qquad = \quad 4 \text{ w.} \\ \qquad\qquad\qquad\quad \overline{5967} \end{array}\right\} = 29056$$

Auf 1 Inhaber oder Geschäftsleiter kamen demnach in den Kleinbetrieben 0,86 Gehülfen und Arbeiter.

In Betrieben mit mehr als 5 Gehilfen:

Inhaber und Geschäftsleiter $= \ 566 \text{ m.}$
$= \quad 23 \text{ w.}$

$$\overline{589 \text{ Pers.}}$$

kaufmännisches und techn.
Aufsichtspersonal
$= \ 945 \text{ m.}$
$= \quad 15 \text{ w.}$

$$\overline{960}$$

andere Pers. über 16 J. alt = 6802 m.

$$= \underline{353 \text{ w.}}$$

7155

Personen über 14—16 J. = 131 m.

$$= \underline{23 \text{ w.}}$$

154

„ „ 12—14 J. = 5 m.

„ unter 12 J. = 4 m.

= 1 w.

hierunter sind Lehr-linge 192 m. 1 w. } 7319

Es waren demnach in den Mühlengrossbetrieben mit über 5 Personen pro 1 Inhaber oder Geschäftsleiter 12 Arbeiter u. Gehülfen, oder auf 1 Selbständigen 14 Abhängige.

Im Durchschnitt der sämmtlichen Mühlen Deutschlands kamen aber auf 1 Selbständigen nur 1,2 Abhängige, es zeigten also die grossen Durchschnittszahlen noch nichts von dem in einzelnen Fällen bestehenden Uebergewicht der Grossbetriebe, noch gelangen die hieraus resultierenden Wirkungen in der Statistik nicht zum klaren Ausdruck, da die grössten Betriebe infolge der günstigen Ausfuhrgelegenheit beständig den Inlandsmarkt entlasten und noch wenig konkurrierend auftreten. Inwieweit aber die rund 1000 mittelgrossen Mühlen ihre Produktion auf Kosten des Kleinbetriebs ausgedehnt, kann aus der Statistik leider nicht gefolgert werden, da zwar die Zahl der Mahlgänge berichtet wird, aber nicht die genauere Art ihrer Verteilung auf die einzelnen Grössenklassen. Die Statistik führt nur die besonderen Gattungen von Gängen an:

	in Deutschland:	in Preussen:
Gesammtsumme	= 110147	= 64918
	darunter	
deutsche	= 80329	= 45307
amerikanische	= 17793	= 12502
andere	= 12025	= 7109

Jedoch wird angegeben, dass in den Betrieben mit mehr als 5 Gehülfen die Zahl der deutschen Mahlgänge 2329, die der amerikanischen 3604 war und Mahlgänge anderer Art 1296 vorhanden waren, was zu dem Schluss berechtigt, dass das Schwergewicht des Gewerbes auch hinsichtlich der Mehlerzeugung noch im Kleinbetrieb ruhte.

Kapitel IV.

Der Grossbetrieb in der Mühlenindustrie nach seinem heutigen Stand.

**A. Die Entwicklung der Schutzzollgesetzgebung für Mehl und Mühlen-
fabrikate in Deutschland und in einigen andern europäischen Ländern.**

Die neueste Geschichte der deutschen Industrie und Landwirtschaft steht bekanntlich unter dem Zeichen einer Schutzzollgesetzgebung. Die Ereignisse, die hierzu geführt, liegen
noch nicht so fern und sind auch so oft schon wiederholt und
in breiter Ausführlichkeit geschildert worden, als dass es hier
nicht zweckmässiger erscheinen möchte, sie in grossen Zügen
zu referieren.

Die chronische Agrarkrisis, die zu Anfang der 70er Jahre
ausgebrochen war — eine Folge der gewaltigen Ausdehnung
der Getreideproduktion auf jungfräulichem Boden klimatisch sehr
begünstigter Länder und der durch die moderne Verkehrsumwälzung
und Transportverbilligung geschaffenen Konkurrenzmög-
lichkeit weit entfernter Gebiete — erweckte durch das be-
ständige Sinken der Getreidepreise, die kaum mehr die landes-
üblichen Produktionskosten deckten, bei der deutschen Landwirtschaft das Bedürfnis eines Zollschutzes im Interesse der
Aufrechterhaltung lohnender Getreidepreise und damit die
Rentabilität des landwirtschaftlichen Betriebes.

Als daher Fürst Bismarck in seinem berühmten Schreiben
an den Bundesrat vom 15. Dezember 1878 eine Änderung der
Wirtschaftspolitik des deutschen Reichs ankündete und als sein
Programm den „Schutz der gesammten inländischen Produktion"
hinstellte, da fand er in weiten Kreisen der Bevölkerung,
namentlich aber bei der Landwirtschaft, eine begeisterte Ge-
folgschaft.

Zwar trat anfangs der Gesichtspunkt des Schutzes der
nationalen Arbeit noch nicht so deutlich hervor, — Bismarck

selbst legte das Hauptgewicht auf die finanzielle Reform:
„Verminderung dee direkten Steuerlast durch Vermehrung der
auf indirekten Abgaben beruhenden Einnahmen des Reichs" —
jedoch in der Folgezeit wurde jener Gesichtspunkt immer mehr
von ausschlaggebender Bedeutung.

Die Wirkung jenes Schreibens auf die Mühlenindustrie war
aber eine sehr geteilte. Während man auf der einen Seite
durch Einführung von Getreidezöllen die Mühlenindustrie stark
geschädigt glaubte, versprach man sich auf der andern Seite
nur Günstiges davon. Besonders agitierten für einen Getreidezoll und einen das doppelte betragenden Mehlzoll die bayrischen,
badenser und pfälzer Müller, die sich eigens zu diesem Zweck
in Mannheim versammelt hatten, während beispielsweise der
sächsische Zweigverband deutscher Müller sich unter dem
26. März 1879 noch gegen die Einführung eines Zolles aussprach. Von den bayrischen Mühlen war es vornehmlich eine
Münchener Aktienmühle, welche schon 1878 starke Propaganda
für einen Mehlzoll von 2 Mk. für 100 kg machte.

Die Veranlassung hierzu gab der Umstand, dass gerade
nach Bayern Mehle aus den österreich-ungarischen oder richtiger
gesagt ungarischen Mühlen auf den Markt kamen und so der
einheimischen Müllerei, den vielen kleinen Bezirksmühlen, eine
lebhafte Konkurrenz zu machen begannen.

Denn seit der Londoner Weltausstellung (1862), auf welcher
das ungarische Mehl als das beste der Welt erklärt wurde,
hatte die ungarische Mühlenindustrie einen riesigen Aufschwung
genommen. Besondere Bedeutung gewannen namentlich die
Budapester Mühlen, auch Kartellmühlen genannt. Ihre Vermahlungsziffern siehe weiter unten.

Wie bedeutend die Einfuhr von Mehl aus Österreich-Ungarn,
das neben Frankreich am meisten ausführte, zugenommen,
sollen nachstehende Ziffern anzeigen:

Einfuhr von Mehl in Tonnen à 1000 kg.

	1874	1875	1876	1877	1878	1879
aus Frankreich	32650	59742	68371	55243	32665	27643
aus Österreich	31850	47066	83389	85815	122905	124311

Demgegenüber steht die Ausfuhr aus Deutschland:

	1874	1875	1876	1877	1878	1879
nach Österreich	43444	39096	34432	39924	39043	41248
nach Frankreich	840	4090	1638	430	884	3594

---

[1]) s. Geschichte des Verbandes d. Müller 1867—1892. Berlin 1892
S. 96 und folgende.

In den beiden letzten Jahren betrug die Mehreinfuhr aus Österreich-Ungarn 83862 bezw. 83063 To. Mehl. Jedoch ist hierin die Durchfuhr mit enthalten. Wieviel daher von der Einfuhr aus Österreich-Ungarn auf Bayern entfallen, ist nicht feststellbar.

Wahrscheinlich hatten einzelne grössere Mühlen, die sich bemüht hatten, auf die Höhe der Zeit zu gelangen, nun zum ersten Mal in ihren eigensten Absatzkreisen mit auswärtiger Konkurrenz zu kämpfen, wodurch sie sich plötzlich veranlasst fühlten, energisch für einen Zollschutz zu wirken.

Leider gerieten sie mit Einführung der Schutzzollgesetzgebung wider Erwarten vom Regen in die Traufe. Die veränderte Wirtschaftspolitik schuf eine ganz veränderte Marktlage und Verkehrsumwälzung. Während bisher die norddeutschen Hafenmühlen über See exportierten, sahen sie sich nunmehr genötigt, ihre Produktion auf den Inlandsmarkt zu werfen, namentlich in die nördlichen Teile Bayerns, Württembergs und Badens. Das wurde natürlich von den süddeutschen Mühlen als ein ganz unberechtigter Eingriff in ihre ureigensten Rechte angesehen. Seitdem tobt der Kampf gegen die norddeutsche Konkurrenz. Als nun gar mit dem Aufblühen von Mannheim und Ludwigshafen in diesen Städten eine gewaltig produzierende Mühlenindustrie entstand, war diese Gegend der zweite „Wetterwinkel" der bayrischen Müllerei. Und es gehört nunmehr zu den „Lebensfragen" der bayrischen Müller gegen diese müllerischen Grossbetriebe, die Riesenmehlfabriken am Rhein und an der See, mit allen Mitteln zu kämpfen.

Jedoch kehren wir zur Darstellung der Schutzzollgesetzgebung zurück. Wir haben die Anschauungen der Interessentenkreise dargelegt, untersuchen wir im folgenden, inwieweit sich die Regierung die Ansichten dieser Kreise zu eigen gemacht hatte.

Die ausführlichen Motive, die der Zollvorlage beigegeben wurden, bemerken über die Frage eines Mehlzolles folgendes:

Mit Ausnahme einer zeitweisen Unterbrechung in den 50er Jahren hat seit Beginn der 20er Jahre bis zur Mitte der 60er für Getreide, Hülsenfrüchte, Mehl und Mühlenfabrikate ein mässiger Zollschutz bestanden.

Während nun die Getreidezölle mit dem 1. VII. 1865 ganz wegfielen, blieben nach dem Tarif von 1860

1. Kraftmehl, Nudeln, Puder, Stärke, Arrowroot, Sago

und Sagosurrogat, Tapioka einem Zollsatz von 2 Thlrn..
dagegen

2. Mühlenfabrikate aus Getreide und Hülsenfrüchten. sowie gewöhnliches Backwerk und Stärkegummi (Dextrin) (letztere beiden Artikel als nicht ausdrücklich genannt) einem Eingangszoll von 15 Sgr. pro Ctr. unterworfen und es blieben diese Sätze auch in dem Tarif von 1865 unverändert. Infolge des Handelsvertrages mit Österreich von 1868 wurde der Eingangszoll für Kraftmehl, Puder, Stärke. Arrowroot auf 15 Sgr. ermässigt, während Nudeln. Sago und Sagosurrogate sowie die unter 2 aufgeführten Gegenstände zollfrei wurden. Durch die Tarifnovelle vom 7. Juli 1873 (§ 1. Ziffer VI.) ist die Zollfreiheit vom 1. Januar 1877 an auch auf Kraftmehl Puder, Stärke und Arrowroot erstreckt worden.

Die Wiedereinführung von Getreidezöllen hat die Zollpflichtigkeit auch der in Nr. 25 q begriffenen Gegenstände zur Folge. Dabei wird jedoch für „Mühlenfabrikate aus Getreide und Hülsenfrüchte" nicht über den Satz von 2 Mk. für 100 kg hinauszugehen sein, welcher von dem nach der Reichsstatistik in den letzten Jahren zu 16 Mk. für den Zentner geschätzten Durchschnittswerte des Mehls 6¹/₄ Prozent ausmacht. Die Einfuhr und Ausfuhr von Mehl aus Getreide und Hülsenfrüchten stellt sich wie folgt in Tonnen à 1000 kg.

Im Jahre	1872	1873	1874	1875	1876	1877	1878	1879
Einfuhr	76000	95000	98500	131000	186000	179500	200000	253000
Ausfuhr	112500	119000	118500	118500	129000	168500	191000	218000
Mehrausfuhr+ Mehreinfuhr−	36500+	24000	20000−	12500−	57000−	11000	−90000	−35000

Während hiernach in den beiden ersten Jahren die Ausfuhr noch wesentlich höher war als die Einfuhr, hat letztere i. J. 1876 etwa 50 %/₀ mehr als die Ausfuhr betragen, und ist im Jahr 1877 wieder auf ein der Ausfuhr ziemlich gleiches Niveau gestiegen. Da wegen der Zollfreiheit des Mehls die Ein- und Ausfuhrziffern den Durchgangsverkehr mit enthalten, so geben dieselben keinen Anhalt dafür, wieviel ausländisches Mehl im Inland konsumiert worden ist. Indessen lässt sich annehmen. dass nur ein verhältnismässig kleiner Teil der seitherigen Einfuhr künftig zur Verzollung gelangt. Zur Zeit der Zollfreiheit des Mehls sind z. B. im Jahre 1861 nur 352449 Ctr. in den freien Verkehr getreten, dagegen 841653 Ztr. aus letzterem ausgeführt worden.

Auch andere Mühlenfabrikate, nämlich geschrotene oder geschälte Körner, Graupe, Gries, Grütze, sowie das gewöhnliche Backwerk, werden dem Zollsatz von 2 Mk. für 100 kg zuzuweisen sein. Der ausländische Verkehr stellt sich in Betreff dieser Artikel wie folgt:

in Tonnen à 1000 kg

	1872	1873	1874	1872	1876	1877	1878
Einfuhr n. Deutschl.	10700	33250	24000	14100	21400	26550	32100
Ausfuhr a. „	13250	25550	18350	14400	13500	16400	18900
Mehlsausfuhr+ Mehreinfuhr—	+2550	—7700	—5650	—300	—7900	—10150	—13200

Soweit die Motive. - Der Mehlzoll war hiernach eine einfache Konsequenz des Getreidezolles. Dies Argument wurde auch von den Vertretern des Zollschutzes im Reichstag vorgebracht. Eingehendere Untersuchungen über die Verhältnissmässigkeit von Mehl- und Getreidezoll wurden weiter nicht angestellt, und so gelangten die vorgeschlagenen Sätze auch zur Annahme.

Nach dem Zolltarif vom 15. Juli 1879 wurden Weizen und Roggen pro 100 kg mit 1 Mk. Zoll, Mehl und Mühlenfabrikate pro 100 kg mit 2 Mk. Zoll belastet. Der Mehlzoll stand daher zum Getreidezoll im Verhältniss von 2 : 1. —

Dieser niedrige Schutzzoll blieb aber nur kurze Zeit bestehen. Schon im Juli 1881 wurde der Zoll für Mehl auf 3 Mk. erhöht. Die Erwägungen, von welchen die Regierung sich leiten liess, werden in ausführlicher Weise in der Begründung zur Zollvorlage wie folgt dargethan.

„Der Mehlzoll von 2 Mk. entspricht zwar dem Vorschlag der verbündeten Regierungen vom 4. April 1879. Indessen haben die Unterlagen dieses Vorschlags eine wesentliche Verschiebung insofern erfahren, als bei der Beratung des Tarifentwurfs im Reichstag der mit 0,50 Mk. für 100 kg in Aussicht genommene Zoll für Roggen auf 1 Mk. (den Zollsatz für Weizen) erhöht worden ist.

Aus den Kreisen der Mühlenindustrie ist, insbesondere auch unter Hinweis auf diesen Umstand, lebhafte Klage darüber erhoben worden, dass der Mehlzoll dem Betrag der Getreidezölle gegenüber zu niedrig normiert, und der Mühlenindustrie deshalb der ihr gebührende Zollschutz in irgend zulänglichem

---

[1] Nr. 147 der Drucksachen des Reichstags 1881 IV. Session.

7*

Masse nicht zu teil geworden sei. Es wird dabei hervorgehoben, dass die Einfuhr namentlich von Roggenmehl aus Frankreich und von Weizenmehl aus den Vereinigten Staaten seit dem Inkrafttreten jener Zölle (1. Januar 1880) in erheblicher Steigerung begriffen sei." — Es wird dann die Mehleinfuhr verschiedener Länder, hauptsächlich die Österreich-Ungarns, Frankreichs, Belgiens und der Vereinigten Staaten in Betracht gezogen und bemerkt, dass die Exportthätigkeit der mit diesen Ländern in Verbindung stehenden südlichen und westlichen Teile Deutschlands eine Einschränkung erfahren habe. Die Regierungsvorlage kommt daher zum Schluss, dass, da das Ausland noch so viel Mehl nach Deutschland importieren könne, muss der Mehlzoll im Verhältniss zum Getreidezoll zu niedrig sein. Des weitern erörtern die Motive die Höhe des Zollschutzes für die Mühlenindustrie, welch letzterer von der Ausbeute an Mehl abhängig ist.

Wenn die Ausbeute auch nach der Vollkommenheit des Betriebes und der Güte des verwandten Getreides schwankt, so scheint sie doch im allgemeinen zwischen 70 und 75 Prozent, bei Roggen zwischen 60 und 65 Prozent zu betragen. Die Differenz zwischen dem Zoll für 100 kg Mehl und dem Zoll für das zur Herstellung dieser Menge erforderliche Getreide beläuft sich zu Gunsten des Mehlzolls

1. bei Weizen unter Annahme einer Ausbeute

von 75 Prozent auf   0,66^2/$_3$ Mk.[1])

„ 70 „ „   0,57 „

2. bei Roggen unter Annahme einer Ausbeute

von 65 Prozent auf   0,46 Mk.

„ 60 „ „   0,33^1/$_2$ „

Die Differenz zu 2 würde 1,23 bez. 1,16^2/$_3$ Mk. betragen haben, wenn der Roggenzoll in der ursprünglich vorgeschlagenen Höhe von 0,40 Mk. für 100 kg. festgestellt worden wäre.

Nach alledem muss eine Erhöhung des Mehlzolls für erforderlich erachtet werden. Bei einer solchen von 3 Mk. wird der Schutz noch nicht erreicht, welchen die Mühlenindustrie nach den vom Jahre 1857 ab bis zur Aufhebung der Mehl- und Getreidezölle (1. Juli 1865) in Geltung gewesenen all-

---

[1]) Die Berechnung ist folgende: 100 kg Getreide zahlen 1 Mk. Zoll; wenn man aus 100 kg Getreide 75 Mehl zieht, so liegt auf 1 kg Mehl = ^{100}/$_{75}$ Steuer = 1,33^1/$_3$ Mk. Der thatsächliche Zoll für Mehl beträgt aber 2 Mk., daher ist Plus von 66^2/$_3$ zu Gunsten des Mehlzolls.

gemeinen Tarifen gehabt hat. — Damals stellte sich der
Zoll für 100 kg. bei Weizen auf 0,50 Mk., bei Roggen· auf
0,13$\frac{1}{3}$ Mk. und bei Mehl auf 3 Mk. sowie die Differenz des
Zolls für 100 kg. Getreide bei Weizen auf 2,50 Mk. und bei
Roggen auf 2,86$\frac{2}{3}$ Mk., jetzt beträgt die entsprechende
Differenz bei dem vorgeschlagenen Zollsatz nur 2 Mk. —
Indessen darf mit Rücksicht auf den hohen Stand der
heimischen Mühlenindustrie gehofft werden, dass ein Zoll-
satz von 3 Mark für 100 kg Mehl genügen werde, derselben
den inländischen Markt in ausreichendem Masse zu sichern. —
Eine Anlage giebt noch die Einfuhrzahlen für Mehl. Da-
nach kamen 1880 aus Frankreich 171705 dz Mehl,

Österreich-Ungarn	226165	„ „
den Vereinigten Staaten	43215	„ „
Belgien	25000	„ „
Russland	14534	„ „
den Niederlanden	14744	„ „
der Schweiz	9906	„ „
den deutschen Zollausschlüssen	17430	„ „
im Ganzen	526496	„ „

Wie zu erwarten, spielten die hier vorgetragenen Gesichtspunkte in den Beratungen des Reichstags eine bedeutende
Rolle. Liest man die hierüber gepflogenen Verhandlungen, so
muss man gestehen, dass man sich bei der vorgeschlagenen
Massregel auf allen Seiten des Hauses in mancherlei Täuschungen
befand.

Die Regierung ging zweifelsohne von der Befürchtung aus,
dass das Ausland bei dem niedrigen Mehlzoll mehr Mehl als
Getreide einführen würde und so die Landwirtschaft indirekt geschädigt würde. Daher ihr Hinweis auf die zunehmende Einfuhr
von Mehl nach Deutschland, während sie es unterlässt auf die
gegen 1878 und 1879 zum ersten Mal wieder stattgefundene
Mehrausfuhr von 18234 To. Mehl und Mühlenfabrikate im
Werte von 7,17 Mill. Mark hinzuweisen. Andererseits stellte
sich für 1881 immer mehr eine gewisse Notlage der Mühlenindustrie heraus, einmal veranlasst durch die Erschwerungen
im Mehlausfuhrhandel, welche die Einführung der Zollgesetzgebung
mit sich gebracht hatte, andererseits durch die Missernte des
Jahres 1881 und den hierdurch erschwerten Rohstoffbezug.
Um nun die Erhöhung des Mehlzolles durchzudrücken,

stellte sich die Regierung vollkommen auf den Standpunkt der
Interessentenkreise und stützte sich bei der Begründung des Antrags vornehmlich auf 2 Petitionen, die an den Reichstag und
sie gerichtet waren, die eine ausgehend vom Verband deutscher
Müller und die zweite vom Vorstand des hannover-braun-
schweigischen Zweigverbandes deutscher Müller.

Die Antragsteller der genannten Petitionen baten: Der
Reichstag wolle sich dahin aussprechen, dass § 7 des Zoll-
tarifs vom 15. Juli 1879 in Nr. 1 und 3 dahin abgeändert
werden möchte, dass künftighin der Müller für das vom Ausland bezogene Getreide nur insofern den Zoll zu entrichten
hat, als er innerhalb eines zu bestimmenden Zeitraums ein dem
Ausbeuteverhältniss entsprechendes Quantum Mehl nicht wieder
zur Ausführung gebracht hat. Die Petenten wünschten ferner
eine Herabsetzung des Ausbeuteverhältnisses auf 65 Prozent
gleichmässig für Weizen- und Roggenmehle.[1])

In der That war der Mühlenindustrie, sofern sie eine
Mehlausfuhr unterhielt, nicht sowohl mit einer Erhöhung
des Mehlzolls gedient als vielmehr mit einer Beseitigung
der mit der Schutzzollgesetzgebung eingeführten, nachteiligen
Zollbestimmungen bei der Zollrückgewährung für aus-
geführtes Mehl.

Derartige nachteilige Zollbestimmungen waren die Forderung des sog. Identitätsnachweises, die durch den erwähnten
§ 7 des Tarifgesetzes zur Einführung gelangt war, und die
hohe Festsetzung des Ausbeuteverhältnisses, das sich ursprünglich auf 80% bei Weizen und 70% bei Roggen belief.

**1) Wirtschaftliche Folgen der Schutzzollgesetzgebung bis zum Jahre
1882 und gesetzgeberische Massnahmen zur Hebung der Mehlausfuhr.**
a. Schaffung der gemischten Privatransitlager für Getreide.
b. der Identitätsnachweis bei dem Mehlausfuhrhandel.
c. Einrichtung von Mühlenkonten.

Als sich das deutsche Reich durch Errichtung von Zoll-
schranken gegen das Ausland abschloss, da erforderte es die
Gerechtigkeit, dass diejenigen Industrien, welche fremde Rohstoffe verarbeiteten und in verarbeitetem Zustande ganz oder

[1]) s. Verh. d. Reichstags vom 30. Mai 1881. Inzwischen, am 14.
Mai 1881 hatte aber der Bundesrat das Ausbeuteverhältnis auf 75% bei
Weizen und 65% bei Roggen herabgesetzt.

teilweise ausführten, in ihren Interessen geschützt wurden. Es sollte auch fernerhin der einheimischen Arbeit und dem einheimischen Kapital ein fruchtbares Feld der Thätigkeit erhalten bleiben und der inländischen Industrie auf den Auslandsmärkten die Wettbewerbsfähigkeit durch die Zölle nicht geschmälert werden.

Aus diesem Grunde schuf man für den sog. „Veredlungsverkehr" gewisse Erleichterungen. Man ging dabei zurück auf die §§ 107, 108 und ff. des Vereinszollgesetzes vom 1. Juli 1869 über Privatläger und fortlaufende Konten. Und es ward infolge eines Antrags des Frh. v. Varnbüler in das Zolltarifgesetz ein Paragraph aufgenommen, der § 7, welcher über den Getreide- und Mehlverkehr folgendes bestimmte:

2) Für die in Nr. 9 des Tarifs (Getreide etc.) aufgeführten Waren, wenn sie ausschliesslich zum Absatz ins Zollausland bestimmt sind, werden Transitlager ohne amtlichen Mitverschluss in welchen die Behandlung und Umpackung der gelagerten Ware uneingeschränkt und ohne Anmeldung und die Mischung derselben mit inländischer Ware zulässig ist, mit der Massgabe bewilligt, dass bei der Ausfuhr dieser gemischten Ware der in der Mischung enthaltene Prozentsatz von ausländischer Ware als die zollfreie Menge der Durchfuhr anzusehen ist. Für Waren der bezeichneten Art, welche zum Absatz entweder in das Zollausland oder in das Zollinland bestimmt sind, können solche Transitlager bewilligt werden.

3) Für Mühlenfabrikate (Nr. 25q₂ des Tarifs) wird eine Erleichterung dahin gewährt, dass bei der Ausfuhr der Eingangszoll für das ausländische Getreide nach dem Prozentsatz des zur Herstellung des Fabrikates zur Verwendung gelangten ausländischen Getreides nachgelassen wird. Dabei soll für die bescheinigte Ausfuhr an Mehl eine dem Ausbeuteverhältnis entsprechende Gewichtsmenge an ausländischem Getreide zollfrei gelassen werden."[1])

Ueber das Ausbeuteverhältnis sollte der Bundesrat Bestimmung treffen, ebenso wurden ihm auch die weiteren Anordnungen überlassen.

Was enthielten nun diese Bestimmungen des § 7?

In Ziffer 1 wurde die Schaffung zweier Arten von Transit-

---

[1]) s. Reichsgesetzblatt 1879. S. 210.

lagern ohne amtlichen Mitverschluss für Getreide ins Auge gefasst, und zwar sog. reine und gemischte Privattransitläger.

Die Schaffung der ersteren war obligatorisch, sie dienten allein dem Absatz ins Ausland, die Errichtung der letzteren, von denen die Waren entweder in den freien Verkehr des Inlands oder nach dem Ausland abgesetzt werden konnten, sollte nach Bedürfnis gestattet werden können und hing von dem Ermessen des Bundesrates ab.

Durch Ziffer 3 des genannten Paragraphen war die Möglichkeit gewährt, Mehl zu exportieren, das aus ausländischem Getreide hergestellt war. Die erste Voraussetzung dabei war, dass derjenige, welcher ausländisches Getreide verarbeitete und der, welcher es ausführte, identisch war. Die zweite, dass die Identität des verarbeiteten und als Mehl ausgeführten Getreides mit dem eingeführten fremdländischen Getreide nachgewiesen werden konnte.

Dieser letztere Nachweis war für die Mühlenindustrie nicht allein thatsächlich schwer zu erbringen, namentlich, wenn sie in modern technischer Weise eingerichtet war, dieser Identitätsnachweis schädigte auch die Industrie dadurch auf das allerempfindlichste, dass er ihr die Möglichkeit zweckentsprechender Verwertung des inländischen Getreides raubte.

Es ist schon hervorgehoben worden, dass sich die meisten deutschen Getreidesorten eines grossen Stärkereichtums, aber nur eines geringen Klebergehaltes erfreuen. Daher bedarf das deutsche Getreide zur Herstellung eines guten, backfähigen Mehls vielfach der Vermischung mit kleberhaltigen Getreidesorten, wie sie namentlich in Argentinien, den Balkanstaaten, Russland etc. erzeugt werden. Auf diesem Umstand beruht mit die Berechtigung des deutschen Mehlausfuhrhandels. Wie bekannt, enthält Deutschland Gebiete mit einer Getreideüberproduktion, das sind vorzüglich die agrarischen Gebiete „Ostelbiens" und die des Nordwestens und Gebiete mit einer Getreideunterproduktion, die des industriereichen Westens und Südwestens des Reiches. Noch bis heute hat sich diese wirtschaftliche Zweiheit nicht auszugleichen vermocht. Und das Zünglein der Wage schwankt je nach den wechselnden politischen Einflüssen bald zum „Agrarstaat", bald zum „Industriestaat".

Dass Deutschland, das fast 4 Millionen Tonnen Getreide im letzten Jahr eingeführt hat, bislang ein Mehlexportland ge-

blieben, dürfte einem nur in grauer Theorie Lebenden und
Denkenden wie ein Nonsens erscheinen. Dennoch ist diese Erscheinung wohl verständlich, wenn man erwägt, dass in den
getreideübererzeugenden Gebietsteilen durch Einfuhr des zur
Verbesserung notwendigen ausländischen Produkts ein noch be-
deutenderer Getreideüberfluss zeitweise vorhanden ist, der,
wenn er nicht preisdrückend und die Landwirtschaft schädigend
wirken soll, wieder zur Ausfuhr gebracht werden muss. —
Wir werden später noch Gelegenheit haben, auf die Frage
der Notwendigkeit der Einführung ausländischer Getreidesorten
zur Erzielung der Konsumfähigkeit gewisser inländischer Getreidearten zurückzukommen. —

Gemäss der ihm durch § 7 des Zollgesetzes zuerteilten
Befugnis erliess denn auch der Bundesrat unterm 13. Mai
1880 zwei Regulative betr. die Privattransitläger und Mühlenkonten und gestattete einer grössern Zahl von Orten die Errichtung gemischter Privattransitlager für Getreide. Das
Transitlagerrecht wird nämlich einer Ortschaft, nicht einem
einzelnen erteilt. Es erhielten solche Läger nachfolgende Orte,
zu denen später noch andere hinzukamen:

a) im Gebiet der preussischen Zollverwaltung: Memel,
Tilsit, Königsberg i. Pr., Elbing, Danzig, Thorn,
Inowrazlaw, Breslau, Stettin, Hadersleben, Lübeck und
Vegesack.

b) in Bayern: München, Lindau, Rosenheim und Ludwigshafen am Rhein.

c) in Sachsen: Dresden und Leipzig.

d) in Baden zu Mannheim.

e) Grossherzogtum Oldenburg, Elsfleth und Nordenhamm.

f) Strassburg in Elsass Lothringen.[1]

Die wichtigsten Bestimmungen aus diesen Regulativen haben
nachstehenden Wortlaut:

§ 1. Antrag.

Inhaber von Mühlen, welche auf Grund der Ziffer 3 im
§ 7 des genannten Gesetzes ausländisches Getreide mit dem
Anspruch auf Zollnachlass bei der Ausfuhr der daraus gewonnenen Mühlenfabrikate verarbeiten wollen, haben die Ge-

---

[1] Zentralblatt f. d. d. Reich 1880. S. 500.

nehmigung hierzu und die Bewilligung eines gemischten
Privattransitlagers ohne amtlichen Mitverschluss für das
zu verarbeitende Getreide bei dem Hauptamte zu beantragen,
wobei genaue Angaben über die zu verarbeitenden Getreidearten, die herzustellenden Fabrikate, die Fabrikationsanlagen
und die Fabrikationsweise zu machen sind.

Nach Bewilligung des Antrags sind Änderungen hierin
nur nach vorgängiger Anzeige zulässig.[1]

§ 2. Bewilligung des Antrags.

Die Genehmigung des gestellten Antrags, welche jederzeit
widerruflich ist, erfolgt seitens der Direktivbehörde unter den
im § 2 des Regulativs für Privatlager von 1871 aufgestellten
allgemeinen Bedingungen.

Wichtig ist aus diesem § 2 noch der Passus:

Der Zollbehörde ist das Recht einzuräumen, durch Einsicht
in die ordnungsmässig zu führenden Fabrikationsbücher und
durch sonstige Kontrole der Fabrikation von der deklarations-
mässigen Bearbeitung des Getreides Überzeugung zu nehmen.

§ 9. Abs. 2.

Bei Mühlen, deren Einrichtung oder Betriebsverhältnisse
die Festhaltung der Identität der einzelnen auf die Mühle
gelangenden Getreideposten und die Getrennthaltung der
gewonnenen Mühlenfabrikate nach dem Mischungsverhältnis des
dazu verarbeiteten Getreides nicht zulassen, insbesondere bei
kontinuierlichem Betrieb können mit Genehmigung der
obersten Landesfinanzbehörde besondere den Einrichtungen
und dem Betrieb der einzelnen Mühlen angepasste Kontrolen
angeordnet werden, um bei den zur Ausfuhr gelangenden Mühlenfabrikaten den Prozentsatz des zur Herstellung des Fabrikats
verwandten ausländischen Getreides festzustellen. —

Nach § 10 waren nur Mengen von mindestens 2000 kg. zur
Ausgangsabfertigung gestattet. Das Ausbeuteverhältnis wurde
bei Weizen auf 80%, bei Roggen auf 70% festgesetzt, d. h.
nach Ausfuhr von 80 resp. 70 kg Mehl erhielt der Exporteur
den Zoll für 100 kg Getreide zurück.

Nach den vorstehenden Regulativbestimmungen musste der
Müller, welcher Mehl exportieren wollte, sich an das Hauptzoll-

---

[1] Zentralblatt f. d. d. Reich 1880. S. 300.

amt wenden und um die Genehmigung eines gemischten Privattransitlagers ohne amtlichen Mitverschluss einkommen. Hatte er ein solches Lager erhalten, so konnte er je nach den wechselnden Konjunkturverhältnissen, seine Erzeugnisse bald im Inland bald im Ausland absetzen, jedoch im Inland nur selbstverständlich nach Zahlung des Zolls und nach dem Ausland unter Beibringung des Identitätnachweises. Hatte er einen kontinuierlichen Betrieb, so konnte er, wenn die Landesfinanzbehörde sehr entgegenkommend war, nach besondern „angepassten Kontrolen" in seinem Betrieb beaufsichtigt werden.

Gewöhnlich wurde er aber kontroliert durch ein nach besondern Vorschriften zu führendes Niederlageregister, bei dem sämmtliche Getreideeingänge wie Fabrikatausgänge gebucht wurden.

Eine gewisse Vergünstigung wurde dem Müller, der Mehl aus ausländischem Getreide hergestellt ausführte, dadurch zu teil, dass er den Zoll einige Monate kreditiert erhielt, indem die Zollbehörde erst nach einer halbjährigen Frist mit ihm abrechnete. (Am 2. Januar resp. 1. Juli jeden Jahres. s. § 16 des Reg. f. Privatläger 1871).

Die schweren Schädigungen, die der Exportgetreidehandel wie die Exportmühlenindustrie durch den Identitätsnachweis erlitt, gaben die Veranlassung, dass schon in der Reichstagssession von 1880/81 verschiedene Anträge gestellt wurden, um diesen Missständen zu begegnen. Am weitesten ging der Antrag des Abgeordneten Richter, der den Identitätsnachweis sowohl bei der Mehlausfuhr wie beim Getreidehandel abgeschafft wissen wollte.[1]

Ein anderer Antrag der Abgeordneten Graf zu Stolberg-Rastenburg, von Heeremann und von Kardorff wollte wenigstens bei der Mehlausfuhr den Identitätsnachweis fallen lassen. Es sollte jedem Müller gestattet werden, soviel ausländisches Getreide in die Mühlen zollfrei einzuführen, als er Mehl (dem Ausbeuteverhältnis entsprechend) zur Ausfuhr ins Ausland bringen wüde.[2]

---

[1] s. Antrag Richter. Nr. 93 der Drucksachen z. d. Verh. d. Reichstags 1880.

[2] Nr. 109 der Drucksachen z. d. Verh. d. Reichstags 1880.

In der That gelang es, die Zustimmung des Reichstags zu diesem Antrag zu erlangen.

Trotz dieses für eine Aufhebung des Identitätsnachweises eintretenden Reichstagsbeschlusses vom 17. April 1880 zeigte aber die Regierung wenig Geneigtheit, Änderungen des Zollgesetzes in dem beantragten Sinne vorzunehmen, sie trug Bedenken, von dem Prinzip der Identität abzugehen, weil sie befürchtete, man könnte für andere zollpflichtige Artikel gleichfalls Rückvergütungen zu Gunsten des Exports verlangen. Auch fürchtete sie einen Ausfall an Zolleinnahmen, da zweifelsohne das zur Verbesserung des inländischen Erzeugnisses verwandte Getreide ohne Zollentrichtung ins Inland gelangen würde.

Daher verhielt sich die Regierung auch ablehnend, als diese Frage im Mai 1881 zum zweiten Male den Reichstag beschäftigte. — Die Abgeordneten v. Heeremann und v. Kardorff hatten beantragt, den bekannten Paragraph 7 Ziffer 3 in der Weise abzuändern, dass unter Aufrechterhaltung des Identitätsnachweises nur für die Person und die Fabrikationsstelle bei der Ausfuhr von Mehl der Zoll einer entsprechenden Quantität von importiertem ausländischem Getreide unter Berechnung des Ausbeuteverhältnisses nachgelassen werde.

Der Verkauf von ungemahlenem ausländischem Getreide aus den Mühlen sollte überhaupt nicht zulässig sein.

Trotzdem auch dieser Antrag zur Annahme gelangte, hielt sich die Regierung noch immer abgeneigt, bis in der That die Mühlenindustrie von recht schweren Schlägen betroffen wurde. Ein paar grosse Ausfuhrwerke (Stralsund, Posen) fallierten und ausserhalb der Zollgrenzen Deutschlands, namentlich in Holland, Belgien und Dänemark entstanden grosse Mühlen, die den bisher in deutschen Händen gelegenen Mehlhandel an sich rissen.[1])

Jetzt erst entschloss sich die Regierung dazu, die erwünschte Zollerleichterung eintreten zu lassen. Ihre Ansichten legte sie mit folgenden Worten dar:

„Angesichts der fortdauernden Klagen der Mühlenindustrie über die Erschwerungen, welche derselben durch die bisherige unzulängliche Vergütung des Eingangszolles für das bei der Herstellung von Mühlenfabrikaten verwendete ausländische

---

[1]) s. Nr. 192 d. Drucksachen 1881.

Getreide erwachsen, erscheint es, ungeachtet der mannigfachen
entgegenstehenden Bedenken, im Hinblick auf die thatsächlich
bestehende Notlage dieses wichtigen Industriezweiges notwendig,
auf eine Abänderung des § 7 des Zolltarifgesetzes vom 15.
Juli 1879 im Sinne der Resolutionen des Reichstags von 17.
April 1880 und 30. Mai 1881 Bedacht zu nehmen."[1])

— — — — — — — — — — — — —

„Wenn gleich zur Zeit ein ausreichendes statistisches Material
noch nicht vorhanden ist, um den Einfluss der gegenwärtig
geltenden Bestimmung auf den zugleich von mancherlei andern
Umständen abhängigen Umfang des Mehlexports mit Zuverlässig-
keit zu beurteilen, so sprechen doch die andauernden Klagen
der Mühlenindustrie, die Würdigung, welche dieselben im
Reichstag gefunden haben, dafür, dass die Lage der bezeichneten Industrie in den letzten Jahren eine sehr ungünstige
gewesen ist. Es erscheint deshalb bei der hohen Bedeutung,
welche der Müllerei sowohl für die Volksernährung, als auch
für Landwirtschaft, Industrie und Handel beizumessen ist, geboten, der Mühlenindustrie die gewünschte Zollbegünstigung, welche geeignet ist, die Exportthätigkeit der Mühlen
wesentlich zu fördern, zu teil werden zu lassen. Insbesondere
werden nach einer derartigen Änderung des Zolltarifgesetzes
die Kontrolemassregeln bei der Gewährung der Zollerleichterung
in erheblich einfacherer Weise gestaltet werden können, als
es gegenwärtig thunlich ist. Auch vom Standpunkt der landwirtschaftlichen Interessen empfiehlt sich die Bestimmung
in sofern, als ein ausgedehnter Export von Mühlenfabrikaten
reichliche und billige Futterstoffe zurücklässt. Allerdings ist die Möglichkeit nicht ausgeschlossen, dass die Bestimmung die grossen für den Export arbeitenden Mühlen,
denen sie vornehmlich zu gute kommt, auch auf dem inländischen
Markte vor den kleineren, wesentlich für den heimischen Bedarf beschäftigten Mühlen, begünstigen werde. Indessen liegt
der Erlass jener Bestimmung in dem Wunsche auch der nicht
exportierenden Mühlenbesitzer, welche von einer Förderung
des Exports eine Entlastung von der zur Zeit übergrossen
Konkurrenz der grossen Mühlen auf dem inländischen Markte
erhoffen. —

---

[1]) Nr. 8 der Anlagen z. d. Verh. d. Reichstags 1882/83.

Aus den Beratungen des Reichstags über den von der Regierung eingebrachten Abänderungsantrag betr. Aufhebung des Identitätsnachweises, ist vorzüglich die Rede des Abgeordneten Koochhann-Landsberg zu erwähnen, der die durch die neue Gesetzesbestimmung geschaffene Sachlage in folgender prophetischer Weise beurteilte.

„Aus 100 Zentner Roggen werden aber cca. 63 bis 65 Zentner gutes Backmehl, 15 bis 17 Zentner grobes Mehl, sogenanntes Futtermehl, und cca. 16 bis 18 Zentner Kleie gezogen. Wird nun das Ausbeuteverhältnis auf 65 % für aus Roggen gezogene Mehle festgestellt, so wäre hierbei nur das zu exportierende feine Mehl berücksichtigt. Führt der Müller indessen auch das Grobmehl aus, so erhält er auch für dieses die Exportbonifikation, und es kann dadurch vorkommen, dass ihm für aus 100 Zentner Roggen gewonnenes Mehl cca. 15 bis 16²/₃ Prozent mehr Steuer vergütet wird, als er dafür Eingangszoll bezahlt hat. Auf dieses Verhältnis hier aufmerksam zu machen, halte ich für Pflicht, damit nicht zur Zeit, wenn die Verhältnisse sich so gestalten sollten, wie ich es ganz unzweifelhaft glaube, dass sie sich gestalten werden, davon gesprochen werden kann, dass es hier an Sachkenntnis gefehlt habe, die Verhältnisse richtig zu würdigen.

Ganz unzweifelhaft werden durch die Steuervergütung die geringeren Mehle einen leichtern Verschleiss nach dem Ausland finden, als es bisher der Fall ist und dadurch sich auch für die Futtermehle, die im Inland bleiben, bessere Preise erzielen lassen, was natürlich für die Herren Landwirte nicht sehr angenehm sein wird."

In der That ist diese Prophezeihung, die damals ziemlich wirkungslos im Reichstag verhallte, vollkommen eingetroffen. Der heftige Kampf der heute um die Zollrückgewähr für Exportmehle gekämpft wird, hat zum grossen Teil darin seinen Grund, dass die Landwirtschaft sich beklagte, dass die sog. Nachmehle ein besseres Rendement nach dem Ausland erzielten wie die feineru Marken und deshalb zum Schaden der deutschen Landwirte nach dem Ausland gingen, wodurch im Inland die Futtermittelpreise in die Höhe geschraubt würden. Wir werden noch Gelegenheit haben, auf diese Frage später zurückzukommen.

Wie nicht anders zu erwarten, fand der Regierungsantrag die vollkommenste Zustimmung des Reichstags und bereits am 27. Juni 1882 erliess der Bundesrat für die Exportmühlen ein Regulativ, durch das das Mehlexportgeschäft auf jener oben dargelegten Grundlage geregelt wurde.

Nach § 1 sollte den Mühlen, wie schon früher vom Verband deutscher Müller angeregt war, ein Zollkonto eröffnet werden, worauf der Import an Getreide belastet, der Export an Mehl entlastet wird, sodass nur die Differenz zwischen Import und Export zur Verzollung gelangen sollte.

Der Paragraph 1 lautete:

Inhaber von Mühlen, welche ausländisches Getreide mit dem Anspruch auf Zollnachlass bei der Ausfuhr einer entsprechenden Menge von ihnen hergestellter Mühlenfabrikate verarbeiten wollen, haben die Bewilligung eines Zollkontos für das zu verarbeitende ausländische Getreide bei dem Hauptamt zu beantragen, wobei genaue Angaben über die zu verarbeitenden Getreidearten, die herzustellenden Fabrikate, die Lagerräume für Getreide und für Fabrikate, die Fabrikationsanlagen und die Art des Betriebes zu machen sind.[1]

Der Ausfuhr der Mühlenfabrikate steht die Niederlegung der letzteren in einer Zollniederlage unter amtlichem Mitverschluss gleich.

Im übrigen beschränkte sich der bisherige Identitätsnachweis auf die Person des Mühleninhabers bezw. die Fabrikationsstätte. Eine Änderung gegen früher fand noch bei der Abrechnung statt. Es hiess im § 8:

„Die Abrechnung findet vierteljährlich in der Art statt, dass in der Mitte des vierten Monats nach Ablauf des Abrechnungsquartals von der in diesem Quartal angeschriebenen Menge ausländischen Getreides diejenige Getreidemenge, welche nach dem Ausbeuteverhältnis der Menge der in dem bezeichneten und in dem darauf folgenden Quartal thatsächlich zur Ausfuhr gelangten Mühlenfabrikate entspricht, in Abzug gebracht wird, soweit dieselbe nicht etwa schon bei der Abrechnung für das Vorquartal zum Abzug gebracht ist. Es ist dabei für jede Getreideart besonders abzurechnen."

Wichtig ist ferner die Bestimmung, wonach für Mühlen,

_____

[1] Zentralblatt f. d. d. Reich 1882. S. 290. Regulativ v. 27. Juni 1882.

welche auf Antrag ihrer Inhaber unter stehende steuerliche Kontrole gestellt sind, mit Zustimmung der Direktivbehörde das effektive Ausbeuteverhältnis in Rechnung gestellt werden konnte.

2) Die Schutzzollgesetze vom Jahre 1885, 1887 und ihre Wirkungen auf die Mühlenindustrie bis zum Beginn der 90er Jahre.

Mit dem Fallen des Identitätsnachweises brachen für die Mühlenindustrie, namentlich diejenige Norddeutschlands goldene Zeiten an, sodass einige Aktienmühlen ganz bedeutende Dividenden zahlten. Dazu kam der technische Aufschwung, von dem gerade die grossen Werke am ehesten Nutzen zu ziehen vermögen wie ferner der Umstand, dass, falls das Getreide im Inland nicht um den vollen Zollbetrag verteuert wurde, der exportierende Müller durch Rückzahlung des vollen Zolls ein Bonus erhielt.

Die anhaltend günstigen Exportverhältnisse legen auch die Ziffern der deutschen Mehlausfuhr dar. Danach fand von 1882 unter kleinen Schwankungen fortdauernd ein Steigen der Mehrausfuhr statt, bis diese im Jahre 1889 ihre höchste Höhe erreichte.

	Mehrausfuhr von Mehl und Mühlenfabrikaten	Wert in Mill. Mark.
1882	390553 dz	6,35
1883	745320 „	15,38
1884	745057 „	12,56
1885	1051080 „	19,66
1886	1174280 „	20,99
1887	1124850 „	18,22
1888	1193340 „	24,28
1889	1243287 „	24,8

Seitdem ist allerdings die Mehrausfuhr bis zum Beginn der Handelsverträge beständig nach Menge und Wert zurückgegangen.

Bezüglich der Herkunfts- und Bestimmungsländer beim Mehlhandel ist auf die nachstehenden Tabellen zu verweisen.[1]

---

[1] Allzuviel Gewicht darf aber auf diese Ziffern nicht gelegt werden. Bis etwa 1891/92 entbehren sie wegen der Zahlenklaven grösserer Genauigkeit. Sie müssen daher mit den Mehleinfuhrziffern der ausserdeutschen Staaten in Vergleich gesetzt werden, wenn man sich genauer über Richtung und Herkunft des Mehlversands unterrichten will.

Einfuhr von Mehl = M. und Mühlenfabrikaten (geschrotete Körner, Graupe, Gries, Grütze etc. = F.) In Tonnen.

aus		1880	1881	1882	1883	1884	1885	1886	1887	1888	1889	1890	1891
Oesterreich-Ungarn	M.	22616	24709	32179	39464	38132	18843	16405	20649	10377	13345	13615	15301
	F.	4105	5341	3549	4527	2239	1162	460	171	119	117	113	131
Frankreich	M.	17170	18100	7746	5722	4651	1331	23	36	23	16	13	560
	F.	1006	1406	1237	2239	2101	1882	1718	2228	1765	1370	1339	1846
Russland	M.	1454	1038	485	172	382	254	59	39	68	113	189	569
	F.	6826	5638	5253	5251	5910	1543	395	374	41	72	22	
Belgien	M.	2501	2666	475			(92)	12	40				115
	F.		448			144	93	96	129	94	78	57	
Niederlande	M.	1474	2460	1344	1563	1357	519	33	26		31		83
	F.	2389	2905	2393	3791	4234	1082	85	155	106	27	23	39
Grossbritannien	M.						(62)	28	91	28	41		44
	F.										26		
Vereinigte Staaten von Amerika	M.	4321	9711	512			(216)	108	174	25	191	235	533
	F.								1		28	32	
Norwegen u. Schweden	M.								1				
	F.												
Schweiz	M.					407	93	31	36	78	47	60	826
	F.						(22)	70	67		39	18	48
Italien	M.							1	2		2		
	F.												
Spanien und Portugal	M.							2	1				
	F.												
Dänemark	M.			67					193				
	F.												
Deutsche Zollgenossen	M.	1220	877			99	137	201	193	52	36		61
	F.	445					58	37	42				
Diverse	M.	895	1023	853	1494	1353	536	22	65	8	21	231	Argentinien Br. 48
	F.	457	685	488	423	310	1451	56			32	Australien 38	
Summa	M.	52637	61680	44561	48970	46281	21712	16995	21238	10904	13922	14342	18176
	F.	15238	15921	12919	16170	14166	5965	2918	3227	2315	1757	1626	2146
		67875	77601	57480	65140	60447	27677	19913	24465	13219	14342	15968	20322

Ausfuhr von Mehl- (= M.) und Mühlenfabrikaten (= F.) aus Deutschland in den Jahren 1880—1891.

in Mengen von Tonnen à 1000 kg.

nach:		1880	1881	1882	1883	1884	1885	1886	1887	1888	1889	1890	1891
Oesterreich-Ungarn.	M.	1861	=19373	=8803	1638	344	1212	1816	663	—	47	—	12
	F.				833		236	462	198	—	664	—	42
Frankreich und Algier.	M.	410	287	361	24	30	111	86	1191	9860	21	848	322
	F.						33	64	43	128	24	40	29
Russland in Europa und Asien.	M.	1370	1485	1021	72	150	492	665	406	—	418	7000	1900
	F.								112	—	231	363	256
Belgien.	M.	1092	219	348	14	—	244	606	746	—	1565	344	1195
	F.						44			—			1
Niederlande.	M.	8733	2198	6288	16239	6543	6842	15248	17995	24067	28812	28310	27154
	F.				161	129	70	75	69	114	119		120
Grossbritannien.	M.	7493	6862	30850	53048	51811	42051	21125	18167	22943	41787	30038	17534
	F.									78	129	161	127
Vereinigte Staaten.	M.	—	—	—	—	—	2	2	—	—	33	30	103
	F.												3
Norwegen u. Schweden.	M.	4227	1989	15164	27142	29910	34479	42009	42204	34997	45184	40494	41764
	F.									80	1236	742	3
Schweiz.	M.	2006	1380	1530	2135	1624	1487	3479	3667	2631	3823	2641	212
	F.				702	579	634	543	380	653		700	423
Italien.	M.	4	6	3	—	—	196	592	118	—	5	2	—
	F.						20	13	5				
Spanien und Portugal.	M.	—	—	1	—	—	—	—	—	—	234	231	211
	F.										65		102
Dänemark.	M.	1173	744	1336	729	3756	2749	2638	2409	3965	6911	6637	7336
	F.					766	873	1119	1237	1251	1652	1637	
Deutsche Zollvereinsgebiete.	M.	2773N	19458	24840	39266	35520	39149	44759	44601	51078		5978	4167
	F.				175	1735	2104	2322	2619	4439	464	494	367
Diverse.	M.	1	17	12	2661	2260	—	—	—	2002	211	7	643
	F.				84	59	156	242	112	250	236	631	124
Summa	M.	86109	54014	96763	136087	131431	129419	133339	132179	131128	132248	116204	104187
	F.				3870	8392	420N	4828	4772	4334	4492	5122	3885
			=54014	=96763	=139357	=135318	=133825	=138067	=136950	=135562	=136640	=121326	=108072

Als Mehleinfuhrländer kommen zu Beginn der 80er Jahre hauptsächlich in Betracht wie schon erwähnt Österreich-Ungarn und Frankreich. In Prozent der Gesammteinfuhr zeigte die deutsche Mehleinfuhr folgendes Bild.

(Die Tabelle ist den Motiven zur Zollvorlage von 1887 entnommen.)

Mehleinfuhr nach Deutschland.

Länder der Herkunft:	1880	1881	1882	1883	1884	1885	1886
Österreich-Ungarn	43,00	40,06	72,89	80,58	83,39	86,78	96,53
Frankreich	32,62	29,33	17,38	11,89	10,05	6,13	0,13
Vereinigte Staaten	8,21	15,74	1,15	1,11	?	?	?
Belgien u. Niederlande	7,54	8,30	4,08	?	?	?	?
darunter Belgien	4,75	4,31	1,07	?	?	?	?
„ Niederlande	2,79	3,19	3,01	3,19	2,93	2,39	?
Russland	2,77	1,70	1,09	0,35	0,82	1,17	0,35
Schweiz	1,86	1,75	1,50	?	0,81	0,43	0,18

Hiernach deckte Österreich fast vollkommen seit 1883 den Mehlbedarf Deutschlands, während die Mehleinfuhren anderer Länder zurückgingen.

Im allgemeinen zeigen aber die Einfuhrziffern einen bedeutenden Rückgang, die Einfuhr sinkt von 52637 t in 1880 auf 10594 in 1888, und steigt nur auf 13922 t in 1889 und 18176 in 1891, dagegen wächst anhaltend die Mehlausfuhr von rund 80000 t auf 136000 t i. J. 1883 und hielt sich ziemlich auf dieser Höhe bis 1887. Als Mehlausfuhrländer kommen für Deutschland hauptsächlich in Betracht: die Niederlande, Schweden-Norwegen, Grossbritannien, Dänemark.

Trotz der bedeutenden Mehlausfuhr fand auf dem Binnenmarkt infolge des Zurückgehens der Getreidepreise und des riesigen Anschwellens der Produktion, herbeigeführt durch den technischen Umschwung, ein beständiges Sinken der Mehlpreise statt.

Daher griff Fürst Bismarck wiederum zur Klinke der Gesetzgebung. Und da der bisherige Schutzzaun der Zölle sich zu niedrig erwiesen, beantragte die Regierung die Erhöhung. Sie verlangte einen Weizenzoll von 5 M., einen Roggenzoll von 2 M.

8*

116 IV. Der Grossbetrieb i. d. Mühlenindustrie nach seinem heutigen Stand.

und einen Mehlzoll von 6 M. Sie begründete ihre Ansicht hauptsächlich unter Hinweis auf nachstehende Punkte:[1] „Der geltende Zoll auf Getreide ist ein verhältnismässig niedriger und in der dermaligen Höhe unzureichend, der deutschen Landwirtschaft gegenüber der Konkurrenz des Auslandes Preise zu sichern, welche den Produktionskosten entsprechen.

Während der Preis der hauptsächlichen Cerealien im preussischen Staat durchschnittlich betrug:

	für Weizen	Roggen	Gerste	
		per 100 kg		
1816—20	20,6	15,2	12,4	M.
1821—30	12,1	8,7	7,2	„
1831—40	13,8	10,1	8,6	„
1841—50	16,8	12,3	10,5	„
1851—60	21,1	16,5	14,2	„
1861—70	20,4	15,5	13,8	„

und im Durchschnitt der Jahre 1872 bis 1877 gestiegen war auf

	23,03	17,9	17,3	M.

stellte er sich für

	Weizen	Roggen	Gerste	
im J. 1878	20,2	14,3	15,7	M.
„ „ 1879	19,6	14,4	14,8	„
„ „ 1880	21,9	19,3	16,8	„
„ „ 1881	22,0	20,2	11,6	„
„ „ 1882	20,8	16,1	15,4	„
„ „ 1883	18,5	14,7	14,6	„

und im Durchschnitt für diese 6 Jahre auf

	20,5	16,5	15,65 M.

Derselbe blieb bei allen 3 Getreidearten wesentlich unter den Preisen der voraufgegangenen sechsjährigen Periode und bei Weizen selbst unter dem Preisstand der Jahre von 1851 ab.

Eine Unterscheidung der Zollsätze für Mühlenfabrikate, Mehl u. s. w. (Nr. 25 q 2) nach den Sätzen der bei der Herstellung hauptsächlich verwendeten Getreidearten Weizen und Roggen erscheint nicht wohl ausführbar. Wenn deshalb ein einheitlicher Zollsatz für diese Fabrikate zu bestimmen und dabei von dem Weizenzoll auszugehen ist, so ist eine Erhöhung

---

[1] s. N. 156 der Drucksachen des Reichstags 1884/85.

des geltenden Mehlzolls von 3 M. auf 6 M. geboten, um der Müllerei für das bei der Einfuhr hauptsächlich in Betracht kommende feine Weizenmehl, zu dessen Herstellung 140 bis 150 kg Weizen auf 100 kg Mehl erforderlich sind, den bisherigen Zollschutz von 160 bis 150 Pf. auf 100 kg Mehl nicht zu schmälern. Dieser Zollsatz ist auf das mit den Mühlenfabrikaten in der nämlichen Tarifposition vereinigte gewöhnliche Backwerk auszudehnen.“

Über die von der Regierung geforderten Sätze ging aber das Parlament noch hinaus, indem es den Weizen- und Roggenzoll auf 3 M. und den Mehlzoll auf einen Antrag des Frhrn. v. Schorlemer und Gen. auf 7,50 M. pro 100 kg festsetzte. Von den Vertretern des höhern Zolls wurde der Regierung Inkonsequenz vorgeworfen, indem sie das Verhältnis des Getreidezolls zum Mehlzoll von 1:3 auf 1:2 herabgesetzt habe. Zwar wolle man nicht dem Vorschlag des Verbandes deutscher Müller folgen, der konsequent 9 M. oder 7,50 M. und einen Kleiezoll von 1 M. vorgeschlagen, doch glaube man, ein Mehlzoll von 7,50 M. würde schon einen genügenden Schutz gewähren, da er 3,04 M. betrage, gegenüber dem früher gewährten also um 1,50 M. höher sei. Diese Rechnung beruhte auf der Annahme, dass man zu 100 kg Weizenmehl etwa 148 kg Weizen brauche. Bei einem 1 M. Getreide- und 3 M. Mehlzoll würde der Zollschutz für 100 kg Mehl gegenüber dem zur zur Herstellung erforderlichen Weizenquantum 1,51 M. betragen.

Jedoch auch der Schutz von 30 M. pro Tonne Mehl genügte nicht lange und schon 1887 verlangte die Regierung Erhöhung des Weizen- und Roggenzolls auf 6 M. und dementsprechend des Mehlzolls auf 12 M. Diesen Forderungen vermochte der Reichstag seine Zustimmung nicht zu erteilen, und es ward nur ein Roggen- und Weizenzoll von 5 M. und ein Mehlzoll von 10,50 M. beschlossen. Die Motive hatten sich über die Frage ganz kurz hinweggedrückt:

„Da bei Roggen die Gesamtausbeute an Mehl, bei Weizen die Ausbeute an dem den hauptsächlichsten Gegenstand der Einfuhr bildenden feinen Mehl etwa $2/3$ des Gewichts der Rohfrucht erreicht, gewährt der gegenwärtige Zollsatz von 7,50 M. für 100 kg Mehl bei dem Zollsatz von 3 M. für 100 kg Frucht unserer Müllerei einen Schutz von ungefähr 3 M. für 100 kg Mehl. Unter der Herrschaft dieses Zollsatzes ist

die Einfuhr von Mehl und anderen Mühlenfabrikaten erheblich
zurückgegangen. (Einfuhr 1883 = 65140, 1884 = 60448,
1885 = 27677, 1886 = 19913 Tonnen. Der Schutz unserer
Mühlenindustrie bleibt unverändert, wenn mit der Erhöhung
des Weizenzolls auf 6 M. der Zollsatz für Mehl und dementsprechend der der übrigen Artikel unter N. 25 q 2. auf 12 M.
für 100 kg erhöht wird."[1]

Mit diesen Sätzen hatte die deutsche Politik den Gipfel
des Zollschutzes erstiegen. Erst mit dem Abschluss von Handels-
verträgen (1891 Dezemberverträge, Handelsvertrag mit Österreich-Ungarn, Schweiz, Italien in Kraft getreten am 1./II.
1892) wurde der Hochzollschutz für Mehl auf 7,30 M. der von Getreide
auf 3,50 M. pro dz ermässigt, während gegen die nicht meistbe-
günstigten Staaten der Hochschutz beibehalten wurde.

Es muss hier noch hervorgehoben werden, dass mit dem
Zoll von 7,30 M. am wenigsten die west- und südwestdeutsche
Mühlenindustrie zufrieden war. Sie wies darauf hin, dass
der Zollsatz für Mehl bei einem Fruchtzoll von 3,50—8,60 M.
betragen müsste.

Auch wies man auf folgendes hin: Bei 65 % Ausbeute
sind zu 100 kg Roggenmehl 154 kg Getreide erforderlich,
welche mit 7,70 M. zu verzollen sind. Der ausländische Müller
aber habe 10,50 M. Zoll zu zahlen, daher betrage der Schutz
des Inländers 2,80 M.

Bei einem Zollsatz von 3,50 M. kosten 154 kg = 5,40 M.
Zoll; sind für 100 kg Mehl aber nur 7,30 M. zu zahlen, so ist
der Unterschied nur 1,90 M. und der Zollschutz gegen früher
ist um 90 Pf. pro 100 kg ermässigt.

Gleichwohl hat sich trotz dieses geringen Zollschutzes
die Mühlenindustrie des Westens und Südwestens bedeutend
entwickelt und die norddeutschen Mühlen an Grösse und
Leistungsfähigkeit weit überholt.

3) Die zolltechnischen Aenderungen bei der Getreide- und Mehlausfuhr seit 1894.

Unter den jüngsten zollpolitischen Massnahmen, die für die
Mühlenindustrie und den Getreidehandel der Seestädte von weit
tragender Bedeutung waren, ragt die Abschaffung des Identitätsnachweises beim Getreideexport besonders hervor. Nachdem diese

[1] N. 22 der Drucksachen 1887/88.

Frage für die Mühlenindustrie in einer befriedigenden Weise gelöst war, sollte auch das deutsche Getreide wieder ausfuhrfähig gemacht werden und ihm der Weg in seine alten Absatzgebiete erschlossen werden. Zu dem Zweck sollte die Zollrückgewähr nicht mehr davon abhängig sein, ob das Getreide aus dem Auslande herrühre, sondern es sollte vielmehr für jedes ausgeführte Getreidequantum ein gleiches Quantum derselben Art wieder zollfrei eingeführt werden können.

Nachdem ein Antrag „Rickert", der diese Frage schon 1879 wie auch später noch einmal zu lösen versucht hatte, gescheitert war, nahm 1887 ein Antrag v. Heeremann und ein anderer von Graf Stolberg-Wernigerode den Gegenstand wieder auf. Nach dem Vorschlag des letztern sollte ein Gesetzentwurf vorgelegt werden, nach welchem bei Ausfuhr von Getreide sowie von Mehl und Mühlenfabrikaten der Zoll vergütet wird, welcher bei der Einfuhr der betreffenden Getreideart zu zahlen sein würde. Auch sollten die zollfreien Transitlager auf die Seeplätze beschränkt werden.[1]

Da der Antrag zu weitgehend erschien und auch die Hafenplätze auf Kosten der übrigen Städte zu sehr begünstigte, wurde er abgelehnt.

Bedeutungsvoller als vorgenannte Anträge war ein Antrag „Ampach und Genossen." Die Neuerung des genannten Antrages liegt in der N. 1a: „es sollen für die in Nr. 9 a, b, c des Tarifs (Getreide und Mühlenfabrikate) aufgeführten Waren bei der Ausfuhr übertragbare Einfuhr-Vollmachten mit der Massgabe erteilt werden, dass dem Inhaber derselben der Eingangszoll für eine gleiche Menge gleichartiger Waren innerhalb einer vom Bundesrat zu bestimmenden, auf mindestens sechs Monate festzusetzenden Frist nachgelassen wird. Der Ausfuhr der Ware steht die Niederlegung derselben in eine Zollniederlage unter amtlichem Verschluss gleich."[2]

Der Abgeordnete Lohren gab dem Antrag eine vorzügliche Begründung auf den Weg. Die Hauptgesichtspunkte, die seine Rede berührte, waren etwa folgende:

Der Antrag habe für Deutschland eine besondere Bedeutung, weil Deutschland mehr Getreide-Import als Exportland sei. Süd- und Westdeutschland konsumiere mehr, wie es an Getreide

---

[1] Drucksachen z. d Verh. d. R. 1887. Nr. 223.
[2] Nr. 102 der Drucksachen d. R. 1886/87.

produziere, der Nordosten erzeuge dagegen einen Überschuss an Zerealien.

Gemäss seiner geographischen Lage sei Deutschland der natürliche Vermittler des Handelsverkehrs zwischen den Donauländern und Russland auf der einen und England und Skandinavien auf der andern Seite. Das inländische Getreide sei aber gegenüber dem ausländischen Getreide benachteiligt. Denn die Inhaber von Transitlägern und Mühlenkonten hätten gewissermassen ein Monopol in der Verwendung des ausländischen Getreides. Der Mühlenkonteninhaber oder ein Inhaber eines Transitlagers könne eine Tonne russischen Roggens kaufen und irgendwo auf der Erde, wo die Konjunktur ihm passt, verwerten. Ein Müller aber, der eine Tonne inländischen Roggens kauft, könne sie nur im Inland wieder loswerden und geniesse auch keinen staatlichen Zollkredit. Die Einfuhr auf Mühlenlager ohne Zollentrichtung sei aber in beständigem Wachsen.[1]

Dies Monopol einiger weniger sollte durch den Antrag beseitigt werden, es sollte Gemeingut aller werden. Während der Antrag Stolberg eine baare Ausfuhrprämie von 50 M. pro Tonne jedem aus der Staatskasse zahlen wolle, der 1 Tonne Getreide ausführe, bezwecke der Antrag „Ampach", dass nur derjenige eine Bonifikation erhalte, der vom Ausland die gleiche Menge Getreide einführe. Dadurch würde es möglich sein, dass das Getreide sozusagen in „Briefform" durch Deutschland versandt würde.

Eingehend werden auch die Bedenken wiederlegt. Die süddeutschen Müller meinten, es würde die Konkurrenz der norddeutschen Mühlen noch vermehrt werden. Er bestritt dies mit dem Bemerken, gerade das Gegenteil werde eintreten. Gegenwärtig seien ja die Klagen der Süddeutschen begründet, denn z. B. die Berliner Roggenmühlen, die täglich ungefähr 900 Tonnen russischen Roggen vermahlen, brauchten 900×50 M. =

---

[1] Weizeneinfuhr auf Mühlenlager: 1883 149808 t; 1884 170866 t; 1886 107117 t; Roggeneinfuhr auf Mühlenlagern: 1883 85265 t; 1884 118863 t; 1886 143140 t; vgl. auch für die folgenden Jahre die Tabelle über Mühlenlagerverkehr Seite 127. Nach Mucke: Getreidehandel S. 489 und 490 haben die Mühlen unverzollt an Getreide bezogen in den Jahren 1883—1885 an Weizen = 22,11, 22,65, 22,08 %; an Roggen 10,97, 12,36, 13,64 %; an Buchweizen 16,66, 18,66, 19,90 %.

45000 M. Betriebskapital weniger (infolge des Zollkredits), als wenn sie inländischen Roggen kauften und vermahlten. Zu dem betrage der Frachttarif auf den preussischen Staatsbahnen $4^1/_2$ Pf. pro Tonne und km, der Frachttarif von der russischen Grenze nach Berlin sei aber auf $3^1/_2$ Pfg. heruntergesetzt und der Mehltarif nach Mannheim betrage nach einer dem Reichstag zugesandten Petition sogar $2^1/_5$ Pfg pro t u. km. In Zukunft aber würden die Mühlen bessern Absatz nach Christiania oder England haben. Zweifellos hatte der Abgeordnete mit seinen Ausführungen hierüber vollkommen recht. Recht hatte er auch darin, dass er die Bedeutung des russischen Roggens für die Berliner Mühlen hervorhob, man kann ruhig sagen, der russische Roggen hat die Berliner Mühlen gross gemacht.

Gleichwohl wurde auch dieser Antrag, nachdem er nach Verweisung in eine Kommission in verschiedenen Punkten eine Abänderung erfahren hatte, abgelehnt. Der Reichstag sprach aber in einer Resolution vom 5. März 1888 die Erwartung und den Wunsch aus, das die Verbündeten Regierungen den angeregten wichtigen Fragen ihre Aufmerksamkeit zuwenden und das Ergebnis der bezüglichen Erhebungen dem Reichstage mitteilen möchten.

In Verfolg dieser Anregung des Reichstags und unter dem Einfluss einer wachsenden Bewegung zu Gunsten der Aufhebung des Identitätsnachweises brachte die Regierung endlich im Jahre 1893 einen diesbezüglichen Gesetzentwurf ein, der in seinen wesentlichsten Punkten folgendes festsetzte:

1. Bei der Ausfuhr von Weizen, Roggen, Hafer, Hülsenfrüchten, Gerste, Raps und Rübsaat aus dem freien Verkehr des Zollinlandes werden, wenn die ausgeführte Menge wenigstens 500 kg beträgt, auf Antrag des Warenführers Bescheinigungen (Einfuhrscheine) erteilt, welche den Inhaber berechtigen, innerhalb einer vom Bundesrat auf längstens sechs Monate zu bemessenden Frist eine dem Zollwert der Einfuhrscheine entsprechende Menge der nämlichen Warengattung ohne Zollentrichtung einzuführen." Gestattet blieben die Transitlager ohne amtlichen Mitverschluss, für fakultativ zulässig wurden die gemischten Privattransitlager erklärt. Des fernern wurde bestimmt, dass auch den Inhabern von Mühlen oder Mälzereien bei der Ausfuhr ihrer Fabrikate Einfuhrscheine über eine entsprechende Menge Getreide erteilt werden konnten. Doch

konnten sie auch wie schon früher den Eingangszoll für eiu-
geführtes Getreide bei der Ausfuhr der Fabrikate vom Zollkonto abschreiben lassen, dadurch sollten sie wieder in die
Lage kommen, auch inländisches Getreide für die Ausfuhr zu
verarbeiten.

Die Vorlage fand die Zustimmung des Reichstags, nachdem
man die entgegenstehenden Bedenken beseitigt und von
seiten der preussischen Regierung die Aufhebung der 1891 zur
Einführung gelangten Staffeltarife in nahe Aussicht gestellt
hatte. Als Termin für das Inkrafttreten des Gesetzes wurde
der 1. Mai d. J. bestimmt. Die Staffeltarife aber fielen mit
dem 1. August 1894.[1])

Zu dem obigen Gesetz erliess dann der Bundesrat am
27. April 1894, verschiedene Ausführungsbestimmungen die
noch heute von „der Parteien Hass und Gunst verwirrt ein
schwankendes Charakterbild zeigen."

In den genannten Regulativbestimmungen war nämlich
vom Bundesrat das Ausbeuteverhältnis in derselben Weise wie
früher normiert: für gebeuteltes Mehl aus Weizen auf 75 %,
für gebeuteltes Mehl aus Roggen auf 65 %, für Malz aus
Gerste auf 75 %, für Malz aus Weizen auf 78 %.

Als Kontrollmittel diente der Steuerbehörde dreierlei:
1. eine sog. Mehltype, eine Musterprobe von Mehl, die aus
den letzten Prozenten der Ausbeute hergestellt ist und die
infolgedessen den Namen Grenztype führte, 2. das Siebverfahren, 3) das Veraschungsverfahren.

Alle diese Dinge spielen noch heute im Kampf der Parteien
eine ausserordentliche Rolle, daher ist es notwendig, mit einigen
Worten dieser strittigen Fragen zu gedenken. Was das sog.
Typenverfahren resp. die Einführung einer Type als steuerliches
Kontrolmittel anbelangt, so ist darüber folgendes zu bemerken.
Man wollte dem Zollbeamten ein einfaches und bequemes Mittel
an die Hand geben, das ihn in den Stand setzte, in einem bestimmten Fall zu unterscheiden, ob das ihm vorgelegte Mühlen-
erzeugnis zu der Sorte „Mehl" gehört und rückvergütungs-
berechtigt ist, oder ob es nur fein gemahlene Schalen sind,
d. h. Kleie und nicht zur Zollvergütung geeignet. Man möchte
meinen, dass die Feststellung der Frage, ob Mehl oder Kleie

[1]) Über die Staffeltarife siehe Kapitel V: Transportfragen.

garnicht so schwer ist. Gleichwohl ist es in Praxis mitunter sehr schwierig, die feine Grenze zwischen beiden zu ziehen. Die Technik ist heute dahin gelangt, auch die Schalenteilchen so fein vermahlen zu können, dass sie in geeigneter Weise mit feinerem Mehl vermischt nur geübteren Augen erkennbar bleiben.

Ein zweiter Punkt, der hierbei in Betracht gezogen werden muss, ist die verschiedenartige, je nach der Qualität und Art der Herkunft des Getreides, wechselnde Ausbeute. Es ist selbstverständlich ein Unterschied, ob man ein dickschaliges oder dünnschaliges Korn vermahlt, ein schweres und volles oder ein dünnes und leichtes. Wenn nun ein Müller, der auf Export arbeitet, aus seinem Weizen nur etwa 70—72 % eines backfähigen Mehls zieht, dann kommt er, da ihm erst auf 75 kg Mehl der Zoll für 100 kg Weizen vergütet wird zu kurz und er erleidet Schaden. Da nun viele der ausländischen Weizen mehlärmer sind als die inländischen, so ging zu verschiedenen Malen wie auch jüngst wieder (1896) das Streben der exportierenden Mühlen dahin, das Ausbeuteverhältnis herabgesetzt zu erhalten. Gleichwohl dürfte für die grosse Masse der Mühlen das Verhältnis von 75 resp. 65 : 100 richtig bemessen worden sein.

Noch auf einen dritten Umstand muss hier die Aufmerksamkeit gelenkt werden, da er bei dieser Frage heute eine wichtige Rolle spielt. Der Laie denkt sich gewöhnlich, wenn ein Müller 100 kg Getreide vermahlt, so erhält dieser 2 oder allenfalls 3 Produkte Feinmehl und Kleie. Aus der Geschichte des Müllergewerbes wissen wir, dass beim Vermahlungsprozess sehr verschiedene Produkte entstehen, sehr feine Mehle, Griese, dann Bäckermehle, geringere Mehle oder Nachmehle, Futtermehle, Kleie. Diese mannigfaltigen Mahlerzeugnisse haben natürlich von einander sehr abweichende Preise. Die feinsten Auszugmehle stehen weit über dem Preis des Rohprodukts, die geringen Nachmehle aber unter dem Rohstoffpreis.

Die Zollvergütung fand nun nicht in abgestufter Skala nach dem Werte der Erzeugnisse statt, sondern gemäss des bei uns üblichen Gewichtszollsystems eben nach dem Gewicht, d. h. für 75 resp. 65 kg. Mehl zu 100 kg. Getreide statt, wie ja auch in verschiedenen andern Industrieen z. B. in der Eisenindustrie die Zollvergütung nach dem Gewicht die derzeit übliche ist.

Ein untrügliches Unterscheidungsmittel für die verschiedenen Mühlenerzeugnisse giebt es heute noch nicht. Im Handel wird das Mehl gewöhnlich nach dem Aussehen, der Farbe, Anfühlen mit Hand oder Schmecken beurteilt. Die feinsten Mehle zeichnen sich durch eine zarte, reine Weisse aus, während die minderfeinen und gröbern von dunklerer Tönung sind. Manche ausländischen Mehle haben nun besondere Färbungen, z. B. haben die ungarischen Mehle eine gelbliche Tönung.

Abgesehen von diesen natürlichen Farbverschiedenheiten ist die Farbe des Mehls noch den allerverschiedensten Einflüssen unterworfen. Neben der grössern oder geringeren Trockenheit des Getreides übt der in den verschiedenen Betrieben verschieden, eingerichtete Vermahlungsprozess, ferner Art und Ort des Lagerns von Mehl. Alter desselben, Lichteinflüsse etc. den allergrössten Einfluss auf die Mehlfarbe aus. Daher dürfte ein Kontrolmittel, das allein die Farbe berücksichtigt, sich nicht besonders empfehlen und Mehltypen dürften nur als ein Prüfungsmittel neben andern (geeignete Buchkontrolen mit Feststellung der thatsächlichen Ausbeute) zuzulassen sein.

Was die übrigen noch angeführten Kontrolmittel anbelangt, so haben diese sich nicht als besonders zuverlässig erwiesen. Das Siebverfahren beruhte darauf, das zur Zollabfertigung vorgestellte Mehl auf einem feinmaschigen Siebe durchzusieben. Mehle mit viel Kleiegehalt lassen natürlich mehr Rückstände wie feinere Mehle. Ergab sich auf diese Weise ein prozentual zu grosser Rückstand, so war das Mehl nicht mehr kontierungsfähig d. h. es wurde auf dasselbe kein Zollnachlass gestattet.

Das Verbrennungsverfahren sollte in gleicher Weise nur in zweifelhaften Fällen zur Anwendung gelangen und zwar sollte es von einem vereidigten Chemiker vorgenommen werden. Auch hier galt das Prinzip, je mehr Kleie das Mehl enthielt, je mehr Ascherückstände wies es auf.

Ausser dem eben erörterten Typenverfahren enthielt noch das 1894 er Regulativ eine Beschränkung des den Konten-Mühlen gewährten Zollkredits von 7 Monaten auf 4 Monate. Die Verrechnung mit dem Zollamt geschieht darnach in der Weise, dass dasjenige Getreide, welches beispielsweise in der

Zeit vom 1. Januar bis 31. März auf eine Kontenmühle gebracht
wird, erst am 20. Juli d. J. zur Abrechnung gelangt, mit
andern Worten, am 20. Tage des 4. Monats des Einlagerungs-
quartals. Die getroffenen Massregeln waren die Folge einer
mächtigen agrarischen Bewegung, die sich schon seit längerer
Zeit gegen die Abschaffung der Zollkredite der Mühlenkonten
wie der gemischten Privattransitlager gerichtet hatte. Man
kann diesem auch von vielen Müllern geäusserten Verlangen
eine gewisse Berechtigung nicht absprechen. Jedoch schiesst
die Bewegung über ihr Ziel hinaus, wenn sie die gänzliche
Aufhebung der Transitlager wie der Mühlenkonten überhaupt
verlangt. Ebenso verfehlt ist aber auch die Meinung, die von
der Abschaffung der Konten und Transitlager eine Minderung
der Wettbewerbfähigkeit der Grossmühlen erwartet. Um aber
über die Mühlenkonten wie den zur Zeit bestehenden Mühlenlagerverkehr ein Urteil sine ira ac studio zu ermöglichen,
wollen wir hier auf die Entwicklung des Mühlenlagerverkehrs,
seine frühere und jetzige Bedeutung mit einigen Worten näher
eingehen.

Die Einrichtung der Mühlenkonten sollte, wie schon früher
dargelegt worden, vornehmlich den Zwecken der Mehlausfuhr
dienen. Diese Ansicht ist auch in dem § 10 des Regulativs
von 1894 wieder deutlich ausgesprochen. Es heisst daselbst:
Die Entziehung des Zollkontos hat zu erfolgen, wenn dasselbe
ohne die Unterlage einer angemessenen Ausfuhr wesentlich zur
Gewinnung einer verlängerten Gefällestundung missbraucht wird.

Anfänglich nun diente der Mühlenlagerverkehr seiner Bestimmung entsprechend dem Mehlausfuhrhandel. Nach einer
Studie von Wiesinger[1]) stellte sich der Verkehr von 1882—
1894 in folgender Weise dar:

Einfuhr in den zollfreien Mühlenlagerverkehr in Tonnen:

	Weizen	Roggen	Buchweizen
1879—30./VI. 1882	160096	35749	1705
1. Juli 1882—1884	388760	225858	5047
1885—1889	614536	955338	25335
1890—1894	1247679	1031008	26371

[1]) Vierteljahrsh. z. Stat. d. d. R. 1895 G. IV. S. 61—63.

Die Ausfuhr der zollbegünstigten Mühlenfabrikate betrug im Mühlenlagerverkehr:

	Weizen	Roggen	Buchweizen
1. Juli 1882—1884	312297	148344	3911
1885—1889	504062	607577	14072
1890—1894	531517	407408	10788

In den Inlandsverkehr traten durch Verzollung unter Anrechnung auf die Rohstoffe:

	Weizen	Roggen	Buchweizen
1. Juli 1882—1884	76463	77514	1136
1885—1889	110474	347761	11263
1890—1894	716162	623600	15583

Es sind von den auf Mühlenlager eingegangenen Mengen zur Ausfuhr gelangt in Prozent der Gesamtmengen:

	Weizen	Roggen	Buchweizen
1. Juli 1882—1884	80 %	66 %	78 %
1885—1889	82 „	64 „	56 „
1890—1894	42 „	40 „	41 „
1895	17 „	50 „	44 „

Durch Verzollung in den freien Verkehr des Inlands getreten:

	Weizen	Roggen	Buchweizen
1. Juli 1882—1884	20 %	34 %	22 %
1885—1889	18 „	36 „	44 „
1890—1894	57 „	60 „	59 „

In den folgenden Jahren aber (vergl. dazu auch die nebenstehenden Tabellen von 1882—1898) betrug die Einfuhr in das Inland:

	Weizen	Roggen
1895 } 1896 }	80 %	55 %
1897	48 „	17 „
1898	43 „	29 „

Danach muss hier zugestanden werden, dass von den auf Mühlenlager gebrachten Getreidemengen eine grössere Ausfuhr in Form von Mehl in den letzten Jahren nicht ermöglicht wurde. Es wurden 1895 und 1896 von Weizen nur 20 % und von Roggen 45 % ausgeführt. 1897 wurden von auf Mühlenlager gebrachten Weizen cca. 52 % und von Roggen wurden 83 % ins Ausland abgesetzt.

Von den auf Mühlenlager eingeführten Mengen waren zollfrei kontiert in Tonnen.¹)

Jahre	Weizen	Roggen	Buch-weizen	Hafer	Gerste	Mohn	Erbsen Wicken	Ölfrüchte nicht besonders genannt	Raps u. Rübsaat	Hirse
1882	68086	21730	931	10	221	—	—	—	—	—
1883	149808	85265	1796	4	2892	—	—	—	—	156
1884	170866	118863	2320	453	6334	—	—	124	16762	711
1885	126382	105001	3665	105	5167	2093	—	792	28790	830
1886	107117	143140	5219	42	6852	1932	—	8	25910	667
1887	116064	171902	4741	31	13314	1620	—	2	26748	676
1888	118754	221985	6560	162	14459	3435	—	494	50231	517
1889	146219	313310	5150	293	21457	4952	—	4	43092	2133
1890	136945	260783	4209	59	28077	1786	—	17	51568	2632
1891	258694	261782	6736	160	29052	2218	417	25	39487	4875
1892	309293	115210	6314	243	24620	4283	1966	—	75123	1478
1893	226296	126151	4863	772	36321	2160	1782	—	73231	2604
1894	316421	267082	4249	230	38321	1731	4178	—	43569	1739
1895	354831	326167	5199	235	28136	1892	5358	—	33531	—
1896	213682	254279	3370	607	22282	—	6081	—	—	—
1897	79576	145737	4516	643	16547	—	—	—	—	—
1898	50417	104776	—	294	11309	—	—	—	—	—

¹) Aus: Der auswärtige Handel des deutschen Zollgebiets im Hinblick auf die Handelsverträge für die Jahre 1880—1896 herausgegeben im Reichsamt des Innern Berlin 1897.

Wegen unterbliebener Ausfuhr einer entsprechenden Menge von Mühlen- bezw. Ölfabrikaten wurden auf Grund der betreffenden Zollkonten verzollt: (in Tons.)

	Weizen.	Roggen.	Öl-früchte.	Hülsen-früchte.	Buch-weizen u. Hirse.	Hafer.	Gerste.
1883	30746	14958	—	—	438	—	1526
1884	45717	62556	—	43	698	130	5880
1885	27031	49607	—	99	387	—	2361
1886	9954	42730	2902	279	1914	—	4995
1887	24048	100503	15879	1222	2593	0	6734
1888	26246	55278	6016	88	592	—	8902
1889	23195	99743	15470	631	4787	101	12485
1890	52149	214127	47257	788	2209	135	19549
1891	52895	160844	36812	3048	3007	—	19415
1892	232952	188214	43128	4672	4285	—	25149
1893	181622	26552	37223	6146	3558	12	21920
1894	196544	38863	67351	3942	2524	642	28644
1895	295204	165252	77398	—	2865	85	29658
1896	259325	166626	39610	3539	1796	89	19043
1897	114358	91618	—	—	—	525	11416
1898	20585	35960	—	—	—	72	9923

Ausfuhr aus Mühlenlagern.

	Mehl.	Geschrotene oder geschälte Körner, Graupe, Gries in To.
1882	52194	612
1883	108146	1023
1884	119293	1518
1885	121762	2001
1886	128839	2673
1887	127015	2965
1888	143482	2817
1889	136829	3374
1890	114750	4445
1891	103672	3365
1892	104933	6449
1893	146154	11197
1894	164268	Anderweitige Art der An-schreibung.
1895	139173	
1896	120366	
1897	105029	
1898	71912	

Bezüglich der Berechnungsweise wurde angenommen, dass Weizenmehl und Roggenmehl bis zu 75 resp. 65 gezogen sei, Weizengries bis zu 50 %, Weizen- und Roggenschrot zu 90, Roggenmehl gemischt mit Weizenmehl zu 70. Von letzterem wurde die Hälfte dem Bestand jeder Getreideart abgeschrieben. Die Ausfuhr von Roggen- und Weizenmehl aus dem Mühlenlagerverkehr betrug in den letzten 4 Jahren

		Davon	
		Weizenmehl	Roggenmehl
1894	1 614 839 dz.	725 173	889 666
95	1 351 165 „	508 122	843 043
96	1 175 589 „	306 842	868 747
97	1 035 418 „	303 836	731 582
98	703 658 „	208 602	495 056

Sie ist demnach in diesem Zeitraum beständig gesunken, von 1894 um mehr als die Hälfte. Am meisten zurückgegangen ist die Ausfuhr von Weizenmehl, während sich die Ausfuhr von Roggenmehl bis zum Jahre 1897 ziemlich auf ihrer alten Höhe gehalten hat. Im letzten Jahre ist sie aber um 300000 dz. gesunken.

Die Gründe für diese Erscheinung liegen hauptsächlich darin, dass für den mehlausführenden Müller die Beschaffung eines Mühlenkontos nicht mehr unerlässliche Voraussetzung beim Export ist. Ein jeder Müller, der heute Mehl ins Ausland bringen will, ist hierzu berechtigt und erhält für sein Exportquantum einen Einfuhrschein, den er für verschiedene Zollgefälle in Zahlung geben oder mit einem kleinen Abschlag von dem anrechnungsfähigen Zollwert verkaufen kann. Beispielsweise wurden gegen Einfuhrschein an Mehl ausgeführt:

1894	237422 dz
1895	271571 „
1896	293893 „
1897	144861 „

Ausserdem aber sind in den letzten Jahren viele Mühlenlager aufgehoben. Nach einer Angabe des Reichsschatzsekretärs im Reichstag März 1896 bestanden im Jahre 1894/95 149 sog. Kontenmühlen. Da von dem Bestand dieser Mühlen (549500 t) 62,4 % als Mehl ins Inland gebracht wurde, wurde 38 das Konto entzogen, es blieben daher nur noch 111.

(1882 gab es 34, 1883 = 90, 1884 = 115, davon in Preussen 80. Siehe Mucke a. a. O. S. 449.) Wie vielen Mühlen seitdem das Konto entzogen ist, ist nicht bekannt geworden. Nur in Bayern ist sämmtlichen Mühlen das Zollkonto genommen. Über die Höhe des den Kontenmühlen gewährten Zollkredits resp. der Zinsbeträge gab in der Reichstagssitzung vom 14. II. 1898 der Staatssekretär des Reichsschatzamts folgende Zahlen an:

für die Kontenmühlen Preussens . . .	105000 M.
„ „ „ im ganzen Reich	150—160000 „
„ den Abgang von den gemischten Privattransitlagern durch Eintritt in den freien Verkehr im Durchschnitt der Jahre 1895/96 etwas über . .	147000 „
für die Eingangszölle von Getreide, Hülsenfrüchten und Malz, deren Zoll beim Eingang kreditiert wurde, rund . .	850000 „
insgesamt	1252000 M.

Dieser Zinsbetrag von 1,25 Mill. Mk. würde, wenn man eine Verzinsung von $3^{1}/_2$ % annimmt, einem Kapitalwert von rund 36 Mill. Mk. entsprechen.

Gleichwohl muss man sagen, bleibt es sehr fraglich, ob der Zinsbetrag von rund 255000 M., der sich auf sämmtliche Kontenmühlen des Reichs verteilt, so schwer ins Gewicht fällt, dass aus diesem Umstand die Konkurrenz-Überlegenheit einer grossen Mühle hergeleitet werden muss. Andererseits ist es aber durchaus gerechtfertigt, wenn den Mühlen, die mehr Mehl nach dem Inland absetzen, das Konto entzogen wird.

Die neueste Regelung der Zollvergütung bei der Mehlausfuhr datiert vom Jahre 1897. Das Regulativ wurde am 16. Dezember 1897 veröffentlicht und ist am 1. Januar 1898 in Kraft getreten. Das Wichtigste hieraus sowie aus den vom Bundesrat erlassenen Ausführungsbestimmungen ist die genaue Definition des Ausdruckes „gebeuteltes Mehl" und die Einführung eines gewissen Deklarationszwanges.

Als „gebeuteltes" Mehl im Sinne des Regulatives ist dasjenige Mehl zu verstehen, was sich ergiebt nach Ausscheidung von 25 resp. 35 % „Unreinlichkeiten und Kleie." Wenn also jetzt jemand Weizen- oder Roggenmehl als solches ohne weitere Angabe mit dem Anspruch auf Erteilung eines Einfuhrscheines anmeldet, so liegt hierin die verbindliche Erklärung, dass das Mehl gebeuteltes im Sinne des Regulativs ist. Damit ist gewissermassen eine beschränkte Deklarationspflicht begründet und eine zu hohe Rückvergütung wie sie unter dem früheren Regulativ möglich gewesen, ist nunmehr ausgeschlossen."[1])

Neuerdings ist in der Art der Zollrückgewähr wiederum eine Änderung in Aussicht genommen. Nach eingehenden Beratungen einer Konferenz von Sachverständigen der Müllerei und Landwirtschaft im Reichsschatzamt, ist man übereingekommen, zur Hebung der Ausfuhr feinerer Roggen- und Weizenmehle die Zollbegünstigung derselben nach dem Wert und der Feinheit der Mehle abzustufen. Es sind folgende Beschlüsse gefasst worden:

Es sollen Vergütungsklassen geschaffen werden:

a. für Roggenmehl:
   I. Klasse, umfassend 1—60 % der Ausbeute,
   II. Klasse, umfassend über 60—65 % der Ausbeute,
b. für Weizenmehl:
   I. Klasse, umfassend 1—30 % der Ausbeute,
   II. Klasse, umfassend über 30—70 % der Ausbeute,
   III. Klasse, umfassend über 70—75 % der Ausbeute,
   IV. Klasse, umfassend 1—70 % der Ausbeute.

Im Anschluss an die oben bezeichneten Klassen ist bei der Freischreibung des kontierten Rohmaterials vom Zoll oder bei der Erteilung von Einfuhrscheinen von nachstehender Berechnung auszugehen:

a. bei Roggenmehl:
   60 kg der I. Vergütungsklasse entsprechen 95 kg Roggen
   5 „ „ II. „ „ 5 „ „
b. bei Weizenmehl:
   30 kg der I. Vergütungsklasse entsprechen 48 kg Weizen
   40 „ „ II. „ „ 47 „ „
   5 „ „ III. „ „ 5 „ „
   70 „ „ IV. „ „ 95 „ „

---

[1]) Zwei Ausfuhrmühlen, die an der Küste gelegen, eine Ausfuhr von Roggenmehl nach Finland unterhielten, hatten ein höherprozentiges Mehl sog. Schrotmehl gezogen, also über den Regulativsatz und sich daraufhin den Zoll abschreiben lassen. Die Angelegenheit ist mehrfach im Reichstag zur Sprache gekommen. S. auch S. 181.

Die Zollbegünstigung jeder einzelnen Vergütungsklasse
ist nicht davon abhängig, dass die zur Ausfuhr angemeldete
Mehlpost alle in der betreffenden Klasse enthaltenen Ausbeuteprozente umfasst, sondern sie ist auch bei der Ausfuhr eines
Theils des innerhalb der Ausbeuteprozente dieser Klasse ge-
zogenen Mehls zu gewähren.

Die zollamtliche Prüfung der bei der Ausfuhr nach den
einzelnen Vergütungsklassen zu deklarierenden Mehle ist an der
Hand von Mehltypen vorzunehmen. Zu diesem Behufe sind
aufzustellen:

a. für Roggenmehl 2 Typen, von denen die eine dem
   Durchschnitt der Ausbeuteprozente von über 30—60,
   die andere dem Durchschnitt der Ausbeuteprozente von
   über 60—65 entspricht;

b. für Weizenmehle 4 Typen, die entsprechen
   1. Type dem Durchschnitt der Ausbeuteprozente
      von 1—30,
   2. Type dem Durchschnitt der Ausbeuteprozente
      von über 30—70,
   3. Type dem Durchschnitt der Ausbeuteprozente
      von über 70—75,
   4. Type dem Durchschnitt der Ausbeuteprozente
      von über 1—70.

a. Die zu verwendenden Mustertypen müssen Durch-
   schnittstypen sein, d. h. sie müssen aus allen innerhalb
   der betreffenden Vergütungsklasse enthaltenen Aus-
   beutungsprozenten gebildet sein,

b. Für jede Vergütungsklasse ist nur eine Mustertype
   aufzustellen, die für die Mehlausfuhr in allen Teilen
   des Reichs massgebend ist.

c. Die Mustertypen sind in den Königlich preussischen
   Mühlen zu Bromberg durch Vermahlung von Proben
   der in Betracht kommenden in- und ausländischen
   Getreidesorten, deren Beschaffung durch die Müllerei-
   Versuchsanstalt bei der Königlich preussischen Landwirtschaftlichen Hochschule in Berlin zu erfolgen hat,
   herzustellen.

d. Die Neubildung der Mustertypen ist alljährlich nach
   der inländischen Ernte zu bewirken.

Die Aufstellung von Spezialtypen für einzelne Mühlen neben den allgemeinen Mustertypen ist nicht erforderlich. Grundsätzlich sollen die Mustertypen das zollamtliche Prüfungsmittel für die Ausfuhrmehle bilden. Es bleibt jedoch dem Ermessen der Zollbehörde vorbehalten, sich in Zweifelsfällen auch anderer Mittel zur Kontrole der Richtigkeit der abgegebenen Deklaration, wie der Büchereinsicht etc., zu bedienen.

Roggen- und Weizenmehl, das unter einem höheren Ausbeuteverhältnis als 65 bezw. 75 % gewonnen worden ist, ist künftig von jeder Zollbegünstigung auszuschliessen.

Abweichend hiervon ist jedoch dem Schrotmehl, d. h. dem gesammten aus einer Getreidepost ohne Abzug von Feinmehl gewonnenen Mühlenfabrikat, bei der Ausfuhr eine Zollvergütung nach Massgabe des von der zuständigen Zolldirektivbehörde jedesmal festzusetzenden Ausbeuteverhältnisses zu gewähren.

4. Die Entwicklung der Schutzzollgesetzgebung in einigen ausserdeutschen Staaten.

Es empfiehlt sich hier noch, eine kurze Übersicht über die Entwicklung der Zollverhältnisse der übrigen wichtigen europäischen Staaten einzuflechten, da eine Keuntnis der Zollgestaltung dieser uns am sichersten einen Aufschluss über die Bedeutung des betreffenden Landes für die deutsche Industrie und den deutschen Mehlhandel gewährt.

Betrachten wir hier zuerst Österreich-Ungarn, dessen Zolllinien von allen andern Ländern sich auf die weiteste Strecke hin mit den deutschen berühren. Österreich-Ungarn hatte anfangs (1853) nur geringe Getreidezölle, für Weizen und Kronen 40 Kr., für Roggen und Hülsenfrüchte 30 Kr., für Hafer und Gerste 20 Kr. pro dz.

Eine Erhöhung brachte erst der Tarif vom 25. 5. 1882 für Weizen, Spelz, Haidekorn 50 Kr., für Hafer, Roggen, Mais, Gerste 25 Kr., für Mehl 150 Kr. 1887 fand wiederum eine Erhöhung statt:

für Weizen, Spelz, Roggen = 150 Kr.
„ Mehl und Mehlprodukte = 375 „
„ Bohnen und Hülsenfrüchte = 100 „
„ Mais, Hirse und Haidekorn = 50 „

Die Geschichte des österreichisch-ungarischen Mehlausfuhrhandels hat in vieler Beziehung grosse Ähnlichkeit mit der-

jenigen des deutschen Mehlhandels. Hier wie dort handelte
es sich um Einrichtungen zum Schutz der bestehenden Mühlenexportindustrie, um die Möglichkeit der Aufrechterhaltung des
Veredlungsverkehrs in Getreide oder Mehl. Es sollte den
grossen Mühlen auch fernerhin nach der Einführung eines
Getreidezolls unbenommen bleiben, das zur Fabrikation von
Exportmehl notwendige ausländische Getreidequantum zu den
bisherigen Preisen zu beziehen, ungeachtet der durch den
Zollabschluss geschaffenen Preiserhöhung der Bodenprodukte.
Zu dem Zweck schuf man den sog. Mahlverkehr, d. h. die
zollfreie Einfuhr von ausländischem Getreide mit der korre-
spondirenden Verpflichtung, das daraus erzeugte Mehl wieder
ins Ausland zu bringen (Verhältnis: für 100 dz Weizen 70 dz
Weizenmehl, für 100 dz Roggen 65 dz Roggenmehl). Die
Regelung dieses Verkehrs erfolgte in den beiden Regierungs-
hälften durch gleichlautende Regierungsverordnungen. In den
ersten Jahren seines Bestehens (1882—1887) hielt sich der
Mahlverkehr in bescheidenen Grenzen, erst die Zollerhöhung
im Jahre 1887 wirkte durch die hohe Rückvergütung ebenso
wie in Deutschland als besondere Prämie. Jedoch legte bis
zum Jahre 1891 der Zollkrieg mit Rumänien dem Import
fremden Getreides gewisse Schranken auf. Nach dem Jahre 1891
aber wuchs der Mahlverkehr durch missbräuchliche Ausnützung
der Zollbestimmungen von seiten Ungarischer, besonders
Budapester Mühlen, zu riesigen Dimensionen an. Diese Mühlen
blieben nämlich den Zoll für das eingeführte ausländische
Getreide dank dem Entgegenkommen der ungarischen Finanz-
behörden an die Zollkasse schuldig. Zur Sicherstellung des
Zollbetrags genügte Unterzeichnung eines Kautionsscheines
Obendrein wurde die Wiederausfuhrfrist, die nach der Verordnung von 1882 schon ein ganzes Jahr betrug, immer wieder
noch verlängert. Die gewaltige Konkurrenz, die infolge der
geschilderten Vorgänge die ungarischen Mühlen auszuüben vermochten, erregte besonders in Österreich einen Sturm der Ent-
rüstung. Es wurde daher durch eine Verordnung vom
Januar 1896 festgesetzt, dass der Einfuhrzoll durch Barzahlung
des vollen Zollbetrags sicher zu stellen ist, und dass der ver-
auslagte Zoll für 100 dz Getreide nur gegen Nachweis der
Ausfuhr von 100 dz Mahlprodukte wieder vergütet wird.

Die Vermahlungsziffern der 11 Budapester Mühlen sind

nachstehend angeführt. (Die Tabelle bis zum Jahre 1894 ist dem Werk der Elbe-Moldau-Donaukanal von Dr. F. Siewert 1899 S. 100 entnommen.) Die Produktionskosten dieser Mühlen pro dz sollen nach persönlichen Erkundigungen in Wien nur 10 Kr. pro dz betragen; für Deutschland wurde dem Verfasser als niedrigste Summe 50 Pf. pro dz bei einer grossen Rheinmühle angegeben, von dem Fabrikanten einer grossen mitteldeutschen Mühle 60 Pf-, wovon 30 Pf. Unkosten auf den Kohlenverbrauch und das Betriebsmaschinenunkostenkonto kommen.

Erzeugt wurde von den Budapester Mühlen.

Jahr	Vermahl. Getreide	Mehl	Kleie	Mehl u. Kleie zus.	Mehl	Kleie	Verstäubung
	Meter-Zentner				in % d. vermahl Getreides		
1870	3106386	2392185	593937	2986122	77,01	19,12	3,87
1875	3148117	2367944	682303	3050249	75,22	21,67	3,11
1881	4081937	3038611	907254	3945865	74,46	22,23	3,11
1883	5526939	4174017	1170721	5344738	75,52	21,18	3,30
1885	5813975	4344730	1287914	5632644	74,73	22,15	3,22
1888	6222099	4756844	1325606	6082450	76,46	21,30	2,25
1893	7177280	5393065	1634207	7027272	75,14	22,70	2,09
1894	7178203	5464838	1542482	7007320	76,13	21,48	2,38
1895	7949000	6164000	1618000	7782000	77,58	20,25	2,17
1896	8285000	6391000	1723000	8114000	77,17	20,73	2,10
1897	6892738	5267188	1464716	6731904	77,35	21,47	1,17
1898	5750000						

Die Einfuhr und Ausfuhr von Mehl und Mühlenfabrikaten aus Ungarn

her. vom kgl. ungar. Stat. Amt. 1882—1897,

Jahr	Einfuhr				Ausfuhr			
	von Weizen	von Mehl	von Kleie	Gesamt	von Weizen	von Mehl	von Kleie	Gesamt
	Meter-Zentner				Meter-Zentner			
1882	746271	99160	11472	856903	6020112	2891875	468521	9380508
1884	774926	90146	8720	873792	4155116	3493895	445557	8094568
1885	666109	90530	9726	766365	5466093	3499187	479938	9445298
1887	40461	97815	12790	151066	6071658	3718308	393832	10183718
1888	66851	99894	13623	180638	7863172	4755992	760623	13379787
1890	198735	109069	18142	325946	7413742	4468186	569381	13451309
1891	370802	84520	16316	471638	6489620	4812210	794304	12096134
1892	950710	61936	6976	1019722	4849931	4972973	1117832	10940736
1893	1179630	75985	15434	1271049	4936899	5577973	1229001	11743873
1895	751876	79731	114730	946337	6055817	6445721	507530	13039068
1896	1015000	64000	17261	1096261	6668000	7189000	1610872	15468000
1897	1231241	96903	—	—	3608864	5752845	—	—
1898	2540158	134674	—	—	2895079	1858662	—	—

Ausfuhr von Mehl aus Oesterreich-Ungarn.

Veredelungsverkehr. Mahlverkehr.

Oesterreich-Ungarn Mährte aus inländischem Handel nach:	1891	1892	1893	1894	1895	1896	1897	1898	1891	1892	1893	1894	1895	1896	1897	1898
Freihafen Triest																
Freibezirk Fiume																
Freibezirk Hamburg																
Freibezirk Bremen																
Durch. Reich Zollgebiet																
Grossbritanien																
Frankreich																
Italien																
Niederlande																
Schweiz																
Türkei																
Serbien																
Brasilien																

In Frankreich bestand bereits in den 60er Jahren ein geringerer Schutzzoll von 125 Cent. pro dz. Mehl und 62 Cent pro dz. Weizen. Um nun die Interessen der entwickelten französischen Mühlenindustrie nicht zu schädigen, wurde dem Müller gestattet — vorübergehend, en admission temporaire — fremdes Getreide zollfrei einzuführen, wenn er sich in einem gehörig ausgestellten Revers (acquit-à-caution) verpflichtet, das aus dem ausländischen Getreide gewonnene Mehl innerhalb bestimmter Frist — 3 Monate — wieder auszuführen. Durch die Wiederausfuhr wurde dann der Zoll eingelöst. (Diese Zollbefreiung führt den Namen drawback.)[1]

In dem Dekret vom 25. August 1861 hiess es nun, der Exporteur müsse für je 100 kg eingeführten Weizens in wohl konditioniertem Weizenmehl von guter Qualität und ohne irgend welche Beimischung vorlegen:

90 kg Mehl, ausgebeutet zu 10 %
80 „ „ „ „ 20 „
oder 70 „ „ „ „ 30 „

je nach dem Grad der Ausbeutelung, welche bei dem Zollamt mit Rücksicht auf die eben bezeichneten drei Kategorien im Voraus deklariert werden muss.

Jedoch wurde anfangs die Weizeneinfuhr wie Mehlausfuhr nur über bestimmte Zollämter gestattet, erst später (Dekret vom 9. Juli 1868) über sämtliche.

Im Jahre 1885 erhöhte Frankreich seine Zölle bedeutend. Mehl zahlte 6 Frcs., Weizen, Spelz und Mischkorn 3 Frcs., Hafer, Roggen, Gerste 1,50 Frcs; falls aussereuropäischen Ursprungs, aber von europäischen Niederlagen zahlten die genannten Waren den sog. Entrepotzuschlag insgesamt 9,60 resp. 6,60 resp. 5,10 Frcs. Am 29. III. 1887 betrug der Zoll sogar 8 Frcs. für Mehl resp. 11,60 Frcs. incl. surtaxe d'entrepôt.

Im Jahre 1892 fand eine Neuordnung der Zollvergütung in der Weise statt, dass entsprechend einem abgestuften Mehlzoll auch eine differenzierte Vergütung für Ausfuhrmehle gewährt wurde.

---

[1] Die Zahlen für die Mehlausfuhr Österreich-Ungarns, Frankreichs der Vereinigten Staaten, Russlands und die für die Mehleinfuhr Grossbritanniens bis zum Jahre 1895 bez. 1896 sind einem Aufsatz: Mehl im Welthandel vom Regierungsrat Geib Vierteljahrsh. z. Stat. d. d. R. 1897, entnommen.

Mehl von 70 °/₀ und darüber zahlte 6 Frcs. Zoll

$\qquad$„ zwischen 60—70 °/₀.$\qquad$„$\quad$7,20 „$\quad$„

$\qquad$„ von 60 °/₀ und darunter ebensoviel

Grütze und Gries zahlte$\qquad$8,40 „$\quad$„

Roggenmehl$\qquad\qquad$„$\quad$5 „$\quad$„

Roggen$\qquad\qquad\quad$„$\quad$3 „$\quad$„

Die Einlösung der Zollscheine kann aber nach dem Dekret vom 2. V. 92 auf vierfache Art erfolgen. Der Zoll wird vergütet bei einer Ausbeute

$\qquad$von 90 °/₀ auf 90 kg Mehl und 8 kg Kleie

$\qquad$„ 80 „$\quad$„ 80 „$\quad$„$\quad$„ 18 „$\quad$„

$\qquad$„ 70 „$\quad$„ 70 „$\quad$„$\quad$„ 28 „$\quad$„

$\qquad$„ 60 „$\quad$„ 60 „$\quad$„$\quad$„ 38 „$\quad$„

2 °/₀ gelten als Mahlverlust.

Vom 1. VII. 1892 wurde der Mehlzoll wieder erhöht auf 8 resp. 10 resp. 12 Frcs. und vom 27. II. 1894 mit dem Sieg der Hochschutzzöllner auf 11 resp. 13.50 F. resp. 16 Frcs. während Weizen, Spelz und Mischkorn einem Zoll von 7 Frcs. unterworfen blieb. Der Zoll für Grütze, Gries, Graupen betrug gleichfalls 16 Frcs.

Eine Abänderung des 1894er Dekrets erfolgte durch Verordnung vom 29. Juli 1896, welche wiederum durch ein Dekret vom 9. August 1897 abgeändert wurde. Danach stellt sich folgender Vergütungsmodus heraus:)

Es sind beim Ausgang von 100 kg eingeführten Getreides
1. bei Mehl aus Weichweizen von 50 °/₀ Auszug jetzt entweder 50 kg von Mehl von 50 °/₀ Auszug, 17.5 kg Mehl von 70 °/₀ Auszug und 30,5 °/₀ Kleie = 98 kg oder 62,5 kg Mehl von 50 °/₀ Auszug und 35,5 kg Kleie,
2. bei Mehl aus Weich- und Hartweizen von 60 °/₀ Auszug entweder 60 kg Mehl von 60 °/₀ Auszug: 10 kg Mehl von 80 °/₀ Auszug, 28 kg Kleie oder 67.5 kg Mehl von 60 °/₀ Auszug und 30.5 kg Kleie,
3. bei Gries aus Hartweizen von 50 °/₀ Auszug 55 kg Gries von 50 °/₀ Auszug und 43 kg Kleie vorzuführen.

Wenn die Kleie nicht zur Wiederausfuhr gelangt, so wird von der nicht ausgeführten Menge Kleie ein Zoll erhoben nach dem Satz von 0,60 Frcs. für 100 kg.

---

¹) S. Handelsarchiv 1897 S. 773.

Nach dem Dekret von 1896, das der französischen Müllerei
eine Exportprämie gewährte, hob sich die Mehlausfuhr Frankreichs ganz bedeutend und gestaltete sich, da Frankreich 1896
und 1897 über sehr gute Ernten verfügte, für Süddeutschland,
Elsass-Lothringen einige Zeit lang sehr gefahrdrohend.[1]) Nach
der deutschen Warenstatistik fü rte Frankreich ein

$$
\begin{aligned}
1893 &= 740 \ dz \\
1894 &= 3753 \ „ \\
1896 &= 63724 \ „ \\
1897 &= 55706 \ „ \\
1898 &= 12325 \ „
\end{aligned}
$$

Was die französische Statistik anbelangt, sei auf die betr.
Tabellen S. 140 und 141 verwiesen.

Im Spezialhandel führt Frankreich nur verhältnissmässig
geringe Mengen aus, 1898 = 369741 dz, 1897 = 192327 dz,
1896 = 179898 dz Weizenmchl. Dagegen ist seine Mehlausfuhr
im Generalhandel von ausserordentlicher Höhe. Die vorzüglichsten Abnehmer Frankreichs sind Grossbritannien (1891 =
2843 t, 1896 = 85908 t, 1897 = 95209 t), Belgien (1891 =
40754 t, 1896 = 44587 t. 1898 = 8386 t.)

Eine grössere Menge bezieht auch Algier, Egypten (1895
= 23083 t, 1898 = 46772 t), doch gehen nach Egypten nur geringere Mehlsorten, während die bessern Mehle Russland liefert.

Die Weizenmehleinfuhr Frankreichs schwankt zwischen
2—300000 dz pro Jahr, der grössere Teil hiervon kommt aus
Österreich-Ungarn.

Die Weizenmehleinfuhr Frankreichs betrug:

1887 = 190727		
1890 = 317458		
1891 = 742027	Davon aus	
1893 = 159013	Österreich-Ungarn	
1894 = 202291	= 163752	dz
1895 = 346131	= 113081	„
1896 = 217074	= 123585	„
1897 = 183914	= 124371	„
1898 = 381500	= 98132	„

---

[1]) Ausfuhr F.'s an Mehl zu 50 % Ausbeute im Jahre 1896 =   26460 dz

„ „ 60 „ „ „ „ „ = 2142828 „
„ „ 70 - - „ „ „ = 375306 „
- - 80 - „ „ „ = 190671 -
„ „ 90 „ - - „ = 174028 „

zusammen = 2909294 dz

Frankreichs Mehlausfuhr im

Ausfuhr von Mehl	Weizenmehl Mengen in 100 kg netto							
	1891	1892	1893	1894	1895	1896	1897	1898
Frankreich führte im Spezialhandel aus nach:								
Deutschland	—	—	—	—	—	—	e5	—
Belgien	580	2240	8105	780	4489	546	283	3167
Grossbritanien	225	150	173	277	884	497	13770	10453
Spanien	790	317	296	758	395	—	235	—
Schweiz	5930	6658	2102	810	1620	2667	1144	7125
Algier	45071	89382	161262	195310	72375	141869	121697	168860
Egypten	—	—	—	—	—	—	1570	—
Andere fremde Länder	—	—	—	—	—	—	7358	—
Zone franche	—	—	—	—	—	—	7533	—
Tunis	—	—	—	—	—	—	953	—
Senegal	—	—	—	—	—	—	2632	—
Franz. Indo-China	5869	9905	—	16734	20612	—	15711	—
Franz. Guayana	—	—	—	—	14587	—	—	—
Uebrige Länder	7736	18988	24550	30776	17654	34419	2585	207138
Zusammen:	66201	127640	196798	245475	132616	179898	192327	369741

Frankreichs Mehlausfuhr im

Mehl-Ausfuhr	Weizenmehl Mengen in 100 kg netto							
	1891	1892	1893	1894	1895	1896	1897	1898
Frankreich führte im Generalhandel aus nach:								
Deutschland	—	—	—	—	—	—	118285	—
Belgien	407537	121819	253808	408889	708216	415865	181829	83856
Portugal	19294	—	—	—	—	—	—	—
Spanien	85904	49493	59970	71776	51399	—	68367	—
Schweiz	198926	196030	174960	197849	189255	370322	288108	158487
Türkei	83033	55848	28781	90893	205386	—	—	—
Grossbritannien	28427	21032	31471	174636	519516	859079	952087	157086
Russland (Ostsee)	—	—	—	—	66022	—	104143	—
Algier	45071	90022	167155	208556	77073	144885	129694	176083
Niederlande	—	—	—	—	32453	—	91633	—
Tunis	61660	67975	95390	99353	86495	—	96414	
Senegal	10133	12833	11579	—	—	—	13946	Noch nicht bekannt gemacht
Franz. Indo-China	14307	18601	—	27240	20653	—	20574	
Egypten	—	16100	60318	73912	230825	—	467718	
Tripolis	—	14193	14935	—	42600	—	27660	
Marocco	—	—	20294	24319	—	—	Zone franche 185954	
Fr. Guayana	—	—	—	—	15712	—	18072	
Uebr. Länder	69405	68383	82786	136586	193122	1359150	183731	954950
Zusammen:	1023697	732363	1007475	1516589	2438727	3179301	2949206	1520464

Spezialhandel von 1891—1898.

	Anderes Mehl						
	Mengen in 100 kg netto						
1891	1892	1893	1894	1895	1896	1897	1898
124	156	—	27	—			
4813	5843	2774	858	716			
—	—	—	—	—	Ohne Angabe der Bestimmungsländer 2022 Roggenmehl.	28 Hafer 950 Gersten 69 Roggen 2218 Mais 6 Buch weizen Mehl	83 Hafer 369 Gersten 450 Roggen 9159 Mais 7 Buch weizen Mehl.
2120	108	1581	379	243			
390	617	1980	1975	689			
—	—	—	—	—			
—	—	—	—	—			
—	--	—	—	—			
—	—	—	—	—			
—	—	—	—	—			
—	—	—	—	—			
533	4153	1897	1500	4243			
7985	10877	8232	4739	5891	4426	3898	10368

Generalhandel von 1891—1898.

	Anderes Mehl						
	Mengen in 100 kg netto						
1891	1892	1893	1894	1895	1896	1897	1898
127	156	—	27	—			
4818	5843	3774	858	716			
—	—	—	—	—	Ohne Angabe der BestimmungsLänder. 68 Hafer 239 Gersten 2053 Roggen 7174 Mais mehl.	41 Hafer 928 Gersten mehl. 735 Roggen 8157 Mais 9 Buch weizen.	304 Hafer 373 Gersten 713 Roggen 14245 Mais mehl. 7 Buch weizen.
5117	4903	5106	2558	2238			
—	—	—	—	—			
—	—	—	—	—			
390	617	1980	1975	691			
—	—	—	—	—			
—	—	—	—	—			
—	—	—	—	—			
—	—	—	—	—			
—	—	—	—	—			
637	4291	1098	3596	5898			
11089	15810	11958	9014	9543	9534	9870	15642

Von den Ländern, die für den deutschen Mehlhandel ausserdem von Bedeutung sind, ist hier noch anzuführen Schweden-Norwegen, Dänemark, Finland, Belgien, Niederlande, Holland, England. Davon sind für Getreide und Mehl zollfrei geöffnet: England, Dänemark, Finland, Niederlande. Den englischen Markt beherrscht vorzüglich das amerikanische Mehl, auch Österreich-Ungarn führte früher beträchtliche Mengen dahin aus, doch ist seine Ausfuhr in den letzten Jahren bis auf rund 730000 Ctr. zurückgegangen; auch die deutsche Mehlausfuhr hat sich dahin verringert, während die französische zeitweilig (1896 und 1897) auf rund 1700000 Cwts. sich belief.

Weizenmehl-Einfuhr Grossbritanniens.

Grossbritannien führte ein Weizenmehl aus:	Einfuhrmengen in Cwts. = hundred-weight zu 50,702 kg					
	Einfuhrwerte in L (= 20,40 M.)					
	Einfuhr 1894	Wert 1894	Einfuhr 1895	Wert 1895	Einfuhr 1896	Wert 1896
Deutschland	198543	76218	243670	87474	204790	65961
Frankreich	480819	165232	1125990	414203	1692540	716534
Oesterreich-Ungarn	1106971	667880	1305760	706818	1388300	768396
Verein. Staaten von Amerika	15925486	6530249	13131850	5384658	15905100	6786600
Kanada	1195421	481005	2343300	1003779	1932720	816950
Anderen Ländern	227365	74079	217640	83081	169770	61607
Zusammen:	19134605	7994674	18368410	7679013	21293220	9216048

	Einfuhr 1897	Wert 1897	Einfuhr 1898	Wert 1898
Deutschland	73745	30933	107340	51778
Frankreich	1682420	834292	438160	229371
Oesterreich-Ungarn	1143950	739514	729290	543266
Verein. Staaten von Amerika	14062970	7089094	17445890	9470437
Kanada	1530690	803389	1968800	1058273
Anderen Ländern	186894	102434	327629	192218
Zusammen:	18680669	9599656	21017109	11545343

In Schweden zahlten die Hauptcerealien seit 11. II. 1888 pro dz 2,50 Kronen, Mehl 4,30 Kronen. Am 7. I. 1895 fand eine Erhöhung der Zölle statt.

Für Mehl und Gries aller Art wurde ein Zoll von 6,50 Kronen (1 Krone = 1,08 Mk.) festgesetzt. Der Getreidezoll für alle Getreidearten beträgt heute 3,70 Kronen.

In Norwegen ist ein doppelter Tarif zur Einführung gelangt. Nach dem Minimaltarif ist Roggen zollfrei, nach dem

Maximaltarif unterliegt der Doppelzentner einem Schulzzoll von 0,22 Kronen, Weizen 0,66 resp. 0,80 Kronen. Roggenmehl und Kleie zahlt beim Eingang 0,30 resp. 0,40 Kronen, Weizenmehl 2 Kronen resp. 2,25 Kronen.

Belgien erhebt von den Rohstoffen, Weizen und Roggen mit Rücksicht auf seine Industriebevölkerung keinen Zoll, von den Mühlenerzeugnissen aber 2 Frcs. pro 100 kg.

Was nun die deutsche Mehlausfuhr nach den genannten Ländern anbetrifft, so hat sie sich im Laufe der 90er Jahre infolge der geschilderten Zollmassnahmen immer schwieriger gestaltet. (Siehe für das folgende die umstehende Tabellen.

Im Jahr 1894 betrug die Mehrausfuhr von Mehl und Fabrikaten noch 1,81 Mill. dz i. W. von 18 Mill. Mark, sank dann von Jahr zu Jahr, bis sie im Jahre 1896 nur noch 1,18 Mill. dz im W. von 11 Mill. Mark betrug. 1897 und 1898 fand wieder ein Aufschwung statt und trotzdem 1898 noch nicht die Summe des Vorjahres erreicht wurde, stieg der Wert der Mehrausfuhr auf 21,94 Mill. Mark, eine Ziffer, die nur von denjenigen der Jahre 1888 und 1889 übertroffen wurde.

Ausfuhr von Mehl nach Bestimmungsländern. Mengen in 100 Kilogramm netto.

Aus dem deutschen Zollgebiet wurden im Spezialhandel ausgeführt nach	1891	1892	1893	1894	1895	1896	1897	1898
Freihafen Hamburg	40237	33737	18028	20944	13418	23906	18799	24805
Zollausschluss Helgoland	1429	1931	1577	1513	1604	2061	1445	—
Belgien	11952	2410	1476	1193	2699	1093	3070	—
Dänemark	73394	81207	85222	152464	213262	184885	175888	164320
Frankreich	3216	355	647	606	463	793	60733	149046
Grossbritannien	178344	54113	68037	89844	116428	101612	47105	54426
Den Niederlanden	271344	150644	231925	316208	385627	290381	329549	281843
Norwegen	256602	358855	381239	467866	436193	473557*	432300	265777
Österreich-Ungarn	119	174	635	405	1062	6030	17885	18750
Portugal	1442	223	616	11	—	—	499	—
Russland	11995	135309	331124	365638	317741	234328	Finl. 250628 Russl. 72299	Finl. 229680 Russl. 38149
Schweden	160982	203758	203064	408065	101555	94653	71526	36918
Schweiz	21270	24410	45864	54444	63381	76794*	119288	80634
Deutsch-Westafrika	536	329	366	371	1125	1629	2821	—
Den Vereinigten Staaten	1025	594	787	92	20	—	4835	6495
Den übrigen Ländern	2214	1232	1042	915	1515	1618	9612	—
Proviant für deutsche Schiffe	5504	2624	2301	3066	6212	6498	—	—·
Zusammen	1041867	1051905	1466150	1883735	1667305	1499668	1625689	1374467

*) Mehl aus Getreide, Hülsenfrüchten, Mais und Reis.

Mehrausfuhr von Mehl- und Mühlenfabrikaten.

1880	+	180618 dz	7,17
1881	−	237811 „	7,53
1882	+	390553 „	6,35
1883	+	745320 „	15,38
1884	+	715657 „	12,56
1885	+	1051080 „	19,66
1886	+	1174280 „	20,99
1887	+	1114181 „	18,22
1888	+	1198340 „	24,28
1889	+	1243287 „	24,8
1890	+	916497 „	18.9
1891	+	920811 „	14,5
1892	+	824580 „	11,1
1893	+	1274302 „	16,9
1894	+	1813134 „	18,0
1895	+	1514781 „	14,0
1896	+	1180489 „	11,0
1897	+	1524388 „	18,9
1898	+	1008166 „	21.94

Was nun die Ausfuhr nach den einzeln Ländern betrifft, so ist sie gewachsen nach Dänemark (1891 = 73394 dz 1898=164320 dz), Schweiz (1891 = 21270, 1897 = 119288, 1898 = 80034 dz), den Niederlanden (1891 = 271544, 1897 = 329549, 1898 = 281843 dz) Letztere beide Staaten brauchen viel geringere Mehlsorten für ihre hochstehende Viehzucht. Auch Norwegen und Finland haben nur einen Bedarf von geringen Mehlen, in Finland wird sogar nur ein ganz grobes Schrotmehl zur Brotbereitung bevorzugt. Von dem nach Norwegen gesandten deutschen Mehl ist ein grosser Teil thatsächlich nicht deutscher, sondern amerikanischer Herkunft und nur im Transitverkehr über Hamburg nach Norwegen gelangt.

Zum Schluss sei hier noch ein Blick auf die Bedeutung Russlands und der Vereinigten Staaten von Nordamerika geworfen. Russland macht ganz gewaltige Anstrengungen, um seinem Mehl auf dem Weltmarkt Absatz zu verschaffen. In der That können auch seine Aussichten für die Zukunft nur als hervorragend günstig bezeichnet werden. In der Beschaffung eines vorzüglichen billigen Rohmaterials, inbezug auf die Niedrigkeit seiner Produktionskosten, die grossartige staatliche Begünstigung im Eisenbahnfrachtverkehr hat die russische Mühlenindustrie Riesenchancen vor derjenigen anderer Länder. Daher entstehen auch fortgesetzt neue Mühlenanlagen, so in Südrussland, Odessa und überall auf den Balkan-staaten, Kleinasien, Türkei werden Verkaufsniederlassungen gegründet. 1894 führte Russland 133509 t Mehl aus, 1896 62210 t Weizenmehl, 703891 t Roggenmehl = 132599 t, 1897 insgesamt 156138 t. Mehl (Roggen und Weizenmehl).

Die Ausfuhr von Mehl aus Russland von 1891—1897.

Russland führte aus:	Weizenmehl						
	1891	1892	1893	1894	1895	1896	1897
Ueber die europ. Grenze	Mengen in 100 kg netto						
	296243	137994	266876	'4088411	416871		
Darunter nach:							
Belgien	5686	—	—	3862		441	
der Türkei ...	176608	76921	160452	252790		234273	
Egypten	61036	51543	86886	90144		74924	
Grossbritannien .	35854	717	5557	14236		3845	
Griechenland ..	3139	2623	5016	2091		8321	
Deutschland ...	5561	1708	3380	3764		3036	
Österreich-Ungarn	1764	—	1287	395		11	
Norwegen ...	—	95	322	790			
Spanien	2293	2334	150	—			
Rumänien ...		4	21	90			
Bulgarien	—	—	24	106			
Ver. Staaten von Amerika	—	—	9				
Italien	—	—	5	57			
Dänemark ...	—	—	—	—			
Schweden ...	—	—	—	49			
Holland	—	—	—	8			
Ueber die Grenze gegen Finland ..	206365	215268	220255	212146		232105	251202
Ueber d. asiatische Grenze ..... (Griechenland o. Persien.) (Ausfuhr nach der Türkei).	109566	69184	35607	—	²)		
Summa:	612174	422446	522738	616987	648976	622120,633320	

Ueber die europ. Grenze	Roggenmehl Mengen in 100 kg netto						
	115561	36411	46874	953919			
Darunter nach:							
Belgien ...	883	—	—	—			
der Türkei ...	—	11	38	42			
Egypten ...	—	—	1	—			
Grossbritannien .	3082	—	331	282		6689	
Griechenland ...	—	—	—	—			
Deutschland ...	12149	2	1653	861		3024	
Österreich-Ungarn	—	1	211	63		—	
Norwegen ...	47285	36214	41025	52280		68451	
Spanien	—	—	—	—	²)		
Rumänien ...	—	—	—	—			
Bulgarien	—	—	—	—			
Ver. Staaten von Amerika	—	—	—	-			
Italien	—	—	—	—			
Dänemark ...	5484	—	—	—			
Schweden ...	13188	—	2928	—		12975	
Holland	20232	—	25	244		7114	
Ueber die Grenze gegen Finland ..	244987	631287	671256	639038		557084	552331
Ueber d. asiatische Grenze .... (Griechenland u. Persien.) (Ausfuhr nach der Türkei.)	106	156	260	—	²)		
Summa:	561651	667857	718390	692957	651596	703890;...	

Russland führte aus:	Verschiedenes Mehl ausser Kartoffelmehl						
	1891	1892	1893	1894	1885	1896	1897
Ueber die europ.	Mengen in 100 kg netto						
Grenze	5273	6776	2634	¹)11609			
Darunter nach:							
Belgien	—	—	169	—			
der Türkei . . .	—	699	—	40			
Egypten	—	—	—	—			
Grossbritannien .	—	—	—	—			
Griechenland . .	—	—	—	—			
Deutschland . . .	3370	5138	1868	6536			
Oesterreich-Ungarn	—	—	132	17			
Norwegen . . .	—	—	—	9			
Spanien	—	15	—	—			
Rumänien . . .	—	—	15	4			
Bulgarien. . . .	—	—	—	—			
Ver. Staaten von							
Amerika	—	—	—	—			
Italien	—	—	—	3			
Dänemark . . .	—	—	—	—			
Schweden . . .	—	—	—	—			
Holland	1449	851					
Ueber die Grenze			—	4430			
gegen Finnland .	5669	4471	3559	13540			
Ueber d. asiatische							
Grenze	21	8	148	—			
(Griechenland u. Persien).							
(Ausfuhr nach der Turkei.)							
Summa:	10963	11255	6341	25149	20311		

Den Hauptausfuhrartikel Russlands bildet Kleie, von der ganz gewaltige Mengen ausgeführt werden. 1894 = 21625000 Pud, 1897 = 21801000 Pud.

Die erste Rolle auf dem Weltmarkt spielt ohne Frage Nord-Amerika (siehe auch die Tabellen S. 148 und 149).

Sein Mehl geht in alle Weltteile. Das amerikanische Mehl hat fast ganz Grossbritannien für sich in Besitz genommen, es gingen dahin bis 8000000 dz Weizenmehl. Auch nach Deutschland werden schon erhebliche Mengen (1894/95 = 228000 dz, 1895/96 = 169600 dz, 1897/98 fast ebensoviel) hineingeworfen. Im übrigen versorgt Amerika den amerikanischen Kontinent (Brasilien 1896 = 774000 dz, 1897 = 698304 dz, Britisch-Westindien 1896 = 844000 dz.

---

¹) Ueber die europäische und über die asiatische Grenze zusammen.

²) Die Bestimmungsländer sind noch nicht bekannt.

Ausfuhr von Mehl aus den

Fiskaljahr 1./7.–30./6.	Weizenmehl						
	1891/92	1892/93	1893/94	1894/95	1895/96	1896/97	1897/98
Die Verein. Staaten führten aus nach:	Mengen in 100 kg netto						
Grossbritannien	8537876	9211694	8878602	7880061	7299789	7509487	8110517
Deutschland	48252	189440	254369	228162	169660	159274	168754
Frankreich	187047	1616	1754	980	1060	369	3397
Belgien	205344	173639	162410	156207	—	—	—
Holland	500938	847684	1052222	704207	—	—	—
Dänemark	29004	33060	27688	18484	—	—	—
Portugal	41241	4543	5411	8176	—	—	—
Schweden u. Norwegen	31199	73483	57196	11291	—	—	—
Uebrigem Europa	—	—	—	—	709971	717975	1128821
Kanada	296033	371709	363398	712145	828511	630367	495034
Britisch-West-Indien	423035	454770	488784	463136	844058	—	—
Cuba und Portorico	469678	696495	767261	443142	271807	307133	298253
Brasilien	812588	744128	818653	689353	774739	698404	566182
Brit. Guyana	140141	161674	194555	173642	—	—	—
Venezuela	173027	186777	191501	181514	—	—	—
Uebrigem Sudamerika	—	—	—	—	388137	345848	324369
Hongkong	406886	489067	518828	699926	—	—	—
China u. übr. Asien	—	—	—	—	1070256	948238	674306
Summa:	13557790	14775481	14688125	13574015	12997948	12948284	13630749
Ausserdem: Roggenmehl	4047	2499	2716	3350	3358	2323	3001

Fiskaljahr 1./7.–30./6.	Maismehl						
	1891/92	1892/93	1893/94	1894/95	1895/96	1896/97	1897/98
Die Verein. Staaten führten aus nach:							
Grossbritannien	44474	34657	31691	52936			
Deutschland	284	122	92	1892			
Frankreich	—	—	1600	—			
Belgien	4856	—	292	267			
Holland	1374	1237	1873	2188			
Dänemark	47	—	76	—			
Portugal	4	—	—	—			
Schweden u. Norwegen	—	—	—	13			
Uebrigem Europa							
Kanada	66913	60146	59825	22846			
Britisch-West-Indien	77797	75973	78557	68382			
Cuba und Portorico	10885	—	27052	2461			
Brasilien	99	53	76	182			
Brit. Guyana	7705	6121	7451	5274			
Venezuela	410	316	792	336			
Uebrigem Sudamerika	—	—	—	—			
Hongkong							
China und übr. Asien	—	—	—	—			
Summe:	255684	241057	258852	198751	246151	264905	784954

Vereinigten Staaten von Amerika.

Fiskaljahr 1./7.—30./7.	Hafermehl						
	1891/92	1892/93	1893/94	1894/95	1895/96	1896/97	1897/98
Die Verein. Staaten führen aus nach:							
Grossbritannien	92361	23907	40994	71248			
Deutschland	278	852	1630	8153			
Frankreich	—	—	—	—			
Belgien	—	—	—	358			
Holland	420	243	966	12526			
Dänemark	—	—	—	152			
Portugal	—	—	—	—			
Schweden u. Norwegen	—	11	—	—			
Uebrigem Europa	—	—	—	—			
Kanada	1382	599	173	45			
Britisch-West-Indien	308	313	27	16			
Cuba und Porterico	27	—	1	—			
Brasilien	—	—	—	—			
Brit. Guyana	—	1	—	—			
Venezuela	—	—	19	26			
Uebrigem Südamerika	—	—	—	—			
Honkong	—	—	—	—			
China und übrig. Asien	—	—	—	—			
Summe:	94923	26163	44126	93067	175210	212896	384751

Damit wäre eine knappe Übersicht über die Stellung, die die deutsche Exportindustrie im Weltkonkurrenzkampf einnimmt, gegeben. Als Gesamtergebnis ist festzuhalten, dass der deutsche Mehlexporthandel zwar einen schwierigen Stand hat, aber keineswegs aussichtslos ist und etwa zu vernachlässigen. Deutschland hat im Norden wie für sein überschüssiges Getreide so auch sein Mehl ein natürliches Absatzgebiet. Bevorzugt ist es vor seinem Hauptkonkurrenten, Amerika, durch seine nähere Lage. Leider hat man im Seeverkehr durch geeignete Frachtenherabsetzung diesen Vorzug noch nicht genügend ausgenützt. Nunmehr wenden wir uns wiederum der innern Entwicklung der deutschen Mühlenindustrie zu.

Auf dem Grund der soeben geschilderten grossen politischen Veränderungen erleidet das Bild des Gewerbes seine besondern Schattierungen. Allerdings giebt, wie wir gesehen, die Umgestaltung der Technik und die Ausbildung des Verkehrs dem modernen Bilde seine Grundtönung, seine verschiedenartige Tonfixierung erfährt es aber noch durch mancherlei besondere Umstände.

B. Wirtschaftliche und soziale Bedeutung der veränderten Technik.

I. Charakteristische Merkmale der grossindustriellen Entwicklung.

1) Das Anwachsen des Grossbetriebs an der Hand der Statistik von 1882 und 1895.

Die epochemachenden technischen Fortschritte, die die neueste Phase der Geschichte der Müllerei einleiteten, haben dem alten Gewerbe einen durchaus veränderten ökonomischen Charakter aufgedrückt. Der Übergang vom alten Sichtcylinder zur modernen Sichtmaschine und vom Steinmahlgang zum Walzenstuhl hatte eine unwillkürliche Vergrösserung der Produktion zur Folge. In manchen Fällen wollte gar nicht einmal der einzelne, welcher zum Beispiel statt ½ Dutzend Gänge 6 Walzenstühle aufstellte, seine Produktion bedeutend erhöhen, in der That aber verdoppelte er sie. Mit der immer kostspieliger werdenden umfangreichen maschinellen Ausrüstung, die zur Herstellung des vom Publikum stets feiner und weisser gewünschten Fabrikats eine unerlässliche Notwendigkeit war, wurden auch die Anforderungen an die Kapitalkraft des Müllers grösser und grösser. Und so zwang die kapitalistische Produktionsweise, von der ja die Zeit beherrscht wird, auch die Müller unter ihr Joch.

Wie stark aber die Tendenzen zur Bildung der Grossindustrie waren und der damit in Verbindung stehenden Massenproduktion, davon ist dieser dreizehnjährige Zeitraum von 1882 ein schlagender Beweis. Ob sich die Zollgesetzgebung auch hie und da änderte, ja grosse Absatzgebiete, wie England, Schottland Schweden etc. zum grössten Teil verloren gingen, ob kleinere oder grössere Krisen das grösste Verderben anrichteten, ob zeitweilig das Preisniveau des Getreides ausserordentlich erhöht wurde, unaufhaltsam und unwiderstehlich ist das Fortschreiten zur Betriebskonzentration und ebenso unaufhaltsam der dadurch herbeigeführte Niedergang der kleinern Betriebe. Dies abzuleugnen ist nicht möglich. Es bedeuten aber viele Ursachen des Kleinmüllers Tod. Natürlich hängen sie im tiefsten Grunde mehr oder weniger mit dem allgemeinen technischen Fortschritt zusammen. Wenn die perennierenden Flüsse oder Flüsschen, die notdürftig eine kleine Mühle treiben, von grossen Kommunen aus sanitären Gründen entwässert und ausgetrocknet werden, wenn für die Wasser.leitung einer Stadt Wasserabgrabungen notwendig werden, wenn in landwirtschaftlichen Bezirken zur Erhöhung der Ertragsfähigkeit von Wiesen, die durch Stauwasser von Mühlen unter Wasser gesetzt zu werden pflegen, Wasserflussregulierungen stattfinden, dann handelt es sich eben um höhere und wichtigere Interessen der Allgemeinheit, vor denen kleine Sonderinteressen zurückzutreten haben. Dass derlei Umstände namentlich in Süd- und Westdeutschland manche kleine Wassermühle hinweggefegt haben, ist natürlich und gerechtfertigt. Zwar nicht so mannigfach sind die Gründe, warum in Nord- und Nordostdeutschland die kleinen Windmühlen, namentlich die Bockmühlen so zahlreich eingehen. Hier spielt vor allem die Verbesserung der gesamten Lebenslage eine Rolle. Sie hat es bewirkt, dass, obwohl noch keine Verordnung die Arbeitszeit in Getreidemühlen regelt, heute die kleinen Betriebe lange Monate im Jahr stillstehen.[1] Die Ansprüche an Güte und Feinheit des Mehls sind gestiegen. Das ist unbestreitbar. Die Bauern haben zu feine Magen bekommen, sagte mir mal auf meinen Erkundigungsreisen ein alter ostpreussischer Bauer, der noch eine kleine Mühle von seinen Eltern geerbt hatte. Und so sieht man heute viele der kleinen Windmühlen stillstehen. Das alte hölzerne Röcklein bekommt in Sturm und Wetter ein grünes Aussehen, Planke auf Planke fällt heraus, bis ein mitleidiger Sturm den morschen Bau ganz zertrümmert. An ihre Stelle aber treten in den Grossstädten gewaltige 4—6stöckige Riesengebäude mit langen Fensterreihen. Tag und Nacht weht vom schlanken Ziegelturm die schwarze Rauchfahne, und wenn man durch die saalartigen grossen Räume wandert, wundert man sich vor allem über das Fehlen von Menschen. Walzenstuhl steht an Walzenstuhl, Sichtmaschine an Sichtmaschine, irgendwo in einer Ecke hantiert ein beaufsichtigender Müllergesell. Alles schimmert hell und freundlich, und über den saubern nicht glitschigen Cementfussboden schreitet sicher der Fuss des Besuchers. Ruhig und geräuschlos arbeitet Maschine an Maschine mit leisem Surren, und von unsichtbaren fast geheimnisvollen Kräften bewegt, rinnt das goldene reine Korn weiter und weiter, bis das Mehl in glänzender schneeiger Weisse den letzten Sichtapparat passiert hat. — Das ist die moderne vielverschrieene Riesenmehlfabrik.

[1] Jetzt ist allerdings eine Verordnung des Bundesrats, welche auf Grund des § 123 die Arbeitszeit regelt, erschienen.

Der Mensch hat sich endlich nach tausendjährigen ungeheuren Mühen und Anstrengungen von seiner niedern Arbeitsrolle emancipiert. Der Kampf zwischen Maschine und Mensch ist entschieden zu Gunsten des letztern. Der denkende Geist triumphiert. Alle rohen mechanischen Arbeiten verrichtet die Maschine, der Mensch beschränkt seine Thätigkeit auf die Aufsicht. Damit ist er frei geworden für höhere Kulturzwecke.

Welches sind nun die Veränderungen, welche in dem ziffernmässigen Bestand der Müllereibetriebe unter dem Einfluss der das moderne wirtschaftliche Leben beherrschenden Faktoren eingetreten sind? Die ausführlichste und deutlichste Antwort darauf giebt uns die Statistik, im besondern die Gewerbezählung von 1882 und 1895. Vermissen wir zwar im einzelnen noch über manche Gebiete genauere Mitteilungen, es sei erinnert an die Lohn- und Arbeitsstatistik, die noch fehlende Produktionsstatistik, die Statistik der Nebenbetriebe etc., so fliessen doch die statistischen Quellen jetzt in reichem Strome und geben nach den verschiedensten Richtungen hin ausserordentlich wertvolles Material.

In welchem Masse sich der Grossbetrieb auf Kosten des kleinen Betriebs ausgedehnt hat, ergiebt schon die einfache Gegenüberstellung des ziffermässigen Bestandes der Gesamtbetriebe. Die Zahl der Mühlen, die sich bis in die 60er Jahre, für Preussen allerdings nur bis 1861, entsprechend der Bevölkerungszunahme mehr oder weniger zu vergrössern pflegte, zeigt nunmehr ganz deutlich ein rapides Zurückgehen.

Während die Bevölkerung des deutschen Reichs von 1875 bis 1882 sich um 6 % und von 1882 bis 1895 um $1/_7 = 14.5$ % vermehrte, sank die Gesamtzahl der Getreidemühlen

von 1875 von 59908 Getreidemühlen

bis 1882 auf 58079 „

„ 1895 „ 52389 „

oder in den ersten 7 Jahren um 3 %, in den letzten 13 um 5690 = 10,2 %, von 75—95 aber um 12.5 %.

Noch grösser offenbart sich der Rückgang in der Zahl der Hauptbetriebe.

1875 gab es 57780 Hauptbetriebe

1882 „ „ 52492 „

1895 waren es nur 44100 „

oder es fand in 20 Jahren eine Verminderung von 13079 =
23,6 %, statt. Auf je 10000 Einwohner kamen in Deutschland
1875 14 Mühlenbetriebe, 1882 = 11,2, 1895 = 10.

Wenn aber die Statistik von 1882 die Abnahme der Hauptbetriebe dadurch erklären will, dass die ohne Hülfspersonal
arbeitenden Gewerbetreibenden einen andern Beruf z. B. Landwirtschaft als Hauptberuf angegeben haben, so ist das überhaupt keine Erklärung eines wirtschaftlichen Vorgangs. In
der That zeigt der Rückgang, dass der kleine ländliche oder
kleine städtische Mühlenbesitzer das Hauptgewicht seiner Er-
werbsthätigkeit in irgend einen noch Erfolg versprechenden
Nebenzweig seiner bisherigen Thätigkeit verlegen musste,
der ihm nunmehr Hauptberuf wurde, mochte dieser Landwirtschaft, Holzhandel, Schankwirtschaft oder Bäckerei sein.
Hieraus erklärt sich auch die gewöhnlich mit dem Aufsaugen
von Kleinbetrieben mehr bemerkbare gleichzeitige Vermehrung
der Nebenbetriebe. Sie wuchsen in den bekannten Zeiträumen
von 2128 auf 5587 und 8288, vervierfachten sich demnach fast.

**2) Der zunehmende Betriebsumfang der Grossbetriebe gemessen an
Zahl der beschäftigten Personen.**

Die zunehmende Konzentrierung veranschaulicht ferner
ein Vergleich der Betriebe nach Grössenklassen. Hierbei
zeigen natürlich die Zahlen der Mühlen mit mehr als 10 Gehülfen sehr deutlich das Anwachsen der grossen Werke, wenn
gleich verhältnissmässig nach der Produktionsmenge die
letztern infolge der zahlreichen Arbeitskräfte ersparenden
automatischen Müllerei ihre Arbeiterzahl nicht zu vergrössern
brauchen.

Man beachte die folgende Zusammenstellung:

Deutschland.

Personen.	1875		1882	
	Betriebe.	Personen.	Betriebe.	Personen.
6—10	494	—	626	5055
11—50	529	—	568	10661
51—200	30	—	31	2558
201—1000	—	—	2	539
	1053 mit 17145		1227 mit 18813	

	1895	
	Betriebe.	Personen.
mit 6—10 Pers.	1257	9184
„ 11—20 „	564 } 840	8128 } 16209
„ 21—50 „	276 }	8081 }
„ 51—100 „	49 }	3156 }
„ 101—200 „	13 } 66	1675 } 6019
„ 201—500 „	4 }	1188 }
	2163 mit	31412

Betrachtet man hier nur die Veränderungen im ziffernmässigen Bestand der Betriebe, so entfällt von 1875—1895 die
Hauptzunahme von 154 $^0/_0$ auf die Betriebe mit 6—10 Pers.,
jedoch verdoppeln sie von 1882 an noch nicht einmal die Anzahl der beschäftigten Personen, im Durchschnitt kommen auf
einen derartigen Betrieb 1882 8 Pers., 1895 nur 7.

Die zweitgrösste Vermehrung trifft die Zahl der Betriebe
mit mehr wie 50 Personen, sie nehmen um 12 $^0/_0$ zu und verdoppeln fast die Zahl der Beschäftigten von 1882 ab. Die
Ersparung der Arbeitskräfte zeigt deutlich der Umstand, dass
1882 auf 1 Betrieb 93,8 Personen, 1895 aber nur 91 Personen
kommen.

Für Preussen erhält man folgende Vergleichszahlen.

Mitinhaber, Gehülfen und Motorenbetriebe	1875		1882		1895	
	Betriebe.	Pers.	Betriebe.	Pers.	Betriebe.	Pers.
mit 6—10 Pers.	194	—	558	4170	676	4950
„ 11—50 „	278	—	339	6673	506	10034
„ 51—200 „	23	—	21	1609	44	3177
„ 201—1000 „	—	—	1	235	1	214
	495		919	12687	1227	18375

In 20 Jahren hat demnach in Preussen eine Verdopplung
der Betriebe mit mehr als 50 Personen stattgefunden, und
nahezu eine Verdreifachung derjenigen mit über 5 Personen,
um das 2$^1/_2$fache nahmen die Betriebe mit 6—10 Personen, um
das doppelte diejenigen mit 11—50 Pers. zu.

Der gewaltig gesteigerten Bedeutung der grösseren
Betriebe entspricht naturgemäss eine Abnahme der kleinern
Betriebe. Eine Gegenüberstellung der Zahlen gewährt folgen-
des Bild:

Deutschland.

	1882		1895	
	Betriebe.	Pers.	Betriebe.	Pers.
Alleinbetriebe	1056	1056	689	689
Gehülfen, Mitinhaber u. Motorenbetriebe.				
mit 1 Person	17930	17930	17682	17682
„ 2 „	22482	44964	15178	30356
„ 3—5 „	10059	33947	8819	30558
mit 1—5 Personen	50471	96841	41679	78596
ohne die Alleinbetriebe.				

Preussen.

	1882		1895	
	Betriebe.	Pers.	Betriebe.	Pers.
Alleinbetriebe	311	311	196	196
Gehülfen, Mitinhaber u. Motorenbetriebe.				
mit 1 Person.	10924	10924	10871	10871
„ 2 „	14092	28184	10004	20008
„ 3—5 „	5565	18553	5008	17146
mit 1—5 Personen	30581	57661	25883	48025
ohne die Alleinbetriebe.				

Hier zeigen sowohl die Betriebe wie die Zahl der darin beschäftigten Personen eine deutlich erkennbare Verminderung. Die Betriebe mit 1—5 Pers. ohne die Alleinbetriebe gingen in Deutschland um 17 %, in Preussen um 15 %, die Zahl der Personen um 8 resp. 16 % zurück. Einen sehr starken Rückgang wiesen die Betriebe mit 2 Personen auf, nämlich 32 %, während diejenigen mit 3—5 Pers. nur um 12 % abnahmen.

3) Überführung der Privatbetriebe in die Form der Aktiengesellschaften. Die Aktienmühlen nach dem Stand zu Ende des Jahres 1897 und ihr Anteil an der Mehlversorgung Deutschlands.

Als ein weiteres charakteristisches Kennzeichen für die beständig wachsende Betriebskonzentration und die enorm sich steigernde Bedeutung des Kapitals, gilt vor allem die Vergesellschaftung der Betriebe, insbesondere die Überführung von Privatbetrieben in die Form der Aktiengesellschaften. Je zahlreicher und auf grösserer Basis Neugründungen entstehen, oder Privatbetriebe in diese Form überführt werden, um so gewaltiger dokumentiert sich das kapitalistische Element.

Aus der Statistik können leider nur sehr wenige Notizen entnommen werden. Bezüglich 1882 sind sie nachstehend mitgeteilt. Demnach befanden sich

im Besitz einzelner Personen   51000 Betriebe m. durchschn. 107960 Pers.

„	„	mehrerer Gesellschafter	1004	„ „ „	8237	„
„	„	wirtschaftlicher Gesellschaften u. Genossenschaften	78	„ „ „	1706	„
„	„	kommunaler Korporat.	20	„ „ „	60	„
„	„	des Staates	9	„ „ „	161	„
			52111	„ „ „	118132	„

Deutschland ermangelt bisher noch einer genauen amtlichen Statistik über die deutschen Aktiengesellschaften. Der Grund hierfür ist nicht recht ersichtlich. Die deutsche Industrie ist nachgerade stark genug geworden, um das volle Licht der Öffentlichkeit zu ertragen.

Bis jetzt sind nur erst von privater Seite, wie bekannt vorzüglich vom „Deutschen Ökonomist", die wichtigsten Notizen über Zahl der Gesellschaften und das Aktien-Grundschuld- und Anleihekapital gesammelt worden. Jedoch würde derjenige, der betreffs der Aktienmühlen sich hier Rats erholen wollte, auch aus dieser Quelle sich nur unvollkommen unterrichten können. Denn die Mühlen werden nicht wie die Brauereien, Brennereien und Zuckerfabriken unter eigenen Rubriken, sondern unter dem Sammelwort „Sonstiges" aufgeführt.

Der Verfasser hat nun den Versuch gemacht, nach dem Gesichtspunkt der örtlichen und staatlichen Verteilung diese Betriebe zu gruppieren und eine statistische Zusammenstellung hiervon ausgearbeitet. (vgl. die Tabellen im Anhang.) Es braucht wohl kaum gesagt zu werden, dass sie nicht den Anspruch auf absolute Fehlerlosigkeit und Lückenlosigkeit erhebt, jedoch giebt sie für die Beurteilung mancher wichtigen und volkswirtschaftlich interessanten Frage einige Anhaltspunkte. Als Hauptquelle dienten neben dem Handbuch der deutschen Aktiengesellschaften Teil I u. II 1897/98 u. 1898/99 die dem Verfasser freundlichst zur Verfügung gestellten Aktien-Berichte der betreffenden Mühlen selbst. Die Produktionsziffern sind zum grössten Teil durch persönliche und briefliche Umfrage ermittelt worden.

Die Tabellen bedürfen keiner weitern Erläuterung. Nur sei bemerkt, dass als Gründungsjahr das Jahr, in dem der Gesellschaftsvertrag zu stande kam, und nicht das Jahr, in dem der Eintrag in das Handelsregister erfolgte, gewählt wurde. Hinzugezählt sind in der Tabelle die „Kommandit-Gesellschaften auf Aktien" sowie auch die im J. 1897 neugegründeten Gesellschaften, während die im Konkurs befindlichen nachstehend angeführt werden:

		Akt.-Kapital
1)	Aktiengesellschaft Bavaria - München gegr. 22. Juli 1882, i. Liq. seit 10./9. 1894	440 000 M.
2)	Kunstmühle in Steinle bei Ulm gegr. 25. Dezember 1865, i. Liq. seit Juli 1895	170 000 „
3)	Hamburger Dampfmühlen-Gesellschaft gegr. 1889, seit 1897 in Konkurs	1 300 000 „
4)	Exportmühle in Sonderburg gegr. 1888, in Liq. seit 1895	120 000 „
5)	Gadenstedter Windm. Ges. s. 1897 i. L.	17 300 „
	Summa =	2 147 300 M.
6)	Kieler Mühle zu Kiel (seit Febr. 1898 i. L.	76 500 M.

Das Kapital dieser Mühle wurde nicht mehr abgezogen.

Neue Gründungen, die gleichfalls nicht berücksichtigt worden sind, da sie aus dem Jahr 1898 und 1899 stammen, sind die nachfolgenden:

	Aktien-Kapital	Anleihe und Grundschulden	Produktionskraft
Vereinigte Kunstmühlen in Landshut 22./VI. 1898.	800000		
Aktien-Mühlwerke zu Stakau Reichertshofen, Manking — Sitz Stakau (Bayern) 9./12.97	1000000		
Kunst-Mühlenwerke vormals Krämer-Moos zu München geg. 15./IV. 1898.	800000		
Wesermühlen Akt.-Gesellsch. vorm. Meyer-Hameln a. W.	2500000	2000000	Weizenmehl ca. 170 To. Roggenmehl „ 150 „ in 24 Stunden.
Hartweizengries u. Teigwaren-Fabrik zu Lambrecht (früher Ges. m. b. Haftung) Bayern	350000		
Würzmühle, vorm. Gebrüder Abresch in Neustadt a. d. H. gegr. 1. Oktober 1898	250000	500000	
Pfälzische Mühlenwerke in Schifferstadt (Pfalz) gegr. 1. Juli 1898	700000		
Kunstmühle Kink in Godramstein b. Landau (Bayr.-Pfalz) geg. 5./XI. 1898.	600000	200000	
Handelsmühle Rüningen bei Braunschweig	1750000		

Hermann-Mühlen-Aktien-Ge-
sellschaft in Posen g. 1899   600000
Illkircher Mühlenwerke, vorm.
Baumann frères in Strass-   1600000
burg i. Els. g. 16. Nov. 1898

In Deutschland betrug nach der Zusammenstellung das
Aktien- und das Anleihe- und Grundschuld-Kapital in Mühlen
Ende des Jahres 1897:

$$60187927 \text{ M.}$$
$$\underline{11728489 \text{ „}}$$
$$71916416 \text{ M.}$$

Wie aus den beiden Tabellen ersichtlich ist, bestanden Ende
1897 in Deutschland 60 Aktien-Mühlen mit einem Aktien-
Kapital von ca. 60 Millionen Mark und einem Anleihe- und
Grundschuld-Kapital von rund 12 Millionen Mark. Infolgedessen
kamen durchschnittlich auf

1 A.-Gesellsch. in Preussen = 1000000 M.
1 „   „   „ Bayern = 505000 „
1 „   „   „ Sachsen = 926000 „
1 „   „   „ Deutschl. = 1000000 „

Hinsichtlich der Verteilung der Mühlen-Aktien-Gesellschaften
auf die einzelnen Provinzen und Länder sei auf die nachstehende
Darstellung verwiesen:

Staat	A.-Mühlen	Kapital	Anleihe-u.Grundschuld Kapital.
Ostpreussen	5	3780000 M.	1468034 M.
Westpreussen	1	2000000 „	55000 „
Pommern	3	3330000 „	560000 „
Posen	1	360000 „	132900 „
Brandenburg	4	3890000 „	1630000 „
Sachsen	3	4200000 „	188000 „
Schlesien	1	860990 „	950000 „
Hannover	4	1545000 „	589082 „
Westfalen	4	2128000 „	1195000 „
Schleswig-Holstein	6	3692900 „	567734 „
Hessen-Nassau	1	3000000 „	—
Rheinprovinz	6	7390000 „	1005000 „
Preussen	39	39186500 M.	7930800 M.
Bayern	9	5271127 „	1096683 „
Sachsen	5	4630000 „	1766800 „
Württemberg	2	6800000 „	250554 „
Baden	2	2200000 „	683651 „
Übrige Staaten	3	2100000 „	—
Deutschland	60	60187927 M.	11723469 M.

An Dividenden wurden insgesammt gezahlt 1896/97 in
Deutschland 1950096 d. i. für ein Aktien-Kapital von 50797927

Mark, wobei das Kapital der neugegründeten Gesellschaften abgezogen ist, eine Verzinsung von 4 %.

Es wurden Dividenden 1897 bezw, 1896/97 gezahlt:

In Preussen	1411696	M.
„ Bayern	372200	„
„ Sachsen	100200	„
„ Württemberg „ Baden usw.	66000	„
	1950096	M.

Keine Dividende zahlten 17 Aktien=Gesellschaften und es belief sich der Verlust dieser Gesellschaften auf rund 800000 Mark.

Zieht man die Verluste von der Dividendensumme ab, so würde nur rund eine Million Mark als Reinertrag übrig bleiben, d. h. das gesammte in Mühlen angelegte Aktienkapital von 50 Mill. M. (exkl. der Neugründungen im J. 1897) hätte sich zu etwa 2 % verzinst.

Zum Vergleich mit früheren Verhältnissen bezüglich der Rentabilität der Aktien-Gesellschaften mag folgendes dienen. Nach einer im Archiv der Deutschen Bank [1]) zusammengestellten Statistik betrug im Jahre 1883 die Zahl der Aktien-Gesellschaften in der Müllerei 17. Das eingezahlte Aktien-Kapital belief sich auf 16952756 Mark, der Dividenden-Betrag war 1724675 Mark, d. i. durchschnittlich 10,19 % (gegen .9,95 % im Jahre 1882). Demnach ist von 1883 bis 1897 ein ganz bedeutender Rückgang zu verzeichnen. Zur Bestätigung des Dargelegten im einzelnen kann auch auf die bayrischen Gesellschaften hingewiesen werden. Während 1894 an die Aktionäre vom Reinertrag 154000 M. = 4 % zur Verteilung gelangten, konnten 1995 nur 2 % = rund 206000 Mark[2]) gegeben werden.

Nach einer Studie von R. van der Borght betrug i. J. 1891/92 die Zahl der deutschen Aktienmühlen 50 (ohne die Brotfabriken, wie der Verfasser bemerkt.[3]) Das Aktienkapital betrug 36292715 M. Das eingezahlte Aktienkapital einschliesslich Prioritäten betrug

---

[1]) s. Jahrbücher für Nationalökonomie 1893 Bd. VI. S. 575.
[2]) s. deutscher Ökonomist v. J. 1885 S. 72.
[3]) s. bayr. stat. Jahrbuch 1896 u. 1897.

        10000—100000 M. bei 3 Mühlen
       100000—250000 „   „ 9   „
       250000—500000 „   „ 15   „
       500000—1 Mill. „   „ 12   „
       1 Mill.—2¹/₂ „   „   „ 10   „
       über 2¹/₂   „   „   „ 1   „
                              ——
                              50

Der Reingewinn (Zuweisungen zum Reservefonds, Dividenden, Tantiemen, Vortrag auf neue Rechnung) betrug 3254963 M., die Unterbilanz 757023 M.

Vergleichen wir die im Jahr 1897 gefundenen Kapitalsummen mit denjenigen vom Jahr 1891/92, so finden wir ein Aktienkapital von

        10000—100000 M. bei 1 Mühle
       100000—250000 „   „ 4 Mühlen
       250000—500000 „   „ 16   „
       500000—1 Mill. „   „ 14   „
       1 Mill.—2¹/₂ „   „   „ 20   „
       2¹/₂ „ —3   „   „   „ 1   „
       3   „ —4   „   „   „ 4   „
                              ——
                              60 „

Bei der Gegenüberstellung fällt vor allem auf die kollossale Vermehrung der Mühlen mit einem Aktienkapital von 1 Mill. bis 2¹/₂ Mill., sie verdoppelten sich, während die Mühlen mit 2¹/₂ und mehr Millionen von 1 auf 5 stiegen.

Interessante Aufschlüsse hinsichtlich der Verteilung der Aktien-Gesellschaften auf die einzelnen Jahrgänge gewährt folgende Übersicht.

Danach gehören zu den älteren Aktien-Mühlen:
        Die Stettiner Walzenmühle gegr. 1836,
        Berliner Brotfabrik   „   1856,
        Stettiner Dampfmühlen-Ges.   „   1857,
        Rhume Mühle in Northeim   „   1864,
        Kunstmühle Steinle b. Ulm   „   1865,
        Krämersche A.-M. Schweinfurt „   1867.

Eine grössere Gründungs-Thätigkeit erfolgte aber erst nach dem Jahre 1871. Besonders treten folgende Jahre hervor:

Mühlen		Aktien-Kapital
1871	5	5432141,72 M.
1881	3	6562400,— „
1886	5	3397000,— „
1888	7	4640000,— „
1889	5	4030000,— „
1897	4	3400000,— „
1898	9	9350000,— „

Hiernach weist das Jahr 1898 sowohl die grösste Zahl der Aktiengründungen wie auch die höchste Ziffer der Kapitalsummen auf. Als bemerkenswert verdient hervorgehoben zu werden, dass in Bayern allein 7 Aktienmühlen mit einem Akienkapital von 4500000 Mk. neugegründet sind, eine Erscheinung, die nicht auf ein allgemeines Darniederliegen der bayrischen Müllerei schliessen lässt, wie die bayrischen Müller immer gern glauben machen möchten.

Zweifellos die interessanteste Frage ist die nach der Produktivkraft des Gewerbes. In den Tabellen ist hierfür ein sehr ausführliches Material zur Darstellung gekommen. Gleichwohl wurde ein vollkommenes Bild nicht erreicht. Trotz der vielfältigsten Bemühungen des Verfassers waren die noch fehlenden Zahlen von den betreffenden Mühlen nicht zu erlangen. Eine Produktionsstatistik aber fehlt bisher für Deutschland. Erst in jüngster Zeit sind von Seiten der Regierung in der Erkenntnis der sich immer gewaltiger durchsetzenden wirthschaftlichen Interessen produktionsstatistische Erhebungen in die Wege geleitet worden. So bleibt denn diese schwierigste und heikelste Aufgabe der Statistik noch weiterhin „ein Ziel aufs innigste zu wünschen." Handelt es sich doch um nichts Geringeres als um die Feststellung der Bedingungen der Produktion überhaupt. Hierzu die notwendigen Unterlagen von den heute im heftigen Konkurrenz-Kampf Stehenden, ist und bleibt eins der schwierigsten Unternehmen.

4) Die Steigerung der Produktivkraft der Grossbetriebe.
Die Überproduktion in der Getreidemüllerei.

Im folgenden soll nun eine möglichst genaue Feststellung der Produktivkraft der Grossmühlen Deutschlands wenigstens versucht werden. Doch mögen vorerst einige Mitteilungen über die Produktionsmengen verschiedener Mühlengrossbetriebe

und die Zahl der in den betreffenden Mühlen hierzu verwandten
Arbeitskräfte vorausgeschickt werden.

Namen der Mühlen Vermahlung über 150 To.	Thatsächl. Vermahlung.	Jahr.	Ges. Zahl der Arbeitstage sämtlicher Arbeiter i. J. 1896.	Wirkliche Zahl der Arbeiter.
1. Baltische Mühlen bei Neumühlen	48532 To.	1896/97	65256	170
„	52582 To.	1897/89	—	170

Vermahlung demnach pro 1 Arbeiter 1 Tonne.

Es würde aber auf den einzelnen Arbeiter eine höhere
Quote entfallen sein, wenn man das bei diesem Betrieb ziemlich zahlreiche Personal von Handwerkern bei den Dampfschiffen, Leichtern etc. etwa 20 Personen hier unberücksichtigt
liesse. Thatsächlich möglich soll eine Vermahlung von 260 t.
sein. Danach würde bei einer Annahme von 150 zur Vermahlung etc. notwendigen Arbeitern auf den einzelnen 1,7 t.
pro Tag entfallen.

Namen der Mühle.	Vermahlung über 150 t. thatsächliche Vermahlung	Ges. Arbeitstage der Arbeiter.
2. Wurzener Kunst- mühle A.-Ges.	44071 To. 1896/97	55952 i. J. 1896.
	51349 „ 1897/98	Wahrscheinliche Zahl der Arbeiter ca. 180.

Auch bei diesem Betrieb lässt sich eine sichere Berech-
nung nicht recht ermöglichen, da es unbekannt bleibt, wieviel
Arbeiter allein in der Mühle sind und wieviel in den von der
Firma nebenbei noch betriebenen Biskuitfabriken beschäftigt sind.

3. Bienert-Dresden. Vermahlung über 100 To. 32789 To. i. J. 1896. Ges. Zahl der Arbeitstage. 47740 i. J. 1896.

Thatsächliche Zahl der in der Mahlmühle beschäftigten Arbeiter und Betriebsbeamten 160.
pro Arbeiter und Tag 0,6 To.

4. Stettiner Dampfmühle Vermahlung 1896 = 33640 To. Ges. Zahl der Arbeitstage 41256
pro Arbeiter = 0,8 t. ca. 137 Arb.

5. Dampfmühle S. in Berlin Thatsächliche Vermahlung 34250 To. i. J. 1895 ca. 110 To. pro Tag. pro Arbeiter 1.4 To. Ges. Zahl der Arbeitstage. 24169 i. J. 1896 Zahl der Arbeiter 80.

6. Berliner Brot- fabrik-Berlin 1896 stand das Werk 2 Monate Ges. Zahl d. Arbeit. 17771 durchschnittl. ca. 50

Vermahlung pro Arbeiter 1,7 To.

7. Königsberger Walzmühle 42690 i. J. 1896. Ges. Zahl d. Arbeit. durchschn. Zahl d. Arb. 80. 24578 i. J. 1896.
V. pro Arbeiter 1,7 To. durchschn. Zahl der Arbeiter 80

8. Berliner Dampf- mühlen A.-G. 38766 i. J. 1896. Ges. Zahl
durchschn. Zahl d. Arb. ca. 80. 24578 i. J. 1896.
V. pro Arbeiter 1,6 To.

9. Mehl- u. Ölmühle von 23535 To. i. J. 97/98 u. 18855 Ölsaat. _{Ges. Zahl d. Arb·Tage.}
Petter u. Co. i. Danzig.

              i. J. 96/97   41946

     V. pro Arb. ca. 0,7 To.   ca. 139 Arb.

Wahrscheinlich gehören ca. 30 Arbeiter der Ölmühle an und müssen daher abgerechnet werden.

	Vermahlung	Ges. d. Arb.
10. Stettiner Walzen- mühle.	1896 = 26647 To. 1897 = 43637 „	31672 i. J. 1896. ca. 105.

     mögliche Vermahlung ca. 110 To.

     Vermahlung pro Arbeiter 0,8—1 To.

	Vermahlung	Zahl d. Arbeit.
11. Bromberger See- handlungsmühle	1896 = 20279 To.	32579

     V. pro Arb. ca. 0,6 To.   Zahl der Arb. ca. 107

	Vermahlung.	Vermahl. pro 1 Arbeiter,
12. Tivoli-München.	1896/97 15288 To. ca. 50 Arb.	= 1 To.

13. Hildebrandsche 1895/96 = 24302 To. 30962 Arb.-Tag. 103 Arbeiter
Mühlenw. i. Böllberg. 1896/97 = 23650 To.   V. = 0,8 t. p. Arbeiter.

		Ges. Z. d Arbeit.	
14. Harburger Mühlen- betrieb.	1896 = 17000 To.	21352 V. = 0,8 t. p. Arbeiter.	71 Arbeiter

Nach dem Mitgeteilten ergiebt sich, dass in Betrieben mit über 100 To. Vermahlung pro Tag auf einen Arbeiter bis zu 1,7 To. pro Tag entfallen wie beispielsweise in der Königsberger Walzmühle und der Berliner Brotfabrik. Jedoch sehen wir auch Betriebe mit einer weit geringeren Quote, z. B. in der Bienertschen Mühle kommt auf einen Arbeiter 0,6 To. pro Tag. Je nachdem die betr. Mühle mehr oder weniger intensiv arbeitet, schwankt naturgemäss auch die Vermahlungsquote, die auf den einzelnen Arbeiter entfällt. Im Durchschnitt wurden von den 7 Mühlen 1,3 To. pro Arbeiter und Tag erzielt. Die übrigen 6 angeführten Grossmühlen mit einer Tagleistung von 50—100 To. hatten als höchste Summe 1 To. pro Arbeiter, als niedrigste 0,6. Danach entfiel im Durchschnitt auf einen Arbeiter eine Vermahlung von 0,8 To.

Im Allgemeinen jedoch ergaben die Berechnungen selbst bei den in gleicher örtlicher Lage befindlichen Mühlen ziemlich bedeutende Differenzen.

Von grösserem Interesse ist noch eine Betrachtung des Anlage- und Grundschuldenkapitals pro vermahlene Tonne, da man hiernach die mehr oder weniger vorgeschrittene Auslese im wirtschaftlichen Kampf ermessen kann.

Die Königsberger Walzmühle hatte 46 M. pro vermahlene Tonne Anlage- und Grundschuldkapital zu verzinsen.

11*

Die gleiche Summe hatte die Berliner Brotfabrik, während die ca. 18 To. täglich vermahlende Ostpreussischen Handels-mühlen 108 M., die Meinersen Ockermühle bei 12 To. durch-schnittlicher Vermahlung 103 M. pro Tag zu verzinsen hatten, die Aichach Mühle mit 20 To. pro Tag sogar 116 Mk. Da-gegen hatten die Rhume Mühle bei ca. 45 To. Durchschnitts-vermahlung und die Baltischen Mühlen bei ca. 170 To. pro Tag ca. 70 M. zu verzinsen. Auf 53 M. stellte sich dies Ver-hältnis bei der Stettiner Dampfmühle, auf 42 M. bei der Stettiner Walzenmühle, bei der Stuttgarter Bäckermühle sogar nur auf 32 M.

Auf Grund dieser Zahlen wurden die Vermahlungsziffern bei den wenigen noch fehlenden kleinen Aktienmühlen nach den Sätzen 1 To. = 100 Mk. oder 1 To. = 60 Mk. angesetzt. Danach ergab sich als Gesammtvermahlung der 38 Aktien-mühlen Preussens rund 660000 Tons, derjenigen Bayerns 240000 To., derjenigen Sachsens 107000 To., die der übrigen 70000 To., im Ganzen 971000 Tons. Rechnet man noch etwa 50000 To. auf die im Konkurs befindlichen 5 Mühlen, so dürften sich im ganzen rund 1021000 To. ergeben oder $^1/_{10}$ des für Deutschland notwendigen Mehlbedarfs würde durch die 60 Aktienmühlen gedeckt werden. Da nun in den letzten beiden Jahren noch einige bedeutende Grossbetriebe hinzuge-kommen sind, dürfte die Million schon überschritten sein. Bei einer Berechnung der Produktion der 66 Grossbetriebe mit über 50 Personen könnte man, da auf 1 Betrieb 91 Personen kommen, eine Tagesvermahlung von rund 100 To. annehmen. Wahrscheinlich ist aber die Zahl zu niedrig. Jedoch bleiben wir bei obiger Annahme, so erhielte man als Jahresvermahlung dieser 66 Betriebe rund 66 × 100 × 300 = 2 Millionen Tons oder $^1/_5$ des Gesammtmehlbedarfs Deutschlands. Für die 342 Betriebe mit über 20 Beschäftigten und einem Gesammtpersonal von 14100 würde man pro Betrieb 41 Personen erhalten, auf die eine Tagesvermahlung von rund 50 To. anzunehmen, dann würden die 342 oder 0,78 % Hauptbetriebe eine Jahresver-mahlung von 5130000 To. gehabt haben oder der Gesammt-bedarf Deutschlands an Mehl wird zur Hälfte von etwa 340 Mühlen gedeckt.

Was die übrigen in der deutschen Mühlenindustrie vorhandenen Gesellschaften anbetrifft, so sind die Gesellschaften mit beschränkter Haftpflicht bisher von geringerer Bedeutung geblieben. Eine weitaus grössere Ausdehnung hat dagegen das Genossenschaftswesen gefunden. Nach einer Untersuchung Wiedfelds[1]) zerfallen die Müllerei- und Bäckerei - Genossenschaften in zwei grosse Gruppen, je nachdem sie von den Brotkonsumenten oder von den Getreideproduzenten betrieben werden. Im ersteren Fall wird Mehl gekauft und verarbeitet, im letztern ist nur eine Verbindung von Müllerei und Bäckerei vorhanden. Andererseits giebt es auch landwirtschaftliche Genossenschaften, die nur Mehl erzeugen wie Bettrun, Gödestorf in Hannover, Mörs und Neukirchen im Rheinland. Einige unter diesen Genossenschaften haben bereits eine lange Wirksamkeit hinter sich wie die Repelner gegr. 1822 u. a.[2])

Hinsichtlich der Art der Gründungen sind zwei verschiedene Kreise zu unterscheiden. Im Westen wurden Müllerei- und Bäckerei-Genossenschaften als Anhängsel an die Molkereigenossenschaften gegründet. Dadurch erlangten die Mühlen einen gesicherten Abnehmerkreis und eine zweckmässige Verwertung überschüssiger Betriebskraft. Wygodczinski empfahl in einem Vortrag als nachahmenswerte Unternehmung die Molkerei-Genossenschaft zu Pfalzdorf b. Cleve, die auch Müllerei und Bäckerei in ihren Betrieb aufnehmen soll. Der Mahllohn für Genossen sollte pro Ctr. 30 Pfg., der für Nichtgenossen 40 Pfg. betragen. Das ist allerdings ein äusserst niedriger Mahlverdienst, er entspricht dem der Grossmühlen und beträgt etwa die Hälfte desjenigen kleinerer Betriebe. In Folge dessen wirkt natürlich eine solche Genossenschaftsmühle genau so wie ein konkurrierender Grossbetrieb. Die Kleinmühlenbetriebe aber, die in ihrer abseitigen Lage bisher noch einen gewissen Schutz hatten, geraten nunmehr unter zwei Feuer.

---

[1]) s. Handelsmuseum 1898.
[2]) Über den Geschäftsgang dieser Genossenschaftsmühle finden sich einige dürftige Notizen in Wygodczinski: Der gemeinsame Absatz landwirtschaftlicher Erzeugnisse. Nach W. hatte die Genossenschaft 107 Mitglieder, die ihr für den Haushalt notwendiges Getreide gegen das 20ste Pfd. vermahlen liessen. (Wieviel der einzelne an Fein-Mehl etc. zurückbekam, ist leider nicht gesagt.) Ausserdem trieb die Mühle etwas Handelsmüllerei. Zugekauft wurden 1893/94 ca. 1200 Ctr., der Reingewinn war rund 1600 M.

Es ist hier der Ort, nachdem wir eine Feststellung des Vermahlungsquantums der Aktienmühlen zu geben versucht haben, mit einigen Worten der so überaus heftig beklagten sog. „Überproduktion" zu gedenken. Wie in allen Industrien, in denen die Entwicklung zum Grossbetrieb eine wirtschaftlich höchst erregte Übergangszeit schafft, findet auch in der Mühlenindustrie Deutschlands gegenwärtig eine relative Überproduktion statt. Das gleiche Bild gewähren aber auch die übrigen wirtschaftlich fortgeschrittenen Länder, mag man die Mühlenindustrieen der Vereinigten Staaten, Englands, Frankreichs oder Österreich-Ungarns betrachten. Von überall her ertönt derselbe Ruf der zu grossen Produktion, die der Konsum nicht aufnehmen kann, von überall her wird die gleiche Massregel im Interesse einer Gesundung der gewerblichen Lage verlangt: Beschränkung der Produktion, ein Verlangen, das die grossen Betriebe nie und nimmer erfüllen können, wenn sie nicht ihre Existenzbedingungen selbst untergraben wollen. Es heisst vollständig die Natur des Grossbetriebs verkennen, wenn man etwa glaubt, eine solche freiwillige Betriebsbeschränkung durch blosse Vorstellungen irgend welcher Art zu erreichen. Alle noch so schönen und eindringlichen Ermahnungen an die Kollegialität der Grossen, wie man sie so häufig in Fachblättern liest, verhallen im Wind, so lange noch das eherne Konkurrenz-Gesetz schrankenlos herrscht. Im Wesen des Grossbetriebs liegt die Massenproduktion begründet, er muss mehr produzieren, „um die Generalkosten im Verhältniss zu den Spezialkosten herabzudrücken" (Schäffle). Die absoluten Generalkosten aber pflegen beim Grossbetrieb sehr hoch zu sein, da gewaltige Summen als Anlage- und Betriebskapital niedergelegt werden, wodurch die Kapitalleihgebühr eine ziemliche Höhe erreicht. Auch das Kapitalrisiko ist sehr bedeutend, da Mühlenanlagen wegen der grossen Explosionsgefahr hohe Versicherungsprämien zahlen müssen. Das Risiko wird noch erhöht durch die Einkaufsverhältnisse, da gerade der Getreide- und Mehlmarkt nicht selten grösseren Preisschwankungen unterliegt.

Daher ist und muss es, wie Wasserab treffend ausführt, die unausgesetzte Sorge des Grossindustriellen sein, mehr Produkte bei nur wenig sich erhöhenden Generalkosten abzusetzen, bei schlechtem Geschäftsgang sogar mehr wie bei gutem. Das heisst aber zunächst auch mehr produzieren, mehr und

immer mehr. Denn so allein können die Selbstkosten den durch
die Konkurrenz aufgezwungenen niedrigen Verkaufspreisen angepasst werden.[1]) Aus dem Wesen des Kapitalismus und der kapita-
listischen Produktionsweise ist allein eine Erklärung der in der
Müllerei vorhandenen Überproduktion möglich. Aber auch verschiedene andere tief einschneidende Veränderungen, die der
zweite Produktionsfaktor „die Arbeit" erlitten hat, können nur
durch die Veränderungen, die infolge einer Umwälzung der
Technik eingetreten sind, erklärt werden.

II. Veränderungen in den Beziehungen zwischen Kapital und Arbeit.

Im Verhältniss von Kapital und Arbeit ist dadurch eine
Verschiebung eingetreten, dass die lebendige Arbeitskraft gegenüber dem toten Kapital mehr und mehr in den Hintergrund
trat. Es gelang der modernen Müllerei an Stelle der Handarbeit Maschinenkraft zu setzen. Damit wuchs natürlich die
Kapitalsbedeutung enorm. Und so schuf der moderne auto-
matische Mahlbetrieb, wie er heute in den grössern Mühlen
üblich ist, neben wenigen qualifizierten Arbeitern nur eine
ganze Anzahl unqualifizierter gewöhnlicher Arbeiter, denen
meistens ein Verständnis für den technischen Prozess, wie ihn
noch der alte Müllergesell besessen, vollkommen abgeht.

Die in sozialer Hinsicht erfolgten Veränderungen treten
natürlich auch in der Statistik aufs deutlichste in die Erscheinung. Die Konzentrierung der Betriebe in grössere Anlagen bewirkt grosse Verschiebungen in der Berufsstellung.
Es findet ein rapides Zurückgehen der Selbständigen statt,
während sich gleichzeitig die Abhängigen vermehren. Allein
nur das technische und sonstige Aufsichts- und Verwaltungs-
personal nimmt infolge der technischen Fortschritte zu, da die
komplizierten Maschinen ein geschultes Aufsichtspersonal verlangen. Dagegen nehmen die Gehülfen und Arbeiter durch das
Überflüssigwerden der gewöhnlichen Handarbeit bedeutend ab.
Nach der Berufsstatistik wurden gezählt:

	Selbständige	Abhängige	Davon Verwaltungs- Personal	Arbeiter	insgesammt Erwerbsthätige
1875	57228	62335	—	—	119563
1882	45255	72836	2451	70485	118091
1895	30635	73081	4344	68737	103716

[1]) Wasserab: Preise und Krisen S. 138.

Danach fand von 1875 bis 1882 ein Rückgang der Zahl der Selbständigen von 11973 oder 20,8 %, von 1882—1895 ein solcher von 32 %. von 1875—1895 sogar von 26593 oder 46 % statt, d. h. fast die Hälfte der Selbständigen sind in dem heftigen wirtschaftlichen Kampfe zu Grunde gegangen.

Demgegenüber kann eine geringe Zunahme der Abhängigen (5,4 %) in der Zeit von 1885—1895 konstatiert werden, während die Arbeiter und Gehülfen aus den erwähnten Gründen von 1882 an um 3 % sich verringern,

Nach der Gewerbestatistik stellte sich bezüglich der Berufsstellung folgendes Bild dar:

	1882	Von 100 beschäftigt. Pers. dieser Kategorie kamen auf die Betriebsklasse mit	1895	Von 100 beschäftigt: Pers. dieser Kategorie kamen auf die Betriebsklasse mit
In Gehülfenbetrieben[1]) mit 1—5 Pers. waren Inhaber	43036	(96 %)	28284	(91.98 %) Davon 17314 m. 970 w.)
„ 6 und mehr Pers.	1785	(3.98 %)	2467	(8.02 %)
„ 1—5 Pers. Verwaltungs- und Aufsichtspers.	718	(25,31 %)	855	(16.76 %)
„ 6 u. mehr Pers.	2119	(74,69 %)	4247	(83,24 %)
„ 1—5 Pers. Geh. u. Arb.	53097	(75,33 %)	49457	(66,69 %)
„ 6 u. mehr Pers.	17387	(24,67 %)	24698	(33.31 %)

davon in				
Betrieben mit 6—20 Pers. Inhaber				1999
„ „ 21 u. m. „ „				468
„ „ 6—20 „ Verwaltungs- u. Aufsichtspers.	{a. Komptoirpers.	1509		
	{b. techn. Pers.	743		
„ „ 21 u. m. „ „	{a. Personal	1505		
	{b. „	490		
„ „ 6—20 Pers. Gehülfen und Arbeiter				12896
Mitarbeitende Familienangehörige				165
„ „ 21 und mehr Pers. Gehülfen und Arbeiter				11633
mitarb. Familienangehörige				4

Auch diese Gegenüberstellung bestätigt nur die schon oben festgestellte Thatsache vom Rückgang der kleinsten Betriebsinhaber. Es nehmen innerhalb des letzten statistisch untersuchten Zeitraums die Inhaber der Betriebe mit 1—5 Pers. um 34 % ab, diejenigen der Betriebe mit 6 u. mehr Personen um 37 % zu.

Für Preussen sind nachfolgende Zahlen bekannt, bezw. lassen sich in Vergleich stellen:

---

[1]) vgl. Vierteljahrshefte z. Stat. d. d. Reichs 1898 Ergzg. z. Heft I. Seite 52.

Preussen.

Hauptbetriebe mit 1—5 Pers.	1882	1895
Selbständige	18900	
techn. u. kauf. Verwaltungspers.	431	
Arbeiterpers.	32540	
Hauptbetriebe mit über 5 Pers.		
Selbständige	787	
Verwaltungspersonen	1281	
Arbeiterpers.	9293	

Preussen.[1]

Hauptberuflich Erwerbsthätige	1882	1895
Selbständige	27243	19209
techn. u. kauf. Verwaltungspers.	1578	2646
Gehülfen und Arbeiter	40247	38661
	69068	60516
Nebenberuflich Erwerbsthätige	1882	1895
Selbständige	8603	13030
techn. u. kauf. Verwaltungspers.	84	115
Gehülfen und Arbeiter	3160	4411
	11847	17556

Für Preussen war daher das Zurückgehen der Selbständigen noch etwas grösser wie im gesammten Reich, es betrug 33 % gegen 32 % im Reich, die Gehülfen und Arbeiter nahmen aber gleichfalls nur um 3 % ab.

Ein riesiges Anwachsen zeigen die nebenruflich in der Müllerei Erwerbsthätigen, wodurch sich deutlich das Unterliegen der kleinen Mühlen gegenüber der Konkurrenz des Grossbetriebs offenbart. Die Selbständigen. dieser Berufsstellung verdoppeln sich. Es kommen 1895 fast 3 Selbständige auf 1 Arbeiter, die Anlagen können daher nur klein sein, sie sind in dem gewaltigen Kampf zwischen Gross- und Kleinbetrieb die ersten Deserteure, die sich aus der offenen Schlacht zurückziehn.

Werfen wir hier nochmals einen kurzen Blick auf das bisher Ausgeführte, so müssen wir nach den ausführlichen statistischen Darlegungen bekennen, dass es keinem Zweifel mehr unterliegen kann, dass die Getreidemüllerei der Grossindustrie verfallen ist.

---

[1] s. Berufsstatistik v. J. 1882. St. d. d. R. N. F. Bd. IV. Teil 1.

Kapitel V.
Die wirtschaftliche und soziale Bedeutung von Gross- und Kleinbetrieb in der Müllerei.

A. Worauf gründet sich die wirtschaftliche Überlegenheit des Grossbetriebs.

I. Die Vorteile des Grossbetriebs beim Getreidebezug und bei der Absatzgestaltung.

I. Die Transportfrage in der Müllerei.

In den vorhergehenden Kapiteln ist dargethan worden, wie die technische Revolution im Mühlengewerbe eine ökonomische herbeiführte und den Grossbetrieb entstehen liess. Des weitern ist gezeigt worden das Stadium, bis zu welchem eine Konzentration der grossen Betriebe erfolgt und ihre Produktionskraft angewachsen ist. Nunmehr erhebt sich hier die Frage: Ist der Grossbetrieb ein wirtschaftlicher und sozialer Fortschritt, so dass man die Entwicklung zu demselben in keiner Weise stören darf oder führt er dermassen schwere wirtschaftliche und soziale Schädigungen mit sich, dass es zur dringenden Notwendigkeit wird, der wachsenden Ausdehnung und den beständigen Neugründungen von müllerischen Grossbetrieben in irgend einer Weise entgegenzutreten? Zu dem Zweck müssen wir hier untersuchen, auf wessen Seite, ob beim Grossbetrieb oder beim Kleinbetrieb, die grössern privatwirtschaftlichen und sozialpolitisch ausschlaggebenden Vorzüge vorhanden sind, die vor allem die Existenzberechtigung irgend einer der beiden Unternehmungsformen begründen.

Eine bekannte Thatsache, die wie bei andern Gewerben so auch bei der Mühlenindustrie zutrifft, ist die, dass die Überlegenheit des Grossbetriebs nicht allein in der technischen Vollkommenheit, in seinen grossartigen maschinellen Einrichtungen zu suchen ist. Die Vorzüge des technisch vollkommneren

Betriebs gelten ja vornehmlich den kleinern und kleinsten Betrieben gegenüber, die in beständiger Abhängigkeit von ihrer Betriebskraft leben. Die Bedeutung dieses Moments ist bereits genügend gewürdigt worden und kann daher vorläufig ausser Betrachtung bleiben. Hier handelt es sich um Vorteile des Grossbetriebs, die so weittragend sind, dass sie auch die Überlegenheit desselben grössern Mittelbetrieben gegenüber begründen. Ohne Frage aber sind diese in Bezug auf das Technische und die Güte der Mahlerzeugnisse den Grossbetrieben wohl durchaus gleichwertig. Die Überlegenheit des letztern muss also auf andern Momenten beruhen, die zu einer Verbilligung der fabrikmässigen Grossproduktion beitragen.

Hier kommen vorzugsweise in Betracht die Art und Weise des Rohstoffbezugs und der Absatzgestaltung, für welche gerade die moderne Verkehrsentwicklung eigentümliche Vorteile geschaffen hat, die von dem grossen Kapital richtig erkannt und ausgenutzt wurden. Als für den Getreidebedarf Deutschlands die heimische Erzeugung nicht mehr genügte, als Deutschland immer mehr auf die Zufuhr von Auslandsgetreide angewiesen war, da bildeten die grossen Hafenplätze die natürlichen Sammelbecken für die aus den verschiedensten Ländern zuströmenden Getreidemengen. Da nun diese Häfen gewöhnlich an den Ausflüssen grosser meist von Süd nach Nord strömender Binnenwasserwege lagen, wurden sie die Haupteinfallsthore für das Auslandsgetreide. Je mehr dann die Wasserstrassen zu Grossschifffahrtswegen ausgebaut wurden und immer dichter werdende Kanallinien von West nach Ost die Ströme verbanden, je mehr wuchs das Eroberungsfeld der an den zentralen Punkten dieser Strassen sich ansiedelnden Mühlen. Mit Notwendigkeit musste sich hierher der Standort der Grossproduktion verlegen. Das den meisten dieser Orte erteilte Transitlagerrecht sowie die den Mühlen im Interesse ihres Exports bewilligten Mühlenkonten beförderten einen regen Getreidehandel und einen bequemen und sichern Getreidebezug.

Die ausserordentliche Wichtigkeit, welche die heutige Art des Rohstoffbezugs für die Müllerei gewonnen hat, wird auch keineswegs von den Interessenten verkannt. Es nimmt daher die Transportfrage neuerdings in den Erörterungen der Parteien einen immer breiteren Raum ein. In schroffer Un-

versöhnlichkeit stehen die Gegner sich gegenüber und bekämpfen einander heftig. Damit erwächst auch für uns die
Notwendigkeit, diesen Punkt einer eingehenden Betrachtung zu
unterziehen, um ein unparteiisches Urteil zu ermöglichen.[1]

Die Transportfrage — d. h. die Frage eines billigen Rohstoffbezugs und Fabrikatabsatzes ist für das Mühlengewerbe
in zweifacher Hinsicht von ausserordentlicher Wichtigkeit. Einmal inbezug auf die Verkehrsvorteile durch die Ausgestaltung
und Verbesserung bestehender natürlicher Wasserstrassen und
Herstellung künstlicher Wasserstrassen, zum andernmal durch
die Eisenbahntarifgestaltung. Die Bedeutung der Verkehrser-
leichterungen, die in der Hinwegräumung natürlicher wie künstlicher Hemmnisse (Abgaben) bestanden, für die Entwicklung der
Kleingewerbe zur Grossindustrie ist im vorhergehenden zur
Genüge betont und gewürdigt worden. Es unterliegt keinem
Zweifel, dass gerade die Ausbildung unserer modernen Ver-
kehrsmittel zu dem raschen Anwachsen des Grossbetriebs auf
den verschiedensten Gebieten des wirtschaftlichen Lebens stark
beigetragen hat. Denn auf der billigen, gefahrlosen Beförderung
über weite Strecken beruht heute die Absatzmöglichkeit vieler
grossbetrieblicher Erzeugnisse und damit gewissermassen die
Existenzfähigkeit einiger Arten grossgewerblicher Unternehmungen.

Mit dem immer rücksichtsloser werdenden wirtschaftlichen
Kampfe, zu dem „das freie Spiel der Kräfte" heute entartet
ist, mit dem immer fühlbarer werdenden Übergewicht des Gross-

---

[1] Bräsicke: Reform der Eisenbahngütertarife, Berlin 1890.

Ulrich: Eisenbahntarifwesen; Berlin und Leipzig 1886 S. 262 ff.

Sax: Verkehrsmittel, Bd. II und S. 457, Wien 1878 die Ausführungen
über Werttarifierung, Differentialtarife.

Dr. O. Böhme: Über die Tarifierung land- und forstwirtschaftliche
Produkte auf Eisenbahnen und Wasserstrassen im deutschen Reich mit
besonderer Rücksicht auf die Einfuhr ausländischer Produkte, Königsberg 1898.

M. Rossmann: Die Getreide- und Mehltarife der bayrischen Staatsbahnen, Münchener Dissert.

Dr. Th. Hampke: Gleiche oder ungleiche Tarifierung von Mehl
und Getreide im deutschen Eisenbahnverkehr. — Soziale Verkehrspolitik
v. O. de Terra, Berlin 1895. Ferner vergl. die zitierten Doktorschriften
von L. Holländer, und namentlich über die Interessen der bayrischen
Müllerei an dieser Frage: Dr. H. Kustermann S. 32 l. c.

betriebs sehen sich nun einzelne Berufsstände plötzlich unmittelbar an verkehrspolitischen Massnahmen in hervorragendem
Masse interessiert und zu einem Wechsel ihrer bisherigen
Verkehrsanschauungen genötigt. Zu diesen Berufszweigen
gehören aber heute vorzüglich die Landwirtschaft und das
Müllereigewerbe resp. Mühlenkleingewerbe. Solange noch die
deutschen Ströme mehr der Durchfuhr und Ausfuhr land- und
forstwirtschaftlicher Artikel als der Einfuhr derselben dienten,
war man von seiten jener Berufsgruppen einer Hebung des
Wasserverkehrs günstig gesinnt. Je mehr sich aber dies Verhältnis verschob, ward man zum Gegner der billigen Wasserstrassen, „für deren Erhaltung und Verbesserung jährlich
Millionen aus dem allgemeinen Staatssäckel aufgewendet werden,
ohne dass die derzeitigen Benutzer eine entsprechende Gegen-
leistung zu machen haben."

Zu diesem Streitpunkt, ob die öffentlichen Wasserstrassen
nach dem Princip „des freien Genussgutes",[1] „der reinen Staats-
ausgabe" oder nach dem „gewerblichen Prinzip" zu verwalten
seien, trat noch hinzu das Verhältnis der Eisenbahnen zu den
Wasserstrassen als Konkurrenten in der Frachtvermittlung.
Und so findet man auf der einen Seite heute die Wasser-
strassenfreunde und auf der andern die Eisenbahnfreunde.
Während die ersteren weiteren Ausbau des bestehenden Kanal-
systems, Verbesserung der natürlichen Wasserstrassen verlangen, womöglich noch geringere Abgaben fordern, weisen die
letzteren darauf hin, dass die Bevorzugung der Wasserstrassen
gegenüber den Eisenbahnen, die heute beträchtliche Überschüsse
erzielen, sozusagen eine Verkehrssteuer aufbringen müssen.
durch nichts begründet ist. In Ländern mit Staatsbahnen sei
es ein unlösbarer Widerspruch, auf der einen Seite die Bahn-
tarife hochzuhalten, um Überschüsse zu erzielen, auf der andern
Seite unter Aufwendung ungeheurer staatlicher Mittel Wasserstrassen anzulegen, welche infolge ihrer Abgabenfreiheit die
Frachten der Staatsbahnen unterbieten, ihnen den Verkehr
entziehen und ihre Erträgnisse verringern.[2]

Die aufgeworfenen Fragen entbehren zu ihrer Lösung nicht
geringer Schwierigkeiten. Mächtige Interessen werden von
jeder verkehrspolitischen Änderung empfindlich berührt, darum

---

[1] A. Wagner: Finanzwissenschaft 3. Aufl. Teil I. § 201, 268.
[2] s. Ulrich, Staffeltarife und Wasserstrassen.

muss auch das Problem nach seinen allgemeinen wie besonderen Wirkungen geprüft werden.

In Beziehung auf das erstere begegnet es wohl keinem Widerspruch mehr, wenn wir sagen, dass unsere Verkehrs-politik mit einem Tropfen sozialen Öles gesalbt sein muss. Es dürfen keineswegs die vielen vorhandenen Vorteile der Gross-industrie auf Kosten der Allgemeinheit der Steuerzahler noch künstlich vermehrt werden. Von staatswegen muss sicherlich auch das allergeringste vermieden werden, um den Existenz-kampf des Kleinbetriebs gegen den Grossbetrieb nicht noch zu verschärfen. Vielmehr liegt es im wohlverstandenen Interesse des Staates, wenn ein zu schroffer Übergang vermieden wird. Wenn man nun hervorgehoben hat, dass die billige Wasser-strasse der Allgemeinheit dient, so bleibt es andererseits ebenso unbestritten, dass die derzeitigen Benutzer und Anlieger der Wasserwege zuerst selbst die allergrössten Vorteile haben. Und je umfangreicher eine gewerbliche Unternehmung ist, je grössere Vorteile fallen ihr bei intensiver Benutzung der Ver-kehrsmittel zu. Aus diesen Gründen ist die fast gänzliche Gebührenfreiheit der staatlich angelegten oder unterhaltenen Wasserstrassen nicht aufrecht zu erhalten und der Ruf nach einer mehr socialen Verkehrspolitik ist heute sicherlich nicht ohne Berechtigung erhoben worden. Der Staat aber hat, sofern er seiner hohen Aufgabe, dem Gesamtwohl zu dienen, gerechter Weise nachkommen will, unzweifelhaft die Pflicht, da, wo es die Rücksicht auf das Gesamtwohl erheischt, regelnd und ordnend - einzugreifen. Stets wird es der beste Prüfstein einer weisen, gerecht abwägenden Staatspolitik sein, wenn sie gewillt ist, durch die von den wirtschaftlichen Parteiinteressen diktierten Gründe auf die wahren Bewegungsantriebe hindurch-zusehen. Diese aber müssen gleichmässig geprüft, gegen ein-ander abgewogen und gerecht ausgeglichen werden. Bezüglich der Abgabenfreiheit unserer grossen natürlichen Wasserstrassen ist eine Abänderung der jetzigen Rechtslage verfassungsrecht-lich und durch besondere internationale Schiffahrtsverträge für absehbare Zeit ausgeschlossen. Eine Erhöhung der Abgaben, soweit sie heute zulässig ist, würde aber den Preis der land-wirtschaftlichen Produkte kaum erhöhen und die grossen Mühlen nötigen, mehr inländisches Getreide zu vermahlen. Stets jedoch würden die natürlichen Wasserstrassen, wenn sie auch einer ihren

Wettbewerb mit den Eisenbahnen nicht schmälernden Abgabe unterworfen würden, nach wie vor die Haupteinfallsthore für die Massenkonsumartikel bilden. Nur würden die an diesen Punkten gelegenen Wassergrossmühlen nicht mehr die überragenden Vorteile des billigen Rohstoffbezuges behalten. Wahrscheinlich würde das Gewicht der Seehafenmühlen, die jetzt gegen die grossen Binnenwassermühlen etwas zurückgetreten sind, wieder verstärkt werden.

Neben dieser allgemeinen Bedeutung der Verkehrsfrage spielt für das Müllergewerbe die Frage des Bahntransports noch eine besondere Rolle. Hier sind die Interessen der verschiedenen Länderteile und Berufsgruppen noch weniger klar zu Tage liegend, ja sie stehen sich innerhalb desselben Gewerbes unvermittelt gegenüber. Im wesentlichen handelt es sich darum, dass die Verfrachtung von Getreide, Mehl und Mühlenfabrikaten zu gleichen Frachtsätzen, wie sie auf den deutschen Bahnen besteht, aufgehoben und durch eine anderweitige Tarifgestaltung ersetzt werden soll.

Nach dem Eisenbahnreformtarif (1877 resp. 1880) waren, wie bekannt, ausser einem Tarif für Stückgüter eine allgemeine Wagenladungsklasse A (für Güter von mindestens 5000 kg) und Wagenladungsklasse B (von mindestens 10000 kg = 1 Waggon) gebildet. Für die sog. Massengüter waren ferner drei Sondertarife geschaffen. Grundsätzlich sollte Spezialtarif I die Ganzerzeugnisse aufnehmen. Im Sondertarif II sollten die Halberzeugnisse, und im Sondertarif III die Rohstoffe verfrachtet werden. Man betrachtete nun Getreide und Mühlenfabrikate als Ganzerzeugnisse und teilte sie demgemäss Spezialtarif I zu.

Die Tarifsätze für Getreide und die tarifarisch gleichgestellten Hülsenfrüchte, Ölsamen, Malz- und Mühlenfabrikate sind jetzt auf 4,5 Pf. pro t. km nebst 6 Mk. (bei 1—50 km.), 9 Mk. (bei 51—100 km.), 12 Mk. (bei über 100 km.) Abfertigungsgebühr pro Wagenladung festgesetzt.

Auf den preussischen Staatseisenbahnen gelten für die genannten Frachtgüter einige Ausnahmetarife.[1]

1. Der im vormaligen Eisenbahndirektionsbezirk Bromberg eingeführte sog. Ostbahnstaffeltarif. Dieser Tarif hat neben

---

[1] Vergl. hierzu besonders die zitierte Schrift von Dr. Böhme.

den gewöhnlichen Abfertigungsgebühren noch folgende Strecken-
sätze pro t. und km.

4,5 Pf. für 1—50 km.
3,8 „ „ 51—400 „
3,7 „ „ 401—450 „
3,6 „ „ 451—500 „
3,5 „ „ 501—550 „
3,4 „ „ 551—600 „
3,3 „ „ 601—650 „
3,2 „ „ 651—800 „

2. Ein auf sämtlichen preussischen Staatsbahnen einge-
führter Staffeltarif. Dieser Ausnahmetarif war geschaffen,
um die mit dem Reichsgesetz vom 19. IV. 94 über die Aufhebung des Identitätsnachweises für Getreide verbundenen
Vorteile auch den von der Küste entfernteren Binnenplätzen
zu Teil werden zu lassen. Namentlich sollte hierdurch die
Getreideausfuhr zur See nach ausserdeutschen Ländern ermöglicht werden. Im wesentlichen lehnte sich der Tarif an die
Frachtsätze des Spezialtarif 1 an. Jedoch begann die Fracht-
ermässigung erst bei 200 km.

Die Streckeneinheitssätze betragen ausser den üblichen
Abfertigungsgebühren pro t km.

bei 200 km = 2,95 Pf.
„ 300 „ = 2,43 „
„ 400 „ = 2,2 „

Einführungszeitpunkt war der 1. 9. 1891.[1]

3. Ein dem vorigen gleich gebildeter Ausnahmetarif zur
Beförderung der Ausfuhr über die Landgrenze. Dieser Tarif
dient vornehmlich den Zwecken der Ausfuhr nach Belgien,
Frankreich, den Niederlanden, der Schweiz und Westösterreich.

4. Ein Ausnahmetarif vom 13. 12. 1897 zur Hebung des
Wettbewerbs von inländischem Getreide mit russischem. Der
Tarif kommt zur Anwendung für den Getreideversand nach
Königsberg, Memel und Danzig, sofern das Getreide auf den
Bestimmungs-(Hafen)Stationen von den Eisenbahnstationen zur

---

[1] In dem Jahre vor der Tarifermässigung betrug die Beförderungs-
menge von Mühlenfabrikaten = 131973 t, die zurückgelegte Strecke
40438610 tkm, die Einnahme 1811905 Mk., im 1. Geltungsjahr waren die
Zahlen 129336 t, 44060020 tkm und 1711991, im zweiten 182351 t
64272020 tkm und 2433130 Mk. S. Ulrich Staffeltarife S. 32.

Entladung kommt und durch Landfuhrwerk oder zu Wasser abgefahren oder auf Lager genommen, also nicht unmittelbar auf der Eisenbahn weiter befördert wird.

Die Tarifsätze zeigen folgende Skala:

1—100 km	2,6	Pf.	pro tkm.	+ 6 Pf. Abfertigungsgebühr bis 50 km	
101—200	„ 2,4	„	„ „	9 „ „	von 51—
201—300	„ 2,3	„	„ „	100 km.	
301—400	„ 2,2	„	„ „	12 Pf. Abfertigungsgebühr über 100 km pro 100 kg.	

Die Anwendung dieses Tarifs beschränkt sich auf die an und östlich der Linie Neustadt—Karthaus i. W.—Berent—Konitz—Nakel—Gnesen gelegenen Stationen. Entfernungen von über 400 km kommen daher nicht in Betracht.

Verschiedene Ausnahmetarife bestehen ferner für den Mehlexport von Bayern und Österreich-Ungarn über die Umschlagplätze Frankfurt a. M. und Kassel auf ermässigter Taxgrundlage nach Belgien, Holland, ferner nach Frankreich, Schweiz, (ein Einheitssatz von 3,56 bis 2,74 Pf. pro tkm), für den schlesisch-bayrischen Verkehr, veranlasst durch den Wettbewerb der böhmischen Eisenbahnen (Einheitssatz 3,7 Pf. pro tkm). Daneben besteht noch ein Ausnahmetarif von Jägerndorf über Mittelwalde nach Prag und böhmischen Stationen (Einheitssatz von 3,0 Pf. pro tkm).

Die Frage der ungleichen Tarifierung von Mehl und Getreide ist nicht so jungen Datums, wie es wohl scheinen möchte. Schon 1879 beschäftigte sich damit die allgemeine ständige Tarifkommission in einer Tagung zu Lindau. Ein Antrag Württembergs auf Höhertarifierung von Mehl wurde damals abgelehnt.[1] Zu verschiedenen Malen ist die Frage immer von neuem aufgetaucht, um von Mitte der 90er Jahre nicht mehr von der Tagesordnung zu verschwinden. Im Laufe der Zeit hat man eine Tarifänderung nach den verschiedensten Richtungen hin untersucht und die möglichen Einflüsse auf Gross- und Kleinbetrieb in der Müllerei in Betracht gezogen.[2]

Man hat erwogen:

1. Herabsetzung der Getreidefracht unter Belassung des Mehlfrachtsatzes.

---

[1] S. Holländer l, c. S. 15.
[2] S. „Münchener N. Nachr." 1897 N. 259 Tarifstudie von E. v. Zeckendorf.

2. Erhöhung der Mehlfracht unter Belassung der Getreidefracht.

3. Teilweise Herabsetzung der Getreidefracht unter gleichzeitiger teilweiser Erhöhung der Mehlfracht.

4. Rückvergütung an der Getreidevorfracht für zum Vermahlen bestimmten Rohstoff, gleichgültig wohin das gewonnene Mehl geht.

5. Rückvergütung an der Getreidevorfracht im Sinne von Punkt 4 unter gleichzeitiger Erhöhung des Mehlfrachtsatzes.

Die lautesten und unermüdlichsten Rufer im Streit der Interessen waren die bayrischen Müller, die durch die gleiche Tarifierung von Getreide und Mehl im Kampfe gegen die rechtsrheinische Mühlenindustrie zeitweilig besonders bedroht sind. Nämlich am meisten dann, wenn ihnen der Getreideimport von den Balkanstaaten abgeschnitten ist und sie auf die Zufuhren vom Rhein angewiesen sind. Dieser Fall ist in den letzten zwei Jahren eingetreten und hat dadurch die vorliegende Frage zu einer brennenden gemacht.

In Anbetracht der Wichtigkeit der zu treffenden Tarifänderung hat der deutsche Landwirtschaftsrat jüngst eine Rundfrage bei den deutschen landwirtschaftlichen Zentralstellen veranstaltet, die ähnlich wie bei der Frage der Aufhebung des Identitätsnachweises eine Spaltung der deutschen Landwirtschaft in zwei Lager zeigt. Während sich für eine Tariferhöhung von Mehl und Mühlenfabrikaten meist der Süden und Westen des Reichs erklärten, waren gegen eine Tariferhöhung die meisten landwirtschaftlichen Vertretungen des Ostens. Dafür waren unter anderm der bayrische und badische Landwirtschaftsrat, die Zentralstelle für Landwirtschaft in Württemberg, der Landeskulturrat für das Königreich Sachsen, die Landwirtschaftskammer der Provinz Sachsen, für Wiesbaden, Schleswig-Holstein, Posen, dagegen die landwirtschaftlichen Vereine von Ost- und Westpreussen, Hannover, Westfalen, Lippe, Pommern, (Vorpommern), Schlesien, Braunschweig, Sachsen-Weimar. Auch eine grössere Zahl von Handelskammern hat zu der in Rede stehenden Frage Stellung genommen. Die Veranlassung gab eine Anfrage von seiten der Generaldirektion der badischen Staatsbahnen, die mit der Erstattung eines Gegenberichtes bei der Tarifkommission der deutschen Eisenbahnen betraut ist.

Wohl bei den meisten Handelskammern waltete die Rücksicht
auf das Konsumenteninteresse ob, sie fürchteten durch eine
Konkurrenzausschaltung der Grossindustrie würden die Mehlpreise wieder sehr ansteigen. Gegen eine Tarifänderung haben
sich unter anderm Strassburg, Metz, Barmen, Halle, Magdeburg, Kiel, Kassel, Breslau, der Bezirkseisenbahnrat Breslau
und Altona erklärt, dafür die Handelskammern Konstanz,
Essen und die meisten Handelsvertretungen Bayerns, neuerdings
Handels- nnd Gewerbekammer von Niederbayern, Unterfranken.

Eine Entscheidung in dieser Frage zu treffen, die alle
Interessen befriedigt, ist nicht möglich. Ein Mittelweg, den
man vorgeschlagen, teilweise Erniedrigung der Getreidefracht
unter gleichzeitiger Erhöhung der Mehlfrachtkosten, hat praktisch
kaum Aussicht auf Verwirklichung. Daher bleibt nur entweder Erhöhung der Mehlfracht übrig oder Belassung des
jetzigen Zustandes.

Jedoch möchte von den beiden Vorschlägen eine Erhöhung
der Mehlfracht um deswillen vorzuziehen sein, weil in dem
heutigen schweren Existenzkampf zwischen Gross- und Kleinbetrieb jede, auch die allergeringste Begünstigung des Grossbetriebs vermieden werden muss. Es soll weder der nicht
lebensfähige Kleinbetrieb künstlich erhalten, noch der Grossbetrieb künstlich begünstigt werden. Auch ein allzuschroffer
Übergang ist im Interesse einer sozialgerechten stetigen Entwicklung nicht erwünscht. Schroffe Übergänge bergen stets
die allergrössten Gefahren in sich für den sozialen Frieden.

Eine geringe Höhertarifierung des Mehlversandes dürfte
aber kaum eine Erhöhung des Mehl- und Brotpreises bewirken.
Der Notstand in der Müllerei würde zwar durch diese Massregel nicht verschwinden, er würde vielleicht nur etwas ge-
mildert werden. Es würden z. B. unseres Erachtens die
bayrischen Müller, wenn sie von dem rechtsrheinischen Wettbewerb nicht so schwer zu leiden hätten, die bestehenden
Mühlen vielleicht wieder vergrössern, resp. würden einige
Aktienmühlen mehr gegründet werden.

Eine interessante Studie des bayrischen Bezirksamtsassessors
W. Merck aus dem Jahr 1896 bringt hi erübersehr bemerkenswerte Ausführungen. Es heisst darin:

Von dem rheinischen Hauptumschlagplatz für Getreide.
Mannheim, beträgt die Fracht für 100 Kilo Getreide frei

nach München 1,76 Mk.

ab Berlin „ „ 3,00 „

ab Königsberg „ „ 5,63 „

Dagegen beträgt die Fracht für die aus dem gleichen
Quantum Getreide gewonnenen 60 % Mehl, welche sich zum
Export nach Bayern eignen, 40 % weniger, somit frei nach
München   ab Mannheim   1,05 Mk.

ab Berlin   1,60 „

ab Königsberg   3,38 „

Wie diese gleiche Tarifierung im Einzelfalle wirkt, wird an
einem Beispiel wie folgt gezeigt. Argentinischer Weizen kostete
April 1896 in Mannheim cca. 16 Mk. pro 100 kg und rentierte daher
nicht zur Einfuhr nach München, da die Fracht 1,76 pro dz.
betrug, was einen Preis von 17,76 Mk. ergeben hätte, während
mindestens gleichwertiger rumänischer Weizen um 17,50 Mk. in
München gehandelt wurde. In der Form von Mehl stellte sich
der argentinische Weizen aber auf 16 M. zuzüglich 1,05 M. für
die Fracht auf 17,05. Infolgedessen wurde auch in der That
dort massenhaft argentinisches Weizenmehl verkauft.

Wie sehr die weiten Entfernungen der überseeischen
Produktionsorte durch die billigen Wasserfrachten ausgeglichen
werden, illustrieren folgende Gegenüberstellungen des Genannten.

Für 100 Kilo Weizen oder Roggen bis Mannheim, einschliesslich Versicherungs- und Umschlagsgebühren betrug die
Wasserfracht 1896

1. von Argentinien (ab Buenos-Ayres)   2,50 Mk.

2. „ Nordamerika (ab New-York)   1,50 „

3. „ Russland (ab Nikolajew)   1,90 „

4. „ Rumänien (ab Braila)   2,— „

Dass gerade durch diese Verhältnisse die bereits hervor-
gehobenen Verschiebungen im Standort der Produktion eingetreten sind, ist durchaus erklärlich. Und die in den
letzten Jahren zahlreich entstandenen Neugründungen, die auch
jetzt noch trotz der sich überall erhebenden Klagen über
Überproduktion im Mühlengewerbe fortdauern, zeigen aufs
deutlichste, zu welcher Bedeutung für das wirtschaftliche Blühen
eines Unternehmens die Lage zum Weltmarkt geworden ist,
ja wie die Gunst der Lage des Produktionsortes geradezu für
die Lebensfähigkeit eines Betriebs entscheidend wird.

2) Die steuertechnischen Erleichterungen der Ausfuhrmühlen.

Als eine weitere Begünstigung der müllerischen Grossbetriebe, die den Wettbewerb der Grossmühlen mit den
kleinern wesentlich erleichtern, werden die Zollkredite, die
den gemischten Privattransitlagern und den Inhabern von
Mühlenkonten gewährt werden, angesehen. Es ist wohl nicht
zu leugnen, dass eine gewisse Begünstigung durch die frühern
langen Kredite vorhanden gewesen ist, so dass mitunter einzelne
Betriebe dadurch Vorteile erlangt haben, für die grosse Mehrzahl der Grossmühlen passt dies nicht, gleichwohl produzieren
sie billiger.

Im übrigen muss hier aber auf die obigen Ausführungen der
Steuergeschichte der letzten Jahre verwiesen werden. Beim Zoll-
verkehr sind im Interesse der heimischen Landwirtschaft eine
ganze Reihe „kleiner Mittel" zur Anwendung gelangt, durch die
die früher etwa vorhanden gewesenen Zollbegünstigungen der
Exportmühlen sehr eingeschränkt sind. Nicht allein ist eine
grosse Zahl gemischter Privattransitlager, von denen die grossen
Mühlen einen bequemen Getreidebezug hatten, überhaupt aufgehoben worden, sondern es werden auch noch jetzt, falls sich
erweist, dass ein solches Lager vorzugsweise dem Inlandsverkehr dient, solche aufgehoben. Auch ist der Zollkredit
jetzt von 6 auf 3 Monate beschränkt. Ausserdem ist,
wie schon oben dargelegt worden, in den Zollregulativen
die Definition für „gebeuteltes Mehl", das die Zollbegünstigung geniessen soll, schärfer gefasst worden und
es werden dementsprechend die Bestimmungen strenger
gehandhabt, so dass Umgehungen der Zollgesetze in legaler
Weise, wie sie vordem von einigen Mühlen begangen
worden, jetzt unter der Deklarationspflicht nicht mehr möglich
sind. Da nämlich in den früheren Regulativen nicht scharf
genug der Begriff „gebeuteltes Mehl" präcisiert worden, hatten
diese Mühlen ein Mehl gezogen bis zu 87% und dafür die
Zollvergünstigung in Anspruch genommen, ein Verfahren,
das nur durch jene Lücke in der Gesetzgebung ermöglicht
wurde.

Was nun den bedeutenden Zinsgewinn anbetrifft, der bei
der zollfreien Zwischenlagerung herauskommen soll, so wird
derselbe in der That wohl überschätzt. Der Mannheimer

Handelskammerbericht führt hierüber folgendes aus.[1]) Das
Getreide wird vom deutschen Importeur am Weltmarkt gegen
bar oder gegen Bankierrembours und Aushändigung der
Verladedokumente gekauft. Bankierrembours bedeutet aber für
die meisten Importeure dasselbe wie Barzahlung, da auch
dem Bankier in den meisten Fällen gleich die Gegenwerte gestellt werden müssen. Nicht aber wird, wie man irrig glaubt,
gegen langsichtige Monatsaccepte gekauft. An die Mühlen
wird es mit 3 Monate Ziel verkauft. Die zollfreie Zwischenlagerung beträgt nun in Mannheim durchschnittlich 6 Wochen.
Rechnet man als Durchschnitt der geltenden Vertragszölle für
Weizen, Roggen, Gerste, Hafer, Mais etc. 2,50 M. für 100 kg.,
so würde der durch Stundung des Zolls entstandene Zinsgewinn
bei Annahme von 4% auf die 6 Wochen nicht ganz $1^1/_4$ Pf.
für den Sack à 100 kg. ausmachen oder 12 Pf. für die Tonne. —
Zieht man aber den Getreidezoll von 3,50 in Betracht, so er-
gäbe sich: $\frac{3,50 \times 4 \times 3}{12} \cdot \frac{1}{2} = 1^3/_4$ Pf. oder für die Tonne 17,5 Pf.,
ein Gewinn, der bei einem Objektspreis von 150 und mehr
Mark nicht so sehr in die Wagschale fallen dürfte. Zu berücksichtigen bleibt ferner, dass durch eine vollständige Aufhebung
der Zollkredite die grossen kapitalkräftigen Müller und Händler
weniger hart wie die kleinern getroffen würden, was auch daraus ersichtlich wird, dass einzelne Grossmüller sich zur Zins-
zahlung durchaus bereit erklärt haben. Erstere deponieren
nämlich zur Sicherung für beanspruchten Zollkredit beim Steuer-
amt preuss. Konsols oder ähnliche zinstragende Papiere, welche
leicht zu Geld gemacht werden und zur Zollbezahlung verwandt werden können. Anders der kleinere Händler, der sich
meistens durch verhältnismässig billig zu beschaffende Aval-
wechsel den Zollkredit besorgt. Dieser wird, um die fälligen
Zölle sofort bezahlen zu können, oft genötigt sein, rascher
zu verkaufen, wodurch ein Sinken der Preise leicht herbeigeführt werden kann.

Eine gänzliche Aufhebung aller gemischten Transitlager
kann aber nicht im Interesse der Landwirtschaft gelegen sein.

---

[1]) Mannheimer Handelsk. Bericht f. 1896 Anhang S. 269. Ferner
Gesuch der Vorstände der Fruchtmärkte zu Dortmund, Duisburg und
Essen a. d. R. betr. Aufhebung der bisherigen Zollkredite auf Getreide
an das Preuss. Abgeordnetenhaus.

da, wie auch bei der damaligen Reichstagsverhandlung der derzeitige Reichsschatzsekretär. Graf Posadowsky, hervorhob, es auch von agrarischer Seite zugegeben werde, dass diese Lager und Mühlenkonten geeignet seien, die Mischung, den Export und die Preisbildung des Getreides zu fördern.[1]

Dass aber das deutsche Getreide heute zur Erzielung einer guten Backfähigkeit mit ausländischem gemischt werden muss, kann nicht in Abrede gestellt werden. Ein im Auftrag des Kgl. Preuss. Kriegsministeriums veröffentlichtes Werk über Getreide und Hülsenfrüchte als wichtige Nahrungs- und Futtermittel spricht sich hierüber folgenderweise aus:

Bekanntlich wird die Backfähigkeit von Roggen und Weizen nach ihrem Klebergehalt geschätzt. Weizen mit 25 bis 30 % frischem (feuchtem) Kleber, berechnet auf 100 Teile lufttrockenes Mehl, gilt gewöhnlich für genügend backfähig. Von den deutschen Landweizen liefern viele Sorten 25 bis 30 % feuchten Kleber, der Sommerweizen nicht selten über 30 %. Die in neuerer Zeit häufiger angebauten Sorten des englischen Rauhweizens sind dagegen weit ärmer an Kleber. Die englischen Rauhweizen liefern nur etwa 18—20 % Kleber, die meist in England und auch in Deutschland auf hohe Erträge gezüchteten Sorten des gemeinen Weizens, die sog. englischen Glattweizen, oft nur wenig mehr.

Über 30 % frischen Kleber ergeben die meisten halbharten und harten Sorten des in Steppengegenden und in den wärmeren gemässigten sowie in der subtropischen Zone erzeugten Weizens. Den höchsten Klebergehalt zeigen die südrussischen und ungarischen Weizensorten, oft über 40 %. Infolgedessen bedarf die deutsche Mühlenindustrie der Herbeischaffung kleberreicher ausländischer Weizen- und harter Roggensorten. Zur Deckung eines rechtzeitigen Bedarfs sind aber die Transitlager vorzüglich geeignet, namentlich zur Vorausversorgung für die Winterszeit, wenn die Flussschiffahrt geschlossen und ein Bahn-Bezug bedeutende Kosten verursachen würde. — Dies mag genügen zur Beurteilung der angeregten Frage. Sollte ja doch hier festgestellt werden, wie und wo-

---

[1] s. Reichstagsverhandlung v. 7. Februar 1896.

rauf sich die billigere Produktion des Grossbetriebs gründet,
und ob hierzu die sog. Zollvergünstigungen beitragen.

Wenn nun in den durch die Zollgesetzgebung gebotenen
Einrichtungen nicht die Ursachen gefunden werden können,
welche zur billigeren Produktion des fabrikmässigen Grossbetriebs beitragen, so können sie nur begründet liegen, abgesehen von den durch eine Massenproduktion überhaupt schon
sich vermindernden Generalkosten für die Tonne, in der **ver-
feinerten** und daher **verbilligten Art des Getreidebezugs
und des Mehlabsatzes.** Betrachtet man hier nur die Verhältnisse zwischen städtischer und ländlicher Handelsmüllerei, die
Lohnmüllerei, als älteste und primitivste Betriebsform muss
hier vollkommen ausser Ansatz bleiben, so sehen wir bedeutende
Nachteile auf Seiten der ländlichen Handelsmüllerei.

Der kleine Lohnmüller vermag seine Existenz nur höchst
kümmerlich noch zu fristen. Wenn er nicht oder seine Frau,
was häufiger vorkommt mit dem sog. „Bettelwagen" ausfährt,
um das Getreide zu holen und das Mehl dem Bauern wieder
hinfährt, bekommt er überhaupt nichts mehr zu mahlen.

In durchaus zutreffender Weise fasste auf einer der Müller-
versammlungen[1]) ein Kleinmüller dies in die Worte zusammen:
„Wir Landmüller in der Nähe von grossen Getreide- und
Handelsplätzen befinden uns als Handelsmüller der grossen
Mehlfabrik der Stadt gegenüber, ob Wasser- oder Dampfmühle,
meist immer im Nachteil, wenn wir auch unser Getreide direkt
vom Besitzer beziehen, Bahn- und Chausseeverbindung haben.
Der Stadtmüller am Handelsplatz hat täglich die Auswahl für
sein Rohmaterial meist billiger und bequemer; den Absatz
seines Fabrikats vorteilhafter durch den direkten Verkehr am
Handelsplatz per Bahn oder Wasser, so dass im Innern unsrer
Provinz (Westpreussen) in den Gebieten, die durch bequeme
Verkehrswege für die grossen Handelsmühlen zugänglich sind,
dem Müller erdrückende Konkurrenz gemacht wird." — In der
That pflegt der kleine ländliche und städtische Müller von
seinem Getreidelieferanten, entweder dem Getreidehändler oder
Getreidebauenden, oder sogar was der Verfasser des öftern
konstatiert hat, einer grossen Mühle abhängig zu sein.

Die ersteren beziehen gewöhnlich einen Teil ihres Mehl-

---

[1]) s. XXIV. Generalvers. d. Verb. d. Müller 1896. S. 32.

bedarfs von dem in ihrer nächsten Nähe befindlichen Müller, und wenn dieser seine Kundschaft nicht ganz verlieren will, muss er mitunter auch mindergute Ware wohl oder übel in den Kauf nehmen. In grössere Abhängigkeit gerät aber der Kleinmüller nur zu oft bei dem kapitalkräftigern Händler, der ihn durch lange Kredite zu fesseln verstanden hat. Ob er schon gewiss wenig Lust hat, er ist dennoch genötigt, auch schlechtere Ware abzunehmen und zu vermahlen. Am charakteristischen für die Lage des kleinen Müllers ist unstreitig die Entnahme von Getreide oder Mehl von den grössern Mühlen. Das erstere kommt seltener vor. In diesem Fall ist es gewöhnlich so, dass die grosse Mühle gewissermassen als Kommissionär mehrere Waggonladungen bestellt, von denen sie eine dem Mitbesteller gegen eine geringe Vergütung überlässt. Im letztern Fall aber, wo der betreffende Handelsmüller regelmässig Mehl empfängt, ist er wie der kleine Schuhmachermeister, der die in der Fabrik gefertigten Stiefel verkauft, nicht mehr selbständiger Handwerker, sondern Zwischenhändler. Seine wirtschaftliche Existenz kann er dann zwar vielfach behaupten aber natürlich mehr oder weniger nur auf Kosten seines Betriebs. Als ich in Altona auf einer Studienreise einen grössern Müller fragte, wie denn die Kleinmüller sich bei den dortigen zahlreichen Grossmühlen befänden, äusserte sich dieser: „O, sehr gut, sie kaufen von uns billig das Mehl und verkaufen es gut wieder."

Ebenso wie bei dem Einkauf stehen auch bei dem Fabrikatabsatz dem Grossbetrieb äusserst grosse Vorteile zur Seite. Der Grossbetrieb kann auch bei rückgängigen Preisen, wenn er niedrig eingekauft, erheblich billiger als der gewöhnlich sich nicht Deckung verschaffende Kleinbetrieb liefern.

Dies wurde im Mehlhandel ausgedrückt durch die Bestimmung: wenn billiger, dann billiger. Diese Klausel, die sog. Baisseklausel, führte zu ganz ausserordentlichen Missständen und wurde daher schliesslich zum grossen Teil durch Beschlüsse der einzelnen Müllerverbände wieder abgeschafft. Geblieben sind aber die langen Kreditfristen in Verbindung mit einem stark erhöhten Skonto bei Barzahlung.

Andererseits ist der Grossmüller, der sich schon im Interesse eines gleichmässigen und voll aufrecht zu erhaltenden

Betriebs sich durch lange Vorausverkäufe sicher stellen muss, leichter in der Lage, seinen Abnehmern, auch wenn die Preise inzwischen in die Höhe gegangen sind, noch zu den alten Bedingungen zu liefern.

Für den Grossindustriellen aber ist, wie Wasserrab in seinem bereits erwähnten Werke treffend ausführt, die Erwägung massgebend, dass die Opfer, welche er entweder im Preis oder in längerer Kreditgewährung bringen muss, um Kunden eines kleinen Produzenten (Konkurrenten) zu sich herüber zu ziehen, in Summa doch geringer ausfallen, als die im vornherein feststellbare Ersparung bezw. günstige Verteilung der Generalkosten auf die Gewichtseinheit seiner Produktion.[1] Der Umstand jedoch, dass im wirtschaftlichen Verkehr gerade der Zwischenhändler als Konkurrent des Kleinmüllers auftritt, verführt letzteren dazu, gerade diesen als den eigentlichen Störenfried, den grössten Preisdrücker, hinzustellen. So kann man es denn öfters hören, dass für den Kleinmüller die Zwischenhändler die eigentlichen Totmacher sind. Man hält sich wie so oft im Leben an die sichtbare Erscheinung und macht diese für alle Übel verantwortlich, ohne an die tiefere Ursachen zu denken. Gleichwohl steckt etwas Berechtigtes in der Anschauung, sie zeigt, zu welcher Bedeutung heute der Zwischenhändler gelangt ist. In der That steigt seine Wichtigkeit in demselben Verhältnis, in dem sich die Grossindustrie weiter entwickelt. Er ist für den Grossbetrieb der unentbehrliche Vermittler, da er unmittelbar mit den Konsumenten verkehrt. Ebenso aber wie der Müller und Getreidehändler wird auch er von den Schwankungen des Getreide- und Mehlmarktes betroffen und seine Gewinne nehmen daher oft einen spekulativen Charakter an. Unter regelmässigen Verhältnissen ist sein Gewinn ein mässiger, auf den gestellten Grosshandelspreis schlägt er 1 M. per Sack, wovon die Kosten für Fuhrlohn, 1% Discont und Verlust für Säcke in Abzug zu bringen sind, so dass für ihn im Durchschnitt ein Gewinn von 50 Pfennig per Sack anzunehmen ist.

Daher liegen die tiefern Gründe für die billigen Preise nicht bei dem Zwischenhandel, sondern in jenen durch die fabrikmässige Grossproduktion geschaffenen Umständen.

---

[1] Wasserrab l. c. S. 139.

8) Der Mahlverdienst beim Gross- und Kleinbetrieb.

Nur wenn man die eben dargelegten Faktoren berücksichtigt, kann man eine ausreichende Erklärung finden für die verhältnismässige Niedrigkeit des Mahllohns, wie er sich aus der Differenz der Grosshandelspreise für Getreide und Mehl ergiebt.[1]) Theoretisch richtig kann nämlich aus der Differenz der beiden Preise unter Einsetzung der üblichen Ausbeutesätze der sog. Mahllohn berechnet werden. Jedoch muss hier gleich vorweg gesagt werden, dass der thatsächlich erzielte kommerzielle Gewinn von den theoretisch berechneten weit verschieden sein kann. Es kann der Müller bei einer Mehlmarke guten Gewinn erzielen, während er an einer andern Sorte, für die keine Nachfrage vorhanden ist, nichts gewinnt.

Bleiben wir aber bei der theoretischen Feststellung des Mahllohnes. Der Durchschnittspreis für 1 dz Roggen betrug i. J. 1896 für Berlin 11,88 Mk. excl. Sack, derjenige für Roggenmehl 0/I 16,30 Mk. incl. Sack. Dann erhält man unter Zugrundelegung einer Ausbeute von 60 Kg. 0/I Mehl und abzüglich des Sackpreises von 30 Pf. die Summe

$$
\begin{aligned}
&\phantom{+\ 7 \text{ kg. II Mehl} =\ } 60 \times 16 \text{ Pf.} = 9{,}60 \\
&+\ 7 \text{ kg. II Mehl} = 7 \times 12 \quad \text{„} = 0{,}84 \\
&+\ 28 \text{ kg. Kleie} = 28 \times 8 \quad \text{„} = 2{,}24 \\
&\phantom{+\ 7 \text{ kg. II Mehl} = 7 \times 12 \quad \text{„} =\ } \overline{12{,}68} \text{ Mk.}
\end{aligned}
$$

Von 12,68 M. erhält man nach Abzug des Roggenpreises von 11,88 „

d. Summ. von 0,80 Pf. als Verdienst der Müller, für die Tonne demnach 8 M. Wenn nun in einem Artikel: „Bedeutung der Landwirtschaft und Industrie" von C. Ballod[2]) als Gewinn

---

[1]) Die wichtigsten Bedingungen für den Handel mit Roggenmehl (Usance) der Berliner Börse sind folgende:

Im Terminhandel ist Roggenmehl in guter, gesunder Beschaffenheit in Posten von 300 Sack, und zwar 150 Sack Nr. 0 und 150 Sack Nr 1 zu 100 kg. innerhalb der Berliner Weichbildgrenze gegen Zug um Zug zu leistende baare Zahlung des bedungenen Preises zu liefern. Die Abnahme bezw. Empfangnahme des gekündigten Mehles erfolgt auf Kosten des Empfängers nach Wahl des Verkäufers vom Kahn oder von anderen bedeckten Lagerräumen, höchstens in zwei getrennten, aber gleichzeitig anzukündigenden Posten. Es muss von jeder Stelle stets 0 u. 1 zu gleichen Teilen und darf an einer Stelle nie weniger als 50 Sack angekündigt werden.

[2]) s. Schmollers Jahrbuch 1898 XXII. Jahrgang Heft 3 S. 209.

der Müller und Händler die Summe von 18 Mk. per Tonne.
herausrechnet, so ist diese Zahl entschieden falsch, auch wenn
Ballod vorsichtshalber diesen Gewinn auf 15 Mark herabsetzt.
Ballod benutzt bei seiner Berechnung die von einem österreichischen Ingenieur Thaler angegebenen Mehlausbeute-
zahlen. Nach den mir zu Teil gewordenen Auskünften
passen diese Ziffern für deutsche Verhältnisse nicht. [2])
Ferner kann man aus der Differenz von Getreide- und Mehl-
preis nach den börsenmässig festgestellten Grosshandelspreisen
nur den Mahllohn feststellen, nicht aber noch den Gewinn resp.
Verdienst der Zwischenhändler. Was die Thaler'schen Zahlen
anbetrifft, so giebt dieser an, dass aus 100 kg. Roggen an

$$
\begin{array}{lll}
\text{Mehl Nr. 0 und 1} & = 66\% \\
\text{,, ,, 2} & = 9 \text{ ,,} \\
\text{,, ,, 3} & = 2 \text{ ,,} \\
\text{Kleie} & = \underline{18 \text{ ,,}} \\
& 95
\end{array}
$$

gezogen werden können. Ebenso werden von Ballod auch
die Weizenausbeutziffern zu hoch angesetzt, deshalb kann
schon aus diesen Gründen die von Ballod auf 174 Millionen
berechnete Gesamtverdienst der Müller und Zwischenhändler
nicht als richtig anerkannt werden.

Mit Thaler nimmt Ballod an bei Halbhochvermahlung
von Weizen eine Ausbeute von

Kaiserauszugmehl von 14%		= 61 kg deren Wert à 22 Pf.
an Mehl Nr. 00 von 47%		gleich 13,42 Mk.
,, ,, Nr. 0 ,, 4		= 17 kg deren Wert à .7 Pf.
,, ,, Nr. I ,, 6		gleich 2,89 Mk.
,, ,, Nr. II ,, 7,25		
,, Kleie 19		= 19 kg deren Wert à 9 Pf.
		gleich 1,71 Mk.
	97 kg	18,02 Mk.

Mithin würde sich nach B. bei einem Weizenpreise von
156,20 Mk. per Tonne der Verdienst der Müller und Zwischenhändler auf 24 Mk. stellen.

In Wirklichkeit aber varrieren schon nach den verschiedenen
zur Vermahlung gelangenden Getreidesorten auch die Aus-

---

[2]) R. Thaler: Die Müllerei. Chemisch-technische Bibliothek.
Wien 1895. S. 387.

beutezahlen mehr oder weniger. Dann verursachen auch die
verschiedenen Mahlmethoden mehrere Prozentunterschiede.
Richtig wird ja auch von B. auf die Halbhochmüllerei und ihre
Ausbeute zurückgegriffen und gesagt, dass die Hochmüllerei
weniger Mehle gewinne (70—75%!) und dafür mehr Kleie und
geringere Mehle. Nicht berücksichtigt sind aber, wenn man
auch absieht von der Unsicherheit in der Bezeichnung der
Mehlmarken von 000 bis 1 oder 2, und dementsprechend un-
sichern Prozentzahlen, dass die 40000 kleinen Mühlen mit 1
bis 5 Personen die auf sie entfallende Getreidemenge vielleicht
nur bis zur Hälfte vermahlen, die andere aber zu Grobbrot
etc. schroten. Der Lohn hierfür beträgt 5—8 Mk. für die
Tonne, im Durchschnitt meist 6 Mark. Ferner stellt sich für
diese kleinen Betriebe, wenn sie „beuteln" d. h. mahlen, wie
für sehr viele der mittleren Mühlen, bis zu 20 Personen, die
Ausbeute bei Weizen etwa in folgender Weise dar:

An bestem und gutem Weizenmehl

sog. 000 und 0	= 60 %	
Mehl No. 0	= 3	„
„ „ 1	= 3	„
„ „ 3	= 8 —11 %	
Kleie	= 20—25 %	
	= 95—97 %	

Festgestellt wurden durch Befragen folgende Zahlen.
Dampfmühle des Herrn S. zu J. Ostpreussen.

Bestes Mehl von den Griesen	40 % oder 68 %	bestes und besseres Mehl
1, 2 u. 3 von den Gängen	30 %	3½ % 2 Mehl
Kleie	25 %	3½ % 3 Mehl
Abgang	5 %	20 % Kleie
	100	100

Dampfmühle zu Bubainen in Ostpreussen.

Weizen		Roggen	
60 %	bestes Mehl	55 %	0 Mehl
10 „	zweites „	10 „	2 „
25 „	Kleie	30 „	Kleie
5 „	Abgang	5 „	Abgang

Dampf- und Wassermühle des Herrn S. in P. in Pommern.

Weizen	Roggen
55 % feines Mehl	65 % Mehl 0. I. u. II.
15 „ mittleres Mehl	Rest: Kleie.
Rest geringes u. Kleie.	

Dampfmühle in Hamburg.

Weizen:

gutes 00 Mehl zum backen etwa	60 %
0 „ etwa	4 „
I. Mehl	3 „
feine Kleie (Futtermehl)	
grobe „	= 28 „
Randmehl (Futtermehl)	
Verlust	5 „

Windmüller in Stolzenburg Weizen cca. 71 %

Roggen „ 63 „

Ein anderer grundsätzlicher Einwand gegen die Ballod-schen Berechnungen müsste auch dann noch erhoben werden, wenn die Mehlausbeuteziffern richtiger eingesetzt wären und der Mahllohn der grossen Mühlen richtig berechnet wäre. Dann muss darauf hingewiesen werden, dass ziemlich bedeutende Unterschiede in dem Mahllohn der grossen und der kleinen Mühlen sich ergeben. Dass beispielsweise der Mahllohn der Berliner Roggengrossmühlen in den letzten Jahren pro Tonne etwa 6—8 Mk. betragen habe, ist in den Fachblättern klagend hervorgehoben worden. Obiges Beispiel suchte dies gleichfalls zu veranschaulichen. Die kleinern Mühlen aber sind nicht im Stande zu derartig niedrigen Preisen das Getreide zu vermahlen, sie produzieren bedeutend teurer.

Als im Jahr 1872 der Vorstand des Verbandes deutscher Müller den Vorschlag machte, dass der mindest zu fordernde Mahllohn für 1000 Kilo Roggen 15 Mk. und

„ „ „ Weizen 18 „ oder bei Naturallohn von 100 Kilo Körnern 10 Kilo Körner und 2½ Sgr. Mahlgeld bei 5 Kilo Abzug für Verstaub und Steinmehl betragen solle, da wurde dieser Vorschlag zwar bereitwilligst allgemein aner-kannt,[1] jedoch wurde er weder überall eingeführt noch brachte er es irgendwo zu längerem Bestehen Der Hannover-

---

[1] Geschichte des Verbandes deutscher Müller. S. 42.

sche Zweigverband fasste beispielsweise den Beschluss, dass
die Mahllöhne pro Tonne in

Körnern		Geld

b. gebeuteltem Mehl 13%, gebeuteltes Mehl a. Weizen 15.00 M. u. 5% Verlust

Backschrot 10%, „ „ „ Roggen 12,00

Viehschrot 9%, Backschrot aus Weizen 12,00 „ „ 3% „

„ „ Roggen 10,50 „ „ 3% „

Viehschrot 9,00 „ „ 3% „

betragen sollten, setzte also die Mahllöhne gleich von Anfang herab.

Als zur Zeit vorkommende Mahllöhne wurden festgestellt

1) Holländermühle Bindsonen Ostpr. 12 M. b. Roggenmahlen
6 „ für Schroten

2) Holländermühle Pagelienen „ 10 „ „ Roggenmahlen
12 „ „ Weizen „

3) Bockwindmühle Kamscharren „ 12 „ „ Roggen „

4) Wassermühle b. Rastenburg „ 12,50 „ „ Roggen „

5) Dampfmühle in Bubainen „ 18 „ „ Roggen „

6) „ „ J. „ 20 „ „ bei Roggen u.
Weizen f. Besitzer
16 „ f. Bäcker

7) Wassermühle Keppurren b. J. „ 14 „ b. Weizenmahlen
„ 12 „ „ Roggen „

„ „ einge- 8 „ „ Kornschroten
gangen 1897 4 „ „ Futterschroten

8) Wassermühle Rothemühle b. L.
Brandenburg 12 „ „ Roggen „

9) Bockmühle zu Neutrebbin 15 „ „ Roggen „
mit Dampfkraft

10) Bockmühle zu Dahme 12 „ „ Roggen „
ohne Dampfkraft

18 „ „ Weizen „

11) Windmühle im Dorf Krampitz [1] 12 „ u. 4% Abgang.
(Nieder-Schlesien)

12) Dampf- u. Wassermühle in B. Hannover

Mahllohn pro Ctr.

in Körnern	in Geld

Herstellung von gebeuteltem Mehl

8% Körner, Verlust 4% = 12% 0,60 M. (p. Tonne 16 M.) Verlust 4%

Herstellung v. Back- u. Bohnenschrot

---

[1] Untersuchungen des Vereins f. Soz.-Pol. Bd. IX. S. 517. 1897.
Über die Lage des Handwerks in Deutschland.

7 % Körner, Verlust 3 % — 10 % 0,70 M. (p. Tonne 14 M.) Verlust 3 %
Herstellung von Viehschrot
6 % Körner, Verlust 2 % = 8 % 0,60 M. (p. Tonne 12 M.) Verlust 2 %
Wassermühle in Adelsheim[1) 65 Pfg. f. d. Ctr.

„ „ Osterburken 70 „ „ „

„ „ Sindolsheim 65 „ „ „ Weissmehl

„ „ „ 50 „ „ „ Schwarzmehl

Wassermühlen in Nöttingen Damsbach[2)] 12,75 M. in Körnern.

Aus diesen Zahlen wird ersichtlich, dass die kleinen Landmühlen meistens einen Mahllohn bei Roggen von 10—12 Mk., bei Weizen 12 —16 Mk. erhalten, selten sind höhere Löhne. Am meisten wird noch ein höherer Preis von den etwas grössern mit Dampf produzierenden Mühlen gehalten. Doch pflegen dann diese Mühlen sich weniger mit Lohnmüllerei als mit Handelsmüllerei zu befassen. Interessant ist ein Vergleich mit den frühern Mahllöhnen. 1810 wurden sie wie erwähnt, festgesetzt mit 1,63 Mk. pro Ctr. Weizen und 1,02 Mk. pro Ctr. Roggen. Das würde für Roggenvermahlung ein Sinken um 40 %, bei Weizen um 30 % bedeuten. — Diesen Mahllöhnen der kleinern Mühlen müssen die Verdienste der grossen Mühlen gegenübergestellt werden.

Für Danzig betrug 1897 der Durchschnittspreis für 1 dz Roggenmehl 0 I mit Sack 17,20 M., ohne Sack mithin 16,90 M.

60 kg 0 I à 16,9 Pfg. = 10.14
5 kg II. Mehl à 12 Pfg. = 60
30 kg Kleie à 8 Pfg = 2,40
= 13,14

Von 13,14 M. abgezogen der Roggenpreiss mit
— 11.93

bleibt 1,21 M., mithin für die Tonne 12,10 M. Verdienst.

Auch im Jahre 1896 ergiebt eine Berechnung des Mahllohns eine ziemliche Höhe desselben pro Tonne 14,80 Mark, 1895 12 Mk.

Auf erheblichere Schwierigkeiten als eine auch bei Roggenvermahlung mehr oder weniger nur annäherungsweise zu ermöglichende Berechnung stösst der Versuch, den

---

[1]) Nach der von der badischen Regierung im J. 1885 veranstalteten Erhebung über die Lage des Kleingewerbes.
[2]) Untersuchungen d. V. f. Soz. l. c. Bd. VIII. S. 59. 74.

Verdienst der Müller bei Weizenvermahlung zu berechnen. Die grössere Verschiedenheit der erzeugten Mehlmarken, die dadurch hervorgerufenen Preisunterschiede, die nicht bekannten Mischungsverhältnisse des vermahlenen Weizens, die unvollständigen Notizen über die Qualität der gehandelten Marken, der Umstand, dass meist nur Nr. 00 Mehle börsenmässig gehandelt werden, machen mehr oder weniger einige Annahmen notwendig, die aber der Wirklichkeit höchst wahrscheinlich entsprechen oder mindestens sehr nahe kommen dürften. Im Anschluss an frühere Darlegungen setzen wir die Weizenmehlausbeute folgendermassen an:

$$\begin{array}{ll} \text{Kaiserauszugmehl} & 3-4\% \\ \text{Grieslerauszug} & 10\% \\ \text{Bäckerauszugmehl} & 25-27\% \\ \hline \text{i. g. Auszugmehle} & 40-41\% \end{array}$$

Dann 0 Mehl, 1a und 1b Mehl oder ähnlich

$$\begin{array}{ll} \text{bezeichnete Marken je } 10\% = & 30\% \\ \text{Pollmehl und Grieskleie je} & 3\% \\ \text{Grobe oder Schalenkleie} & \underline{20\%} \\ & 96\% \end{array}$$

Berechnet man danach für Duisburg, das einen bedeutenderen Weizenmehlmarkt hat, und Weizenmehle 000 und 00 gehandelt werden, den Müllerverdienst für das Jahr 1896, so kann folgender Ansatz gemacht werden. Da nur 000 Mehle notiert wurden, so werden die Kaiserauszugmehle gewiss mit ca. 10% vorher herausgezogen sein und gewisse Modifikationen wie nachstehend eingetreten sein.

Die Preise für Weizenmehl 000 und 00, Pollmehl und Grand sind aus dem Handelskammerbericht von Duisburg für 1896 (stat. Teil S. 34) entnommen.

55% beste Mehle	10%	Kaiserauszugmehl	à 24	Pf.	=	2,40 Mk.
	25%	Weizenmehl 000	à 21,8	„	=	5,45 „
	20%	„ 00	à 21,49	„	=	4,30 „
21% zweite Mehle	15%	„ 1a und 1b	à 18	„	=	2,70 „
	3%	Pollmehl	à 10,79	„	=	0,33 „
	3	Grand	à 8	„	=	0,24 „
	20 kg	Kleie	à 8,25	„	=	1,65 „
						17,07 Mk.

Der Preis für inländischen Weizen betrug im Durchschnitt

des Jahres 15.91 Mk., der für Weizen vom Schwarzmeer 16.42,
für Donauweizen 16.28 Mk., für Amerikaner 16,39.
Der Preis für $\frac{1}{2}$ inländischen und $\frac{1}{2}$ Schwarzm.-Weizen 16,16

"	"	"	$\frac{1}{2}$	"	"	$\frac{1}{2}$ Donau-Weizen	16,09
"	"	"	$\frac{1}{2}$	"	"	$\frac{1}{2}$ Amerikaner	16,10

Mithin betrug der Mahllohn   17,07

16,16
_____

91 Pf. per Dz.

resp. 98 oder 99 Pf. oder pro Tonne demnach 9 bis 10 Mark.

Demgegenüber mögen noch folgende Preisverhältnisse im
Danziger Mehlhandel vom Jahre 1895 gegenübergestellt werden.
Im Januar 1895 betrug der Preis für Weizen pro Tonne

133,69. M.

für Kaisermehl pro Dz.   30,00 M.
   „ 000 Weizenmehl   26,00 „
   „   00   „   22,00 „
   „ fein Nr. I   18,40 „
   „   „ Nr. II   15,40 „
   „ Mehlabfall, Schwarz-
            mehl   10,40 „

Hiernach berechneten sich:

10% Kaiserausszug   à 30 Pf. =   3,00 M.
25% Weizenmehl 000 à 26   „   =   6,50 „
20%   „   00 à 22   „   =   4,40 „
15%   „   Nr. I à 18   „   =   2,70 „
6%   „   Nr. II à 15   „   =   0,90 „
20% Schwarzmehl   à 10   „   =   2,00 „
                               19,50 M.

Mithin betrug der Mahllohn 19,50 M.

— 13,36 „
_____

= 6,14 M.

Jedoch, wie gesagt, die Berechnungen können theoretisch
richtig sein, in Wirklichkeit ist der erzielte Gewinn von dem
Berechneten wohl bedeutend abweichend.

Welche Schwankungen im einzelnen vorkommen können,
zeigen folgende Zahlen, die den Angaben des Besitzers einer
grossen Roggendampfmühle in Berlin entstammen.[1]

_____

[1] Dr M. Falcke: Mahlprozess u. d. chemische Zusammensetzung
der Mahlprodukte einer modernen Roggen-Kunstmühle. Arch. f. Hygiene
Bd. 28 S. 52. 1897.

Marke	Preis für 100 kg im		Ausbeute
	März 1893	Dezember 1891	
0	17,75 M.	$30^1/_2$ M.	25—30%
0—1	16,50 „	$29^1/_4$ „	
I	15,25 „	28 „	30—35%
II	12,00 „	20 „	5— 7%
III	11,00 „	18 „	1— 2%
Kleie	8,75 „	$10^1/_2$ „	27—29%

Für Weizenvermahlung hat der Verband deutscher Müller in einer Eingabe an die Regierung (Septbr. 1896), in der um Herabsetzung des Ausbeuteverhältnisses gebeten wurde, nachstehende Durchschnittsverdienste angegeben:

1891	20,45	M. pro Tonne Weizen
1892	23,71	„ „ „ „
1893	12,25	„ „ „ „
1894	$12,12^1/_2$	„ „ „ „
1895	$10,37^1/_2$	„ „ „ „
1896	6,24	„ „ „ „[1])

Eine andere Roggendampfmühle Berlins hat für das Jahr 1898 nachfolgende Preise für ihre Fabrikate pro 100 Kilo in Mark erzielt:

	Roggen-Mehl 0/I. (1—60%)	Roggen-Mehl II (61—65%)	R.-Kleie
Januar	21,25 M.	13 M.	8,45
Februar	21,40 „	$12^3/_4$ „	8,45
März	21,30 „	$14^3/_4$ „	8,60
April	21,40—26,00 M.	$13^3/_4$ „	8,80
Mai	25,70—23,20 „	14 „	11,25
Juni	22,70—20,70 „	14 „	9,60
Juli	20,90—20,00 „	13 „	9,25
August	20,00—19,60 „	$13^3/_4$ „	8,90
September	19,70—20,70 „	$14^3/_4$ „	8,95
Oktober	20,70—22,00 „	$14^1/_2$ „	9,10
November	22,00—21,40 „	— „	9,50
Dezember	21,30—21,60 „	— „	9,70

---

[1]) Die betreffenden Berechnungen und Zahlen, auf die sich die Angaben stützen s. im Anhang.

II. Die wirtschaftliche Unterlegenheit des Kleinbetriebs und die Gründe derselben.

1. Die technische Rückständigkeit des Kleinbetriebs und die Bedürfnisverfeinerung.

Das Ergebnis der im vorhergehenden angestellten Erörterungen über die Höhe des Mahllohns lässt sich dahin zusammenfassen, dass der Kleinbetrieb mit bedeutend höheren Kosten produziert als der Grossbetrieb. Hierzu kommt noch, dass die meisten Kleinbetriebe infolge ihrer Abhängigkeit von ihrer Betriebskraft und der Mangelhaftigkeit ihrer technischen Ausrüstung nur eine geringe Leistungsfähigkeit aufweisen und ein nur geringen Anforderungen entsprechendes Fabrikat zu erzeugen im stande sind. Auch wird das Mehl häufig in unappetitlicher, mitunter geradezu gesundheitswidriger Weise hergestellt, wie beispielsweise die öfters vorkommenden Massen-Vergiftungen durch bleihaltiges Mehl beweisen. Es wird nämlich zur Befestigung der Hauen in den Mühlsteinen in diese Blei hineingegossen, das beim Mahlen ins Mehl gelangt.[1]

Eine andere derartige Unzuträglichkeit wird in dem Bericht der Gewerbeaufsichtsbeamten v. J. 1895 in folgender Weise gerügt: „Zu grossen Bedenken in gesundheitlicher Beziehung giebt das Mischen von Mehl in den zahlreichen kleinen Mühlen Veranlassung. Während dieses Mischen in grossen Betrieben in geschlossenen Kammern und auf maschinellem Wege geschieht, wird es in kleinen Mühlen fast stets im offenen Raume und zwar so vorgenommen, dass der Arbeiter mit entblössten Beinen in die Mehlhaufen hineintritt und das Mischen mittels einer Schaufel besorgt, wobei viel Staub entwickelt wird und bei dem Arbeiter sich häufig Nasenbluten einstellt. Der Abhülfe stehen hier meist die Enge der Räume, die Schwierigkeiten des Umbaues und die häufig sehr bedrängte Lage der kleinen Mühlenbesitzer entgegen."

Diese Umstände, wie die überall zunehmenden Ansprüche an ein schmackhaftes weisses Brot veranlassen heute auch die kleineren Landwirte, ihre gesammte Körnerernte zum Verkauf zu bringen und im Bedarfsfall das Mehl beim Händler einzukaufen.[2] In der That sind auch die Anforderungen an die

---

[1] vgl. hierzu „Der Müller" 1897 S. 742 Massenvergiftungen im Regbez. Breslau i. J. 95. In nicht weniger als 101 Mühlen waren derartige Bleibefestigungen üblich.

[2] s. Erhebungen über die Lage der Kleingewerbe im Grossherzogtum Baden im J. 1885.

Weisse des Mehles nicht unberechtigt. Zwar hat man in neuerer
Zeit wieder vielfach die Grossmühlen beschuldigt, in ihrer
Mehlerzeugung hinsichtlich der Weisse und Feinheit des Mehles
viel zu weit gehen, da gerade die nahrhaftesten Bestandteile
in die Kleie kämen. Man hat von einer Millionenverschwendung
gesprochen, von der Nahrhaftigkeit der „groben" Brote, man
hat Vollbrote aus ungemahlenem Getreide hergestellt, dennoch
müssen alle diese Versuche zur Vergröberung der müllerischen
Technik als gescheitert angesehen werden.

Die Untersuchungen, die hierüber neuerdings angestellt
worden sind, haben in ungemein dankenswerter Weise Klarheit
geschafft über den Nährwert der Mehle, die Natur des Klebers,
dieses für die Backfähigkeit des Mehles so ungeheuer wichtigen
Stoffes, ferner über den Kleberreichtum der Kleie und die Klebernatur der fälschlich so bezeichneten Kleberzellen.[1]) Der Wert der
Untersuchungen wird noch erhöht, da in ausgehnter Weise aus den
verschiedensten Mehlen in der mannigfaltigsten Art hergestellten
Brote zu Ausnutzungsversuchen an Menschen verwendet wurden,
wodurch einigermassen sichere Grundlagen zur Beurteilung der
Nahrungswerte der verschiedenen Mehle gewonnen wurden.

Die Ausführungen der Untersucher erscheinen uns auch für
die vorliegenden Fragen so ausserordentlich wichtig, dass wir
ihnen nachstehend Raum gewähren wollen.

„Der Kleber findet sich im natürlichen, ungequollenen, trockenen
Zustande im Weizen- und Roggenkorn bekanntlich in Gestalt feinster
Körnchen zwischen den Stärkekörnchen des Mehlkorns verteilt. Mikroskopisch sind diese Körnchen von den feinsten Stärkekörnchen durch
einfache Betrachtung kaum zu unterscheiden; doch nehmen sie. mikro-
chemisch untersucht, nicht die Jodreaktion der Stärke (Blaufärbung) an,
sondern zeigen Eiweissreaktion. Man bezeichnet sie zum Unterschied
von den Amylum- (Stärke-) Körnchen als Aleuron- Körnchen, vom
ἄλευρον, welches eigentlich feinstes Mehl, Weizenmehl, bedeutet, neuerdings von Botanikern und Chemikern ausschliesslich als Bezeichnung
für Körnchen aus Pflanzeneiweiss gebraucht wird, in erster Linie allerdings
für die echten Kleberkörnchen, leider aber auch ohne Unterschied auch
für alle übrigen körnigen Bildungen in den Pflanzenzellen, sobald sie
sich chemisch oder mikroskopisch als Eiweiss erkennen lassen, auch
wenn sie mit wirklichem Kleber gar nichts zu thun haben. Diese ganz
unmotivierte Generalisirung des Ausdrucks „Aleuronkörnchen" zu deutsch
Kleberkörnchen hat zu der später entstandenen Verwirrung den ersten
Grund gelegt."

---

[1]) s. Untersuchungen über das Soldatenbrot vom Oberstabsarzt
Dr. Plagge u. Nahrungsmittelchemiker Dr. Lebbin Berlin 1897.

Man verstand schliesslich unter Aleuronkörnchen, Kleberkörnchen, für gewöhnlich alles Andere nur nicht den echten
Kleber.

So hat man u. A., fahren die Verfasser dann fort, bekanntlich auch die unter der verholzten Quer- und Längszellenschicht
der äussern Schale des Korns gelegenen, von dickwandigen
Cellulose-Membranen eingeschlossenen und schon hierdurch von
den zartwandigen, spinnwebeartigen Zellen des Mehlkornes, in
denen der eigentliche Kleber liegt gänzlich verschiedenen, derben
rechteckigen, allerdings ausschliesslich mit sog. Aleuronkörnchen in dem obigen Sinne vollgestopften Zellen der eigentlichen Samenschale, welche die Hauptmasse der Kleie ausmachen, einfach als Kleberzellen und die ganze Schicht geradezu generell, auch bei allen andern Früchten und Samen, wo
man von einem Klebergehalte nie etwas gehört hat, als Kleberzellenschicht bezeichnet.

Damit war nun der Gipfelpunkt der Verwirrung glücklich
erreicht: Kleberkörnchen, die kein Kleber sind, und
sogar Kleberzellen, in denen von wirklichem Kleber auch
nicht eine Spur vorhanden ist. Bald wurden dann der Mehlkleber und die Kleberzellenschicht der Kleie natürlich in
ihrem Nährwert einander einfach gleichgesetzt und daraus zu Gunsten von Kleiemehlen und -Broten die weitgehendsten
Schlüsse gezogen.

Des weitern wird gesagt: „Es sei daher gleich hier nach-
drücklich darauf hingewiesen, dass die sogenannten Kleberzellen
der Kleie mit dem eigentlichen Mehlkleber garnichts zu thun
haben."

Auf ihre sich selbst gestellte Frage, wie denn ein der-
artiges Wahngebilde wie die Lehre von dem Kleberreichtum
der Kleie und von Klebernatur der fälschlich so bezeichneten
„Kleberzellen" hat entstehen können, antworten die Verfasser,
dass dies wohl seinen Grund in dem botanischen Missver-
ständnis in Betreff der Aleuronkörnchen, zum teil aber auch
in der neuerdings gebräuchlichen Methode der chemischen
Untersuchung habe.

Bekanntlich sind alle Eiweisskörper stickstoffhaltig, alle
Kohlenhydrate (Stärke, Zucker) und sämmtliche Fette davon frei.

Durch diesen Umstand wurde man bewogen, an stelle der
schwierigen direkten Eiweissbestimmung, die einfachere Be-

stimmung des Stickstoffgehalts auszuführen. Der Fehler der
Methode lag nun darin, dass man wohl den Gesammtstickstoff
und die daraus zu berechnende Gesammteiweissmenge erhalten
konnte, nicht aber aus einem Gemisch verschiedener Eiweisskörper die einzelnen Bestandteile von einander zu trennen vermochte. Die hohen Stickstoffzahlen der Kleie- und Schrotbrote
wie sie in all den Reklameanalysen paradieren, sind daher für
den Nährwert des Brotes nicht so ohne weiteres beweiskräftig.[1])

Zum Schluss bemerken die Untersucher noch, dass chemisch
das Eiweiss des Inhalts von Kleberzellen von dem des echten
Klebers sich wesentlich unterscheidet. Der hohe Phosphor-
gehalt der Kleie zusammen mit ihrer Schwerverdaulichkeit
scheint auf eine ganz andern Gruppe von Eiweisskörpern, die
sog. Nukleïne, hinzuweisen.

Die Verfasser stellen die Ergebnisse ihrer Untersuchungen
schliesslich in nachfolgenden Thesen zusammen:

1. Gutes Roggenmehl wird fast eben so gut wie gutes
   Weizenmehl ausgenutzt.

2. Roggenmehl wird um so besser ausgenutzt, je weniger
   Kleie es enthält.

3. Roggenkleie selbst in fein vermahlenem Zustande stellt
   kein für den menschlichen Organismus geeignetes
   Nahrungsmittel dar.

4. Die möglichst vollständige Entfernung der Schale, einschliesslich der sogenannten „Kleberzellenschicht", bildet
   das für eine rationelle Mühlentechnik anzustrebende
   Ziel.

5. Nach dem heutigen Stand der Technik wird dieses
   Ziel am sichersten ohne Schälung, aber mit Hülfe feiner
   Siebe und unter Festsetzung eines nicht zu geringen
   Kleieauszugs d. h. ca. 25 % erreicht.

Einige interessante Angaben werden noch über Ausnutzungen
verschiedener Brotsorten durch den Menschen gemacht. Danach ergiebt sich die bemerkenswerte Thatsache, dass die aus
feinsten Mehlen hergestellten Erzeugnisse am besten vom
menschlichen Magen ausgenützt werden.

----

[1]) s. Plagge u. Lebbin S. 56.

Die ersten Ausnutzungsversuche von Brot an Menschen wurden von Gustav Meyer[1]), später von Rubner[2]) ausgeführt.

Meyer fand für die 4 von ihm benutzten Brotsorten folgende procentische Verluste durch den Koth.

	Gesammtverlust (in % d. Trockensubst.)	Verlust an Stickstoff- substanz (Eiweiss)
Semmel aus feinem Weizenmehl:	5,6%	19,9%
Münchener Roggenbrot aus gebeut. u. grob. Weizenmehl mit Hefe:	10,1%	22,2%
Horsford-Liebig-Brot, a. kleiefreiem (?) Roggenm. ohne Hefe, m. Backpulv.	11,5%	32,4%
Oldenbrgr. Pumpernickel aus ganzem Korn m. Sauerteig.	19,3%	42,3%

Rubner verglich Brote aus 3 verschiedenen Mehlsorten von einem und demselben Korn miteinander, aus feinstem (30% Ausbeute), mittlerem (70%) und sog. Ganzmehl (100% Ausbeute) von decortiziertem d. h. durch ein voraufgehendes Schälverfahren seiner Schalen beraubten Weizen. Schälverlust etwa $3^1/_2$% Mahlverlust, Verstaubung und Verdunstung $2—2^1/_2$, also Verluste etwa 5%, bleibt zur Vermahlung 95%.

Der Ausnutzungsverlust betrug:

bei feinstem Weizenmehl 4,03% in d. Trock.-Subs., 20.07% i. d. St.-Sub.
„ mittlerem „ 6,66% „ „ - 24.56% „ „
„ grobem „ 12,22% „ „ - 30.47% „ „

Das letztere Mehl hinterliess auf einem Siebe von $^1/_4$ mm. Öffnung 23% Kleieteile. Infolgedessen scheint die Schlussfolgerung, die Rubner aus seinen Untersuchungen zieht, vollkommen gerechtfertigt. Er sagt:

„Vom volkswirthschaftlichen Standpunkte aus empfiehlt es sich, da, wo man die Kleie an Vieh verfüttern kann, sie nicht in dem Brote zu lassen. Die Hausthiere nutzen die Kleie weit

---

[1]) Gustav Meyer Ernährungsversuche mit Brot. Monatsberichte der Bayr. Akad. d. Wiss. Dez. 1869. Z. f. Biol 1871 Bd. 7.

[2]) Rubner: Ueber die Ausnutzung einiger Nahrungsmittel. Z. f. Biol. 1883 Bd. 19. (N. F, Bd. 1)

besser aus als der Mensch, und wir gewinnen also in anderer Weise aus der Viehzucht wieder Nutzen für den Menschen."

Nach dieser Abschweifung in das Gebiet der Nahrungsmittelchemie kehren wir zu unserm Thema zurück.

Um aber einen tiefern Blick in die Produktionsverhältnisse, die Rentabilität und Rationalität der kleinen Betriebe thun zu können, sollen hier einige müllerische Kleinbetriebe, deren Betriebsverhältnisse durch Fragebogen oder durch mündliches Befragen mehr oder weniger genau festzustellen waren, ausführlicher geschildert werden. Leider gelang es nicht, bei allen Inhabern der untersuchten resp. befragten Betriebe die Scheu vor der Oeffentlichkeit zu überwinden. Infolgedessen genügten in vielen Fällen die beantworteten Fragen nicht, um eine einigermassen vollständige und brauchbare Beschreibung zu ermöglichen. Diese Betriebe konnten daher hier nicht angeführt werden.

2. Die Rentabilität des Kleinbetriebs in Einzeldarstellungen.

I.

Die Mühle, eine sog. Bockwindmühle im Kreis Jüterbog wird bereits 29 Jahre von dem derzeitigen Müller besessen. Daneben wird Landwirtschaft betrieben. Vorhanden sind 13 Morgen Land, auf denen Roggen, Hafer, Kartoffeln und Grünfutter gebaut werden.[1])

In sämmtliche Arbeiten teilt sich der Besitzer mit seinen zwei Söhnen.

Die Mühle ist noch mit altem Thürenzeug versehen, sie hat keine selbstthätige Stellvorrichtung und auch keine selbstthätigen Vorrichtungen zur Beförderung von Getreide und Mehl. Es ist nur ein Elevator in der Mühle vorhanden zur Hebung des Schrotes vom Walzenstuhl nach der Sichtmaschine. Als innere Einrichtungen der Mühle sind zu erwähnen, ein Spitzgang mit Ventilation, Vorquetschwalzen und Bürstenschnecke zum Zweck der Getreidereinigung. Dem Mahlzweck dient ein Schrotwalzenstuhl 300×400 mm (900 M.) und ein französischer Mahlgang. Zwei Sichtmaschinen dienen zur Sichtung des Mahlgutes. Gesammter Wert der maschinellen Einrichtung 2500 M. Wert der Mühle ohne die maschinellen Einrichtungen 3000 M.,

---

[1]) Ertragsfähigkeit pro Morgen 3—5 Ctr. bei Roggen, 4—6 Ctr. bei Hafer, 48—60 Ctr. bei Kartoffeln. Wert des Landes pro Morgen 200—300 M.

des Grund und Bodens, auf dem die Mühle steht 500 M. Als Betriebskapital werden 6—900 M. gebraucht.

Was die Windverhältnisse anbetrifft, so sind etwa 60 Tage im Jahre guter Wind, 100 mittlerer, die übrige Zeit nicht genügender Wind. Etwa 60—70 Tage wird Tag und Nacht gearbeitet.

Es können vermahlen werden pro Tag bei gutem Wind 20 Ctr. An Mahllohn werden für 20 Ctr. Roggen 12 M., für Weizen 18 M. erhoben. Körner werden in demselben Wert abgerechnet. Im ganzen wurden 1897 vermahlen 1400 Ctr., da viel nasses Getreide vorhanden war. Bei normalem Getreide 1400—1500 Centner. Unter diesen befinden sich etwa 100 Ctr. Weizen. Hülsenfrüchte werden nicht verarbeitet. Die Ausbeute bei Weizenmehl beträgt 65 %, bei Roggenmehl 60 %. Das Getreide wird direkt vom Produzenten bezogen. Die eine Hälfte des vermahlenen Gutes geschieht gegen Lohn, die andere Hälfte auf eigene Rechnung zum Detailverkauf. — Der Verbrauch an Heizmaterial i. J. wird berechnet mit 8 M., der an Schmier- und Leuchtmaterial mit je 5, die an Utensilien mit 10 M. — Die Feuerversicherung beträgt 26 M. für die Mühle ohne Wohnhaus; die Gewerbesteuer 8 M. (1 % des Einkommens), der Grundsteuerreinertrag 70 M., die Grundsteuer 5,60 M. Die Produktionskosten betragen nach Angabe des Besitzers pro Ctr. 20 Pfg.

Der Absatz der Mahlprodukte geschieht teils an die dortigen Bäcker, teils an die Bauern. Es wird nur gegen bar verkehrt.

Über die Arbeiterverhältnisse wird folgendes angegeben: Die Gesellen erhalten 4—5 M. pro Woche, die Kost mit Logis wird vielleicht 6 M. betragen. — Der Geselle schläft in der Regel in der Mühle in einem dazu hergerichteten Raum. Freie Tage hat der Geselle 26—30. Lehrlinge giebt es hier nicht. „Müller will keiner mehr lernen." Die Lehrzeit für Lehrlinge dauert 3 Jahre, im letzten Jahre erhält der Lehrling eine kleine Vergütung 1—1,50 M. pro Woche.

Zum Schluss heisst es: Vorteilhafte Verhältnisse waren überhaupt niemals vorhanden. Die Mehlfabriken erdrücken uns. —

Berechnet man nun nach vorstehendem die Einnahmen und Ausgaben des Betriebs, so ergeben sich bei einer Verzinsung der gesammten Mühlenanlage und des Betriebskapitals von 8000 M. mit 4 %, entsprechender Amortisation rund 450 M. Ausgaben.

Dem steht gegenüber der Mahllohn für 1400 Ctr., darunter cca. 100 Ctr. Weizen. Bei Roggen wird gerechnet pro Ctr. 60 Pfg., bei Weizen 90 Pfg., folglich sind vereinnahmt 90 M. + 780 = 870 M. Es bleibt also ein Mehr von etwa 320 Mark.

Unwillkürlich fragt man sich, wie kann ein Mensch mit Familie davon leben. Die Antwort auf diese Frage giebt durchaus zutreffend der Besitzer der Mühle in einem Schreiben an mich.

Er schreibt: „Bei den meisten meiner Kollegen hier und in der Umgegend sind die Erwerbsverhältnisse noch viel ungünstiger, der Haupterwerb liegt bei den meisten in der Landwirtschaft. Dass die Leute noch bestehen können, beruht mit auf ihrer Bedürfnisslosigkeit. Es sind hier Bockwindmühlenbesitzer, die nur die Hälfte von dem an Körner im Jahr verarbeiten wie ich, sodass ich mich selbst oft wundere wie die Leute in ihrem Hausstand leben und bestehen können.

Noch vor 10 Jahren waren die meisten Bockwindmühlen hier bei Wind Tag und Nacht in Betrieb, das kommt heute nur selten nach vorherigem grossen Windmangel vor. Die Bockwindmühlen stehen auf dem Aussterbeetat. In Schlesien liegen die Verhältnisse noch bedeutend ungünstiger, dort habe ich schon Windmühlen als Brennholz verkaufen sehen."

II.

Der Besitzer einer andern Bockwindmühle, die Dampfkraft zur Aushilfe hat, giebt folgende Auskunft.

Die Mühle ist im Besitz meiner Familie seit 1843, in dem meinigen seit 1873. Neben meiner Mühle habe ich Landwirtschaft 60 Morgen und betreibe Holz- und Kohlenhandel.

Gepflanzt werden Weizen, Roggen, Gerste, Hafer, Rüben. Durchschnittsertrag pro Morgen 12 Ctr. Wert eines Morgen 750 M., vor einigen Jahren 900 M., auch 1000 M. Ich treibe sowohl Tausch- wie Handelsmüllerei, jedoch mahle ich meist für eigene Rechnung. Der Mahllohn besteht allein in Geld, und zwar wird Roggen vermahlen pro Ctr. 75 Pf., Weizen garnicht. Für Mais quetschen und schroten werden 25 Pfg. bezahlt.

Bei guter Betriebskraft können 20 Ctr. Roggen am Tag vermahlen werden. Im Jahr 1897 wurden 1800 Ctr. Roggen gemahlen und 6000 Ctr. Mais gequetscht. Im Jahr 1896 2160 Ctr. Roggen, 3600 Ctr. Mais und Gerste gequetscht. Die Produktion ist grösser geworden, da ich in einer guten Gegend wohne. Es sind hier nämlich grossartige Gänsemästereien, die viel gequetschtes oder geschrotetes Futter gebrauchen.

Die Betriebskraft bildet neben Wind eine kleine Dampfmaschine von 6 P. S. (Kostenpreis 4000 M.), Kohlenverbrauch pro Stunde 25 kg.[1] Kohle kostet pro Ctr. 1 M.

In der Mühle sind thätig der Besitzer mit 2 Söhnen und 1 Arbeiter. Ein Sohn ist thätig als Geselle, einer als Lehrling und Maschinist, sie sind mit dem Arbeiter auch in der Wirtschaft thätig.

Die Einrichtungen in der Mühle bestehen in einem Spitzgang mit Drahtcylinder, Vorquetschwalze und Blaumehlcylinder, 1 französischen Mahlgang und zwei Walzenstühlen und 2 Sichtmaschinen (à 500 M.) Der Wert von ein paar französischen Steinen ist 600 M., sie nutzen sich in 25—30 Jahren ab. Geschärft müssen sie nach einer Vermahlung von 10—15 Wispel werden. Die deutschen Mühlsteine kosten 60—100 M., sie müssen im Jahr 2 bis 3 mal geschärft werden, man benutzt sie nur zum Reinigen. Der erste Walzenstuhl (300/454 mm) kostet 850 M., der zweite (400/600 mm.) 1350 M. Bei 100 Tonnen müssen sie neu gerieffelt werden. —

Die Windverhältnisse sind „nicht die besten," $^1/_3$ im Jahr ist guter, $^1/_3$ mittlerer, $^1/_3$ gar kein Wind. Die Mühle geht gewöhnlich nur am Tage, Nachts „nur wenn es mal nötig ist." An 26 Sonntagen wird abgestellt. Die Flügel haben Jalousiezeug. Selbstthätige Vorrichtungen für Getreide und Mehlförderung sind nicht vorhanden. Jedoch giebt es Schnecken zur Schrot- und Getreidebeförderung. Die Arbeitszeit bei gewöhnlichem Betrieb ist 12 St., bei stärkerem 14, bei flottem 16 St., und zwar von 6 Uhr bis 8 Uhr resp. 10 Uhr Tagdienste, von 8 Uhr resp. 10 Uhr bis 6 Uhr Nachtdienst. Wenn des Nachts gemahlen wird, dann findet die Ablösung um 10 Uhr Abends statt, dann bleibe ich mit dem Lehrling bei der Arbeit.

---

[1] Grössere Maschinen verbrauchen circa 1 kg. pro 1 P.S.

Letzterer erhält seine Ruhe meist am andern Tag. Oft jedoch hat derselbe am Nachmittag vorher schon Ruhe gehabt. Eine regelmässige Beteiligung des Betriebsinhabers an der Arbeit in der Getreidemühle findet nicht statt, ebensowenig regelmässige Beteiligung an der Nachtarbeit. Dass mehr als 24 Stunden hintereinander vom Gesellen Dienst gemacht wird, kommt nicht vor, da immer zwei vorhanden sind und sich in der Aufsicht ablösen. Beim Dampfbetrieb ist Pause von $^1\!/_2$—9 Vorm., 12—1 Mittag und 4—$4^1\!/_2$ Vesperzeit. Freie Tage hat der Geselle „wenigstens 100 i. J."

Au Lohn erhalten meine Söhne was nötig. Der Geselle erhielt früher 3 Mk. pro Wispel. Für die Woche beträgt der Lohn 8—12 M., ausserdem Kost und Logis. Im Jahr wird letzteres veranschlagt auf 275 M. Thatsächlich gezahlt wurde unter Einrechnung von Kost und Logis 1156 M. i. J. 1897.

Wert des Mühlengebäudes ohne die maschinellen Einrichtungen beträgt 5000 M., Wert der letzteren 9000 M., des Grund und Bodens, auf dem die Mühle steht, 200 M. Als Betriebskapital werden 10000 M. gebraucht. Die Mühle ist mit 9000, das Wohnhaus mit 4800 M. versichert. Als Prämie werden 41 M., an Gewerbesteuer 24 M. gezahlt.

Schädigende Verhältnisse im J. 1897 waren die schlechte Beschaffenheit des Roggens und die Preisschwankungen des Getreides. Die Mehlpreise sind sehr gedrückt, die Bauernkundschaft ist lohnender. Im übrigen „verkaufe Mehl, wo es los zu werden." Die Bäcker in der Nähe erhalten 3 Monate Credit, auf weitere Entfernungen wird nur gegen Kassa geliefert. Mehl sende ich auch nach Frankfurt a. O. und Berlin. Der Ort liegt von Berlin etwa 80 km.

Zum Schluss giebt der Beantworter folgendes allgemeines Bild. „Von einer Notlage der Müllerei können wir im Oderbruch mehr oder weniger noch nicht reden, ich am allerwenigsten, da das Geschäft von August bis Dezember flott mit Futterstoffen geht, Mais und russische Gerste. Es fängt aber auch an, schwächer zu werden. Es haben sich Getreidehändler Quetschmühlen angelegt und machen uns heute schon dieselbe Konkurrenz wie die grossen Exportmühlen. Eine Abhülfe wird da schwerlich zu schaffen sein. Der Händler bezieht den Mais in Kahnladungen von Stettin oder Hamburg

und da kann der kleine Müller, welcher erst vom Händler
kauft, nicht gleichen Tritt halten."

Die Produktionskosten belaufen sich pro Ctr. Roggen
auf 40—50 Pfg."

Nach der von mir angestellten Berechnung würde man
unter Einsetzung der erwähnten Zahlenwerte für Gebäude etc.
und unter Zugrundelegung von nur 5000 M. Betriebskapital
und der Annahme, dass die Maschine an 100 Tagen à 12 St.
à 16 kg gebraucht wird und etwa 50 M. an Unkosten entstehen für Schmier- und Leuchtmaterial, Utensilienverbrauch,
187 M. als Reineinnahme aus der Mühle erhalten.[1]

Auch in diesem Fall kann man natürlich eine Rentabilität
der Mühle nicht konstatieren. Wenn der Besitzer nicht seine
kleine Landwirtschaft und einen Mehl-, Holz- und Kohlenhandel
betriebe, würde er aus den Erträgnissen der Mühle allein seine
Lebenshaltung nicht bestreiten können.

III.

Die Mühle ist eine Wassermühle in Brandenburg. Ausser-
dem wird Landwirtschaft betrieben. Der Besitzer hat 70
Morgen Land. Wert des Landes pro Morgen 120—200 Mark,
Grundsteuerreinertrag 113,25 M.[2] Zum Ansammeln des Wassers
ist ein Sammelteich vorhanden, dieser ist im stande bei normalem
Wasser 8 Stunden das Wasser zu halten. Die Ausnutzung des
Wasser geschieht durch ein Wasserrad von Holz. Bei starkem
Wasser werden 8—10 P. S., bei durchschnittlichem 3 P. S.
erzielt. Reichliches Wasser ist nur im Frühjahr bei Tauwasser
vorhanden, etwa 20 Tage, auskömmliches 2 Monate, geringes
9 Monate. Bei starkem Wasser reicht die Kraft zum Nacht-
und Tagbetrieb aus. Günstige Wasserverhältnisse hatte das
Jahr 1896/97, 1890—95 waren schwach. — Der Getreidereinigung dient ein Spitzgang, Drahtzylinder, Eureka (eine bekannte Reinigungsmaschine im Kleinbetrieb), dem Mahlzweck
2 französische Mahlgänge, wovon einer nur zum Schroten (d.
h. Futterschrot) benutzt wird.

_____

[1] Roheinnahmen für 1800 Ctr. Roggen = 1350 und 6000 Ctr. Mais
quetschen = 1500 = 2850 M. Rohausgaben 2663 M.

[2] Ertragfähigkeit pro Morgen 3—4 Ctr. Roggen, bei Hafer 4—5 Ctr.
Kartoffeln 40—50 Ctr.

Ferner ist ein Walzenstuhl vorhanden. Eine Sichtmaschine besorgt die notwendige Sichtung des Mahlgutes. — In 24 Std. können bei guter Betriebskraft 10 Sack à 170 Pfd. vermahlen werden. Der Mahllohn wird teilweise in Körnern, teilweise in Geld erhoben, für die Tonne 12 M. In den letzten Jahren wurden vermahlen 1800 Ctr. Es wird zum grössten Teil gegen Lohn vermahlen. Das aus der Mahlmetze gefertigte Mehl wird an Händler der Umgegend verkauft. Das Getreide, das sonst vermahlen wird, wird vom Landwirt gegen bar bezogen. Der Besitzer arbeitet selbst in der Mühle, mitunter mit einem Gesellen, der 6 M. Lohn nebst Kost und Wohnung erhält, welch letztere auf 6 M. veranschlagt wird. Alle Sonntage hat der Geselle frei.

Schädigend wirkten im Betrieb „die niedrigen Getreidepreise und die Schleuderei mit Mehl von seiten der grossen Mehlfabriken."

Der Wert des Mühlengebäudes ist 6000 M., des Grund und Bodens 3500 M., der maschinellen Einrichtung 4000 M. Wohnhaus und Mühlengebäude sind mit 10000 M. versichert, die Gewerbesteuer beträgt 12 M., die Grundsteuer 10,72 M. Verbrauch an Heiz-, Schmier-, ($1/_4$ Ctr. Öl = 6 M.) Leuchtmaterial (20 M.) etc. beträgt im ganzen 46 M. -- Die Produktionskosten stellen sich nach Angabe des Besitzers auf 35 Pf. per Ctr. Roggen. —

Der Produktionsberechnung wurde zu Grunde gelegt, dass ca. 30 M. an Feuerversicherung und 400 M. an Lohn incl. Kost für einen Gesellen im Jahr bezahlt wurden. Danach standen den Ausgaben von im ganzen 1123 M. die Einnahmen mit 1080 M. gegenüber, mithin ein Minus von 43 M. oder wenn man den Wert der Arbeitskraft des Besitzers mit 500 anschlägt, eine Unterbilanz von rund 540 M. Demgemäss stellen sich auch nicht die Produktionskosten auf 35 Pf. pro Ctr., sondern etwa 90 Pf.

IV.

Holländermühle in Bindszonen (Ostpreussen.) Die Mühle ist im Jahre 1890 erbaut. Sie liegt hart an der Chaussee nach J., einer Stadt von ca. 23000 Einwohnern, 18 km. davon.

Im Jahre 1895 wurde ein Petroleummotor angeschafft. Zur Mühle gehören 2 Morgen Land und ein kleines Wohnhaus,

Wert ca. 3000 M. Wert der Mühle mit maschineller Einrichtung 3000 Thl. (excl. des neuen Motors). Vorhanden sind in der Mühle 1 Gang französische Steine

    1 „ Sandsteine

    1 „ Feldsteine (Graupengang)

Das Mahlgeld beträgt für Schroten 30 Pf., für Beuteln 60 Pf. Der Abgang beim Beuteln beträgt 3 Pfd., beim Schroten 1$^{1}/_{2}$ Pfd. Als Mahlmöglichkeit wurde 60 Ctr. pro Tag angegeben, die thatsächliche Vermahlung ist bestenfalls wohl 40 Ctr. ca. 3000 Ctr. im Jahr. Die Gewerbesteuer betrug 13 M. Der Motor kostete 2400 M., er entwickelte ca 8—10 P. S. Er verbrauchte an Petroleum etwa 0,5 kg. pro Stunde und P. S. 3 Ctr. Petroleum kosteten 38 M. (pro Ctr. = 12,67 M.) wahrscheinlich ist in diesen ziemlich hohen Preis Fracht und Preis für die Tonne eingerechnet. Ausser dem Besitzer arbeiteten in der Mühle sein Sohn und ein Tagelöhner. Letzterer erhielt 80 Pf. und Essen, was auf 50 Pf. zu veranschlagen ist.

Angenommen, es werden im Jahr $^{3}/_{4}$ des Mahlgutes geschroten, $^{1}/_{4}$ gebeutelt, dann ergiebt sich ein Bruttoverdienst

$$\text{von } 30 \times 2000 = 600 \text{ M.}$$
$$+ 60 \times 1000 = \underline{600 \text{ „}}$$
$$1200 \text{ M.}$$

Von diesem gehen, wenn man die Kosten für den Motor und dessen Unterhaltung unberücksichtigt lässt. 900 M. ab, bleibt also ein Überschuss von 300 M.

V.

Der Betrieb ist eine Holländermühle in Schleswig-Holstein. Ein Nebenerwerb ist nicht vorhanden. Betreffs der Bauart der Mühle ist zu erwähnen, dass 2 der Windmühlenflügel mit Jalousieklappen versehen sind, 2 mit „Segel“, auch ist eine selbstthätige Stellvorrichtung für wechselnden Wind vorhanden. Selbstätige Vorrichtungen zur Getreide- und Mehlbeförderung sind nicht vorhanden. — Die Mühle hat einen französischen und zwei rheinische Gänge. Es können pro Tag 100—200 Ctr. vermahlen werden, wieviel i. J. 97 thatsächlich vermahlen wurden, „wird nicht gebucht“.[1]) Es wird nur inländisches Getreide, von den Produzenten der Umgegend bezogen, ver-

---

[1]) Nach nochmaliger Anfrage wurde schätzungsweise angegeben 12—14000 Ctr.

mahlen. An Mehl wird gewonnen bei Weizen 70%, bei Roggen 65%. Das Mehl wird an die Bäcker und Mehlhändler in den umliegenden Ortschaften gegen bar und gegen Kredit verkauft. Der Reinigung dienen Spitzgang und Trommelsiebe.

Beschäftigt sind in der Mühle 1 Geselle und 1 Lehrling oder ein zweiter Geselle. Der erste Geselle hat 1300 Mark jährlich incl. Wohnung und Naturalien für sich und seine Familie. Ein eventuell zweiter Geselle erhält M. 7 und Kost und Wohnung bei dem ersten. Trinkgelder erhält keiner. Bei der Arbeit findet ein Schichtenwechsel nach Bedarf statt, aber nur selten. Freie Zeit hat der Geselle. „wenn die Mühle steht und keine andere Arbeit da ist, nach Wunsch". Der Lehrling erhält vom Meister M. 2 pro Woche ausser Kost und Logis, Dauer der Lehrzeit 2 Jahre. Im Jahre 1897 erhielt der Lehrling 104 M. ausser Kost und Logis. Der Wert der Mühle mit maschineller Einrichtung ist 22000 M., der Wert der maschinellen Einrichtung allein 14400 M., Gesamtwert von Mühle, Wohnhaus, Stall und Garten 30000 M.. Dazu ist ein Betriebskapital von 4—5000 M. erforderlich. Die Feuerversicherung für Mühle u. s. w. beträgt 30800 M., Gewerbesteuer 30 M. Der Verbrauch an Heiz-, Leucht- und Schmiermaterial wird auf 100 M. veranschlagt. — Wieviel die Produktionskosten betragen, „wird nicht kalkuliert."

Eine Rentabilitätsberechnung erübrigt sich hier wohl, da die Angaben im ganzen zu dürftig sind.

VI.

Die untersuchte Mühle ist eine Wassermühle in Ostpreussen. Sie liegt am Ausfluss eines grösseren Sees. Die Wasserkraft wird durch eine Kropfturbine (3000 M.), von 26—28 P. S. ausgenutzt. Auch mit dieser Mühle ist Landwirtschaft verbunden. Es gehören zur Mühle 22 Hektar guter Mittelboden. Neben der Lohnmüllerei findet Handelsmüllerei statt, auch wird im Detail Mehl verkauft. Jetzt (im August 1898) wurde der Ctr. Roggenmehl zu 12 M., der Ctr. besten Weizenmehls zu 16 M. verkauft, im Juli zur Zeit der hohen Preise zu 13 resp. 17 Mark.

In der Mühle sind 3 französische Mahlgänge. 1 Graupengang, 2 Schrotwalzenstühle, davon einer zum vorquetschen,

einer zum mahlen. Am Tage können 60 Sch. Roggen und
Weizen (meistens wird nur Roggen vermahlen) zu Mehl gemacht werden. Die Maschinen zur Getreidereinigung und
Sichtung sind die üblichen älteren Systems. Der Getreidebeförderung dient eine Sackwinde, sonst werden in der Mühle
die Säcke mit dem Karren befördert. — Beschäftigt werden
3 Gesellen, sie erhalten 24 M. im Monat und haben Wohnung
und Essen. Ausserdem werden vom Inhaber die Beiträge für
die Arbeiterwohlfahrtseinrichtungen ganz bezahlt.

Die Arbeitszeit ist von Morgens 5 bis Abends 8 Uhr. Für
schroten (Viehfutter) werden pro Scheffel Roggen, der gewöhnlich 65—70 Pfd. wiegt, 6 Pfd. genommen, die Metze, oder
20 Pf., für schroten zu Brotschrot für einen Scheffel zu 80
Pfund, 7 Pfd. oder 40 Pf. Für Weizenbeuteln pro Scheffel à
85 Pfd. 5 Pfd. Staubmehl und 60 Pf. Geld. Wenn die Metze
genommen wird, dann gehen im ganzen 10 Pfd., incl. 4 Pfd.
Staubmehl, weg und an Geld wird 10 Pf. genommen, der sog.
Mahlgroschen. Bei Roggenbeuteln werden pro Scheffel 50 Pf.
genommen und 5 Pfd. als Abgang gerechnet oder bei Lohn in
Körnern im ganzen 9 Pfd. und 1 Groschen.

Der Wert des Mühlengebäudes und Speichers ist 24000
Mark, des Wohnhauses 10300 M. Da $\frac{1}{6}$ Selbstversicherung
abgeht, sind die Gebäude versichert mit 28583 M. Das gehende
Werk mit 27987 M. Wert ab $\frac{1}{6}$ Selbstversicherung, bleibt
23323 M. zur Versicherung. Im ganzen beträgt die Feuerversicherungsprämie 518 M. für eine Summe von 100000 M.,
die Gewerbesteuer 80 M. Das Einkommen ist auf ca. 8000 bis
9000 M. anzunehmen.

Eine Berechnung des Mahlverdienstes im Handverkauf
liefert folgendes interessante Ergebnis.

1 Ctr. Roggen = 6 M.	1 Ctr. Roggenmehl = 12 M.	
bestes Mehl 55 Pfd.	à 12 Pf. = 6,60 M.	
zweitbestes „ 10 „	à 10 „ = 1,00 „	
30 „ Kleie à 5 „ = 1,50 „		
	9,10 M.	
	— 6,50 „	
	2,60 M.	

1 Ctr. Weizen = 8 M.   1 Ctr. Weizenmehl = 16 M.

bestes   Weizenmehl 60 Pfd.   à 16 Pf. =   9,60 M.

zweites   „   4 „ ⎫
drittes   „   3 „ ⎭   à 12 „ =   0,84 „

Kleie   28 „   à 4 „ =   1,12 „
                                    ‾‾‾‾‾‾‾‾‾‾
                                    11,56 M.
                                  — 8,00 „
                                    ‾‾‾‾‾‾‾‾‾‾
                                     3,56 M.

Da trotz dieser ziemlich hohen Verkaufsgewinne von 2,60 Mk. beim Roggenmehl und 3,56 Mk. beim Weizenmehl kein so bedeutender Reingewinn erzielt wird, ist der Rückschluss auf ziemlich hohe Produktionskosten durchaus berechtigt.[1]

VII.

Die nachstehenden Beantwortungen des übersandten Frage-bogens verdankt der Verfasser Herrn Pfarrer Spengler in Nottingen-Damsbach.[2]

Die beiden kleinen Wassermühlen werden von der Pfinz, einem Nebenflüsschen des Rheins getrieben. Die Wasserkraft wird auf je 8 Pferdekräfte geschätzt. In beiden Betrieben wird ausser Wasserkraft keine andere Betriebskraft benutzt.

[1] Nachträglich werde ich darauf aufmerksam gemacht, dass der derzeitige Roggenpreis 8,75 Mk. pro Ctr. betragen habe. Wenn der Roggen 6 Mk. kostet, so soll dort das Mehl pro Pfund 9—10 Pfg. kosten und es wird als Verdienst pro Ctr. 50 Pfg. gerechnet. Demgegenüber ist es vielleicht von grösserem Interesse, die Kaufs- und Verkaufspreise einer grossen Mühle Ostpreussens kennen zu lernen. Danach stand in-ländischer Roggen auf 129 Mk. im August, war demnach gegen Juni, Juli schon bedeutend gefallen, während hier auf dem Lande der hohe Preis von 175 Mk. pro t. noch bestand.

1898	Roggenmehl inl.				Roggenmehl transit.				Roggen	Kleie	
	0	0/1	I	II	0	0/1	I	II	inl.	trans.	pro t.
	pro 100 kg in M.				in M.				pro t. In M.		in M.
Januar	21	19,75	18,50	—	15,75	14,50	13,50	—	132	104	81
Februar	20,50	19,25	18	—	15,45	14,20	12,95	9	131	104	79
März	20,50	19,25	18	—	15,25	14	12,75	9,25	133	102	82
April	21,25	19,75	18,75	—	15,85	14,65	13,40	9,25	155	118	89
Mai	25	23,75	22,50	—	18	16,75	15,50	9,50	165	132	105
Juni	21,25	20,00	18,75	—	15,50	14,25	13	8,35	140	105	80
Juli	21,25	20,00	18,75	—	15	13,75	12,50	7,75	—	104	84
August	20,25	19,25	18	—	15,50	13,75	12,75	8,25	129	93	85
Septbr.	21	19.75	18,50	—	15,25	14	12,75	—	134	90	89
Oktbr.	21,50	20,25	19,11	—	15	13,75	12,25	—	144	106	82
Novbr.	21,75	20,50	19,25	—	16,50	15,25	14	10,25	145	—	83
Dezbr.	21,00	19,75	18,50	—	16,75	15,50	14,25	10	140	114	85

[2] S. auch Schriften d. V. s. S. Bd. 69 S. 73.

14*

Die erste Mühle, die N. Mühle, an der Strasse nach Pforzheim gelegen, befindet sich im Besitz der Familie des jetzigen Eigentümers seit 1866, in dem Besitz des Eigentümers seit 1895. Verbunden ist mit der Mahlmühle eine Sägemühle, Landwirtschaft und Gastwirtschaft. Letztere wird z. Z. noch vom Vater des Müllers betrieben. Zur Landwirtschaft wird eine Fläche von 8 Morgen benützt, auf der unter anderm Spelz, Gerste, Hafer, Weizen, Kartoffel, Klee, Dickrüben, Tabak gebaut werden. Der brutto Durchschnittsertrag pro Morgen à 36 ar beträgt 112 Mk. Der Wert eines Morgens wird auf 1200 Mk. angegeben. Die beiden in Rede stehenden Mühlen haben keine Vorrichtung zum Ansammeln des Wassers. Über die Wasserverhältnisse berichtet der Untersucher, dass $1/_2$ reichlich, $1/_4$ auskömmliches, $1/_4$ nicht auskömmliches Betriebswasser vorhanden ist. Die Wasserkraft ist im Durchschnitt auf 8 Pferdekräfte anzunehmen. Bei reichlichem Wasser kann Tag und Nacht gemahlen werden.

Der Wert des Mühlengebäudes beträgt 18000 Mk., Wert der maschinellen Einrichtung 6000 Mk., des Grund und Bodens, auf dem die Mühle steht, 1200 Mk. Es wird nur Lohnmüllerei betrieben; das Korn wird auf 3 Mahlgängen vermahlen. Von den Gängen sind 2 französische, 1 rheinisch (Sandstein). Der Getreidereinigung dient eine Schälmaschine, der Mehlsichtung ein sog. „Cylinder" mit Seidengazeüberzug. Der Betriebsmotor ist ein Wasserrad. (Neu kostet ein Wasserrad etwa 400 Mk., Abnutzungsgebühren 12 Jahre.) Beleuchtungsmaterial wird für 120 Mk. verbraucht. Die Produktionskraft beträgt pro Tag (24 St.) 20 Ctr., im Durchschnitt bei 12 St. 10 Ctr. 1896 wurde an Mahllohn eingenommen 150 Ctr. Der Mahllohn beträgt $1/_{12}$ der zu vermahlenden Körner. Die Feuerversicherungsprämie für Mühle und Wohnhaus (22500 Mk.) beträgt 50 Mk. An Staatssteuern werden gezahlt pro Jahr 173,53 Mk., an Gemeindeabgaben 349,06 Mk.

Über die Arbeitsverhältnisse wird noch folgendes berichtet: Der Besitzer arbeitet selbst mit, hat einen Gesellen und einen Lehrling, seinen Sohn. Der Geselle erhält 3 Mk. wöchentlich Lohn, ausser dem noch Trinkgeld, etwa im Betrage von 5 Mk. pro Woche. Regelmässige Arbeitszeit beträgt 24 St. und jeder 2. Tag ist Ruhetag. 36stündige Arbeitszeit kommt äusserst selten vor. Die Mahlmühle ist weniger rentabel wie die Sägemühle.

Der Betrieb der zweiten Mühle ist demjenigen der vorbeschriebenen in den meisten Punkten gleich. Das Mühlengebäude, der Grund und Boden, auf dem die Mühle steht und der Wert der maschinellen Einrichtung werden zu demselben Werte wie in dem vorgehenden Falle angegeben. Nur ist hier Landwirtschaft allein als Nebenbetrieb vorhanden und zwar dienen der Bewirtschaftung 10 Morgen. Es werden an Staatssteuern 126 M., an Gemeindesteuern 221 Mk., darunter Gewerbesteuer 50 Mk. gezahlt, insgesamt 347 Mk. Mühle und Wohnhaus sind für 21500 Mk. mit 48 Mk. Prämie versichert. Heiz-, Schmier-, Beleuchtungsmaterial wird für 109 Mk., Utensilien für 60 Mk. verbraucht. Als Mahllohn wurden 1896 etwa 200 Ctr. angenommen. Statt des Lehrlings ist hier ein Fuhrknecht im Betrieb. Der Geselle erhält wöchentlich 3,50—4,00 Mk. Der Fuhrknecht jährlich 250 Mk. nebst Kost und Logis, welch letztere pro Tag mit 1 Mk. veranschlagt wird. Ausser dem Lohn erhalten Geselle und Knecht Trinkgelder von den Kunden, durchschnittlich wöchentlich 5 Mk. resp. 2 Mk.

Freie Tage hat der Geselle jeden Sonn- und Feiertag. Die regelmässige Arbeitszeit des Gesellen beträgt 12 Stunden. „Dass der Geselle mal 36 Stunden hintereinander arbeitet, kommt selten vor."

Bei den beiden hier beschriebenen Mühlen fällt dem Betrachter eins auf, das sind die hohen Gebäudewerte und die überraschend grossen Steuerlasten. Nimmt man mit dem Untersucher einen Körnerpreis von 8,50 pro Ctr. an (s. weiter unten), so hatte der erste Müller ein Jahresverdienst von 1700 Mk. und der zweite einen Verdienst von 1275 Mk. aus der Mühle, dazu kommt noch für den ersteren ein Bruttoertrag aus der Landwirtschaft von 896 und für letzteren 1120 Mk., insgesamt 2596 Mk. resp. 2395 Mk. Den Einnahmen stehen 2357,59 Mk. bez. 2137 Mk. Ausgaben gegenüber, sodass 238,41 resp. 258 Mk. Jahreseinnahmen übrig bleiben. Dabei ist noch unberücksichtigt geblieben, welche Ausgaben im landwirtschaftlichen Betrieb zu machen waren. Ein Reinertrag allein aus der Mühle ist danach natürlich nicht zu verzeichnen.

In den Untersuchungen des Vereins für Sozialpolitik äussert sich der Referent über die dortige Lage der Müllerei in folgender bemerkenswerter Weise:

„Das Geschäft ist seit 25 Jahren sehr zurückgegangen, weil die Bäcker, die das Kunstmehl wohlfeiler kaufen, nicht mehr selbst mahlen lassen. Die Bauern und Handwerker lassen zwar noch mahlen, soweit ihre selbst gepflanzten Früchte reichen, doch kaufen auch sie das Mehl bei den Bäckern. Da sie für den Doppelzentner Spelz nur 12,50 Mk. zur Zeit erhalten, so mahlen sie selbst ihre Früchte in einer der Dorfmühlen, aber auch auswärts.

Als Lohn nehmen die Müller $1/_{12}$ der zu mahlenden Körner und können in 24 St. höchstens $1^1/_2$ Ctr. in Wert von 12,75 Mk. einnehmen. Das Geschäft ist durch das Sinken der Getreidepreise sehr zurückgegangen (1870 1 dz Körner 28 Mk., jetzt nur 17 Mk.). Dass durch das Sinken der Getreidepreise gerade die Lohnmüllerei am schärfsten betroffen wird, haben wir an anderer Stelle schon hervor gehoben.

Aus diesen Einzelbeschreibungen dürfte eins mit zweifelloser Klarheit hervorgehen, dass eine Rentabilität der kleinern Mühlen wegen ihrer hohen Produktionskosten nicht zu konstatieren ist. Nicht 25—40 Pfg. betragen die Selbstkosten pro Ctr., sondern 80—90 Pfg., ein Betrag, welcher allerdings garnicht im Verhältnis zu der Leistung steht.

Warum die kleinen Betriebe teuer produzieren, soll nachfolgende Überlegung über die Kosten einer Wind-, Wasser- und Dampfpferdestärke zeigen.

Nach Beispiel I kostet ein Bockwindmühlengebäude nebst Grund und Boden ohne maschinelle Einrichtung cca. 900 M. pro Windpferdestärke. Es wird hier angenommen, dass eine Bockwindmühle 4 Pferdestärken erzeugt, eine Holländermühle aber 8. — Die andere geschilderte Bockwindmühle hat einen Gebäudewert von 5000 M. und Bodenwert von 200 M. Rechnet man hier auch 5 nutzbar gemachte Pferdestärken, so ergeben sich immerhin cca. 1000 M. pro Windstärke. Engel schätzte i. J. 1853 die Kosten der Anlage einer Windpferdestärke in kleinern Motoren auf 5—600 M., in stärkern auf 4—500 M., die des Betriebes auf 20 $^0/_0$ dieser Summe pro Jahr.[1])

Die Kosten einer Wasserpferdestärke wurden von dem Genannten i. J. 1853 für Sachsen auf 500 Thlr. berechnet. Heute dürften die Kosten dieser bei Turbinenbetrieb, sofern

---

[1]) Preuss. Statist. 1877. S. 384.

nur etwa 30 P. S. erzielt werden, 4—600 M. betragen. Bei Wasserrädern werden sich in einzelnen Fällen auch geringere Summen ergeben. Jedoch muss man hierbei stets berücksichtigen, dass bei der etwa 200 Tage oder noch weniger dauernden thatsächlichen Benutzung der Kräfte sich die Zinsen für den Unterhalt des Mühlendammes und der Schleuse, Reinigung des Grabens u. s. w. sehr vergrössern und die Rentabilität so schmälern, dass schon eine kleine Dampfmühle billiger produziert, da bei dieser die Pferdekraft pro Jahr meistens 300 M., bei grösserer etwa 200 M. zu stehen kommt. Die jährlichen Zinsverluste pro Wasserpferdekraft betragen durchschnittlich heute etwa 75 M., die Verkaufswerte schwanken zwischen 500—2000 M. Unter diesen Verhältnissen ist es für die Mehrzahl der kleinen und kleinsten Mühlen nicht möglich, irgendwie einen nennenswerten Widerstand der Grossindustrie entgegenzustellen. Auch in den abgelegensten Gegenden werden sie als Mahlmühlen wahrscheinlich sehr bald ganz wegfallen, jedoch werden sie noch für den Bedarf an Futterschrot in Frage kommen. Diese müllerischen Kleinbetriebe durch gesetzgeberische Massregeln schützen und am Leben zu erhalten hiesse Prämien aussetzen für technisch rückständige und teuer produzierende veraltete Betriebsformen.

Von zahlreichen Wassermühlen aber, die eine mittlere Wasserkraft besitzen und deren Gefälle leicht vertieft werden können, kann man schon heute sagen, dass eine Benutzung ihrer Wasserkräfte zu Elektrizitätszwecken durchaus eine rentablere Verwendung derselben wäre als die Benutzung zur Mehlerzeugung.

B. Die Arbeitsbedingungen bei Gross- und Kleinbetrieb.
1) Die Arbeitsbedingungen im Allgemeinen.

Auf den vorhergehenden Blättern gelangte unsere Untersuchung zu dem Ergebnis, dass der Grossbetrieb dem Kleinbetrieb in privatwirtschaftlicher Hinsicht überlegen ist. Der zweite Teil des vorwürfigen Themas betraf die Frage, welchem von den beiden Formen der gewerblichen Unternehmung eine höhere sozialpolitische Bedeutung beizumessen sei. Hier werden wir zu untersuchen haben, welche Bedeutung dem Grossbetrieb und dem Kleinbetrieb in Bezug auf die wirtschaftliche und soziale Hebung der Arbeiterklasse zukommt. Denn

zweifelohne wirft nicht allein wegen ihres numerischen Über-
gewichts das Wohl und Wehe von rund 70000 in der Mühlenindustrie gewerblich beschäftigten Arbeitern ein entscheidendes
Gewicht in die Wagschale, die gewaltigen Interessenkämpfe,
von denen das heutige Wirtschaftsleben in seinen tiefsten
Tiefen aufgewühlt wird, treten vor unser Auge. Das Medusen-
antlitz der sozialen Frage erhebt ihr Haupt. —

Welches sind nun die Arbeitsbedingungen der in der
Mühlenindustrie Beschäftigten? Welches sind die vorkommenden Arbeitszeiten? Welcher Lohn wird dafür gezahlt?

Betrachten wir hier zuerst die allgemeinern Arbeitsbedingungen der Müller und Mühlenarbeiter beim Gross- und
beim Kleinbetrieb. Schon hinsichtlich der Beschaffenheit der
Arbeitsräume zeigen sich bemerkenswerte Unterschiede.
Während die Arbeitsstätten in den Grossbetrieben hell und luftig
sind und soweit irgend möglich eine Staubentwicklung durch die
bei fast jeder Maschine angebrachten Exhaustoren und Ventilatoren
vermieden wird, ist dies natürlich in kleinern Betrieben wegen
der Kostspieligkeit derartiger Einrichtungen nur selten der
Fall. Die Enge der Räume, die Schwierigkeit des Umbaus
und die bedrängte Lage der kleinen Mühlenbesitzer sind die
Ursachen, die durchgreifende Verbesserungen unmöglich machen.

Das Gutachten des kaiserlichen Gesundheitsamtes über den
Einfluss der Beschäftigung der Müllergesellen und Lehrlinge
auf deren Gesundheit anlässlich der Enquete über die Arbeitszeit im Mühlengewerbe, bemerkt in dieser Beziehung folgendes:

„Wenngleich neuerdings in Folge vervollkommneter Betriebseinrichtungen die der Luft in den Mühlen beigemischten
Staubmengen hie und da eine bedeutende Abnahme erfahren haben,
mancherorts sogar bis zu einem solchen Grade, dass von einer
wesentlichen Staubverunreinigung, namentlich in den dem
eigentlichen Mahlbetriebe dienenden Räumen, nicht mehr gesprochen werden darf, so sind doch im allgemeinen die
Müllergesellen und -Lehrlinge auch heute noch zu den sogenannten Staubarbeitern zu rechnen.“

Des weitern wird in dem Gutachten ausgeführt, dass bezüglich der Gesundheitsschädlichkeit die Beschaffenheit des
Mühlenstaubs von wesentlicher Bedeutung sei. Durchaus
schädlich wirke in Mühlen, wo noch Mühlsteine Verwendung
finden, der beim Spitzen und Mahlen entstehende scharfkantige

Spitzen- und der beim Schärfen der Steine entstehende
Steinstaub; hauptsächlich durch erstern werden die bei den
Müllern beobachteten Bronchialkatarrhe, die chronisch geworden
zu den üblichen Erscheinungen des Lungenemphysems führen,
hervorgerufen.

Daher gelten in den Müllerkreisen Erkrankungen der
Athmungsorgane sowie Lungenschwindsucht als spezifische Be-
rufskrankheiten. Auch der Rheumatismus gilt als eine durch
den müllerischen Beruf hervorgerufene Krankheit, dessen Ursache darin gefunden werden könnte, dass in alten Mühlen
die Arbeit in kalten zugigen Räumen verrichtet wird; auch
ist der Müller, von der Arbeit erhitzt, nicht selten plötzlichen
Temperaturwechseln und Durchnässungen ausgesetzt. Als Beispiele führt der Bericht den Wind- und Wassermüller an, die
in Regen und Unwetter zur Regelung ihrer Betriebskräfte
hinaus müssen.

In der That sind die Gefahren für die Gesundheit der
Mühlenarbeiter in Kleinbetrieben bedeutend grösser als in
Grossbetrieben. Der Müllergesell in einer Bockwindmühle hat
nicht nur auf sein „gehendes Zeug" in der Mühle aufzupassen,
er muss auch beständig sein Augenmerk auf den Wind richten,
und aufpassen, wenn dieser umspringt. Dann muss er hinaus
um die Mühle umzustellen, ganz gleich ob es regnet, stürmt
oder friert, ob er von der Arbeit erhitzt ist oder nicht.

Ähnlich ist auch der Müller in den kleinen Wassermühlen
leicht öfteren Gesundheitsschädigungen ausgesetzt. Auch hier
erfordert die Eigentümlichkeit seiner Betriebskräfte seine be-
ständige Aufmerksamkeit und Untersuchung. Namentlich im
Frühling, Herbst und Winter, wenn das Wasser von Eis oder
Blättermassen gereinigt werden muss, dann wird durch die
zeitweise Draussenarbeit des Müllers, den damit verbundenen
Temperaturwechsel oft der Grund zu spätern langwierigen
Krankheiten gelegt.

Aber auch die innern Einrichtungen der Kleinbetriebe
ermangeln genügender Vorrichtungen zur Sicherung der
Arbeiter. Und so tönt aus den Berichten der Gewerbeaufsichtsbeamten seit Jahren dasselbe Lied von den mangelnden
Sicherheitseinrichtungen in den kleinen Mühlen. Ein wahres
Kreuz für die Beamten scheinen die fast stets den Sicherheits-
anforderungen nicht genügenden Fahrstuhleinrichtungen zu

sein. (s. z. B. Ber. d. pr. Gew. b. 1896/97. S. 126. Breslau.) Auch der Bericht des Gewerbebeamten von Frankfurt a. O. aus dem Jahre 1894 giebt hiervon eine höchst anschauliche und noch heute zutreffende Schilderung:

„Bei kleinen Mühlen mit schwachem Wasserzufluss ist beobachtet worden, dass der in Akkordlohn stehende Müllerbursch sich durch ein selbstthätig einsetzendes kleines Lärmrad Nachts wecken lässt, wenn das Wasser eine gewisse Höhe erreicht hat, so dass die Mahlgänge neu beschüttet und wieder in Gaug gesetzt werden können. Da diese kleinen Wassermühlen meist veraltete Betriebseinrichtungen haben und der automatischen Beförderungsweise des Mahlguts entbehren, so sind die Müller genötigt, zum Zweck der Materialbeförderung häufig von Stockwerk zu Stockwerk zu steigen. Der Aufsichtsbeamte, der in solchen Mühlen das Mitfahren der Müller auf dem Fahrstuhl verbietet und ihnen die alleinige Benutzung der meist recht steilen und unbequemen Treppen zur Pflicht macht, ist daher nicht gern gesehen. Das Aussehen der überanstrengten Müllerburschen solcher kleinen Betriebe ist infolge ungewöhnlich langer Thätigkeit in staubigen Räumen entsprechend ungesund."

Ein andrer Bericht aus dem Jahr 1897 hebt folgendes hervor: „Auch zu der grossen Zahl der Mängel an den Treppen, Gallerien etc. sowie an Arbeitsmaschinen und Transmissionen liefern die kleinen Mühlen den Hauptteil. Oft sind die fast stets hölzernen Treppen zu schmal, besitzen sehr ausgetretene Stufen, entbehren jeder Handleiste und sind meist viel zu steil und mit zu wenig Auftritt angelegt". In vielen Fällen trifft das Gesagte auch zu, wenn die räumlichen Verhältnisse in der Mühle recht wohl die Anlegung einer bequemeren minder gefährlichen Treppe gestattet hätten. Die Hauptantriebe in diesen Mühlen sind selten hinreichend umwehrt, so dass bei einiger Unachtsamkeit leicht Personen zu Schaden kommen können. Häufig werden derartige Schutzvorrichtungen, die auf Veranlassung des revidierenden Beamten früher angebracht worden waren, wenn sie bei Reparaturen und sonstigen Vornahmen entfernt werden mussten, nicht wieder verwendet oder sie werden, wenn sie defekt geworden sind, nicht repariert oder erneuert."

Zu vielen Ausstellungen und Klagen geben auch die

schlechten Schlaf- und Wohngelegenheiten in den kleinen
Mühlen Veranlassung. Gewöhnlich steht nämlich der Geselle
oder Lehrling bei dem Kleinmühlenbesitzer in Kost und Logis.
Da muss er dann zufrieden sein mit dem, was ihm geboten
wird. Bedauerlicherweise haben sich sehr viele der in der
Käpplerschen Broschüre schon im Jahre 1891 hierüber gemachten
Angaben durchaus bestätigt und die Berichte der Gewerbe-
beamten entrollen fortwährend noch neue trübe Bilder.

Das bereits zitierte Gutachten fasst die Ergebnisse seiner
Untersuchungen, nachdem dasselbe noch besonders hervorgehoben, dass die Müller genötigt sind, auch ihre Arbeitspausen
vielfach in kalten und stauberfüllten Räumen zuzubringen,
mit den Worten zusammen: „Die Aufenthalts- und Schlafräume der Müller sind, wie in den auf die Fragebogen
eingelaufenen Antworten mehrfach zum Ausdruck gekommen
ist, oft nicht derart von den Mahlräumen abgeschlossen, dass
der Mehlstaub nicht in sie hineingelangen könne. Aber auch
wenn der Abschluss genügend wäre, so bringt doch der Müller
mit seinen Kleidern und an seinem Körper den Staub dort
hinein.“
Das Gutachten führt dann eine vom Verband deutscher
Müller in Weimar eingegangene Antwort an, worin es heisst:
„Staubige Schlafräume sind sehr häufig, vielfach sind dieselben
nicht einmal abgeschlossen, sondern das Lager steht frei in
einer Ecke oder zwischen ein paar Mehlkasten auf dem Boden.
In andern Fällen besteht es gar nur aus leeren Mehl- oder
Getreidesäcken. Der Müller legt sich unausgekleidet hinein.
Auch müssen sich sehr oft 2 Personen und noch mehr mit
einem Lager begnügen, so dass also, wenn der eine aufsteht,
der andere sich hineinlegt, das Lager also niemals erkaltet.
Ist jemand mit einer ansteckenden Krankheit behaftet, so
wird eine Mühle mit derartigen Einrichtungen oftmals zum
Heerd vieler und häufiger Erkrankungen.“ Derartige Schlaf-
stellen sind u. a. geeignet, sagt dann das Gutachten, zur Ver-
breitung der Lungenschwindsucht, die, wie erwähnt, unter den
Müllern ziemlich oft zu finden ist, beizutragen. Auch der Ge-
werbeaufsichtsbeamte von Liegnitz teilt mit, dass in kleinern
Mühlen die Schlafstätten der Müllerburschen in stauberfülltem
Raume, unmittelbar neben den Mahlgängen hergerichtet waren.
(1883 S. 148. Jahresber. d. kgl. Preuss. Reg. u. Gewerberäte.)

220 V. Die wirtschaftliche u. soziale Bedeutung v. Gross- u. Kleinbetrieb etc

Die Gewerbebeamten aus der Pfalz und dem Oberelsass veröffentlichen hierüber folgende Berichte:[1])

„Häufig geben, namentlich in Mühlen, die Schlafstätten
in gesundheitlicher Beziehung, auch wegen Feuersgefahr, zu
Beanstandung Veranlassung und musste in 22 Fällen auf deren
Änderung und Verbesserung hingewirkt werden. In einem Fall
wurde von einem Mühlenburschen Klage erhoben, dass der
Schlafraum zu klein und überhaupt schlecht wäre, ein Bett
von 2—3 Personen benutzt werden musste, und dieses, in Zusammenhang mit der Unreinlichkeit und dem Ungeziefer, Schlaf
und Ruhe unmöglich mache. Die alsbald vorgenommene erst-
malige Revision dieser Anlage bestätigte die Klage und es
wird nun durch Beschaffung eines zweiten Schlafraums und
entsprechender Betten dieser Missstand beseitigt. (Pfalz.)

Gleicherweise berichet der Aufsichtsbeamte für Oberelsass,
dass er in Mahlmühlen sehr schlechte Schlaf- und Wohngelegenheiten gefunden. Für 2 Arbeiter war immer nur ein
Bett vorhanden; wenn ein Arbeiter die Arbeit verliess, so
musste sein Ersatzmann dasselbe Lager benutzen, welches er
verlassen hatte, ohne dass der Bezug gewechselt wurde.
Waschgelegenheit und Handtücher oder dergleichen waren
nicht vorhanden; zu jeder Jahreszeit mussten die Arbeiter sich
am Brunnen oder am Bach waschen und zum Abtrocknen Säcke
oder Pläne benutzen. Die Reinigung der Räume wurde den
Arbeitern überlassen, d. h. es wurde überhaupt nicht gereinigt.
Einer dieser Mühlenbesitzer glaubte schon ein Übriges gethan
zu haben, als er für die Wintermonate einen Ofen aufgestellt
hatte. Eine Abstellung war hier nur durch Erwirkung einer
Polizeiverfügung möglich.“ —

2) Die Arbeitszeit der Müller und Mühlenarbeiter.

Bezüglich der Arbeitszeit und des Arbeitslohnes der in den
kleinern Mühlen Beschäftigten sind in den produktionsstatisti-
schen Bildern bereits verschiedentliche Angaben gemacht worden.

Bevor wir hier aber weiter gehen, empfiehlt es sich, soweit
notwendig, die Ergebnisse der Erhebungen über die Arbeitszeit in Getreidemühlen, die im Sommer 1893 von der Kommission
für Arbeiterstatistik veranstaltet wurden, einer Betrachtung

[1]) s. amtl. Mitteilungen aus den Berichten der Gewerbe-Aufsichts-
Beamten 1894. S. 384.

zu unterziehen. Die Erhebungen, welche, wie bekannt durch
eine im Jahre 1891 dem Bundesrat überreichte Broschüre des
Vorstands der Deutschen Mühlenarbeiter veranlasst wurden,
dehnten sich aus über 10 % aller der Unfall-Berufsgenossen-
schaft der Müller angehörenden Mühlen. Dass eine in dieser
Weise vorgenommene Stichprobenstatistik trotz der sorgfältig-
sten Fragebogen und trotz gewissenhaftester Fragenbeant-
wortung bei der Eigenartigkeit des Mühlenbetriebs in jeder
Beziehung zutreffende Wirklichkeitsbilder liefere, diese
Forderung kann nicht erhoben werden.

Der Befragung wurde das Kataster der Müllereiberufsgenossenschaft in Brandenburg zu Grunde gelegt.

Das Kataster wies im Jahre 1893 auf:

14301 Windmühlen, dazu 389 Mühlen mit Wind und Dampf,
25851 Wassermühlen „ 624 „ „ „ „ Wasser,
742 durch Dampfkraft allein,
1352 in Verbindung mit Wasser getrieben.
39 mit andern Motoren als Wind, Wasser u. Dampf getr.
43298 Mühlen.

Für die Befragung ausgewählt wurden:

1454 Windmühlen,
2608 Wassermühlen
250 Dampf- sowie Dampf- u. Wassermühlen,
4312 Mühlen.

Die Zahl der Mühlen, für welche Fragebogen bearbeitet
sind, war

a) Windmühlen 995
   davon auf Preussen 900
b) Wassermühlen 2132
   davon auf Preussen 904
   „ „ Bayern 573
   „ „ Sachsen 140
   „ „ Württemberg 162
c) Dampfmühlen 214
   davon auf Preussen 140
   „ „ Bayern 24
   „ „ Sachsen 13
   „ „ Württemberg 3
   im ganzen Mühlen 3341

Es sind sonach von rund 43000 Mühlen nur rund 3300 = 7 %

statistisch bearbeitet worden, von den Windmühlen sogar nur 6%
von den Wassermühlen 8 %. Der Kommissionsbericht mass die
Schuld hier an dem Umstand bei, dass entgegen der Katasteraus-
kunft, die sich auf das Jahr 1892 gründete, in den betreffenden
Mühlen kein Geselle thätig war. Gleichwohl kann hier nicht unterlassen werden, darauf hinzuweisen, dass, wenn auch volle 10%,0 der
Mühlen berücksichtigt wären, diese so gewonnenen Ziffern nicht
ohne weiteres zu Verallgemeinerungen benutzt werden könnten.
Die Eigentümlichkeiten der Wind- wie Wasserverhältnisse, die
stärkeren und anhaltenden Winde in den Küstengegenden und die
gefällereichen Landstrecken an den Gebirgsabhängen haben die
Müllerei hinsichtlich der benutzten Betriebskräfte geographisch
eigenartig geteilt. Während z. B. Süddeutschland fast gar
keine Windmühlen hat, sind namentlich im nordwestlichen
Deutschland, Hannover, Schleswig-Holstein, Meklenburg äusserst
zahlreiche grössere Windmühlen, die sog. Holländer, in denen
1—2 Gesellen beschäftigt werden und die selbstverständlich
längere Betriebszeiten haben als die kleinen schwachen im
Binnenland des Nordostens mehr vorkommenden 1—2gängigen
Bockwindmühlen, die meist mit einem Familienangehörigen betrieben werden. Eine Stichprobenerhebung, die also vielleicht
2—3 % der Küstenwindmühlen erfasst, da sie ja gleichmässig
alle Kreise, in denen Windmühlen vorkommen, berücksichtigen
soll, kann daher nicht zu einer vollkommenen Klarheit in Bezug
auf die bestehende Arbeitszeit gelangen, vor allem aber des-
wegen nicht, weil naturgemäss in einem guten Windjahr sehr
viel längere Arbeitszeiten herrschen werden wie in einem
schlechten. Ähnlich liegt der Fall bei den Wassermühlen.
Auch hier können in einzelnen Jahren mit besonders guten
Wasserverhältnissen zahlreiche Wassermühlen die Wasserkraft'
besser ausnutzen, was natürlich längere Betriebszeiten zur
Folge hat.

Nach dieser kurzen Vorbemerkung sollen die Resultate der
Erhebungen angeführt werden.

In den 995 Windmühlen hatten die Gesellen, wenn nicht
Tag und Nacht gemahlen wird, eine Arbeitszeit

von 12 oder weniger Stunden in 740 (74,4 %) Betrieben
„ 12—14 Stunden 141 (14,2 „) „
„ 14—16 „ 71 (7,1 „) „
„ 16 und mehr Stunden 21 (2,1 „) „

Wenn Tag und Nacht gemahlen wird, was im ganzen in
702 Windmühlen (70,6 % der befragten) vorkommt, dann beträgt die Arbeitszeit des Gesellen in

  72 Betrieben (10,3 %,) 12 Stunden u. wenigei

27	„ (3,8 „)	12—14	Stunden
143	„ (20,4 „)	14—16	„
305	„ (43.4 „)	16—18	„
30	„ (4.3 „)	18—20	„
3	„ (0,3 „)	20—22	„
115	„ (16,4 „)	22—24	„

90% (bracketed for the 16—18 through 22—24 rows)

Unter diesen letzten 16 % sind Mühlen zu verstehen, wie
der Bericht anführt, die fast durchweg eine 24stündige Arbeitszeit haben, aber es sind auch Mühlen darunter, in denen es
unter Umständen vorkommt, dass der Geselle 36, ja 48 und
mehr Stunden hintereinander Dienst hat.

Bezüglich der Dauer der Arbeitszeit in Wassermühlen ergab die Untersuchung folgendes Bild für Zeiten des gewöhnlichen Betriebs.

In 922 (43.3 %) Mühlen betrug die Arbeitszeit 12 u. weniger Stunden.
„ 333 (15,6 „) „ „ „ „ 12—14 Stunden,
„ 384 (18,0 „) 56% „ „ „ „ 14—16 „
„ 482 (22,6 „) „ „ „ „ mehr als 16 Stunden.

Von den 482 Betrieben mit mehr als 16stündiger Arbeitszeit hatten eine regelmässige tägliche Arbeitszeit von

16—18	Stunden	331	Betriebe	(15,5 %)
18—20	„	29	„	(1,4 „)
20—24 (ausschl.)	„	11	„	(0,5 „)
24	„	111	„	(5,2 „)

Bei einer durchschnittlichen Arbeitszeit von weniger als
24 Stunden hatten länger als 24 Stunden hintereinander Dienst

wöchentlich einmal	in 6 Betrieben	(0,3 %)	
„ zweimal	„ 35	„	(1,6 „)
„ mehr als zweimal	50	„	(2,3 „)

In Zeiten besonders lebhaften Betriebs hatten die Gesellen
eine regelmässige tägliche Arbeitszeit von

12 Stunden und weniger in 270 Betrieben	(23,7 %)		
12—14 Stunden	144	„	(12,6 „)
14—16 „	205	„	(18,0 „)
16—18 „	313	„	(27,5 „)
18—20 „	65	„	(5,7 „)
20—24 „	12	„	(1,1 „)
24 „	127	„	(11,1 „)

Länger als 24 Stunden war der Dienst wöchentlich

einmal in 3 Betrieben (0,3 %)

zweimal in 32 „ (2,8 „)

mehr als zweimal in 57 „ (5,0 „)

In Zeiten besonders lebhaften Betriebs sind daher ausgedehnte Arbeitszeiten noch häufiger vorkommend. Von 1139 Mühlen, in denen besonders lebhafter Betrieb vorkommt, haben 517 (45.4 %) tägliche Arbeitszeiten von mehr als 16 Stunden.

Demgegenüber haben die Dampfmühlen folgende Arbeitszeiten. Es kamen unter den 214 befragten Mühlen vor

in 93 Betrieben (43,5 %) eine Arbeitszeit von 12 u. weniger Stund.

„ 67 „ (31.3 „) „ „ „ 12—14 St.

„ 12 „ (5,6 „) „ „ „ 14—16 „

„ 19 „ (8,9 „) „ „ „ 16—18 „

„ 3 „ (1,4 „) „ „ „ mehr als 18

Einen kontinuierlichen Betrieb mit 2 gleichen (zwölfstündigen) oder

fast gleichen Schichten hatten 59 Betriebe (27.6 %)

mit anderer Einteilung 13 „ (6,1 „)

mit nicht kontinuierlichem Betr. 142 „ (66,3 „)

Die Sonntagsruhe der Gesellen gestaltete sich nach der Erhebung folgendermassen:

In Windmühlen wurde in

209 (21,0 %) Mühlen eine mindestens 24stündige Ruhezeit mehr als 50mal im J. 1892 gewährt, d.h. an allen Sonn- u. Festtag.

312 (31,4 „) an mehr als 30 Sonn bezw. Festtagen.

166 (16,7 „) an 21 bis 30 mal, also etwa die Hälfte der Sonn- und Festtage.

Im ganzen 831 (83,5 %) Windmühlen, in denen eine volle Sonntagsruhe mehr als 10 mal im Jahre vorkam.

Bezüglich der Sonntagsruhe in den Mühlen nach der Grösse des Personals, wurde für die Mühlen mit mehr als einer Hülfsperson konstatiert, dass unter ihnen der Prozentsatz derjenigen grösser ist, welche ihren Gesellen etwa die Hälfte oder Zweidrittel der Sonn- und Festtage ganz freigeben. Dagegen bleibt bei ihnen der Prozentsatz der Betriebe, die stets volle Sonntagsruhe gewähren, hinter dem Reichsdurchschnitt zurück.

Unter den mit **Wasserkraft** getriebenen Mühlen wurden bei der Erhebung 239 (11,2 %) Wassermühlen angetroffen, in denen den Gesellen (ausser an hohen Festtagen) an keinem Sonntag eine mindestens 12stündige Ruhe gewährt war.

In 1439 (67,5 % der befragten) Mühlen kam eine mindestens und zwar 24stündige Sonntagsruhe vor,

„ 778 (36,5 % „ „) also mehr als der Hälfte, an allen Sonntagen,

„ 266 (12,5 % „ „) an mehr als 30, aber nicht allen Sonntagen,

„ 329 (15,4 % „ „) an weniger als der Hälfte der Sonntage.

Von den übrigen 454 Wassermühlen sind 151 (7,1 %) noch zu erwähnen, deren Gesellen an jedem Sonntag eine 18 bis 23stündige Ruhezeit hatten.

Nach der Grösse des Personals betrachtet, hatte ähnlich wie bei den Windmühlen die Auszählung ergeben, dass volle Sonntagsruhe an etwa der Hälfte oder zwei Dritteln der Sonntage relativ häufiger in Mühlen mit mehreren Hülfspersonen gewährt wird, dagegen unter den Mühlen mit einer Hülfsperson ist ein erheblich grösserer Prozentsatz, die stets volle Sonntagsruhe gewähren.

Bei den Mitteilungen über die **Sonntagsruhe** in **Dampfmühlen** macht die Erhebung einen Unterschied zwischen den Mühlen mit kontinuierlichem Betrieb und zwei je etwa zwölfstündigen Schichten und allen übrigen Dampfmühlen. Für die erstern stellte der Fragebogen die Betriebsruhe am Sonntag fest. Der Umstand aber, dass nur in 24 von 59 Mühlen jener Art, eine mehr als 12stündige Betriebsruhe eintritt, darf nicht zu der Schlussfolgerung verleiten, dass in den übrigen 35 den Arbeitern überhaupt keine Sonntagsruhe gewährt werde.

In den nicht das ganze Jahr kontinuierlich arbeitenden 155 Mühlen kommt eine 24stündige Sonntagsruhe in 138 (89 %) Mühlen vor, und zwar in 100 (64,5 %) mehr als 50 mal, in 25 mehr als 30 bis 50 mal, 18—23stündige Sonntagsruhe kam in 14 (9,0 %) Betrieben vor und zwar mehr als 50 mal im Jahr in 7 (4,5 %) mehr als 30—50 mal „ „ „ 6 (3,8 %)

Dass diese überaus langen Arbeitszeiten, die durch die Erhebung konstatiert wurden, ganz bedenkliche Schattenseiten des Kleinbetriebs sind, bedarf keiner weitern Ausführung. Es sei nur darauf hingewiesen, dass mehr als 16stündige Arbeitszeit in $2/3$ der befragten Windmühlen bei Tag und Nachtbetrieb vorkommt. Bei den Wassermühlen betrug aber für 40,6 % der Befragten in Zeiten gewöhnlichen Betriebs die Arbeitszeit mehr als 14 Stunden.

Über die Einwirkungen derartig ausgedehnter Arbeitszeiten auf die Gesundheit der Müller kommt das Gutachten des kaiserlichen Gesundheitsamtes zu folgenden bemerkenswerten Resultaten.

„Wenn auch die Arbeitsanstrengung der Müllergesellen und -Lehrlinge in den einzelnen Betrieben je nach der inneren Einrichtung und nach der Triebkraft des Werkes verschieden gross ist, so sind doch im Allgemeinen, selbst in vervollkommneten Betrieben, Arbeitszeiten von der im Vorausgeschickten langen Dauer als gesundheitsschädigend zu bezeichnen, auch wenn man in Betracht zieht, dass die Zeiten des Betriebes durch solche, in denen das Werk still steht, unterbrochen werden. Der gesundheitliche Nutzen solcher Ruhezeiten bleibt bei der steten Wiederkehr so hoher Anforderungen an die körperliche Leistungsfähigkeit schliesslich hinter den durch diese geschaffenen Nachteilen zurück. Zwar kommen auch während des Betriebs Pausen vor, namentlich bei den Wassermühlen (vgl. Erhebungen S. 44): indess wird alsdann die Arbeitskraft des Gesellen vielfach für Nebenbeschäftigungen in Anspruch genommen. Bei den Dampfmühlen fanden in 66,3 % der befragten Betriebe Pausen statt und zwar bei 15,4 in der Dauer von insgesammt $1/2$ bis zu 1 Stunde, bei 6,5 von 1 bis zu $1^1/2$, bei 44,4 von längerer Dauer als $1^1/2$ Stunden.

„Wieweit die bei Müllern verhältnissmässig häufigen schweren Betriebsunfälle mit der üblichen Länge der Arbeitszeit und der durch sie geschaffenen körperlichen Ermüdung und geistigen Abspannung ursächlich zusammenhängen, muss dahingestellt bleiben. Thatsächlich wurden nach den „Amtlichen Nachrichten des Reichsversicherungsamts" auf je 1000 versicherte Personen der Müllereiberufsgenossenschaft in den Jahren 1890—1893 für 8,4, 9,2, 8,2 und 10,4 Verletzte Entschädigungen festgestellt; dagegen beliefen sich die Ziffern

für den Durchschnitt sämtlicher gewerblicher Berufsgenossenschaften auf 5,4, 5,6, 5,6 und 6,0. Obwohl die Zahlen der
überhaupt zur Anzeige gelangten Unfälle hinter der Wirklich-
lichkeit zurückbleiben, so sollen sie dennoch nicht unerwähnt
bleiben; sie betrugen auf je 1000 Versicherte in der Müllerei-
Berufsgenossenschaft 27,0, 27,3, 27,7 und 31,0 in sämtlichen
gewerblichen Berufsgenossenschaften 30,3, 31,9, 32,5 und 35,2."

Über die Verteilung der Unfälle hinsichtlich der Grösse
der Betriebe veröffentlichen die Jahresberichte der Müllerei-
berufsgenossenschaft eine höchst interessante Statistik. (Siehe
umstehende Tabelle.)

Aus diesen Zahlen geht mit unzweifelhafter Sicherheit
hervor, dass die Betriebssicherheit wächst mit der Grösse
und den dementsprechend technisch vollendeteren Betriebseinrichtungen.

Zufolge der genannten Statistik kamen:

i. J. 1897 a. die Betr. m. m. a. 50 Pers. nur 10,15 Unfallverl. a. 1000 vers. Pers.

"	"	"	"	"	"	1—3	"	"	10,23	"	"	"	"	"
"	"	"	"	"	"	4—10	"	"	15,65	"	"	"	"	"
"	"	"	"	"	"	11—20	"	"	14,72	"	"	"	"	"
"	"	"	"	"	"	21—50	"	"	14,01	"	"	"	"	"
"	1896	"	"	"	m. a. 50	"	"	7,76	"	"	"	"	"
"	"	"	"	"	"	1—3	"	"	9,49	"	"	"	"	"
"	1895	"	"	"	m. a. 50	"	"	6,73	"	"	"	"	"
"	"	"	"	"	"	1—3	"	"	9,04	"	"	"	"	"

Aus dem Vorstehenden geht hervor, dass die dem Müllereibetriebe anhaftenden gesundheitsschädigenden Einflüsse mit der
Vervollkommnung der Technik sich allmählich mindern und
an Bedeutung hinter den durch die gegenwärtig vielfach übliche lange Arbeitszeit herbeigeführten gesundheitlichen Nachteilen zurückstehen. Durch besondere Vorschriften die Länge
der Arbeitszeit, namentlich für die jugendlichen Personen zu
kürzen, erscheint daher erforderlich. Es wäre zu verlangen,
dass die Müllergesellen und die nicht als Müller ausgebildeten
Mühlenarbeiter in Mühlen mit regelmässigem sowie kontinuierlichem, Tag und Nacht fortlaufendem Betriebe (Dampfmühlen,
Mühlen mit gleichmässiger Wasserkraft, Mühlen mit Dampf
als Hülfskraft) nur während einer zwölfstündigen Tag- oder
Nachtschicht beschäftigt werden dürften. In Mühlen mit minder
begünstigtem, unregelmässigem, von Wind- und Wasser ab-
hängigem Betriebe (ohne Dampf als Hülfskraft) wäre diesen

Verteilung der Unfälle und Belastung der Genossenschaft nach der Grösse der Betriebe.

Betriebe mit	Todesfälle			Es entfallen auf dieselben									Zusammen Spalte 2—5			Die Zahl der versicherten Personen betrug			Belastungsziffern auf 1000 versicherte Personen		
				völliger Erwerbsunfähigkeit			teilweiser Erwerbsunfähigkeit			Fälle mit vorübergehender Erwerbsunfähigkeit											
	1897	1896	1895	1897	1896	1895	1897	1896	1895	1897	1896	1895	1897	1896	1895	1897	1896	1895	1897	1896	1895
1—3 Arbeitern	43	44	47	20	14	5	235	333	341	212	77	55	498	474	457	48675	49921	50581	10,23	9,49	9,04
4—10 „	20	30	11	16	10	1	119	136	136	88	33	26	228	235	181	14572	14632	14551	15,65	16,06	12,44
11—20 „	6	11	6	6	6	3	47	61	60	42	17	11	96	90	82	6725	6434	6462	14,72	15,23	12,69
21—50 „	7	7	3	3	3	1	41	36	49	17	12	10	96	82	71	6854	6506	6567	14,01	12,60	10,81
mehr als 50 „	10	8	6	3	3	3	39	29	32	36	21	8	86	60	53	8472	7728	7678	10,15	7,76	6,73
Summa =	86	100	73	50	40	11	484	636	619	426	163	110	1007	919	844	85298	85229	86039	11,81	11,13	9,81

Personen eine tägliche Ruhezeit von mindestens 8 Stunden zu
gewähren. Auf jugendliche Personen unter 16 Jahren empfiehlt
es sich die Bestimmungen der §§ 135 und 136 der Gewerbeordnung Platz greifen zu lassen.[1]

Klagen über zu grosse Ausbeutung der Arbeitskraft sind
in den Berichten der Gewerbebeamten durchaus etwas häufiges.
Ein eklatanter Fall wird aus dem Unterelsass berichtet:
„Die Mühlen zeigten wie im Vorjahre viele und grobe Ver-
stösse. Solche, die ohne Genehmigung und innere Berechtigung
volle Werktagsarbeit an Sonntagen hatten, andere die unnötige
und deshalb unzulässige Sonntagsarbeit machen liessen (Ver-
ladearbeiten), andere, in welchen die Arbeiter 36stündige
Schichten auch über Sonntag oder 24stündige Wechselschichten
hatten, und eine andere Mühle, wo der einzige vorhandene
Arbeiter 14 Tage lang Tags und Nachts im Werk war und
nicht aus den Kleidern kam, aber nach Vorschrift der Präsidial-

---

[1] Die vom Bundesrat neuerdings erlassene Verordnung bestimmt,
dass in Getreidemühlen den Gehilfen und Lehrlingen innerhalb der auf
den Beginn ihrer Arbeit folgenden 24 Stunden eine ununterbrochene
Ruhezeit von mindestens acht Stunden zu gewähren ist. Werden die
Getreidemühlen ausschliesslich oder vorwiegend mit Dampfkraft betrieben,
so hat die ununterbrochene Ruhezeit mindestens zehn Stunden zu betragen. Bei Betrieben mit regelmässiger Tag- und Nachtschicht kann
die Ruhezeit an Sonntagen, an denen auf Grund der §§ 105e Abs. 1,
105 f. Abs. 1 der Gewerbeordnung Ausnahmen von den im § 105b
Abs. 1 a. a. O. getroffenen Bestimmungen zugelassen sind, insoweit
beschränkt werden als die Durchführung des wöchentlichen Schicht-
wechsels es erforderlich macht.

Auf Getreidemühlen, in deren Betrieb ausschliesslich Wind als Betriebskraft benutzt wird, finden diese Vorschriften keine Anwendung.

Für Getreidemühlen, welche ausschliesslich mit durch unregel-
mässige Wasserkraft bewegten Triebwerken arbeiten und nicht mehr
als einen Gehilfen beschäftigen, können durch die untere Verwaltungs-
behörde Ausnahmen von der vorgeschriebenen Ruhezeit an höchstens
fünfzehn Tagen im Jahre zugelassen werden.

Lehrlinge unter 16 Jahren dürfen in Getreidemühlen aller Art nicht
in der Nachtzeit von achteinhalb Uhr Abends bis fünfeinhalb Uhr
Morgens beschäftigt werden.

Als Gehilfen und Lehrlinge im Sinne der vorstehenden Bestimmungen
gelten solche Personen, welche bei der Bedienung der Mahlgänge beschäftigt werden. Dabei gelten Personen unter 16 Jahren, welche die
Ausbildung zum Gehilfen nicht erreicht haben, auch dann als Lehrlinge,
wenn ein Lehrvertrag nicht abgeschlossen ist.

Die vorstehenden Bestimmungen treten am 1. Juli 1899 in Kraft.

Verfügung jeden zweiten Sonntag vom Müller abgelöst wurde. In 17 Mühlen wurde das Sonntagsverzeichniss nicht geführt und in eines bei 3 wiederholten Revisionen nicht vorgelegt; im letztern Fall erfolgte Bestrafung in Höhe von 30 Mark." Des weitern wird berichtet, dass man besonders volle Sonntagsruhe für alle Mühlen verlange."

Doch genug der Erörterungen über die Arbeitszeit. Untersuchen wir, welches der Preis der Arbeit ist, der für diese oft grossen und schweren Arbeitsleistungen gezahlt wird.

8. Die Arbeitslöhne im Müllereigewerbe.

Betrachten wir hier zuerst die in dem Müllereigewerbe herrschenden Lohnsysteme. Meistenteils erhält der Müllergesell in den kleinern Betrieben, da diese sehr zerstreut auf dem Lande, gewöhnlich ausserhalb des Dorfes oder der Stadt liegen, bei dem Müllermeister Kost und Wohnung. Ausserdem empfängt er eine Barlöhnung. Diese wird in verschiedenen Gegenden verschieden gegeben.

Öfters erhält der Gesell einen festen Zeitlohn, meistens für eine Woche, oder aber er erhält den von den Kunden gegebenen Mahlgroschen oder ein ausser dem Mahlgroschen entrichtetes Trinkgeld, in welch letztern Fällen er keinen Lohn mehr vom Meister oder einen entsprechend verringerten erhält. Mitunter aber kommen, namentlich in West- und Süddeutschland Akkordlöhne vor, d. h. für jeden vermahlenen Wispel Getreides erhält der Geselle einen bestimmten Satz, 3—5 und mehr Pfennige pro Centner.

In den in Ost- und Westpreussen vom Verfasser befragten kleinern Mühlen mit 1 bis 5 Hülfspersonen kamen an Wochenlöhnen 3,50 bis 6 M. vor bei freier Kost und Wohnung. Im einzelnen waren die Betriebsverhältnisse dabei folgende:

1. Bockwindmühle in Gr. Warkau bei J. mit 1 Mahlgang. Der einzige Geselle erhielt 3,50 M., auch wurden für ihn die Versicherungsbeiträge bezahlt.
2. Holländermühle bei J. (jetzt bereits abgebrochen.) Den Betrieb besorgte ein Pächter mit einem Lehrling. Letzterer erhielt 20 M. zu Kleidern im Jahr nebst freier Station.
3. Wassermühle K. (jetzt abgebrochen). 1 Gesell und 2 Lehrlinge. Ersterer erhielt 30 M. pro Monat, die letztern

60 M. pro Jahr ausser freier Station. Produktion 8000 Centner im Jahr.

4. Wassermühle F. Die 3 Gesellen erhalten je 24 M. bei 15stündiger Arbeitszeit. Ausserdem werden die Versicherungsbeiträge für sie bezahlt. Produktion 16000 bis 20000 Ctr. im Jahr.

5. Wassermühle bei Danzig.[1)] 2 Gesellen. Der erste 8 bis 9 M. pro Woche, der zweite 6 M. bei 17stündiger Arbeitszeit. Die Mühle hat zwei Gänge und einen Walzenstuhl. Produktion cca. 40 Ctr. pro Tag. Ausserdem gehört zur Mühle eine Bäckerei, Gast- und Landwirtschaft.

6. Dampfmühle B. bei J. 4 Gänge. Produktion im Jahr cca. 900 t zu Mehl und 1500 t zu Schrot. 6 Personen werden in der Mühle bei cca. 14 und mehrstündiger Arbeit beschäftigt.

1 Werkmeister 900 M.   und   freie Wohnung.
1 Heizer   50 „   pro Monat „   „
2 Gesellen   25 „   „   „   und freie Station.
1 Lehrling im I. Jahre 10 Thlr.
   „   „ II.   „   15   „
   „   „ III. „   20   „
1 Arbeiter 12 Sgr. pro Tag.

7. In Krossen bei Preussisch-Holland erhielten die Gesellen bei 15stündiger Arbeitszeit und einer Wochenproduktion von 200 Ctr. der erste Geselle 50 M., der zweite 21—28 oder 27 M. nach der Leistung pro Monat mit Kost und Wohnung.

In Brandenburg waren die Löhne in einer

8. Bockwindmühle[2)] bei einer Jahresproduktion von 1400 bis 1500 Ctr. 4—5 M. und freie Station, welche auf 6 M. veranschlagt wird.

9. Bockwindmühle mit Dampf[2)] bei einer Jahresvermahlung

[1)] Nach dem Protokoll über die Vernehmung von Auskunftspersonen (s. Erhebungen der Kommission f. Arbeiterstat.) S. 13 ist nach den Angaben eines Sachverständigen auch sonst in Danzig Land und im Umkreis von Dirschau der Lohn im Durchschnitt 6 Mark pro Woche, im Monat 24—30 Mark.

[2)] siehe oben Kap. V. A. Beispiel I., II.

von 1800 Ctr. Roggen und 6000 Ctr. Mais Quetschen und 12 bis 16stündiger Arbeitszeit betrug der Lohn 8—12 M. ausserdem Kost und Logis. Im Jahre 1897 wurde reiner Geldlohn gezahlt, 881 M., Kost und Logis mit 275 M. berechnet. Früher erhielt der Geselle 3 M. pro Wispel.

10. Wassermühle, Jahresvermahlung 1800 Ctr., der Geselle erhielt 6 M. pro Woche, dazu Kost und Wohnung, welche auf 6 M. veranschlagt wird.

11. Ein Windmühlenbesitzer aus Soldin giebt an, dass der Lohn, wenn der Geselle das Mahlgeld erhält, sich in der Woche, wenn der Wind schwach ist, auf 3, 4, 5 M. stellt, bei gutem Wind auf 7 bis 9 M. Pro Wispel werden in dortiger Gegend bei Schrotkorn 1,50 M., bei Mehl 2,50 M. gegeben.[1)]

Ein Windmühlenbesitzer aus Beuthen giebt an als Wochenlohn des Gesellen 4,50—5 M. bei 16$^{1}/_{2}$stündiger Arbeitszeit. In den grossen Mühlen stellt sich der Lohn auf 2—2,50 M. pro Tag, natürlich ohne Kost etc. (Protokoll S. 22.)

In Mecklenburger Kleinmühlen wird 6—10 M. gezahlt (Protokoll S. 9), gewöhnlich 8 M., da die Kost mit 7 M. zu rechnen ist, erhalten sie im ganzen 15 M.

In den Hamburger Mühlen wird dagegen ohne Kost etc. 26 M. gezahlt. Nach Mitteilungen eines Wassermühlenbesitzers, der eine Mühle verbunden mit Dampfkraft hat (15 PS Dampf, 20 PS Wasser), Produktion 300 Ctr. pro Woche, erhalten die ältern Gesellen 7 und 8 M., die jüngern 5 M.

In L. in der Niederlausitz verdienen die Gesellen monatlich bei freier Station zu Anfang 30 M., das Gehalt kann bis zu 50 M. steigen, da sie nach dreimonatlicher Thätigkeit pro Tonne bezahlt werden. Je nachdem nun die Wasserkraft ist und Aufträge einlaufen, können sie jenen höhern Lohn verdienen.

Ein Windmühlenbesitzer aus H. bei Weetzen in Hannover giebt als Wochenlohn des Gesellen 9 M. an. In diesem Betrieb kommen aber 36stündige Arbeitszeiten vor, der Betriebsinhaber hat als Nebenbetrieb Landwirtschaft, Bäckerei und Sägerei. Letztere wird mit Dampf und Wasser betrieben, jedoch die

---

[1)] s. Protokoll S. 21.

Dampfkraft zur Mühle nicht verwandt. Erwähnenswert erscheint die Bemerkung des Betriebsinhabers auf die Frage, warum der Dampfbetrieb in den windstillen Seiten nicht mitbenutzt wird. „Ich hätte keinen Vorteil davon. Ich kaufe von grossen Mühlen billiger als ich mit Dampf produzieren kann." —

In der Umgegend Altenburgs betragen die Löhne 8—10 M. mit Kost und Wohnung. Ohne letztere 17—19 M. (Protokoll Seite 49.)

In Würzburg 10—11 M. ausserdem Kost etc. (Protokoll S. 61). Auch hier kommen 36 stündige Arbeitsschichten vor.

Eben dasselbe wird aus Waiblingen konstatiert. Dabei beträgt der Barlohn 10 M. Der in der Kundenmühle beschäftigte Geselle hat zwar nur 6 M. Wochenlohn, ausserdem erhält er aber von den Kunden ein Mahlgeld, sodass er sich zeitweis besser steht als die im festen Wochenlohn Beschäftigten.

Im Wiesenthal bei Basel werden Wochenlöhne von 8 bis 10 M. gezahlt, der Obermüller erhält etwas mehr, 12—15 M. (Protokoll S. 66).

Bezüglich der Lohn- und Arbeitsverhältnisse in Mittelbetrieben mit 5—50 Personen wurde folgendes gefunden.

In einer Wassermühle Hannovers verbunden mit Dampfkraft, die eine Jahresvermahlung von cca. 3000 t Getreide hatte und als Nebenbetrieb eine Nudelfabrik, wurden ausser dem kaufmännischen Personal:

1 Obermüller,
3 Müllergesellen,
6 Arbeiter,
2 Heizer verwendet.

In der Nudelfabrik waren cca. 24 Personen einschliesslich der Frauen beschäftigt, darunter:

1 Werkmeister,
1 Vorarbeiter,
8 Mann jugendliche Arbeiter,
6 Frauen,
10 Kistenmacher.

In der Mühle wurde Handels- und Kundenmüllerei getrieben. Vorhanden sind 12 Gänge, 5 für Handelsmüllerei, 7 für Schrot und Kundenmüllerei. Es können cca. 250 Ctr. Getreide pro Tag vermahlen werden, thatsächlich wurden zur Zeit der Untersuchung (Mai 1897) nur 180 Ctr. vermahlen. Die Wasserkraft ist 50—70 PS. (unterschlächtige Wasserräder), die Dampfkraft 30 PS. In der Nudelfabrik ist ein Elektromotor zu 15 PS.

Das Getreide, das zur Handelsmühle kommt, wird meist per Wasser herangebracht. Durch einen Elevator werden die Kähne entleert. Dann geht es in die Silos, von welchen 4 à 1000 Ctr., 1 à 2000 Ctr. fassen, diese sind für Weizen berechnet. Ferner sind noch 2 Silos à 500 Ctr. für Roggen vorhanden. Die Mühle hat die übliche maschinelle Einrichtung, wie Tarar, Trieur, Spitzgang, Eureka, Quetschwalzen, 10 verschiedene Reinigungsmaschinen, 3 Doppelwalzenstühle (2 zum schroten, 1 ein Porzellanwalzenstuhl). Von Weizenmehl werden 3 bis 5 Sorten hergestellt. Das Mehl der Mühle hat Verfasser in Berlin in Säckchen à 5 Pfd. mit 1,25 M. verkaufen gesehen. Von Roggenmehl werden 2 Sorten hergestellt, ausserdem 1 Roggenschrotmehl zu Pumpernickel.

Die Mühle geht Tag und Nacht, Sonntags darf 18 mal im Jahr gearbeitet werden. Die Arbeitszeit ist von 6—7. Die 3 Gesellen in der Mühle lösen sich gegenseitig ab. Der eine arbeitet eine Woche am Tage durch, die andern in der Nacht. Der dritte, ein bereits älterer Geselle arbeitet nicht des Nachts. Er hat die Kundenmüllerei unter sich. Dagegen löst er die andern bei der Sonntagsarbeit ab. Er kommt Sonnabend Nachts $1/_2$12 und bleibt bis Sonntag Abends 6 Uhr.

Der Obermüller verdient 100 M. monatlich. Die Gesellen 75- 80 M. Früher wurden nur 36—40 M. gegeben und noch Kost etc. gewährt. Letztere ist mit 10 M. pro Woche abgelöst. Die Heizer erhalten 17 M. pro Woche. Die Arbeiter 2,25 pro Tag.

In der Nudelfabrik, in der eine Knetmaschine, eine Walzenmaschine und 2 Pressen sich befinden (Wert cca. 27000 M.) ist eine Arbeitszeit von 13 Stunden, einschliesslich 2 Stunden Pause. Der Betrieb beginnt im Sommer von 5 und dauert bis 6.[1]

---

[1] Die Nudeln werden aus Weizenmehl und Eiern hergestellt. In den Jahren 1892—1896 kamen die Eier meistens aus Italien in Kisten zu 1440 Stück. Verbrauch cca. für 20—30000 M. im Jahr. Jetzt werden die Eier von einem Eierhändler aus der Nähe bezogen; 1000 Eier kosten 42 M.

Der Werkmeister erhält 100 M. und freie Wohnung, er ist verheiratet. Der Vorarbeiter wöchentlich 16 M. und pro Ctr. 1 Pf. Tantieme. Die Frauen erhalten 1,50 M. Ihre Hauptthätigkeit besteht in Fertigstellung der kleinern Packete. Kistenmacher erhalten 2,25 M. Die jüngsten Jugendlichen fangen mit 1 M. an, sie stehen im Akkord und erhalten pro Trockenhorde 3 Pf., die ältern Jugendlichen kommen per Tag auf 1,50 M.

Die nächste Mühle, eine Dampfmühle in einer mittelgrossen Stadt Ostpreussens verbunden mit einer Schneidemühle, die jährlich 1500 t Weizen und Roggen verarbeitet und noch ebensoviel an Roggen schrotet, beschäftigte einen Werkmeister, 1 Maschinisten, 2 Heizer, 2 Müllergesellen. Der Werkmeister erhält 70 M. monatlich freie Wohnung und frei Holz, der Maschinist 95 M. monatlich, Wohnung und Holz ebenso, die Müllergesellen je 60 M. monatlich, die Heizer je 12 M., die Arbeiter 10,80 M. wöchentlich. Die Arbeitszeit dauert von $1/_27$ bis $1/_26$ Abends (11 Stunden).

Die Dampfmaschine ist eine Verbundmaschine von 60 PS. Mahlgänge sind 5 in der Mühle, davon einer zum Mahlen von Rübsen, Sonnenglanz etc.

Eine andere Dampfmühle in derselben Stadt Ostpreussens wie die vorhergehende Mühle besteht aus zwei Mühlen, einer Roggenmühle und einer Weizenmühle. Erstere liegt in der Stadt, letztere ausserhalb derselben cca. 15 Minuten entfernt.

Die Roggenmühle hat eine Verbundmaschine von 90 PS., die Weizenmühle eine Turbinenanlage von 25 PS, die nur im Frühjahr und zeitweis zu Anfang des Winters 2—3 Monate benutzt wird, und eine Dampfkraft von 55 PS. hat.

Die Arbeitszeit beträgt 16 Stunden, die Mühle geht Tag und Nacht, es findet Schichtwechsel statt. Die erste Schicht steht vorm Zeug von 2 Uhr des Morgens bis 6 Uhr Nachm., dann schläft sie bis 2 Uhr Nachts und übernimmt dann wiederum das Zeug bis 6 Uhr nachmittags. Die zweite Schicht übernimmt das Zeug um 6 Uhr nachm. und steht vor demselben bis 2 Uhr in der Nacht. Dann schläft sie bis Morgens 10 Uhr. Von Morgens 10 Uhr bis Nachmittags um 6 steht sie wieder vor dem Zeug. Sie wird dabei mit Steinschärfen, Mehlabziehen, Zeugabschmieren etc. beschäftigt. Beide Schichten arbeiten danach von Morgens 10 bis Abends 6 Uhr zusammen. Der erste Maschinist hat eine kleine Wohnung in der Mühle, ebenso wird den Gesellen freie Wohnung gewährt.

Beide Mühlen haben einen Oberleiter, der incl. Wohnung 3000 M. erhält. In der Roggenmühle waren beschäftigt an Personen, die unter 4 M. verdienten (ausser dem Oberleiter).

1895.

Mühle A.	Zahl der Arbeitstage.	Gesammtverdienst. Mark.	Mühle B.	Zahl der Arbeitstage.	Gesammtverdienst. Mark.
1 Oberleiter	180	1500,00	1 Obermüller	180	1500,00
1 Werkführer	360	935.00	1 Werkführer	360	776,25
1 Expedient	360	1260,00	10 Müllergesellen	1066	2181,00
1 Wäger	270	630.00	1 Müllerbursch	306	350,00
1 Buchhalter	360	680,00	4 Arbeiter	678	1198,80
1 Maschinist	360	1095.00	3 Heizer	619	1273,35
4 Heizer	598	1239,35			
12 Müllergesellen	1617	3264.00			
25 Mühlenarbeiter	1881	3642,00			
8 Kutscher	1574	2887,95			
2 Tischlergesellen	101	228,00			
57 Personen	7751	17361,30	20 Personen	3409	7279,50

insgesammt Arbeitstage   = 11160

Arbeitsverdienst   = 24590,80

Arbeiterzahl im Durchschnitt   = 37,2

1896.

Mühle A. Personal.	Zahl der Arbeitstage.	Gesammtverdienst. Mark.	Mühle B. Personal.	Zahl der Arbeitstage	Gesammtverdienst Mark.
1 Obermüller	180	1500,00	1 Obermüller	180	1500,00
1 Werkführer	318	1053,00	1 Werkführer	318	715,25
1 Expedient	360	1350,00	6 Müllergesellen	$1173^{1}/_{2}$	2403,75
1. Buchhalter	360	930,00	1 Müllerbursch	360	467,00
2. Buchhalter	90	225,00	5 Arbeiter	793	1418,75
1 Maschinist	360	1245,00	4 Heizer	719	1530,00
2 Heizer	$612^{1}/_{2}$	1294.60	8 Tischlergesellen	$486^{1}/_{2}$	1053,32
7 Müllergesellen	1413	2842,00			
18 Mühlen- u. Hof-Arbeiter	2223	4259.68			
9 Kutscher	$2146^{1}/_{2}$	3912.88			
2 Tischlergesellen	51	116.65			
44 Personen	8065	18719,80	20 Personen	3967	9069,07

Im Durchschnitt wurden bei 300 Arbeitstagen 40 Personen beschäftigt, deren Verdienst für 12032 Arbeitstage 27788,87 M. betrug.

Mühle A.			1897.	Mühle B.		
Personal.	Zahl der Arbeitstage.	Gesammt-verdienst Mark.		Personal.	Zahl der Arbeitstage	Gesammt verdienst Mark
1 Obermüller	180	1500,00		1 Obermüller	180	1500,00
1 Werkführer	360	1228,00		1 Werkführer	350	845,20
1 Expedient	360	1560,00		8 Müllergesellen	1228	2310,20
1. Buchhalter	360	900,00		1 Müllerbursch	260	390,00
2. Buchhalter	360	1200,00		3 Arbeiter	800	1271,00
1 Lehrling	60	40,00		2 Heizer	717	1398,00
1 Maschinist	360	1322,00				
4 Heizer	1441	2650,35				
8 Müllergesellen	1625	3364,00				
21 Arbeiter	2952	5028,75				
11 Kutscher	2209	3579,25				
1 Tischlergesell	352	703,50				
52 Personen	10101	21777,85		15 Personen	8253	7324,40

Die Zahl der Arbeiter im Durchschnitt war danach 44.5. Es entfielen auf sie für 18354 Arbeitstage 21902,25 M. Arbeitsverdienst.

Es kamen sonach an Jahresarbeitslohn, bei 300 Arbeitstagen

	1895	1896	1897
auf 1 Müllergesell	605 M.	618 M.	630 M.
„ 1 Mühlenarbeiter	576 „	569 „	525 „
„ 1 Kutscher	577 „	579 „	511 „
„ 1 Heizer	618 „	650 „	578 „
„ 1 Tischlergesell	— „	650 „	703 „

Als Resultat dieser Durchschnittsberechnung ergiebt sich, dass ausgenommen die Müllergesellen der Lohn für die übrigen Arbeiter sich erniedrigt hätte. In der That aber ist dies nur scheinbar der Fall. Es ergab sich ein so niedriger Quotient, da der Divisor für die Berechnung der Normalarbeiterzahl wohl zu niedrig gewählt ist.

Wenn nämlich für die volle Jahresarbeit 360 Tage der Berechnung zu Grunde gelegt werden, so müsste man auch die Zahl der Gesammtarbeitstage, um die Zahl der Normalarbeiter zu erhalten, stets durch 360 dividieren, statt wie es geschehen, durch 300. Durch letztern Umstand ergab sich dann der höhere Divisor für die Summe des Gesammtarbeitsverdienstes.

In der That wurden an Jahresarbeitslohn 1897 folgende Summen verdient:

von einem Müllergesell in 360 Tagen 766,50 M.

„ „ „ „ 360 „ 747,50 „

„ „ „ „ 339 „ 710,25 „

von einem Arbeiter „ 360 „ 573,00 „

„ „ „ „ 360 „ 626,75 „

„ „ „ „ 360 „ 716,00 „

„ „ Kutscher „ 360 „ 599,00 „

„ „ „ „ 360 „ 618,00 „

Monatslohn der Müllergesellen 60,00—63,00 M.

Wochenlohn der Arbeiter 10,50—12,25 „

„ „ „ 11,80—12,10 „

„ „ „ 12,00—13,30 „

Man muss daher zu dem Schluss gelangen, dass alle Löhne dieses Betriebs in den letzten Jahren eine Steigerung erfahren haben.

Eine Hamburger Dampfmühle mit 20 t Vermahlung pro Tag zahlte an Löhnen und Gehältern bei einer Arbeitszeit von 13 Stunden:

1 Obermüller   2500 M.

1 Maschinenmeister 27   M. pro Woche

Heizer   21   „   „   „

2 Müllergesellen   22   „   „   „

1 Tischlergeselle 23   „   „   „

Mühlenarbeiter   21   „   „   „

3 Kutscher   16   „   „   „   mit Trink-

geld stehen sie sich auf 18 Mark.

Eine andere Hamburger Dampfmühle mit 200 t Vermahlung zahlte folgende Arbeitslöhne:

1 Obermüller   200 M. monatlich und freie Wohnung.

In seiner Person vereinigte er noch das Amt des Werkmeisters und Maschinenmeisters.

1 Walzenführer   23 M. pro Woche.

1 Mehlfasser   22 „   „   „

1 Scharfmacher   22 „   „   „

1 Kleiefasser   21 „   „   „

1 Beaufsichtiger für Böden 21 „   „   „

Arbeitszeit 13 Stunden einschliesslich 2 Stunden Pause.

Über die Lohnverhältnisse in Grossbetrieben gelang es, nachstehende Auskünfte zu erhalten. Betrachten wir hier zuerst die in Staatsbesitz befindlichen Königlichen Seehandlungsmühlen in Bromberg. Der Betrieb ist uns kein unbekannter mehr. Wir haben bereits früher seine Ent-

stehung verfolgt. Um einen tiefern Einblick in die Betriebsverhältnisse zu gewinnen ist es notwendig, das Werk in seiner
gegenwärtigen Gestalt kurz zu beschreiben.

Es bestehen zur Zeit folgende Werke:

1) Rothermühle, im J. 1848/49 von Grund auf neu erbaut,
hat jetzt 11 Mahlgänge und 20 Walzenstühle und cca. 45—50
Tonnen Weizen in 24 Stunden vermahlen. Grössere Veränderungen an der maschinellen Einrichtung sind 1879 und
1886 erfolgt.

2) Die Kamphausenmühle, im J. 1860 an Stelle einer alten
abgebrochenen Mühle · neu erbaut, hat 4 Mahlgänge und 8
Walzenstühle mit einer Vermahlung von 25 t Roggen in
24 Stunden. Ein grösserer Umbau der maschinellen Einrichtung 1884 erfolgt.

3) Die Burchhardmühle, an Stelle einer alten Mühle im
vorigen Jahr neu erbaut, mit 4 Mahlgängen 2 Walzenstühlen
vermahlt 20—25 t Roggen in 24 Stunden.

4) Die Wilhelmsmühle, ein sehr altes Gebäude, das im
Jahre 1890 teilweise erneuert ist, mit 4 holländischen Graupen-
gängen, einem Grützgang und 3 Mahlgängen. Die maschinelle
Einrichtung wurde 1877 von Grund aus erneuert und 1898
wesentlich verändert. Die Produktionsfähigkeit der Mühle
beträgt in in 24 Stunden $5^1/_2$ t Buchweizen zu Grütze.

5) Die elektrische Beleuchtungsanlage mit 3 Dynamo-
maschinen, 7 Bogenlampen und 258 Glühlampen. Die Neu-
einrichtung der Anlage ist im J. 1886 erfolgt.

6) Die Schlossereiwerkstatt mit 3 Drehbänken und einer
Schleif- und Riffelmaschine.

Zum Etablissement gehören ausserdem ein Werkstattge-
bäude, 5 Getreide- und Mehlspeicher, 6 Wohnhäuser etc. Die
vorhandene Wasserkraft stellt sich auf 320 P.S.

Die Gesammtsumme der Gehälter und Arbeitslöhne einschliesslich der Ausgaben für die Arbeiterwohlfahrtseinrichtungen
betrug im Jahr: (für das folgende vergleiche die Tabelle im
Anhang.)

1888	122480 M.		pro To. = 7,39 M.
1889	113505	„	
1890	118343	„	
1891	123191	„	
1892	117883	„	pro To. = 8,13 M.

1893 119192 „
1894 100889 „
1895 105723 „
1896 115963 „
1897 123335 „ pro To. = 5,47 M.

Im Durchschnitt entfielen auf jeden der unter 4 M. verdienenden männlichen Personen (Gesellen und Arbeitern)
i. J. 1888 auf 1 Person 691 M.

  „ 1891 „ „ „ 828 „
  „ 1896 „ „ „ 786 „
  „ 1897 „ „ „ 851 „

Es hat sich sonach der Durchschnittslohn dieser Personen
um 23 % gehoben.

Jahr	Müllergesellen		Handwerker		Kutscher und Wächter		Tagearbeiter	
	Zahl	Jahreslohn Mk.	Zahl	Jahreslohn Mk.	Zahl	Jahreslohn Mk.	Zahl	Jahreslohn Mk.
1888	19	17011,95	8	6764,38	5	3060,00	96	59924,11
1889	18	16297,21	8	6983,31	5	2839,70	78	50532,08
1890	17	17498,06	8	6826,83	5	3324,90	75	49536,83
1891	16	17015,04	8	7455,07	6	3619,55	82	56832,73
1892	16	16995,39	8	7636,53	6	4364,49	70	51840,78
1893	13	13199,36	7	6711,84	6	4463,81	60	43948.12
1894	11	11063,98	5	5222,14	6	4468,12	59	44639,83
1895	13	13395,23	5	5052,36	5	4205,42	68	51900,93
1896	15	15088,58	5	4826,03	5	4277,90	73	59314,82
1897	16	15882,51	4	4257,42	5	4094,80	76	62984,28

Die Jahresarbeitsverdienste der einzelnen Kategorien
werden in der Tabelle nach höchsten, mittleren und niedrig-
sten angegeben. Im einzelnen betrachtet stieg der Lohn des
höchstverdienenden Müllergesellen von 1008 M. auf 1160 M. =
15 %, des einen Mittellohn Verdienenden von 870 M. auf
1026 M. = 18 %, des am wenigsten Verdienenden von 756 M.
auf 873 M. = 15 %. Im Durchschnitt kamen

i. J. 1888 auf 1 Müllergesellen = 895 M.
 „ 1889 „ „ „ = 905 „
 „ 1890 „ „ „ = 1029 „
 „ 1891 „ „ „ = 1000 „
 „ 1892 „ „ „ = 1062 „
 „ 1893 „ „ „ = 1015 „
 „ 1894 „ „ „ = 1005 „
 „ 1895 „ „ „ = 1030 „
 „ 1896 „ „ „ = 1006 „
 „ 1897 „ „ „ = 992 „

Danach hat der Durchschnittslohn für den Gesellen innerhalb der letzten 10 Jahre nur um 100 M. zugenommen. Eine
entschiedene Steigerung fand statt zwischen 1889 und 90. — Die
Arbeiter verbesserten sich um 33 % resp. 33 % und 36 %
ihres bisherigen Verdienstes. Die Sackträger um 22 %. Im
Durchschnitt entfiel 1888 auf einen Tagarbeiter 520 M.

1889	„	„	„	660 „
1890	„	„	„	660 „
1891	„	„	„	693 „
1892	„	„	„	745 „
1893	„	„	„	732 „
1894	„	„	„	756 „
1895	„	„	„	763 „
1896	„	„	„	812 „
1897	„	„	„	828 „[1])

Der höchst verdienende Schlosser verbesserte sein Einkommen von 1339 M. um 100 M., der niedrigst verdienende
um rund 150 M. Auf 1 Handwerker kamen durchschnittlich
i. J. 1888 an Arbeitslohn = 845 M.

„	1889	„	„	= 873 „
„	1890	„	„	= 853 „
„	1891	„	„	= 931 „
„	1892	„	„	= 954 „
„	1893	„	„	= 958 „
„	1894	„	„	= 1044 „
„	1895	„	„	= 1010 „
„	1896	„	„	= 965 „
„	1897	„	„	= 1063 „

Demnach stieg der Durchschnittslohn um rund 200 M.

Von dem Kutscher und Wächterpersonal hatten die erstern
eine bedeutende Steigerung ihres anfangs 612 M. betragenden

---

[1]) Sehr interessant ist ein Vergleich dieser Arbeitslöhne mit denjenigen der Mühlen aus dem Jahre 1846. Es beschäftigte nämlich damals
der Betrieb bei einer Jahresvermahlung von rund 143000 Sch. 26 Müllergesellen, die monatlich 15—20 Thlr. bekamen, ferner 6 Gesellen in den
Werkstätten und 80 Tagelöhner, die im Accord 10—18 Sgr. pro Tag verdienten, bei Tagelohn 7 bis 10 Sgr. Bis Frühjahr 1847 erhielten sie ausnahmsweise eine Zulage von monatlich 15 Sgr. Von den Müllergesellen
in der Potsdamer Mühle wird ein Jahreslohn von 156—260 Thlr. berichtet.
Die Arbeiter erhalten 10 bis 15 Sgr. in Tagelohn und in Accord 25
bis 30 Sgr.

Einkommens. Sie stiegen auf 858 M., was eine Verbesserung von 40 % bedeutet. Auch die Wächter haben eine 34 % Erhöhung zu verzeichnen. Durchschnittlich hatte diese Kategorie i. J. 1888 612 M. pro Kopf, 1892 727, 1897 818 M.

Betrachten wir noch Gehalt und Arbeitslohn ohne die Ausgaben für die Arbeiterversicherung pro vermahlene Tonne, so ergiebt sich folgendes interessante Resultat:

1888 = 6,01 M. pro To.	1893 = 7,70 M. pro To.
1889 = 5,83 „ „ „	1894 = 6,45 „ „ „
1890 = 6,20 „ „ „	1895 = 5,32 „ „ „
1891 = 6,50 „ „ „	1896 = 5,58 „ „ „
1892 = 6,40 „ „ „	1897 = 4,49 „ „ „

Hiernach verminderten sich die Arbeitskosten pro Tonne seit dem Jahr 1893 ganz bedeutend. Die Differenz zwischen 1893—1897 beträgt rund 3,20 M., während sie in den frühern Jahren um 1,50—2,00 M. schwankte.

Der reine Arbeitslohn der Gesellen, Arbeiter und Frauen blieb pro produzierte Tonne ziemlich derselbe. Er vergrösserte sich im Durchschnitt dadurch, dass er sich auf weniger Personen verteilte. 1888 erhielten 132 Personen 89820 M. Lohn, 1892 106 Personen 82760 M., 1897 104 Personen 89654 M.

In einer Altonaer Grossmühle waren die Gehälter und Löhne des Personals folgende. Die Arbeitszeit war 12 Stunden

      3 Buchhalter Gehalt 2500—4200 M.

      1 Kassirer   „   1000 M. und Kourtage.

Für die Mühle:

Aufsichtspersonal: 2 Schichtmeister 6 M. pro Tag,
                 1 Lagermeister für Speicher 5,50 M. pro
                 Tag u. freie Wohnung

Maschinenpersonal: 2 Maschinisten. Anfangsgehalt 4,50 nach
                 einem halben Jahr 5 M.

                 3 Heizer, davon der erste 4,50 M., die
                 andern 2—4 M. pro Tag.

Müller sind im ganzen 13, eingeteilt in Schichten zu 6.

      1 Walzenführer und Oberschärfer 4,20 M.

      2 Schärfer ⎫
      1 Riffler ⎬ zu Anfang 3,70 M., dann nach
      8 Müller ⎭ ½ Jahr 4 M.

      1 auf Zollinteresse vereidigter Wieger 4,20 M.

      33—35 Speicherarbeiter 3,50—4 M. pro Tag.

Die Kutscher erhalten 2,90 M. pro Tag, sie verdienen sich aber ein Sackgeld von 7 bis 8 M., doch müssen sie davon einen Träger mitbezahlen.

Eine hannoversche Mühle, die pro Tag 70 t vermahlt, giebt nachstehende Auskunft.

Kaufmännisches Personal i. ges. 5 (darunter ein Lager führer), ausserdem 1 Direktor.

Buchhaltergehälter 1500—2500 M.

Technisches und Aufsichtspersonal:

1 Obermüller 4500 M. und freie Wohnung.

1 Maschinenmeister 2000 M.

2 Maschinenwärter 3,30 M. pro Tag.

2 Heizer 3,30 M. pro Tag.

1 Untermüller 4 M. pro Tag.

1 Walzenführer 3,50 M.

Arbeiter:

26 Mühlen- und Speicherarbeiter.

Mehlmischer 2,85 M. pro Tag.

Kleiesacker 2,80 „ „ „

Bodenarbeiter 2,80—3 M. pro Tag.

Tischler 3,20 M. pro Tag.

Schlosser 3,50 M. pro Tag.

Eine grosse Aktienseemühle Schleswig-Holsteins giebt folgendes an.[1]

An Lohn wurde 1892 251671,15 M. für 204 Arbeiter gezahlt rund 1230 M. pro Arbeiter, an Betriebsbeamte 14600 M. Gehalt. Von den Arbeitern hatte $1/_3$ über 4 M., $2/_3$ unter 4 M. Verdienst. Es wurden beschäftigt: 1 Mühlenmeister, 1 Untermüller, 2 Aufseher, 6 Walzenführer, 4 Gängeführer, 15 Sichtmüller, 6 Steinschärfer, 6 Speicherarbeiter, 20 Schiffslöscher und Stauer, 3 Schutenwärter, 1 Schleppschiffführer, 1 Schiffsmaschinist, 2 Maschinenmeister, 1 Kesselmeister, 6 Heizer, 2 Kohlenzieher, 4 Maschinenführer, 42 Müller sowie 81 Arbeiter (darunter Schlosser, Schmiede, Zimmerleute, Tischler und Schiffszimmerleute). Die Arbeiter werden das ganze Jahr beschäftigt, 8 % derselben sind ledig, alle wohnen in der Nähe der Mühle. (Die Mühle liegt ausserhalb einer grössern Stadt.) Viele Arbeiter sind seit 15, 20, 25 und 30 Jahren

[1] Genauere Mitteilungen zu erlangen war nicht möglich.

16*

beschäftigt. An Arbeiterwohnungen sind 77 vorhanden, jede zu 3 Stuben, Küche, Keller oder Boden, Stall für 3 Schweine, ein Closet und 30 ☐-Ruten Garten zum Preise von 8 Mark monatlich. Die Unterhaltung der Wohnung wird vom Betrieb bestritten. Ferner besteht für die Arbeiter eine Badeeinrichtung; Hausstandsmehl, Futterstoffe zum Mästen der Schweine werden zum Selbstkostenpreis abgegeben.

Im letzten Jahr 1897, waren die Betriebsbeamten unverändert wie 1892, die Zahl der Arbeiter hat sich dagegen um 18 $^0/_0$ verringert.

Das beschäftigte Personal setzt sich wie folgt zusammen:

kaufmännisches	9 Personen.
Werkmeister, Maschinenmeister, Lagerverwalter Vorarbeiter, Aufseher	13 „
gelernte Müller als Walzenführer, Steinschärfer, Mehlfasser etc.	35 „
gewöhnliche Mühlenarbeiter, Speicher- und Bodenarbeiter	67 „
Maschinenpersonal, Heizer, Trimmer, Wächter, Handwerker beim Dampfschiff sowie bei Leichtern und Schutten beschäftigt	31 „
	179 Personen.

An Invaliditäts- und Altersversicherung wurden 1897 1591.20 M. ausgegeben. an Beitrag zur Krankenkasse 1785 M. — Es können in 24 Stunden cca. 140 t Weizen und cca. 120 t. Roggen vermahlen werden.

Der Aktienbericht für 1896/97 giebt an Salair und

	Arbeitslöhnen	263200 M.
	1895/96	294637 „
	1894/95	274252 „

Gehälte, einschliesslich vertragsmässiger Tantieme an Beamte und Arbeitslöhne.

1893/94	255990 „
1892/93	244381 „
1890 91	248921 „
1889/90	281569 „
1885/86	309570 „
1884/85	310850 „
1881/82	220015 „

An Lohn und Gehalt wurden pro vermahlene Tonne
1881/82 3,24 M. gezahlt. (Vermahlung cca. 68000 t)
1885/86 3,54 „ „ (höchste „ „ 87700 „)
1896/97 5,42 „ „ (Vermahlung cca. 48000 „)

Leider lässt sich aus diesen Zahlen nicht feststellen, um
wieviel die Arbeitslöhne einerseits und die Gehälter andererseits gestiegen sind. Es ist nur ersichtlich, dass trotz ab-
nehmender Rentabilität des Betriebs der Gehalt und Lohn-
betrag gestiegen ist.

In einer Berliner Roggenmühle mit einer Tagproduktion
von 100 t und ungefähr 80 Arbeitern haben die Lohnverhältnisse folgende Verschiebungen erfahren. Die Arbeitszeit ohne
Pausen 10 Stunden mit Schichtwechsel. Die Sonntagsruhe
beträgt 24 Stunden.

1887.

	Müller.	Maschinisten u. Heizer.	Handwerker.	Speicherarbeit.
Lohn pro Tag	3—4	3,50—3,75	3,25—4,25	2,75—3,50
„ „ Woche	22—30.50	27—31	23—31,50	19,50—27.70

Gesamtlohn pro Jahr der bis einschliesslich
 4 M. Verdienenden pro Tag $= 94100$ } incl.
„ über 4 M. „ „ „ $= 7201$ } Sonntags-
„ 2 Betriebsbeamte $= 7120$ arbeit.
$= 108420$ M.

1897

Gesamtzahl der beschäftigten Arbeiter: 77

	Müller.	Maschinisten u. Heizer.	Handwerker.	Speicherarbeit.
Lohn pro Tag	3,50—4,50	3,75—4,50	4—4,50	3—3.75
„ „ Woche	22—29,25	23—31,50	26,50—31,50	19,50—24,75

Gesamtlohn pro Jahr der bis einschliesslich
 4 M. pro Tag Verdienenden $= 47800$ } excl.
„ über 4 M. „ „ $= 51400$ } Sonntags-
„ 2 Betriebsbeamte „ $= 102000$ arbeit
$= 109400$

Bei einem Vergleich der beiden Zahlenreihen springt
vor allem in die Augen, dass der Lohn der unter 4 M. Verdienenden um 50 % zurückgegangen ist, während der Lohn
der über 4 M. Verdienenden sich um das siebenfache vergrössert hat.

Es kamen im Jahr 1887 auf 1 Arbeiter (ohne die Betriebsbeamten) rund 1300 M. im Jahr 1897 aber 1322 M.

Eine zweite Berliner Mühle, die von einer Aktiengesellschaft betrieben wird, und deren Vermahlungsfähigkeit 100 bis 110 To. beträgt, macht folgende Mitteilungen.

Die Arbeitszeit ist die im Grossbetrieb übliche von 10 St. unter Abzug der Pausen. Es findet Schichtwechsel statt, auch ist eine Sonntagsruhe von 24 St. eingeführt.

Im Jahr 1895 wurde an Löhnen gezahlt:

an	2 Betriebsbeamte	11950 M.
„	14 über 4 M. Verdienende	18816 „
„	58 unter 4 „ „	43000 „
		73766 M.

Im Jahre 1896 wurden nur 70000 M. an Lohn bei 260 Betriebstagen der Fabrik gezahlt. (Die Mühle war wegen Maschinenreparatur cca. 3 Monate ausser Betrieb.) Die Gesammtzahl der Arbeitstage war 17771.

Seit zwanzig Jahren wird an die bei der Produktion hauptsächlich Beteiligten eine Tantieme gezahlt, wenn der Betrieb mehr als eine bestimmte Summe von Wispeln (= tons) pro Woche vermahlt. Für 1895 sind die Zahlen unterm Text angegeben.[1]

Das Personal setzt sich wie folgt zusammen:

1 Mühlenmeister 8000 M. (Wohnung einbegriffen).
1 Obermüller 2000 M.
1 Untermüller 4 M. pro Tag einschliessl. Tantieme pro Woche 24—32 M.

	Taglohn.	Wochenlohn.
2 Maschinisten	3—3,25	I. 30—38 M.
		II. 20—26 „
2 Heizer	3,25	22—26 „
2 Kesselreiniger	3,25	20—22 „
2 Kohlenkarrer	3,00	20—21 „

---

[1] Aus einer Wochenliste in Novbr. 1895. (siehe auch Anhang.)
Tantieme für 160 Wispel mehr als 334 Wispel.

An die Maschinisten	für 1 Wispel à 15 Pfg.	= 24.00 M.
„ „ Heizer	„ „ „	„ 45 „	= 7,20 „
„ „ Gangmüller	„ „ „	„ 11 „	= 17,60 „
„ „ Schärfer	„ „ „	„ 14 „	= 22,40 „
„ „ Zeugmüller	„ „ „	„ 18 „	= 28,80 „
„ „ Beutelgeld	„ „ „	„ 3 M.	= 3,00 „

Müller:

2 Gangmüller	3,00	27—30 „
2 Walzenführer	3,25	25—27 „
2 Sichtmüller	3,25	24—25 „
2 Spitzmüller	3,25	23—25 „
2 Beschütter	3,25	22—24 „
3 Schärfer	3,25	22—23 „
2 Kleiesacker	3,50	23—24 „
4 Mehlsacker	3,50	20—21 „
1 Wieger	3,50	20—30 „
3 Speicherarbeiter	3—3,25	20—25 „
7 Bodenarbeiter	3—3,25	18—20 „
2 Schlosser	4—4,25	24—25 „
2 Tischler	4—4,25	24—25 „
1 Maurer	3,50	21 „
1 Kutscher	3,00	18—20 „
4—5 Roggenschipper	3,00	18 „

An Wochenlohn wurde gezahlt:

in einer Woche im Oktober 1880 au 44 Arbeiter 1042,25 M.

„ „ „ „ November 1885 „ 44 „ 1226,75 „

„ „ „ „ „ 1890 „ 53 „ 1352,35 „

„ „ „ „ „ 1895 „ 52 „ 1038,55 „

Als Jahresverdienste wurden mitgeteilt für 1895

für 1 Müller mit 311 Tagen 1412 M.

„ „ „ „ 308 „ 1364 „

„ „ „ „ 341 „ 1450 „

„ „ „ „ 346 „ 1425 „

„ „ „ „ 330 „ 1544 „

„ „ „ „ 330 „ 1545 „

für 1896:

„ „ „ „ 300 „ 1264 „

„ „ „ „ 300 „ 1326 „

Die Tantiemenberechnung hat sich neuerdings geändert. Es werden für eine Vermahlung von über 400 Wispel pro Woche gezahlt an den

Untermüller	5 Pf. pro Wispel	Gangmüller	11 Pf. p. Wispel
I. Maschinist	8 „ „	Walzenführer	3 „ „
II. „	7 „ „	Sichtmüller	1,75 „ „
I. Heizer	4¹⁄₂ „ „	Schärfer	4 „ „
II. „	4¹⁄₂ „ „		

An Lohn entfiel pro vermahlene Tonne

			Insges. gezahlter Lohn.	bei Vermahlung von To.
i. J. 1875	3,63 M.		53000 M.	14300
„ 1883	2,94 „		67300 „	21779
„ 1887	2,95 „		77400 „	26240
„ 1895	2,45 „		73766 „	30100
„ 1896	2,68 „		70000 „	26100

Die Königsberger Walzmühle teilt mit:

Löhne pro 1896 = 76554 M.

Produktion in To. = 42690   Lohn pro

Zahl der Arbeitstage der Abeiter = 24578   produzierte Tonne 1,79 M.

Zahl der Arbeiter = 80

Tivoli- München:

Lohn 1896/97 = 48606 M.

Betrag an Invaliditäts- und Krankenkasse = 1746 M.

                                  Lohn pro

Vermahlung = 15288 To. produzierte Tonne

Arbeiter = 50   3,17.

Zahl der Arbeitstage der selben i. J. 1896 = 14936

Aichach bei Augsburg:

Lohn 1896 = 12000 M.

                                  Lohn pro

Arbeiter = 12 und einige Tage-löhner   produzierte Tonne

Vermahlung = 6000 To.   2 M.

Stuttgarter Bäckermühle:

Lohn 1896 = 20000 M.   Lohn pro

Arbeiter = 18   produzierte Tonne

Vermahlung = 14000 To.   1,42 M.

Der letzte Grossbetrieb, dessen Arbeits- und Lohnverhält-hältnisse wir hier zu schildern unternehmen, ist die bekannte Bienert'sche Hofkunstmühle zu Dresden - Plauen. Die Mühle ist verbunden mit einer Ölfabrik und Bäckerei.

Die Geschichte dieser Mühlenunternehmung zeigt wie viel-leicht die keiner zweiten Deutschlands, wie die gewaltige technische Entwicklung des Jahrhunderts der eigentliche Nähr-boden für die Blüte des Betriebs wurde. Allerdings gehörte ferner dazu ein geschäftlicher Unternehmungsgeist, eine zähe

Energie, ein weitausschauender freier Blick, ein durchdringender Verstand, der klug die Zeichen der Zeit zu deuten wusste, Eigenschaften wie sie den Begründer des Betriebs ausgezeichnet haben müssen, wenn man das Lebenswerk dieses Mannes sich vor Augen führt. — Sofern die Geschichte des Betriebs ein interessantes Spiegelbild der Entwicklung der deutschen Mühlenindustrie ist, mögen hier die historischen Notizen über die Mühle, die eine allgemeine Bedeutung beanspruchen können, Raum finden.

Bereits im Jahre 1295 soll die Mühle bestanden haben mit 4 Mahlgängen. Von der Wasserkraft wird berichtet, sie sei „sehr gross." Dann erwähnt sie eine Urkunde vom Jahr 1366. Und zwar weist der Bischof Johann von Meissen dem von ihm gestifteten Altar der heiligen Barbara in der Dresdener Kirche zum Kreuz 8 Scheffel Weizen und 2 Pfund Wachs aus der Mühle, so zum Dorfe Plawen gehört und oberhalb Dorfs an der Wistericz gestanden. Wahrscheinlich war sie also eine grundherrliche Gründung. Dann ging sie über in den Besitz der Dresdener Tuchmacherinnung, als solche wird ihrer als der „Raths-Walkmühle" gedacht. Sie wurde also „Genossenschaftsmühle". Darauf erwarb sie der Kurfürst August (1568). Damit wurde sie fiskalisch. Im Jahre 1569 wurde der Mahlzwang eingeführt, die Mühle hatte denselben über 33 Ortschaften mit 210 Mahlgästen. In demselben Jahre wurde sie umgebaut „mit fürstlicher Pracht", wie der Chronist bemerkt. Sie erhielt 14 Mahlgänge und 2 Spitzgänge, Mahlfähigkeit nur 6 Scheffel pro Gang.

Nachdem anfangs „kurfürstliche Müllermeister" die Mühle bewirtschaftet, wurde sie schliesslich verpachtet. 1852 übernahm sie als Pächter der Dresdener Plätzbäcker und Mühlenbesitzer T. Bienert. Unter seiner Leitung wuchs das Unternehmen zu seiner jetzigen Ausdehnung heran.

Bemerkenswerte Daten aus seiner Thätigkeit sind:
1853 Einführung der österreich. Hochmüllerei und des Turbinenbetriebs.
1854   „   „   Boland'schen Knetmaschine.
1855   „   des rotierenden Backherdes mit Steinkohlenfeuerung.
1858   „   „   Dampfbetriebs.
1861   „   „   hydraulischen Ölpressenbetriebs.
1873   „   der Walzenmüllerei.[1]

Man kennt aus der Geschichte der müllerischen Technik, die wir oben gegeben haben, den Stand derselben zu Anfang der 50er Jahre. Um nun demgegenüber die Rückständigkeit des Betriebs vor der Pachtübernahme zu bemessen, sei kurz auf den damaligen Zustand derselben hingewiesen. Die Mühle hatte früher 14 Mahlgänge mit 14 Wasserrädern, dann fügte

---

[1] Erinnerungen aus meinem Leben von T. Bienert, Leipzig. Fischer & Wittig.

der Vorpächter Bienerts ein Rad und zwei neue Gänge hinzu.
Die 14 Wasserräder erzielten nur 64 P. S. Dieselbe Wasserkraft ergab nach Aufstellung eines einzigen neuen sogar 80 P. S.
und die Turbine 36 P. S., mithin eine Steigerung des Nutzeffekts
von 40 auf 70 %.[2] — Ferner waren statt des alten Beutel-
zeugs erst jetzt die französischen Sichtmaschinen, sogenannte
„Cylinder" aufgestellt worden.[2] — Die lebendige Arbeitskraft des Betriebs veranschaulicht folgende Tabelle.

Übersicht über die Anzahl der in den Jahren 1873—1896
in der Hofmühle zu Plauen-Dresden beschäftigten Personen.

	1873	1880	1886	1891	1896
Beamte im Monatsgehalt.	15	18	27	30	36
Müller und Mehlbodenarbeiter	33	39	77	71	73
Getreidebodenarbeiter	6	5	17	18	16
Ölmüller	23	23	23	23	23
Bäcker	23	33	33	33	48
Maschinisten und Feuerleute	2	4	5	5	6
Kutscher	6	5	7	9	10
Handwerker	5	5	9	10	10
Wirtschaftspers., Verkäufer, Wächter etc.	8	9	10	10	9
Tagearbeiter	13	12	14	14	14
Tagelöhnerinnen	12	8	14	15	15
Gas- und Wasserwerkarbeiter	—	3	4	6	9
	146	164	240	244	269

Dieser Tabelle muss, um das volkswirtschaftlich Wertvolle
hieran in die rechte Beleuchtung zu rücken, eine Übersicht
über die maschinelle Leistungsfähigkeit und fortschreitende
Produktionskraft des Betriebs an die Seite gestellt werden.

Übersicht
über die Entwicklung der Mahlmaschinen und der Kraftmotoren-
anlagen, sowie der Produktion der Hofmühle zu Plauen-Dresden.

Jahr-gang.	Mahl-gänge.	Walzen-stühle.	Wasser-kraft.	Dampf-kraft.	Jahres-produktion in dz à 100 kg.	Jährliche Arbeits-tage.	Bem.
1853	14	—	64	.	22669	360	
1856	14	—	116	—	37953	360	
1861	14	—	116	40	71783	360	
1866	14	—	116	40	87249	360	
1871	14	—	116	40	95193	360	
1876	14	--	116	115	102181	360	
1881	Baujahr.	—	180	250	115736	360	
1882	12	31	180	250	177115	360	
1886	6	36	180	400	314802	360	
1891	6	36	180	400	332241	360	
1896	8	44	180	660	327890	360	

[2] l. c. S. 63.

Produktion der Mahlmühle in Meterzentnern.

	Weizen.	Roggen.	Gerste.	Mais.	Summa.
1861	44580	24880	140	2183	71783
1871	70550	23200	—	1743	95493
1881	83331	27205	—	5200	115736
1882	113040	60575	—	3500	177115
1883	169900	82612	—	698	253205

Jahrgang.	Verarbeitete Saat.	Gewonnenes Oel	Gewonnene Kuchen.
1853	903	293	554
1856	5856	2061	3635
1861	19026	6938	11195
1866	31789	11091	18666
1871	32344	9966	15661
1876	19408	6578	11947
1881	30244	11032	17548
1882	27008	9630	15614
1883	26574	9367	15893
1886	25432	9292	14979
1891	30561	10384	18933
1896	32770	11266	20208

Im einzelnen setzen sich die Betriebsanlagen wie folgt zusammen.

Wassermotore:

1 Girard-Turbine von 70 e. P. S. Leistung.

1 desgl. „ 110 e. P. S. „

Dampfmotore:

1 Verbundmaschine von 300 i. P. S. Leistung.

1 „ „ 360 i. P. S. „

Mahlmühle:

74 Getreidereinigungsmaschienen,

53 Walzenstühle, Mahlgänge, Dismembratoren.

66 Cylinder, Centrifugalsichter, Plansichter.

49 Griesputzmaschinen, Staubsammler.

Jahresleistung 1896: 23430 t Weizen, 9000 t Roggen, 354 t Mais.

Ölmühle:

4 Walzenstühle, Kollergänge.

11 hydraulische Ölpressen.

Jahresleistung 1896: 1856 t Raps, 1416 t Lein.

Bäckerei:

2 Knetmaschinen.

10 Backöfen.

Gasanstalt. Wasserwerk.

In Verbindung mit den beiden Übersichten müssen die folgenden Zusammenstellungen, die die Jahresarbeitsverdienste der bei der Produktion Beiteiligten enthalten, gesetzt werden.

Die Jahresarbeitsverdienste der der Unfallversicherung unterworfenen Beamten und Arbeiter.[1]

Jahrgang.	Zahl der Betriebsbeamten	Jahres-arbeits-verdienst in Mark.	Zahl der über 4 Mark Verdienenden	Jahres-arbeits-verdienst in Mark.	Zahl der unter 4 Mark Verdienenden.	Jahres-arbeits-verdienst in Mark.	Gesammtzahl des Personals	Summa der Jahres-arbeits-verdienste in Mark.
			1. Der Mahlmühle.					
1887	8	14715	8	10959	145	134632	161	150304
1891	8	15777	49	69975	100	86228	157	171982
1895	8	17085	40	52689	108	99598	156	169373
1897	8	17196	44	58430	108	96768	160	172395
			2. Bäckerei.					
1871	—	—	—	—	—	—	22	—
1881	—	—	—	—	—	—	33	—
1887	1	1305	1	2091	29	19118	31	22514
1897	1	[2]4454	4	5354	46	44342	51	[1]54150
			3. Ölmühle.					
1881	—	—	—	—	—	—	—	—
1887	1	1800	—	—	22	14634	23	16434
1897	1	[2]3700	1	1276	23	18443	25	[2]23419

Die Gesammtsumme der an die 269 Beamten und Arbeiter im Jahre 1896 gezahlten Gehälter und Löhne erreichte die Summe von 302400 M.

Nach den mitgeteilten Ziffern stieg die Produktion der Mahlmühle vom Jahre 1871 bis 1881 nur sehr gering von 9500—11600 t. Die Zahl der beschäftigten Personen von 1873—1880 — abzüglich des Beamtenpersonals und der Gasarbeiter — vermehrte sich nur um 2, von 85 auf 87 Personen. Es entfiel in diesem Zeitraum auf einen in der Müllerei Beschäftigten eine Tagesproduktion von 0,4 t. Im Jahre 1881/82 ward das Werk umgebaut. Die Produktion stieg bereits im

---

[1] In dieser Zahl sind Betriebsbeamte nur insoweit inbegriffen, als sie beitragspflichtig zur Berufsgenossenschaft sind, Kontorpersonal und Wirtschaftspersonal fehlt.

[2] In diesen Beiträgen sind je 1000 M. anteilig für den Betriebs-Ingenieur mit enthalten.

Jahre 1883 auf 25320 t, verdoppelte sich also gegen 1881. Im Jahre 1896 betrug die Produktion schon rund 32800 t, war demnach gegen 1871 oder 1881 um das dreifache gestiegen. Rechnet man nun für das Jahr 1897 die 51 in der Bäckerei, die 25 in der Ölmühle Beschäftigten und die 9 Gas- und Wasserwerksarbeiter ab, so blieben rund 200 in der Mahlmühle beschäftigte Personen incl. 34 Personen Betriebspersonal und es entfiele auf einen in der Getreidemüllerei Beschäftigten — ohne das Betriebsbeamtenpersonal — 0,6 t pro Tag. Das Arbeitspersonal hat sich gegen 1873—80 nur verdoppelt.

In der Ölmühle betrug das Gesamtpersonal im Jahre 1871 23 Menschen. Es wurden von diesen im Jahre 1871 aus 32344 dz Saat 30 % Öl und 48 %'Kuchen gewonnen, im Jahre 1896 wurden von 24 Personen aus dem gleichen Quantum 34 % Öl und 61 % Kuchen gewonnen. Mithin muss auch hier eine ganz bedeutende intensive Arbeitssteigerung stattgefunden haben.

Bevor eine genauere Betrachtung der Arbeits- und Lohnverhältnisse unternommen wird, muss folgendes kurz vorausgeschickt werden. Eine vollkommen übersichtlich, womöglich in eine Tabelle zusammengefasste Darstellung der Lohnverhältnisse liess sich bedauerlicherweise nicht bewirken. Die wechselnden Formen der Lohnsysteme, anfangs eine Barlöhnung verbunden mit Naturallohn, dann reiner Geldlohn oder Geldlohn unter Gewährung freier Wohnung, verschiedene Dauer der Arbeitsschichten, Notwendigkeit von Überstundenarbeit, Veränderung des Wertes von Kost und Wohnung, Accordlöhne, sind die Faktoren, deren einheitliche Gruppierung sich nicht recht ermöglichen liess.

Es bestand im Betrieb bis zum Jahre 1894 die Einrichtung, dem Personal neben Geldlohn entweder volle freie Station — d. h. volle Kost und Wohnung zu gewähren oder nur halbe. — Die sogenannte halbe Kost und Wohnung bestand aus:

1) Frühkaffee und 1 Brödchen,
2) Mittagskost 225 gr Fleisch und Gemüse,
3) Vesper, Kaffee und 1 Brödchen,
4) Wohnung in gemeinschaftlichen Wohn-, Schlaf- und Ankleideräumen.

Der Wert dieses wurde anfangs auf 35 Pf. pro Tag oder 25 Groschen pro Woche angenommen. Derselbe war aber

nach Ansicht der Betriebsleitung 60 Pf. wert und wurde auch
später zu diesem Satz abgelöst. Im einzelnen waren hiernach
die Ansätze 1=10 Pf., 2=30 Pf., 3=10 Pf., 4=10 Pf.
Bei voller Kost trat hinzu:

Butter	= 10 Pf.
Brot nach Belieben 700—1000 gr =	20 „
Abendzukost	= 10 „
Summa	= 1,00 M.

Von den Arbeitern hatten die Müller, Bodenarbeiter und
Ölmüller „halbe Kost", und die Bäcker, Kutscher, Wirtschafts-
personal „volle Kost". Handarbeiter und Frauen hatten keine
Kost.

Seit Oktober 1894 ist für sämmtliches Personal mit Ausnahme der Lehrlinge die „Kost" abgeschafft. Wohnung wird
nur dem unverheirateten Arbeiter-, Wirtschafts- und Laden-
personal gewährt. Als sich nach dem Jahr 1871 ein Teil der
Müller verheiratete, war in dieser Beziehung schon eine
Änderung eingetreten, indem die Verheirateten, die eigene
Wohnung bezogen, 3 M. pro Monat extra als Wohnungs-
entschädigung erhielten. Heute wird die den Unverheirateten
gewährte Wohnung ihnen beim Jahresarbeitsverdienst mit
30 M. eingerechnet.

Eigentliche Arbeiterwohnungshäuser hat der Betrieb nicht.
Die Wohnungen des Personals befinden sich in für diese Zwecke
bestimmten Etagen der Betriebsgebäude. Die männlichen
Arbeiter haben 6 Zimmer ausser den Schlafsälen, das weibliche
Personal hat 3 Zimmer. Die Wohnungen des weiblichen
Personals liegen in einem, von den Wohnungen des männlichen
Personals vollkommen getrennten Gebäude. In demselben Gebäude befindet sich auch die Wohnung des verheirateten Ober-
müllers mit 4 Zimmern. Ausserdem haben in dem andern Gebäude der unverheiratete Hofverwalter und 2 Komptoristen je
ein Zimmer inne.

Betrachten wir die Arbeitseinkommen des Gesammtpersonals
der der Unfallversicherung unterworfenen Beamten und Arbeiter,
so finden wir als Durchschnittslohnquote pro Person im Jahre
1887 = 926 M., im Jahre 1891 = 1049 M., im Jahre 1897 =
1059 M.

Bei näherem Hinblick überraschen die ziemlich bedeutenden
Schwankungen der Zahl der unter 4 M. Verdienenden. Der

Durchschnittsarbeitsverdienst fiel von 860 M. in 1887 auf
838 M: in 1891, stieg bis 1896 auf 913 und fiel dann wieder
auf 901 M. in 1897. Die Erklärung dieser Schwankungen
ergiebt ein Blick auf die Veränderungen in den Zahlen der
über 4 M. Verdienenden. Während 1891 nur 9 Personen, der
Durchschnittsverdienst 1449 M betrug, waren 1891 bereits 56
Personen mit einem Einkommen von 1390 M. pro Person. In
1896 war aber die Personenzahl wie die Quote bereits wieder
gesunken auf 1317 resp. 1327 M. Die Zahl der Betriebsbeamten blieb unverändert, es fand hier aber eine ganz bedeutende Steigerung des Arbeitseinkommens statt, von 1782 M.
in 1887 bis 2535 M. in 1897.

Unter dem Arbeitspersonal in der Mahlmühle fand gleichfalls zwischen 1887 und 1891 in bedeutender Zahl ein Über-
schreiten der Grenzlinie von den unter 4 M. Verdienenden zu
den über 4 M. Verdienenden statt. Die Zahl der erstern ver-
ringerte sich um 40, während die letztern sich um ebensoviel
vermehrten. Das Durchschnittseinkommen der erstern sank
von 928 M. pro Person im Jahre 1887 auf 862 M., stieg dann
wieder bis 896 M., während sich dasjenige der über 4 M. Verdienenden ziemlich gleich blieb. Es entfiel im Jahre 1887
1369 M. pro Person, 1896 1317 M., 1897 1327 M.

Absolut hat sich danach der Arbeitsverdienst pro Kopf
berechnet in diesem Betrieb innerhalb der letzten 10 Jahre
nicht erhöht, relativ ist er aber höher geworden durch den
Wegfall der Sonntagsarbeit sowie der Überstunden, welche die
Müller früher vor dem Zeuge sowie die Bäcker geleistet haben.

Gehen wir nunmehr über zu der speziellen Darstellung
der Jahresarbeitsverdienste. Es wurden von den in der Mahlmühle beschäftigten Personen nachstehende Löhne erzielt:

Übersicht
über die thatsächlichen Jahresarbeitsverdienste, aufgestellt auf Grund der für die Unfallversicherung eingereichten Lohnnachweisungen.

Art der Beschäftigung.	1897			1896			1891			1887		
	Arbeitstage	Verdienst M.	Pf.	Arbeitstage	Verdienst M.	Pf.	Arbeitstage	Verdienst M.	Pf.	Arbeitstage	Verdienst M.	Pf.
Bodenarbeiter	300	1436	07	307	1495	25	323	1599	14	317	1310	77
" "	304	1363	63	306	1586	52	317	1632	61	341	1361	63
" "	301	1364	26	306	1392	64	316	1510	70	335	1324	01
" "	298	1422	42	294	1422	77	316	1425	03	335	1337	32
" "	305	1367	65	306	1380	06	320	1477	80	307	1199	45
" "	304	1369	61	306	1379	22	323	1539	04	343	979	35
" "	266	1226	94	306	1411	28	323	1453	18	344	1338	44
" "	299	1371	81	308	1439	46	322	1453	91	342	1308	14
" "	294	1250	—	302	1313	86	323	1454	08	332	1263	62
" "	282	1203	15	294	1271	49	310	1648	60	335	1263	62
" "	299	1290	02	305	1339	17	308	1490	01	325	1208	53
" "	302	1284	01	290	1265	87	311	1515	69	345	1308	14
" "	293	1260	10	305	1384	78	318	1541	45	345	1308	14
" "	290	1232	23	306	1359	25	301	1384	75	342	1308	14
" "	296	1270	85	306	1339	85	315	1532	84	326	1246	58
" "	303	1291	39	290	1257	40	314	1530	19	334	1361	71
" "	302	1288	79	275	1194	68	308	1567	59	342	1288	39
" "	303	1293	80	293	1398	23	269	1314	44	336	1284	19
" "	304	1518	01	306	1393	45	308	1521	12	342	1285	55
" "	289	1384	67	306	1394	92	307	1516	78	346	1313	08
" "	303	1178	60	289	1307	39	308	1511	62	332	1192	—
" "	303	1476	25	306	1389	07	326	1433	38	343	1216	33
" "	303	1478	29	292	1255	62	325	1416	13	324	1153	05
" "	303	1334	12	306	1411	82	316	1376	77	341	1364	19
" "	302	1478	16	306	1413	88	317	1382	51	341	1260	46
" "	304	1492	64	301	1390	47	320	1382	23	340	1261	95
" "	301	1483	83	306	1366	81	322	1406	50	339	1294	43
" "	288	1361	71	305	1370	76	324	1413	41	341	1408	89
" "	292	1098	05	305	1372	24	297	1259	12	337	1306	62
" "	303	1156	78	299	1328	81	306	1313	35	335	1289	58
" "	301	1443	92	304	1351	76	301	1313	02	330	1288	12
" "	283	1326	18	122	516	57	69	278	66	—	—	—
Untermüller	336	1399	10	343	1421	20	333	1477	41	336	1334	59
" "	337	1103	95	343	1416	25	336	1484	27	336	1389	14
" "	337	1428	45	329	1579	80	289	1266	33	335	1280	19
" "	329	1375	20	311	1425	25	318	1411	96	258	951	22
Spitzmüller	329	1254	95	341	1319	05	334	1188	14	332	1275	44
" "	335	1307	25	342	1325	25	333	1552	61	322	1251	13
Steinschärfer I.	321	1375	40	338	1348	—	332	1483	61	345	1452	06
" II.	335	1096	15	305	1131	68	356	1426	59	356	1355	72
Walzenmüller	329	1195	27	342	1256	28	331	1403	40	328	1091	75
" "	332	1206	39	331	1219	59	323	1253	51	267	751	15
" "	327	1141	46	326	1162	22	300	1171	56	339	1156	14
" "	323	1134	52	315	1117	05	326	1295	—	329	1015	48
" "	330	1131	80	333	1137	43	309	1119	89	335	1275	19
" "	323	1111	95	332	1126	26	333	1320	26	340	1283	69

Art der Beschäftigung	1897			1896			1891			1887		
	Arbeitstage	Verdienst M.	Pf.	Arbeitstage	Verdienst M.	Pf.	Arbeitstage	Verdienst M.	Pf.	Arbeitstage	Verdienst M.	Pf.
Griesputzer	331	1141	64	337	1180	12	296	983	66	319	926	51
" "	104	332	88	331	1174	42	322	1198	81	260	751	59
" "	328	1136	19	—	—	—	—	—	—	325	870	78
Lagerwärter	332	1198	85	332	1170	57	355	1451	88	341	1232	50
" "	331	1113	27	329	1105	74	353	1231	81	352	1064	27
" "	332	1197	90	332	1180	44	—	—	—	—	—	—
Hofarbeiter	166	513	42	308	1094	71	291	958	37	314	981	83
" "	324	1057	22	306	1079	98	276	730	22	327	894	60
" "	335	929	17	351	918	61	253	833	75	294	880	23
" "	315	1183	09	300	937	85	313	986	87	312	880	30
" "	319	1044	24	317	1037	98	246	634	98	316	938	19
" "	241	906	25	347	1075	93	274	825	20	309	910	87
" "	337	1081	65	328	1124	70	217	544	06	318	882	68
" "	333	1100	28	323	1135	66	304	1014	76	309	894	42
" "	302	1039	28	306	834	95	313	1023	49	311	867	45
" "	103	301	86	306	1048	75	125	397	77	304	884	13
" "	318	1087	57	314	1066	—	253	709	94	311	875	41
" "	315	1051	57	305	794	76	288	786	32	265	838	82
" "	287	788	70	60	170	87	308	990	91	220	593	25
" "	282	1022	54	99	433	23	339	889	09	142	360	05
Arbeitsfrauen	299	444	52	270	387	99	291	356	79	246	314	09
" "	336	621	70	336	617	96	361	513	89	353	425	13
" "	292	410	42	304	422	11	275	345	65	304	370	61
" "	298	456	56	286	415	37	285	385	63	335	378	52
" "	294	439	53	308	452	99	291	395	33	280	332	42
" "	303	562	19	253	373	15	355	485	53	363	519	98
" "	291	473	42	307	556	89	362	589	74	309	365	90
" "	352	493	68	338	538	93	296	373	83	304	367	79
" "	297	503	18	371	511	76	349	460	61	334	402	29
" "	351	547	92	305	456	27	301	376	86	338	391	09
" "	362	639	73	369	557	80	311	496	52	342	389	80
" "	304	471	84	258	467	55	359	471	66	339	413	27
" "	311	468	11	79	121	84	280	369	57	122	180	95
" "	301	472	98	236	369	40	272	321	90	—	—	—
Beutler	330	1018	98	301	926	18	319	1099	64	334	992	53
"	323	985	94	326	1028	76	318	1151	06	329	982	98
"	329	1047	75	332	1062	42	323	1045	75	336	914	63
"	322	1014	60	330	1038	23	292	958	90	255	694	26
"	327	1008	76	324	992	47	285	863	97	257	670	72
"	327	1013	08	326	1000	97	318	1032	74	335	922	97
"	321	987	90	319	981	73	308	1127	87	335	1062	81
"	206	782	54	181	539	67	329	1157	46	332	1075	67
"	329	1041	50	313	976	25	325	1217	13	336	1094	49
"	327	985	49	328	975	02	315	1091	53	330	1110	16
"	330	1028	93	331	1020	80	334	1172	84	334	1001	99
"	326	1002	63	311	917	76	316	1056	18	335	1019	18
"	244	715	28	228	689	74	318	1191	23	327	1093	67
"	210	616	32	329	982	97	287	1063	23	336	1022	41

Durchschnitte
der vorstehenden thatsächlichen Arbeitsverdienste.

Art der Beschäftigung.	1897		1896		1890		1887	
	Arbeitstage	Verdienst M. Pf.	Arbeitstage	Verdienst M. Pf.	Arbeitstage	Verdienst M. Pf.	Arbeitstage	Verdienst M. Pf.
Bodenarbeiter	296	1356 26	264	1333 85	306	1425 80	336	1285 —
Untermüller	335	1401 67	340	1410 62	319	1410 —	316	1238 78
Spitzmüller	329	1288 10	341	1322 15	333	1520 33	327	1263 29
Steinschärfer	328	1235 78	320	1239 84	344	1455 —	350	1403 89
Walzenmüller	327	1153 56	330	1168 13	321	1260 60	323	1095 57
Griesputzer	330	1138 92	334	1177 27	309	1191 —	301	850 29
Lagerwärter	332	1170 10	331	1152 —	354	1341 85	346	1148 39
Hofarbeiter	284	936 20	284	911 —	268	808 93	289	834 44
Arbeitsfrauen	314	500 —	358	446 43	314	424 54	305	373 22
Beutler	304	916 41	306	938 07	313	1087 11	322	975 39

Übersicht
über die durchschnittlichen Tagelöhne,[1] aufgestellt auf Grund der für die Unfallversicherung eingereichten Lohnnachweisungen.

Art der Beschäftigung.	Arbeitsverdienst pro Tag										
	1897	1896	1895	1894	1893	1892	1891	1890	1889	1888	1887
Mehlbodenarbeiter	4,43	4,49	4,31	4,21	4,34	4,56	4,78	4,50	4,31	3,82	3,79
Untermüller	4,18	4,14	4,10	4,30	4,22	4,24	4,42	4,23	3,98	3,93	3,90
Spitzmüller	3,90	3,87	3,84	4,02	4,—	4,20	4,55	4,33	3,87	3,51	3,69
Steinschärfer	3,41	3,70	3,54	3,64	3,60	3,73	4,39	4,35	4,10	3,86	4,—
Walzenmüller	3,52	3,53	3,45	3,57	3,48	3,61	3,93	3,88	3,71	3,46	3,37
Griesputzer	3,37	3,52	3,43	3,44	3,21	3,27	3,52	2,42	3,25	2,98	2,82
Lagerwärter in der Mühle	3,52	3,48	3,41	3,46	3,45	3,55	3,79	3,72	3,52	3,24	3,32
Hofarbeiter	3,28	3,25	2,99	2,81	2,86	3,01	3,04	3,04	3,12	2,95	2,83
Beutler	3,13	3,06	3,05	3,20	3,06	3,12	3,47	3,30	3,23	3,—	2,98
Arbeitsfrauen	1,56	1,55	1,11	1,42	1,43	1,39	1,34	1,33	1,29	1,20	1,20

Nach dem Durchschnitt der thatsächlichen Arbeitsverdienste stieg das Arbeitseinkommen von 1887—1897

bei den Unterbeamten um 13 %

„ „ Bodenarbeitern „ 5 „

„ „ Griesputzern „ 33 „

„ „ Hofarbeitern „ 12 „

„ „ Arbeitsfrauen „ 34 „

---

[1] Bei Berechnung der Durchschnittsverdienste sind auch ¼ und ½ Tage als volle Tage angenommen worden; in Wirklichkeit haben die Müller nur 300 volle Arbeitsschichten. Sonntags werden dieselben nur eine Woche um die andere stundenweise mit Reinigungsarbeiten beschäftigt. Ausserdem gilt auch hier die Bemerkung in Bezug auf Überstunden.

bei den Spitzmüllern blieb der Verdienst auf der Höhe von 1887, bei den Walzenmüllern stieg er geringfügig, ebenso blieb der Verdienst der Lagerwärter sich ziemlich gleich, die Beutler hatten eine Verringerung ihres Arbeitseinkommens.

Bei den Untermüllern war der niedrigste Jahresarbeitsverdienst während der beiden letzten Jahre 1379 M., der höchste 1428 M.

Der niedrigste Arbeitsverdienst der Bodenarbeiter war 1098, der höchste 1548 M. 11 Bodenarbeiter hatten im Jahr 1897 über 1400 M. Einkommen, 9 von 13—1400 M., 11 von 12—1300 M.

Die Tageslöhne der einzelnen Beschäftigten, wie sie ohne Nebenverdienst sich stellen, veranschaulicht folgende Zusammenstellung:

Übersicht

über gezahlte Schichten - Löhne einschl. halber Kost und Wohnung. (Frühstück, Mittag, Vesper = 60 Pf.)

	Es wurden gezahlt pro Schicht im Jahre									
	1869	1871	1873	1876	1881	1886	1891	1896	1898	durchschnittl. 1869|96
	M. ₰	M. ₰	M. ₰	M. ₰	M. ₰	M. ₰	M. ₰	M. ₰	M. ₰	
Untermüller . .	2 60	2 90	3 —	3 30	3 —	3 20	3 30	3 80		
Steinschärfer	2 40	2 40	2 60	3 —	2 70	3 10	3 10	3 50		
Beutler. Putzer	1 70	2 10	2 40	2 60	2 30	2 60	2 60	3 —		
Bodenarbeiter .	2 60	2 60	Arbeit im Stücklohn.							

In den Lohnnachweisungen für die Unfallversicherung erscheinen die Tagesverdienste wesentlich höher wie vorstehend; es ist dies auf Nebenverdienste durch Prämien, Auslösungen und Überstunden zurückzuführen.

Der Stundenlohn im Jahre 1896 beträgt hiernach bei den Untermüllern 38 Pf., bei Steinschärfern 35 Pf., bei Beutlern und Putzern 30 Pf.

Sehr interessant ist ein Vergleich dieser Zahlen mit denen vor 25 Jahren. Nach einer Lohnliste vom Jahre 1871 (siehe Tabelle auf Seite 260) wurden an Stundenlohn gezahlt für den Bodenmeister 21,3 Pf., Untermüllern 15—17 Pf., Steinschärfer 16—18 Pf., Spitzmüllern 12—14 Pf., Putzern 12—13 Pf., Beuttlern 13,7 Pf., Aufschüttlern desgl. Die Vorarbeiter auf den Mehl- und Kleieböden erhielten 17 Pf. für die Stunde, die übrigen Mehlbodenarbeiter 12—14 Pf.

17*

Abschrift einer Lohnliste für das Mühlenpersonal vom 12. November 1871.

	Baarer Lohn pro Woche			Lohn incl. Kost pro Woche			Schichtdauer	Arbeitsstunden pro Woche	Arbeitslohn pro Stunde
	rl.	ngr.	Pf.	rl.	ngr.	Pf.			
Bodenmeister	5	—	—	5	25	—	13	82	21,3
Untermüller	5	—	—	5	25	—	15	102	17,0
	4	15	—	5	10	—	15	102	15,6
Steinschärfer I.	4	7	5	5	2	5	13	82	18,6
„ II.	3	22	5	4	17	5	13	82	16,7
„ III.	3	22	5	4	17	5	13	82	16,7
Spitzmüller I.	4	—	—	4	25	—	15	102	14,2
„ II.	3	15	—	4	10	—	15	102	12,7
Niederputzer I.	3	22	5	4	17	5	15	102	13,4
„ II.	3	15	—	4	10	—	15	102	12,7
Oberputzer I.	3	22	5	4	17	5	15	102	13,4
„ II.	3	15	—	4	10	—	15	102	12,7
Oberbeutler	3	7	5	4	2	5	15	102	13,7
	3	7	5	4	2	5	15	102	13,7
Niederbeuttler	3	7	5	4	2	5	15	102	13,7
	3	7	5	4	2	5	15	102	13,7
Aufschütter	3	7	5	4	2	5	15	102	13,7
	3	7	5	4	2	5	15	102	13,7
Schaalmüller	3	7	5	4	2	5	15	102	13,7
	3	7	5	4	2	5	15	102	13,7
Nachgangbeutler	3	7	5	4	2	5	15	102	13,7
Nieder. Mischk. Vorarbeiter	3	15	—	4	10	—	13	82	15,8
Klein „ „	3	15	—	4	10	—	13	82	15,8
Mehlbodenarbeiter	3	7	5	4	2	5	13	82	17,1
„ „	3	7	5	4	2	5	13	82	17,1
„ „	3	—	—	3	25	—	13	82	14,0
„ „	3	—	—	3	25	—	13	82	14,0
„ „	3	—	—	3	25	—	13	82	14,0
„ „	3	—	—	3	25	—	13	82	14,0
„ „	3	—	—	3	25	—	13	82	14,0
„ „	3	—	—	3	25	—	13	82	14,0
„ „	2	22	5	3	12	5	13	82	12,5

Kost und Wohnung sind hier mit 35 Pf. pro Schicht berechnet, die Selbstkosten betragen aber mindestens 60 Pf., weshalb dieselben in umstehender Tabelle über die Schichtenlöhne des Vergleichshalber auch mit 60 Pf. pro Schicht in Abzug gebracht wurden.

Einige Mitteilungen macht der Betrieb noch über Stundenlöhne aus anderen Jahren. Danach waren die Stundenlöhne:

	Februar 1871	Novbr. 1871	Januar 1873	April 1873	Mai 1874	März 1876
bei Hofarbeitern	13 Pf.	14 Pf.	20 Pf.	24 Pf.	23 Pf.	22 Pf.
Maurer und {	18 „	19 „	28 „	32 „	33 „	30 „
Zimmerleute {	20 „	22 „				

Zeugarbeitern wurde ein Tagelohn von 3 M. gewährt.

Tischler Stundenlohn 30 Pf., Arbeitsfrauen Stundenlohn 11 Pf.

Einen Vergleich mit früher gezahlten Arbeitslöhnen pro Woche ermöglicht noch folgende Übersicht.

	Es wurden gezahlt pro Woche				
	Februar 1869 excl. Kost u. Wohnung	Februar 1871 excl. Kost u. Wohnung	Novbr. 1871 incl. Kost u. Wohnung	Januar 1873 incl. Kost u. Wohnung à 2,50 M.	Septbr. 1879 excl. Kost u. Wohnung à 3,50 M.
Untermüller	14 —	15 —	17 ,50	20 ,30	— —
1. Steinschärfer	14 —	12 —	15 ,25	17 ,87	— —
2. „	9 ,50	10 ,50	13 ,75	16 —	— —
3. „	— —	9 —	13 ,75	15 ,37	— —
1. Spitzmüller	9 ,50	11 ,25	14 ,50	16 ,80	— —
2. „	9 ,50	9 ,75	13 —	16 ,10	— —
1. Putzer	8 —	10 ,50	13 ,75	16 ,80	— —
2. „	8 —	9 ,75	13 —	16 ,10	— —
Beutler	8 —	9 —	12 ,25	15 ,40	— —
Aufschütter	8 —	9 —	12 ,25	16 ,10	— —
Schalenmüller	8 ,75	9 —	12 ,25	—	— —
1. Zeugmüller	— —	— —	— —	16 —	19 ,30
2. „	— —	— —	— —	14 ,10	12 ,70
Abwieger i. d. Mühl.	8 ,75	9 ,75	13 —	—	— —
Mehlbodenarbeiter	9 ,10	9 —	12 ,25 / 11 ,50	—	15 ,30
Sackstauber	— —	7 ,50	13 ,25	—	— —
Müller (Accord)	— —	— —	— —	—	18 ,75

Erwähnenswert erscheinen die Angaben, die über die Wohnungsverhältnisse der Beamten und Arbeiter mit unter 2000 M. Einkommen gemacht werden. Dieselben stammen aus dem Jahr 1890.

Über die Miete im Verhältnis zum Einkommen ist bemerkt:

5 Familien haben eigenes Haus.

52	„	zahlen bis 10 % des Einkommens.
37	„	„ 10—15 „ „ „
16	„	„ 15—20 „ „ „
7	„	„ 20—25 „ „ „
5	„	„ über 25 „ „ „

112 Familien.

Bei den höhern Mieten sind teilweise Geschäftsräume oder Untervermietungen inbegriffen.

Über die Grösse der Wohnungen lautet die Auskunft, dass unter der Annahme, dass nur die Kinder unter 14 Jahren im Elternhause wohnhaft sind, kommen auf 1 bewohnten Raum

bei 27 Familien	= 23 %	1 Familienglied
„ 75 „	= 64 „	1—2 „ glieder
„ 15 „	= 13 „	2 „

117 Familien.

Nach der Höhe der Wohnungsmieten betrachtet zahlen
19 Familien = 16,7 % bis 75 M.
18 " = 15,4 " 75—100 M.
22 " = 18,8 " 100—124 "
14 " = 12,0 " 125—149 "
19 " = 16,3 " 150—174 "
6 " = 5,0 " 175—199 "
10 " = 8,5 " 200—249 "
3 " = 2,5 " 250—299 "
6 " = 5,0 " 300—400 "
——————
108 Familien.

Die Anzahl der wohnbaren Räume einer Familie betragen:
bei 16 Familien = 13,7 % = 2 Räume
" 85 " = 72,5 " = 3 "
" 15 " = 13,0 " = 4 "
" 1 " = 0,8 " = 6 "

Die Mietskosten für einen bewohnbaren Raum sind
bei 1 bewohnbaren Raum in Dresden 76 M.
" 1 " " " Plauen 54 M.
" 1 " " " Nachbarorten 40 M.
" 1 " " " entfernteren Orten 25 M.

Hinsichtlich der Entfernung der Wohnorte vom Arbeitsort ist angegeben:
38 Familien wohnen am Arbeitsort Plauen
37 " " in direkten Nachbarorten.
bis 2,5. k. vom Arbeitsort entfernt.
25 " " in 3,5 " " " "
11 " " " 5,0 " " " "
6 " " " 6,0 " " " "
5 " " " über 6,0 " " " "
——————
122 Familien.

An Arbeiterwohlfahrtseinrichtungen sind von der Betriebsleitung im Lauf der Jahre eingerichtet:

1. Pensions-Unterstützungskasse gestiftet am 26. Januar
1887 von dem Begründer der Firma Kommerzienrat T. Bienert
mit einem Grundkapital von 150 000 M. (jetzt 200 000 M.).
Zweck der Kasse ist Gewährung von Unterstützungen an die
Beamten und Arbeiter der Hofmühle, sowie an Witwen und
Kinder dieser Beamten und Arbeiter in denjenigen Fällen, in

welchen die Kranken-Unfall-Invaliditäts- und Altersversicherungs-Kassen entweder keine oder keine genügende Hilfe leisten.

2. Krankenkassenstiftung errichtet im Juli 1893 vom Kommerzienrat T. Bienert mit einem Grundkapital von 150 000 M. Aus den Zinsen werden Ausgaben des Betriebs- und Kontorpersonals erstattet, für die die Krankenkasse nicht aufzukommen hat.

3. Wöchnerinnenstiftung, gestiftet von den jetzigen Inhabern der Firma Theodor & Erwin Bienert aus Anlass der 1891 erfolgten Geburt ihrer Stammhalter mit einem Kapital von 200 000 M. Daraus erhalten die Ehefrauen der Angestellten sowie die verheirateten Arbeiterinnen im Fall einer Entbindung eine Unterstützung von 30 M., damit sich dieselben die nötige Schonung und angemessene Verpflegung angedeihen lassen können. Da im Durchschnitt jährlich 30 Geburten zu verzeichnen sind, so reichen die Zinsen zu fraglichem Zweck nicht ganz aus. Der Fehlbedarf wird alljährlich durch die Geschäftsinhaber gedeckt.

4. Gewährung eines jährlichen grösseren Beitrags an die Heger-Bienert-Stiftung in Plauen-Dresden — eine vom Kommerzienrath Bienert und einer Verwandten desselben zu Gunsten hiesiger Ortseinwohner gestifteten Kinderbewahr- und Knaben-beschäftigungs-Anstalt, welche täglich von 120 Kindern besucht wird — behufs Aufnahme von Kindern auswärts wohnender Arbeiter des Betriebs.

5. Gewährung von Sommerfrischen im Gebirge an jährlich 15 Arbeiter. In Berücksichtigung kommen hierbei zunächst Erholungsbedürftige, in zweiter Reihe ist das Dienstalter massgebend. Soweit die Kosten hierfür nicht durch die Krankenkassenstiftung gedeckt werden, treten die Firmeninhaber ein. Den Familien der in der Sommerfrische Befindlichen wird während der Dauer der Sommerfrische der Lebensunterhalt aus der Pensions- und Unterstützungskasse gewährt.

6. Eine Freistelle in der Volksheilstätte für Lungenkranke, Albertsberg bei Auerbach i. Voigtl., gestiftet vom Mitinhaber der Firma E. Bienert.

7. Von der Betriebsleitung werden ferner die wohlthätigen Folgen einer seit 40 Jahren bestehenden Fabriksparkasse, in welcher Einlagen bis zu 1 M. herab angenommen und mit 4 % verzinst werden, hervorgehoben. „Es bedarf nur eines

geringen Anstosses, um die Leute zum Sparen zu veranlassen,"
heisst es in dem mir übersandten Bericht. Jedoch muss hierbei berücksichtigt werden, dass in hervorragender Weise die
Betriebsleitung dafür Sorge trägt, dass der einzelne kleinere
Kapitalien zu Zeiten zurücklegen kann.

Die angeführten Beispiele dürften genügen, um uns über
die Lohnverhätnisse im Mühlengewerbe Klarheit zu verschaffen.
Als allgemeines Ergebnis der Untersuchung ist folgendes festzuhalten: Die Löhne sind bei kürzer werdender Arbeitszeit
überall gestiegen.

In Kleinbetrieben, wo die Arbeitszeit sehr verschieden ist, (meist 14—17 Stunden und mehr bis 36 Stunden
wie z. B. in Süddeutschland) erhält der Lehrling, wenn wir
vorerst Gesellen und Lehrlinge unterscheiden, freie Station,
ausserdem etwas Geld, auf dem Lande 20—50 M., in der Stadt
30—60 M. Die Müllergesellen erhalten im Osten 4—7 M.,
mitunter auch 8 M. pro Woche. im Nordwesten, wo die höchsten
Löhne gezahlt werden. 8—11 M., in Süd- und Südwestdeutsch-
land 5—10 M., ausserdem Kost und Wohnung. Gewöhnlich
wird letztere mit 1 M. pro Tag veranschlagt, was aber für
den Osten sicher zu hoch berechnet ist. Die Jahresarbeitsverdienste würden daher bei dieser Betriebsklasse im Osten
auf 500—600 M., im Nordwesten 600—800 M., in Süd- und
Mitteldeutschland auf 650—750 M. anzunehmen sein.

In Mittelbetrieben wurden bei 13—17 und 18stündiger
Arbeitszeit im Osten von den Gesellen durchschnittlich 600
bis 700 M. verdient, in Mittel- und Westdeutschland 650 bis
850 M., in Nordwestdeutschland 800—1000 M., in Süddeutschland etwa 800—900 M. Die Löhne für die Mühlenarbeiter
sind dagegen bedeutend niedriger. Der Wochenlohn der
Arbeiter schwankt im Osten zwischen 10 und 13 M., im Nordwesten zwischen 20 und 21 M., in Mittel- und Süddeutschland
zwischen 15 und 20 M. Handwerker verdienen im Osten 600
bis 700 M., in West- und Mitteldeutschland 800—1000 M.

Im Grossbetrieb, wo die grösste Arbeitsteilung herrscht
und gewöhnlich 12stündige Arbeitszeit, werden die höchsten
Löhne gezahlt, namentlich der Lohn der qualifizierten Arbeiter
ist in den letzten Jahren gestiegen. Sehr gut gelohnt
erscheinen die höhern Aufsichtsbeamten, speciell der Obermüller,
die ersten Maschinisten, Untermüller. Schichtmeister etc. Die

Einzellöhne für Müller betragen pro Tag 3,50—4,75 M., zu
diesen Bevorzugten gehören die Walzenführer, Gangmüller,
Sichtmüller, auf Zollinteresse vereidigte Wieger etc. Die
Jahresarbeitsverdienste stellen sich von 1000—1500 M. Mühlenarbeiter, speziell Bodenarbeiter stehen sich auf 1000—1300 M.,
während gewöhnliche Mühlenarbeiter wie Hofarbeiter ein
cca. 200 M. geringeres Einkommen aufweisen. Handwerker,
wie Tischler und Schlosser erhalten pro Tag 3,25—4,25 M.
und erreichen ein Jahreseinkommen von 1100—1350 M.

Danach dürfte der Grossbetrieb inbezug auf eine
wirtschaftliche und soziale Hebung der Arbeiterklasse
die günstigsten Vorbedingungen haben. Von grösstem Interesse
für die Frage, inwieweit der Arbeitslohn am Ertrag des Unternehmens teilnimmt, dürfte die folgende Zusammenstellung sein.

Es betrugen die Löhne und Gehälter:
einer Berliner Mühle pro vermahlene   t 1873 = 2,94 M.
                                           1875 = 3,63 „
                                           1895 = 2,45 „
                                           1896 = 2,68 „
der Arbeitslohn der Königsberg. Walzmühle „ 1896 = 1,79 „
     „   „   „ Münchener Tivoli „ 1896/97 = 3,17 „
     „   „   „ Aichach Mühle   „ „ = 2,00 „
     „   „   „ Stuttgarter Bäckermühle „ „ = 1,38 „
Gehalt u. Arbeitslohn der Bromberger Mühlen 1888 = 6,01 M.
     „   „   „   „   „ 1897 = 4,49 „
     „   „   einer Berliner Dampfm. 1896 = 3,00 „

Schlägt man nun den Mahllohn pro t auf rund 10 M. an,
dann würde der Gehalt und Arbeitslohn im Durchschnitt $1/_4$
bis $1/_3$ desselben betragen.

Schluss.

Den technisch-ökonomischen und wirtschaftlich-sozialen
Veränderungen im Mühlengewerbe während dieses Jahrhunderts
war die vorhergehende Darstellung gewidmet. Fassen wir mit
wenigen Worten in grossen Zügen unsere bisherigen Ausführungen zusammen.

Wir sahen, wie die Veränderungen in der Technik —
dies im weitesten Sinne gefasst, also einschliesslich der ver-
kehrstechnischen Umwälzungen — das ökonomische Gefüge
des Gewerbes von Grund aus umgestalteten. Des weitern
wurden die Momente dargelegt, welche den Fabrikbetrieb in
der Müllerei entstehen liessen. Dann ward die allmähliche
Bildung des fabrikmässigen Grossbetriebs geschildert, seine
rasche Ausbreitung, seine wachsende Intensität und sein zu-
nehmender Umfang. Zum Schluss des vorigen Kapitels erörterten
wir dann die Frage, auf wessen Seite die grössern wirtschaftlichen und sozialen Vorzüge vorhanden sind, ob beim Gross-
oder Kleinbetrieb.

Als Ergebnis stellten wir fest, dass der Grossbetrieb in
privatwirtschaftlicher Beziehung dem Kleinbetrieb gegenüber
eine grosse Überlegenheit offenbart. Die grossindustrielle Produktion ist billiger, rationeller, sie entspricht mehr den Anforderungen des produktiveren Wirtschaftssystems (Sombart), auch
erfüllt sie die hygienischen Forderungen, deren Beobachtung
man bei der Herstellung von Lebensmitteln verlangen muss,
auf das beste. Anders der Kleinbetrieb, er produziert bei
weitem irrationeller und teurer und zeigt technisch gegenüber
dem Grossbetrieb eine kolossale Rückständigkeit. Auch in
sozialpolitischer Hinsicht kann der Kleinbetrieb mit dem Grossbetrieb nicht in Vergleich gestellt werden. Die allgemeinen
Arbeitsbedingungen im Kleinbetrieb sind als höchst ungünstige

zu bezeichnen, er ist nicht im stande, höhere Löhne zu zahlen, zeigt dagegen die weitaus grösste Ausdehuung der Arbeitszeit, während der Grossbetrieb trotz höherer Arbeitslöhne und geringerer Ausnutzung der Arbeitskraft billiger produziert. Daher ist heute der Grossbetrieb als ein sozialer Faktor ersten Ranges anzusehen, nicht mit Unrecht hat man ihn einen Pionier sozialer Kultur genannt. Denn bei der Entwicklung des Grossbetriebs treffen sich alle auf eine wirtschaftliche und soziale Hebung der Arbeiterklasse hinzielenden Bestrebungen wie in einem Brennpunkt. Unendlich wertvolle soziale Aufgaben fallen heute dem Grossbetrieb zu, diese richtig zu erkennen und zum Wohle der Gesamtheit durchzuführen, ist auch die hohe Aufgabe des Grossbetriebs in der Mühlenindustrie. Sicherlich wird aber der Umstand, was der Grossbetrieb als sozialer Faktor leistet, von entscheidender Bedeutung dafür werden, ob man die Tendenzen zum Grossbetrieb beschränken oder ihnen freien Lauf lassen soll.

Wohl keine Frage hat in jüngster Zeit so andauernd die Gemüter beschäftigt und von Grund aus aufgerührt als die Frage nach der Existenzberechtigung der einen oder andern Unternehmungsform. Unzweifelhaft gehört das zu lösende Problem zu den allerschwierigsten. Weite Kreise des Mittelstandes fühlen sich durch das riesige Anwachsen des Grosskapitals in Handel und Gewerbe in ihrer Existenz aufs äusserste bedroht und es fehlt nicht an Stimmen, die immer lauter darauf hinweisen, welche volkswirtschaftliche Schädigungen durch die zunehmende Abhängigkeit der Massen von wenigen Kapitalbesitzern eintreten müssen. Die Berechtigung dieses Hinweises ist nicht zu bestreiten, jedoch lässt sich die wirtschaftliche Entwicklung nicht um zwei Menschenalter zurückschrauben, mit der Unterdrückung der Grossindustrie wäre die Stellung Deutschlands auf dem Weltmarkt erschüttert. Daher wird man vielmehr mit der zunehmenden Ausbreitung der Grossindustrie bestrebt sein müssen, Kautelen zu schaffen, die jene kapitalistische Abhängigkeit paralysieren.

Jedoch verlassen wir dies weitere Problem und kehren zu unserm engern Thema zurück. Hier im Mühlengewerbe hat der Kampf gegen den Grossbetrieb sich zu ganz bestimmten Forderungen verdichtet. Mit wahrem Fanatismus, der höchsten Erbitterung und unter Aufwendung des grössten Scharfsinns

wird hier von beiden Seiten gekämpft. Schlagworte fliegen
hin und her, und gern borgt man sich zum Schutz der zu be-
wahrenden Interessen irgend ein Mäntelchen. Bereits sind die
verschiedensten Mittel und Wege vorgeschlagen, um den
„hassenswerten" Grossbetrieb zu vernichten. Denn soweit geht
in der That das Bestreben der „Zielbewusstesten", die vor
keinem Mittel zurückscheuen. In der ernsthaftesten Weise
diskutiert man über die Abschaffung jeglicher Zollerleichterungen
und Vernichtung der gesamten bestehenden Mehlausfuhr. Man
empfiehlt, dass bei der Anlegung neuer Mühlen das Bedürfnis
entscheidend sein solle; um der schrankenlosen Zuvielerzeugung
zu begegnen, soll ein allgemeines Müllersyndikat gegründet werden, das eine 20% Betriebseinschränkung vornehmen soll unter Zuweisung eines bestimmten Vermahlungs-
kontingents an die einzelnen Syndikatsmitglieder. Andere
fordern Erhebung von Abgaben auf den öffentlichen Wasserstrassen, Verstaatlichung der Binnenschifffahrt und
eine gestaffelte Umsatzsteuer. Namentlich die letzte
Forderung hat viele Anhänger gefunden. Die Umsatzsteuer
soll vornehmlich einen wirtschaftlichen „Ausgleich" bewirken,
die ungleichen Kämpfer im wirtschaftlichen Kampf ums Dasein
mehr einandergleichstellen. Wir haben bereits oben auf die
Begünstigungen der Mühlengrossbetriebe, durch deren Abschaffung
eine Stärkung der Konkurrenzfähigkeit der kleinen und mittleren Betriebe erfolgen könnte, hingewiesen. Eine zweite Massnahme, um die mittleren Betriebe vor dem allzuraschen Vor-
dringen des Grossbetriebs zu schützen, dürfte vielleicht in der
Genossenschaftsbildung gefunden werden, wozu heute schon
vielfach Ansätze (z. B. Kleieabsatzgenossenschaften) vorhanden
sind, deren Notwendigkeit sich auch schon daraus ergiebt, dass
die Bäcker heute bereits zahlreiche Rohstoffgenossenschaften
gründen. Eine Genossenschaft kleinerer Müller eines Bezirks
kann sich einerseits viel eher die Vorteile eines billigen Rohstoffbezugs sichern als der einzelne, und andrerseits ein Unterbieten der Preise durch gegenseitiges Wettlaufen bei den
Bäckern und ein massloses Kreditgeben verhindern. Ob und
wieweit die Müller zu einer energischen Selbsthilfe bereit sind,
wieviel genossenschaftliches Solidaritätsgefühl in ihnen noch
vorhanden ist, muss erst die Zukunft lehren. Dass aber die
Müllergenossenschaften im Kampf gegen Grossbetrieb und land-

wirtschaftliche Müllereigenossenschaften einen sehr schweren
Stand haben werden, viel schwerer wie die landwirtschaftlichen
Müllereigenossenschaften, diese Voraussage lässt sich ohne
grosse Prophetengabe unschwer machen.

Eine Massregel, deren grosse Tragweite sich wegen der daran
schliessenden weitern Folgen nicht übersehen lässt, bedeutet
jedoch die Forderung einer gestaffelten Umsatzsteuer.
Der Gedanke durch eine Umsatzsteuer die Massenproduktion
zu beschränken, ist nicht neueren Datums. Auch Fürst Bismarck
hat sich einmal für eine derartige Steuer bei einem Empfang
der Handwerker in Friedrichsruh ausgesprochen, jedoch hat er
wohl mehr an die grossen Versandtgeschäfte gedacht. Seine
Worte sind öfters wiederholt worden, daher mögen sie hier angeführt werden. Er sagt: Der Staat hat gar kein Interesse
daran, dass solche grossen Massengeschäfte entstehen, die
ihm schliesslich doch nur dasselbe an Einkommensteuer zahlen,
was sie an Steuerkraft tausend kleinen Existenzen entziehen.
Umgekehrt sollte dem Staat politisch gedacht doch mehr an
der wirtschaftlichen Zufriedenheit dieser zahlreichen kleinen
Leute als an dem Aufblühen einer einzigen Grossexistenz
gelegen sein. Es liegt also nichts (!) im Wege, durch eine
Umsatzsteuer den Grossegoisten des Erwerbs die Lust an
einer wirtschaftspolitisch sinnlosen Massenproduktion auszu-
treiben; wird die Grösse des Umsatzes mit einer zupackenden
Steuer belegt, so hat niemand mehr ein Interesse daran,
Waren in Massen zu erzeugen und durch diese Massener-
zeugnisse die landesübliche Preislage auf ein unwürdiges Niveau
herabzudrücken. Dass diese harten Worte auf eine Industrie wie
die Müllerei nicht passen, dürfte leicht einzusehen sein. Hier
handelt es sich nicht um eine sinnlose Warenproduktion, die
der Konsum beim besten Willen nicht aufzunehmen vermag,
hier handelt es sich um die Herstellung wichtiger Volks-
nahrungsmittel, die nicht ohne die allerzwingendsten Gründe
verteuert werden sollen.

Bei der ungemeinen Wichtigkeit, welche die in Frage
kommende Massregel für die Müllerei hat, wollen wir nicht
unterlassen auf die Gefahr hin, in die heftigen Interessenkämpfe
des Augenblicks damit unmittelbar einzugreifen, und der Un-
wissenschaftlichkeit gezichen zu werden, unsere Meinung gegen
die vorgeschlagene Steuer näher auszuführen.

Schon im Jahr 1897 wurde von seiten verschiedener
Kleinmüller an den Reichstag eine Petition gesandt, in der um
Einführung einer Betriebs- oder Umsatzsteuer für Grossmühlen
gebeten wurde. Begründet wurde der Antrag damit, dass man
auf die allgemeine Abnahme der kleinen Mühlen und die dadurch entstehenden erheblichen Verluste an Nationalvermögen
durch Entwertung resp. Untergang der Mühlen hinwies; ferner
auf die Verminderung der Arbeitsstellen, das Missverhältnis
zwischen Anlagekapital und Ertrag bei den Kleinmühlen, die
unrichtige Einschätzung der Mühlen zur Steuer nach Mahlgängen. Im besondern warf man dem Grossmühlenbetrieb vor,
dass er keinen nennenswerten technischen Fortschritt bedeute.
„In technischer Hinsicht — wenigstens was die Güte des
Fabrikats anbetrifft — vermöge die Grossmühle nichts erheblich Besseres zu leisten als der kleine und mittlere Betrieb."
Auch wir haben bereits oben hervorgehoben, dass der Mittel-
betrieb ein ebenso gutes Fabrikat wie der Grossbetrieb zu
liefern vermag. Gegenüber den mittleren Betrieben stehen,
wie wir gesehen, dem Grossbetrieb in der Hauptsache allerdings kapitalistische Vorzüge zur Seite. Aus diesem Grunde
wohl zumeist ist auch unter den mittleren Mühlen eine
wachsende Bewegung zu Gunsten der Einführung einer staffel-
förmigen Umsatzsteuer entstanden und anfangs 1899 hat der
Verband Deutscher Müller, der ca. 4000 Mitglieder umfasst,
dem Reichstag einen Antrag unterbreitet, dahin zu wirken,
„dass mit möglichster Beschleunigung für die Mühlenindustrie
zum Schutz der Kleinbetriebe eine Umsatzsteuer unter Aufhebung bisher bestehender Gewerbesteuern eingeführt werde, die sich nach dem Umfang der jährlichen
Vermahlung richtet und in ihren Einheitssätzen mit dem
Wachsen des Umsatzes steigt."

Auch dieser Antrag begründet seine Forderungen mit dem
Hinweis auf den augenscheinlichen Rückgang der Kleinbetriebe,
wie er aus der Reichsstatistik erhellt, wonach gerade die
kleinen Mittelbetriebe von 2—5 Personen am meisten gelitten,
(26,2 %), während die ganz grossen sich genau verdoppelt
hätten. Des weitern werden die Gefahren der vor sich gehen-
den Entwicklung mit den Worten geschildert:

„Wie bedenklich diese Entwicklung für die soziale Struktur
unsres Volkes ist, zeigt sich auch daraus, dass es hauptsächlich

die Zahl der die Betriebe leitenden, wirtschaftlich selbständigen
Personen ist, die immer mehr zusammenschrumpft; denn während
die Arbeiter nur um einige hundert sich vermindert haben, ist
die Zahl der Betriebsleiter von 44 807 auf 30 751 gefallen und
hat sich das Kontorpersonal von 2847 auf 5102 gehoben. An
die Stelle wirtschaftlich selbständiger Persönlichkeiten sind
also abhängige Existenzen getreten!"

„Dieser Rückgang der Klein- und Mittelbetriebe beruht in
der Mühlenindustrie nicht, wie bei anderen Gewerbszweigen,
auf der technischen Ueberlegenheit des Grossbetriebes. Jede
kleine Mühle kann technisch genau so eingerichtet werden wie
das grösste Unternehmen und kann Mehl gleicher Beschaffenheit
herstellen. Der Vorsprung der Grossmühlen beruht vielmehr
lediglich auf ihrer Kapitalkraft und auf den Begünstigungen,
die sie aus der Lage am billigen Wasserwege ziehen. In
diesen beiden Punkten muss daher eine Reform einsetzen,
wenn man den selbständigen Mittelstand in der Mühlenindustrie
erhalten will."

„An die Kapitalkraft wendet sich die Umsatzsteuer; der
grössere Umsatz wird durch die grössere Kapitalkraft ermöglicht
und bietet daher eine geeignete Grundlage, ausgleichend einzugreifen. Die staffelförmig abgestufte Umsatzsteuer erscheint
als das einzige Mittel, der Vernichtung des Klein- und Mittel-
mühlengewerbes Einhalt zu thun. Denn sie erhöht die Produktionskosten mit der steigenden Produktion und schafft
dadurch das Gegengewicht gegen die sonst eintretende Pro-
duktionsverbilligung; sie tritt den Vergrösserungen der bestehenden Werke und Neugründungen, die ohne Rücksicht auf
den Bedarf, nur aus Hoffnung auf einen aus der grossen
Produktion zu ziehenden Gewinn vorgenommen werden, wirksam
entgegen. Es muss als durchaus ungesund bezeichnet werden,
dass zu einer Zeit, in der alle bestehenden Mühlen über
Schwierigkeit des Absatzes klagen, in der anerkannt Ueberproduktion an Mehl herrscht, noch gewaltige Unternehmungen
in Hamburg und Mannheim neu errichtet worden sind. Dem
muss ein Riegel vorgeschoben werden, und der ist in der Umsatzsteuer zu erblicken."

„Dass die planmässige Abstufung einer Steuer den Untergang des Kleingewerbes aufzuhalten geeignet ist, zeigt sich
u. A. in Baiern bei der Brausteuer; seitdem man dort ver-

schiedene Sätze von den kleinen und von den grossen Brauereien
erhebt, hat sich der Rückgang der Kleinbetriebe wesentlich
verlangsamt, und bei einer grösseren Differenzierung der Steuer
wird der Erfolg noch durchschlagender sein."

Für die praktische Gestaltung der Steuer werden 2 Vor-
schläge gemacht, nach dem ersten sollen die Mühlen mit einer
Vermahlung von 1000 t für jede Tonne 1 Pfg. 1001—2000 t
3 Pfg., 2001—3000 t 5 Pfg. u. s. w. 70—80000 t pro Tonne
10 M., der zweite Vorschlag hat eine andere Form der
Staffelung und Besteuerung gewählt. Es wird ein Mittelbetrag
angenommen und für 100 Sack dieses Mittelbetrages ein bestimmter Steueransatz, der anfangs natürlich gering ist, dann
aber gleichfalls ziemlich rasch ansteigt. Beispielsweise wird,
wenn die untere Grenze der Leistungsfähigkeit 500 dz und die
obere 1000 dz pro Jahr beträgt, der Mittelbetrag zu 750 dz
angenommen. Da der Steuersatz für 100 kg dieses Mittel-
betrags 50 Pfg. beträgt, so ergiebt sich als jährliche Steuer-
summe 3,75 M.

Bei 8000—10 000 dz = 90 M. (Mittelbetrag 9000 dz, für
1 dz = 1 M.), bei 17 500—20 000 dz = 281,25 M., bei 45 000
bis 50 000 dz = 950 M., bei 90 000—100 000 dz = 3325 M.,
bei 100 000—150 000 dz = 6000 M., bei 300 000—350 000 dz
26 000 M., bei 800 000 dz = 128 000 M.

Man verspricht sich nur eine Wirkung von der Steuer,
wenn sie als Reichssteuer durchgeführt wird; „jedoch handle
es sich nicht um eine finanz-politische Massnahme, nicht
darum, aus einer direkten Steuer dem Reich Einnahmen zuzuführen; hier werde eine sozialpolitische Massnahme gefordert,
und dass die Sozialpolitik, der Schutz der Schwachen gegen
die Starken, zur Zuständigkeit des Reichs gehöre, unterliege
keinem Zweifel."

Infolge der genannten Eingabe des Verbandes deutscher
Müller veranstalteten die grössern Mühlen eine Gegenpetition
an den Reichstag, in der sie auf die rechtlichen, wirtschaftlichen und sozialpolitischen Bedenken einer Umsatzsteuer hinwiesen. Der Inhalt derselben wie die sonst
geltend gemachten Einwände besagen folgendes:

„Bereits nach der formal-rechtlichen Seite stösst die Durchführung des Projekts auf ganz erhebliche Schwierigkeiten.
Nach den bisherigen Grundsätzen der Verwaltung der Reichs-

finanzen sind dem Reich bisher keine direkten Steuern zuge-
wiesen, sondern die Einführung direkter Steuern ist den
einzelnen Bundesstaaten überlassen. Infolgedessen haben sich
die Steuerverhältnisse der Einzelstaaten sehr verschieden entwickelt, teilweise sind Gewerbesteuern eingeführt, teilweise
entbehren verschiedene Staaten einer Gewerbesteuer (Sachsen).
In Preussen ist sogar neuerdings die Gewerbesteuer den
Kommunen übertragen. Daher ist es kaum denkbar, dass man
schon jetzt wieder an eine Änderung der eben getroffenen
Steuermassnahmen gehen werde.

Da hiernach die Einführung einer direkten Reichssteuer in
absehbarer Zeit unter gleichzeitiger Aufhebung der Gewerbesteuern, worauf von den Befürwortern der Umsatzsteuer „zum
teil entscheidendes Gewicht" gelegt wird, aus obigen Gründen
ausgeschlossen erscheint, so bleiben nur zwei Wege der der
landesgesetzlichen oder der der kommunalen Besteuerung.

„Beide können ernstlich aber nicht in Frage kommen. Es
ist zweifellos, dass im ersten Fall sehr grosse Verschiedenheiten in den einzelnen Bundesstaaten zu Tage treten würden.
Es würde in denjenigen Landesteilen, die von der lästigen
Steuer verschont geblieben, ein kolossales Anwachsen der
Grossindustrie stattfinden, die Wirkung würde also die gerade
entgegengesetzte sein.[1]) Ebenso würde auf dem Wege der
kommunalen Besteuerung nur eine ganz bestimmte Tendenz-
gesetzgebung hervorgerufen, die sich nur gegen einzelne grosse
Etablissements richten würde. Auch würden sich gewiss
einzelne Kommunen zur Einführung derartig strangulierender
Steuern überhaupt nicht verstehen. Mit dem Augenblick aber,
wo auch nur einige Wenige sich gegen die vorgeschlagene
Steuer aussprechen würden, würde die ganze Wirkung der
Gesetzgebung Null sein. Nichts würde erreicht sein, wohl aber
die Unzufriedenheit in die weitesten Kreise getragen. Aus
diesen Gründen der mangelnden Einheitlichkeit und daraus folgenden Ungerechtigkeit müsste man schon notwendigerweise zu einer strikten Ablehnung des Antrages gelangen" (siehe Denkschrift des Vereins d. Mühlen-Industrieller).

---

[1]) Gegenwärtig geht durch die Zeitungen die Nachricht, dass in
Bayern die Einführung einer Umsatzsteuer beschlossen ist.

Unendlich mehr als die vorgenannten rechtlichen Gründe
fallen die wirtschaftlichen und sozialpolitischen Bedenken gegen
die Steuer in die Wagschale.

„Es lässt sich kaum denken, heisst es in der zitierten Denkschrift, dass die Befürworter des Antrages die Konsequenzen
ihrer Auffassung gzogen haben, sonst hätten sie beantragen
müssen, dass jede grössere industrielle Unternehmung
mit einer progressiven Umsatzsteuer bedacht würde. Denn
mit derselben Berechtigung wie jetzt die kleineren Mühlen
würden alle anderen handwerksmässigen Betriebe, die sich in
ihrer Existenz geschmälert fühlen, an die Staatsregierung das
gleiche oder ähnliche Verlangen richten. Auf allen möglichen
Gebieten des wirtschaftlichen Lebens würden dieselben Bestrebungen in die Erscheinung treten, es würden beispielsweise
die kleinen Spinnereien, Webereien, Lohgerbereien, die kleinen
Banken und Brennereien wie auch die kleinen landwirtschaftlichen Betriebe gegen die grösseren Schutz verlangen. Die
Folge hiervon aber würde sein, dass Deutschland von dem
internationalen Markt rasch verdrängt würde und auf den
Fortbestand einer Weltmarktstellung Verzicht leisten müsste.“

„Es handelt sich bei der Einführung einer progressiven Umsatzsteuer nicht bloss um eine stärkere Steuerbelastung, sondern
die vorgeschlagene Steuer soll viel mehr leisten, nämlich Schaffung
einer gewissen Existenz-Garantie, sie soll zum Mindesten
eine Eindämmung der konkurrierenden Grossindustrie
bewirken und Neugründungen unmöglich machen. Sie soll den
Grossbetrieb derartig belasten, dass er als Konkurrent der
Kleinindustrie vollkommen ausscheidet wodurch der deutsche
Konsum nur viele Millionen mehr für seine Nahrungsmittel zu
zahlen hätte — unter der Annahme, dass die grösseren Betriebe
den halben Mehlbedarf Deutschlands decken, etwa 5 Millionen
Tonnen, und um 10 Mk. die Tonne billiger produzieren —
etwa 50 Millionen Mark jährlich.“

„Mit dem Augenblick, wo man diese Steuer einführt, und eine
Existenzgarantie für die abgelegenste und teuer produzierende
Mühle übernimmt, die sonst im wirtschaftlichen Kampf ausgemerzt
würde, mit diesem Augenblick zahlt man nicht nur eine Prämie
für technische Rückständigkeit, und gönnt sich den Luxus einer
teueren Lebensmittelindustrie, man zahlt auch eine Prämie für
den Kleinbetrieb als Hemmschuh aller sozialen Entwickelung.“

Auf die übrigen noch angezogenen Gründe der Denkschrift einzugehen, ist nicht nötig. Sie sind schon von uns im
vorhergehenden mitberührt worden. Das Gewicht der hier
vorgetragenen Bedenken aber lässt sich nicht so leicht von
der Hand weisen. Dabei möchten wir hier an ein Wort des
preussischen Finanzministers erinnern, der eindringlich davor
gewarnt hat, wirtschaftlich gegebene Formen lediglich
durch die Besteuerung abändern zu wollen. „Sozialpolitische
Gerechtigkeit kann man allerdings in der Steuer wohl erreichen,
aber immer nur mehr oder weniger, eine Steuer kann nicht
alle sozialpolitischen Gesichtspunkte treffen." —

Nur ein Punkt sei hier noch hervorgehoben, der bei der
Erwägung der Einführung einer Umsatzsteuer in den Vorder-
grund gestellt werden muss, es ist ein Kardinalpunkt, auf dem
gewissermassen der ganze Effekt der Steuer beruht und das ist
die Frage nach der Höhe der Steuersätze. Unmöglich kann
die Steuer so hoch gewählt werden, dass sie den Grossbetrieb
erdrosselt. Diese Wirkung kann sicher nicht gewollt werden,
sie käme einem staatlichen Verbot jeglicher Grossindustrie
gleich. Es bliebe danach nur eine Steuer, die den Grossbetrieb
unverhältnismässig belastete, dann aber wird der Grossbetrieb
nicht verschwinden, und es bliebe die Gefahr, dass die Steuer
auf die Fabrikate, mithin die Verbraucher, abgewälzt würde.

Wir müssen daher zum Schluss bekennen, die Entwicklung zum Grossbetrieb in dem Müllereigewerbe
ist eine berechtigte und mit Notwendigkeit sich voll-
ziehende Erscheinung. So verfehlt es aber wäre, den
Kleinbetrieb durch künstliche Mittel einem raschen
Untergang preiszugeben, „das Fallende noch zu stossen,"
ebenso verfehlt wäre es, den Grossbetrieb durch künstliche Mittel beschränken oder unmöglich machen zu
wollen. Erwünscht im Interesse des Staates ist nur ein all-
mählicher Übergang. So hart und bitter diese Wahrheit
ist, sie musste hier ausgesprochen werden. Es ist ein ehrliches
und politisch weises Wort, das vor kurzem unser Finanzminister
v. Miquel ausgesprochen hat: „Den gedrückten Klassen ist
man vor allen Dingen Wahrheit schuldig."

Anhang.

Tabelle L
1798.

	Wind-mühlen	Wasser-mühlen	Zu-sammen	Einwohner-zahl	1 Wind- oder Wassermühle kommt auf Einwohner
Ostpreussen . (ohne Litauen)	114	352	746	562080	1208
Litauen	136	144		339369	
				901449	
Westpreussen	120	434+74 in den Städten	1108	542087	682
Netzedistrikt.	178	249+53 in den Städten		214580	
				756667	
Pommern . . .	334	617+144 in den Städten	1095	493160	450
Neumark . . .	139	317+100 in den Städten	1960	299843	568
Kurmark . . .	1404 einschl. 314 M. in d. Städten			817017	
				1117017	
			4909	3268293	665

1810.

	Ross-mühlen	Bock-mühlen	Holländ. Mühlen	Wasser-mühlen	Mahl-gänge
Ostpreussen	56	101	36	381	1002
Litauen	70	178	20	133	522
Westpreussen . . .	110	97	9	408	935
Pommern	30	377	26	666	1319
Brandenburg	10	789	32	802	2178
Schlesien	122	1974	16	3496	7170
Zusammen	398	3516	139	5886	13126

Wasser- und Windmühlen 1810 = 9541
Mühlen insgesamt 1810 = 9939 mit 13126 Mahlgängen.

1811.

	Ross-mühlen	Bock-mühlen	Holländ. Mühlen	Wasser-mühlen	Mahl-gänge
Ostpreussen	54	102	43	374	975
Litauen	71	197	24	135	592
Westpreussen . . .	98	80	10	403	919
Pommern	29	384	30	658	1329
Brandenburg	17	804	27	840	2281
Schlesien	106	1993	21	3535	7236
Zusammen	375	3560	155	5945	13332

Wasser- und Windmühlen 1811 = 9660, Zunahme = 1,3 %.
Mühlen insgesamt   1811 = 10035 mit 13332 Mahlgäng.

1816.[1])

Preussen	826	8422	505	12662	19597

Sa.   22415 Mühlen.

1819.

Ost- u. Westpreussen	284	568	119	1044	2999
Pommern	37	625	119	711	1846
Brandenburg	28	1322	89	1231	3576
Schlesien	96	2146	30	3757	7757
Posen	57	2486	28	579	3362
Sachsen	112	1389	51	1965	4719
Westfalen	113	121	140	1363	2692
Rheinland	138	71	152	2991	4819
Preussen	865	8728	728	13641	31770

insgesamt   23962

Vergleichende Zusammenstellung der Zahl der Mahlgänge.

Ost- und Westpreussen
$\left\{ \begin{array}{l} 1810 \text{ auf } 10000 \text{ Einwohner } = \underline{19,98} \\ 1811 \quad , \quad , \quad , \quad = \underline{20,37} \\ 1819 \quad , \quad , \quad , \quad = \underline{18,30} \end{array} \right.$

[1]) Entnommen Dieterici, Volkswohlstand, Berlin 1846.

Pommern	1810	auf 10 000	Einwohner	=	25,28
	1811	„	„	„	= 25,34
	1819	„	„	„	= 25,29
Brandenburg	1810	„	„	„	= 21,75
	1811	„	„	„	= 22,20
	1819	„	„	„	= 26,78
Schlesien	1810	„	„	„	= 37,57
	1811	„	„	„	= 38,52
	1819	„	„	„	= 37,63
Posen	1819	„	„	„	= 38,03
Sachsen	1819	„	„	„	= 37,48
Westfalen	1819	„	„	„	= 24,58
Rheinland	1819	„	„	„	= 24,36
In allen 8 Provinzen .		„	„	„	= 28,93

Tabelle II.

		Mit Tierkraft betriebene Mühlen.	Zahl der Mühlen mit Windkraft Bock- Windmühlen	Holl.	Wasserkraft	Dampfkraft	Mahlgänge überhaupt	auf 10000 Einwohner
Preussen	1819	284	568	119	1044	—	2999	18,30
„	1831	474	697	132	1048	—	3330	16,68
„	1846	563	1093	224	1068	13	4138	16,56
„	1861	705	1828	470	1071	62	5611	19,57
„	1875	85	1898	587	878	73	6414	20,05
Brandenburg	1819	28	1322	89	1231	—	3576	26,78
„	31	83	1680	68	1189	—	3859	24,42
„	46	178	2003	95	1135	27	4706	22,77
„	61	134	2282	149	1139	139	5278	21,39
„	75	28	2211	176	924	96	6280	20,09
Pommern	1819	37	625	112	711	—	1846	25,29
„	31	64	679	94	744	—	1995	21,87
„	46	149	866	155	729	4	2375	20,38
„	61	227	1158	318	736	37	3189	22,05
„	75	80	1115	409	604	39	3952	27,03
Posen	1819	57	2486	28	579	—	3362	38,03
„	31	75	2493	12	564	—	3461	32,77
„	46	113	2602	19	557	1	3676	26,94
„	61	116	2677	21	555	48	4022	27,07
„	75	81	2520	73	446	57	4527	28,19
Schlesien	1819	26	2146	30	3757	—	7757	37,63
„	31	128	2392	21	3870	—	8337	33,83
„	46	304	2554	72	3881	19	9173	29,92
„	61	284	2789	101	3850	86	10332	30,17
„	75	21	2760	164	3378	232	10512	27,35
Sachsen	1819	112	1389	51	1965	—	4719	37,48
„	31	125	1593	44	1987	—	4993	34,44
„	46	85	1797	72	2022	24	5518	31,67
„	61	63	2209	128	2038	96	6706	33,93
„	75	3	2160	183	1781	74	8931	41,18
Westfalen	1819	113	121	140	1363	—	2692	24,58
„	31	131	114	177	1426	—	2918	25,12
„	46	93	84	211	1454	8	3076	21,28
„	61	91	101	321	1572	89	3884	24,00
„	75	17	123	327	1452	71	4299	22,56
Rheinland	1819	138	71	152	2991	—	4819	24,36
„	31	104	116	139	3171	—	5385	23,12
„	46	75	90	192	3405	19	6249	22,62
„	61	73	84	230	3661	111	7159	22,09
„	75	7	72	248	3021	243	7030	18,48
Summa =	1819	865	8728	728	13641	—	31770	28,93
	1831	1184	9764	687	13949	—	34328	26,33
	1846	1568	11089	1040	14250	115	38911	24,15
	1861	1723	13128	1738	14627	668	46181	25,07
	1875	222	12859	2167	12484	985	51945	24,60

zu Tabelle II.

	Gesamt- summe aller Mühlen	Zunahme in %	der Mahl- gänge	Zunahme	Bevölkerung in Mill.	Zunahme in %
1819	23662		31770	2558	10,98	} 18,6
1831	25581	12,0	34328	4583	13,03	
1846	28062	13,9	38911	7220	16,11	} 1846—61 = 14,3
1861	31976	10,1	46181	5764	18,42	} 1831—61 = 41,0
1875	28717		51915		21,12	

	Gesamt- summe der Mühlen	Zunahme in %	der Mahl- gänge	Zunahme in %	Mahl- gänge Zunahme	Bevölkerung Zunahme in %	Zunahme in Mill.	Zunahme in %	Auf je 10000 Einw. Mahlgänge
Königreich Bayern	1846	9550		21710	} 2,4	1026 = 11,7	4,50	} 2,4	48,2
	1861	9783		22736			4,68		48,5
	1875	9353		23343		—	5,00		46,5
Württemberg	1829	1876		6930	} 1,0	801 = 11,4	1,57	} 1,3	
	1835	1966	34,0	7031			1,78	} 0,95	1835—52	30,2
	1852	2052	5,0				1,72		1835—61	
	1861	2061							
	1875	2104							
Sachsen	1837	2381		5800	} 8,7	438 = 12,5	1,65	} 10,9	1837—46	37,7
	1846	1705		6238			1,83			34,0
	1855	4055	1837—61 : 866	6079					
	1861	3749	10,8	6717		619 = 14,0	2,22	} 34	1837—61	30,2
	1875	2196		7606			2,76			27,6
Grossherzogtum Baden	1846	1805		4422	} 8,3	950	2,36	0,7	
	1861	1936		5041		—	2,37	} 9,0	
	1875	1783		5041			2,50		

Tabelle III.
Die Zählung der Mühlenbetriebe im Zollverein L J. 1861.

	Wassermühlen für Getreide			Windmühl.		Rossmühlen		Dampfmühlen		Zusammen Getreidemühlen	
	Zahl ders.	Mahlgänge	Arbeiter	Zahl ders.	Arbeiter	Zahl	Arbeiter	Zahl	Arbeiter	Zahl	Arbeiter
Preussen	1071	2436	2645	2298	3682	705	657	62	152	4136	7136
Posen	555	1074	1129	2698	4280	146	194	48	126	3447	5729
Pommern	736	1347	1640	1476	2741	227	263	37	210	2476	4854
Brandenburg. . .	1139	2402	2696	2432	4091	134	142	139	450	3844	7379
Schlesien	3856	6911	8189	2890	4357	284	330	86	359	7116	13335
Sachsen	2038	4131	4239	2337	3863	63	67	96	193	4534	8362
Westfalen . . .	1572	3037	2611	422	673	91	90	89	406	2174	3781
Rheinprovinz . .	2661	6429	6228	314	702	73	91	111	358	4159	7379
Hohenzollern . .	85	331	212	—	—	5	6	—	—	90	218
zus. Altpreussen .	14713	28098	29589	14867	24389	1728	1840	668	2399	31976	58073
Hannover	1203	2768	2623	760	1573	126	128	56	113	2145	4437
Kurhessen . . .	1542	2475	2410	13	23	3	1	6	11	1564	2445
Hamburg . . .	43	88	88	—	—	—	—	1	1	44	89
Nassau	942	1326	1519	—	—	2	2	6	19	950	1540
Frankfurt	—	—	—	—	—	—	—	—	—	—	—
L. zus. Preussen .	18443	34755	36229	15640	25985	1859	1971	737	2399	36679	66584
Bayern	9624	22584	19934	3	1	73	75	33	62	9733	20072
Würtemberg . . .	2046	6980	5284	—	—	31	34	7	7	2094	5325
Baden	1922	4898	4223	—	—	15	4	19	11	1956	4238
II. zus. südd. Staaten	13592	34462	29441	3	1	119	113	59	80	13773	29635
Sachsen	3190	6145	7635	549	786	3	2	7	35	3749	8458
Thüringen . . .	1840	3708	3575	207	288	8	5	6	22	2061	3890
Anhalt	104	324	312	138	246	6	5	5	16	253	581
III. zus. Obers. Staat.	5134	10177	11522	894	1320	17	12	18	75	6063	12929
Braunschweig . .	275	549	603	117	219	2	2	4	17	398	841
Oldenburg . . .	152	259	219	146	331	15	4	7	11	320	565
Lippe	132	240	262	13	15	7	7	1	—	153	284
IV. zus. niederd. St.	559	1048	1084	276	565	24	13	12	28	871	1690
Grossh. Hessen . .	1240	1996	2188	1	2	29	18	13	23	1283	2231
Waldeck	126	186	197	1	2	—	—	—	—	127	199
Luxemburg . . .	321	662	798	—	—	—	—	1	3	322	801
V. Rheinstaaten .	1687	2844	3183	2	4	29	18	14	26	1732	3231
Total-Zollverein .	39415	83286	81459	16815	27875	2048	2127	840	2608	59118	114069

Tabelle IV.

Die Aus- und Einfuhr von Mehl und Mühlenfabrikaten in Preussen und im Zollverein v. J. 1827—1871 nach den Kommerzialnachweistabellen in Ctr.

Jahr	Zolltarif Zoll in Rthlr.	Einfuhr von qz Mehl-u. Mühlen- fabrikat.	qz Nudeln Kraftmehl, Puder, Stärke	qz Mehl-u. Mühlen- fabrikat	Ausfuhr qz Mehl-u. Mühlen- fabrikat.	qz Nudeln Kraftmehl, Puder,Stärke	Durchfuhr qz Kraft- mehl etc	qz Mehl- u. Nudeln, Mühlfbr.	Mehrausfuhr von Mehl- und Mühlen- fabrikaten	Mehr- einfuhr	Zollertrag in Rthlr.
1827	2	—	—	46647	—	—	—	—	—	—	—
28	2	—	—	55700	—	8431	—	—	—	—	—
29	2	1366	814	26514	224336	122252	—	—	25148	—	—
30	2	10808	860	61544	277570	14072	—	—	50646	—	—
31	2	14933	239	141040	185757	15728	895	12115	26107	—	—
32	2	6284	674	52195	138394	16045	840	20484	45911	—	—
33	2	7229	1366	67500	253412	9013	1135	33205	00280	—	—
34	2	0250	692	137693	61703	11084	462	4465	136010	—	—
35	2	1770	431	143913	45801	8914	479	6198	141752	—	1318
36	2	843	650	171737	38213				170891		
37	2	4025		224336	72550		2667		220311		4528
38	2	3222		277570	63111		913		274348		3868
39	2	3236		185757	61902		1401		182521		4631
40	2	2962		138394	139815		8033		135987		3769
41	2	4489		253412	128509		1078		250450		4289
42	2	3421		61703			385		57414		4892
43	2	3937		45801			886		42380		6509
44	2	4035		38213			2035		34276		6606
45	2	23097		72550			2216		68465		6527
46	2	749521		63111			6482		40014	687619	14035
47	—	5655		61902			30337		134760		8062
48	—	3634		139815			13571		124875		6165
49	—			128509			20033				5107

Durchschnitt 4317
5991
9421

No.	Anmerkung						Mehrausfuhr von Mühlenfabrikaten		q
51	78659 Ctr. frei wegen Teuerung.	3690	—	125006	—	17695	121063	—	5382
52	—	82378	—	103357	—	5165	21183	—	6193
53	11261 frei s. oben.	22790	—	128255	—	7749	105465	—	7086
54	7146 frei a.d. Steuerver.	173041	—	222646	—	—	49605	—	7764
55	—	209790	—	386540	—	—	176750	—	9212
56	—	415331	—	510124	—	qa 3472 / qb 3215; 9121	94793	—	7248
57	Kraftmehl etc. 2 Thlr. Mehl ½ Thlr. s. 1.Jan.57.	130026	41821	365416	79729	—	233390	—	qα = 7546, qβ = 17296; zus. 24852
58	"	174080	22763	573427	36562	—	245239	—	qα = 11010, qβ = 43741; 54751
59	"	259916	8108	748164	49134	—	301379	—	qα = 10984, qβ = 28769; 30753
60	"	270307	10129	573427	58617	—	303120	—	qα = 12612, qβ = 21348; 33960
61	"	352449	13586	841653	70037	—	489204	—	qα = 15108, qβ = 16128; 31236
62	"	401506	15312	748164	52930	—	346658	—	qα = 15066, qβ = 13203; = 18319
63	"	235741	14254	906247	106531	qa 15253 / qb 33102	670606	—	qα = 16580, qβ = 12782; = 29362
64	frei seit 1. Juli 1865 Zwischenverkehr mit Oesterreich.	356616	14589	936969	84052	—	580253	274648	qα = 17102, qβ = 16875; = 33077
65	qa = 2 Thlr.	710026	12276	—	33101	—	—	113474	qα = 19538
66	qb = frei.	809076	9545	1733590	120374	qa = qb = 16663 / 112157	924514	—	qα = 19068
67	qz = 2 Thlr.	1607929	11812	1333281	119958	—	—	—	qα = 23624
68	—	2231139	16683	2117965	150751	—	—	—	qα = 18081
69	—	2336360	19550	2061237	102451	—	624877	409020	qα = 9279
70	—	2699114	21884	2201124	80946	—	—	436130	qα = 10652
71	—	2894656	15165	2458526	73715	—	—	—	—

¹) Dieterici, Bd. I, S. 106 u. 107.

Tabelle V.

zu S. 112.

Die Einfuhr von Mühlenerzeugnissen nach Deutschland in den Jahren 1880—1898.

(Alle Gewichtsangaben in 100 Kilogramm.)

Jahr	Mehl	Wert in Mill. Mk.	Getreide geschroten etc.	Wert in Mill. Mk.	Brot u. s. w. für Grenzbewohner zollfrei.	Gesammt- einfuhr Sp. 2 u. 4.	Gesamt- wert Sp. 3 u. 5.
1.	2.	3.	4.	5.	6.		
1880	526 373	13,14	152 380	5,03	1 724	678 753	18,17
1881	616 796	17,27	159 211	5,25	1 945	776 007	22,52
1882	445 610	13,15	129 187	4,13	2 280	574 797	17,28
1883	489 698	13,71	161 704	4,85	2 845	651 402	18,56
1884	462 818	13,88	141 663	3,55	3 594	604 481	17,43
1885	217 122	5,86	59 648	1,40	4 657	276 770	7,26
1886	169 946	4,16	29 180	0,70	7 259	199 126	4,86
1887	212 382	5,31	32 270	0,81	10 669	244 652	6,12
1888	109 039	2,73	23 147	0,54	30 092	132 186	3,27
1889	139 217	3,6	17 572	0,4	96 326	156 789	4,05
1890	143 424	3,7	16 258	0,5	137 078	159 682	4,2
1891	139 745	4,0	20 065	0,5	274 395	159 810	4,5
1892	266 202	6,3	28 286	0,7	220 596	294 488	7,0
1893	268 948	6,2	32 360	0,8	106 558	301 308	7,0
1894	308 535	5,6	32 723	0,6	91 487	341 258	6,2
1895	325 366	6,2	43 902	0,8	95 831	369 268	7,0
1896	485 351	9,0	49 725	0,9	101 053	535 076	9,9
1897	384 931	8,4	64 826	1,1	102 245	449 757	9,5

Davon 362 161 Weizenmehl = 8,19

14 612 Roggenmehl = 0,196

Mehl aus anderem Getreide

6 058 . . . . . = 0,058.

| 1898 | 301 893 | 7,02 | 66 240 | 1,16 | 68 785 | 368 133 | 8,18 |

Davon 282 424 Weizenmehl = 6,78

" 15 385 Roggenmehl = 0,20

Mehl aus anderem Getreide

4 088 . . . . . = 0,039

Tabelle VI.

zu S. 113.

Ausfuhr von Mühlenerzeugnissen aus Deutschland in den Jahren 1880—1898.

Jahr	Mehl	Wert in in Mill Mk.	Getreide, geschroten Graupen	Wert in in Mill. Mk.	Gesamtausfuhr (Sp. 2 u. 4)	Gesamtwert (Sp. 3 u. 5)
1.	2.	3.	4.	5.		
1880	805 763	23,4	55 332	1,94	861 095	25,34
1881	500 540	13,6	39 601	1,39	540 141	14,99
1882	928 443	22,3	39 187	1,33	967 630	23,63
1883	1 360 871	32,7	38 696	1,24	1 399 567	33,94
1884	1 314 312	28,9	38 820	1,09	1 353 132	29,99
1885	1 290 431	25,8	42 076	1,12	1 332 507	26,92
1886	1 332 385	24,6	48 280	1,25	1 380 665	25,85
1887	1 321 787	23,1	47 715	1,24	1 369 502	24,34
1888	1 511 282	26,4	43 336	1,15	1 555 618	27,55
1889	1 352 480	27,6	44 922	1,23	1 496 402	28,8
1890	1 162 041	21,5	51 216	1,6	1 213 257	23,1
1891	1 041 867	18,2	38 854	0,8	1 080 721	19,0
1892	1 051 905	16,8	66 763	1,3	1 118 668	18,1
1893	1 466 150	22,0	109 460	2,1	1 575 610	24,1
1894	1 883 735	20,3	270 657	3,9	2 154 392	24,2
1895	1 667 305	18,3	216 747	3,5	1 884 052	21,8
1896	1 499 668	17,3	215 897	3,6	1 715 565	20,9
1897	1 622 689	21,4	351 456	7,0	1 974 145	28,4

Davon   449 859 Weizenmehl i. W. v 5,97 Mill. Mk.

„   1 135 912 Roggenmehl „ „ „ 14,82 „ „

„   36 918 Mehl aus anderem

            Getreide i. W. v. 0,55 „ „

                          21.34 Mill. Mk.

| 1898 | 1 374 467 | 22,86 | 361 832 | 7,255 | 1 736 299 | 30.12 |

Davon 384 441 Weizenmehl i. W. v. 7,15 Mill. Mk.

„   953 480 Roggenmehl „ „ „ 15,16 „ „

Tabelle VII.
Mehleinfuhr nach Herkunftsländern
in Mengen von 100 kg.

Es führten ein nach Deutschland	1891	1892	1893	1894	1895	1896	1897	1898
Frankreich	724	1148	740	3753	9444	63724	55706	12325
Österreich-Ungarn	130986	225355	212528	219520	222481	311492	225495	158971
Russland	3111	4403	4378	4980	11314	22663	26632	31907
Schweiz	386	310	154	1210	2400	4292	5216	5450
Verein. Staaten	3006	13203	41963	46305	39095	61688	55418	73407
Serbien	—	8293	905	13726	14207	6445	—	—
Belgien	261	6060	4401	5600	6539	6805	649	6208
Rumänien	—	1784	1529	780	1200	2900	—	—
Grossbritannien	356	2090	430	—	—	—	—	—
Argentinien	480	484	99	—	—	—	—	—
Freihafen Hamburg	85	190	395	—	126	37	172	—
	139745	266202	268948	308535	325366	485351	384931	301993

Tabelle VIII.
Getreide-, Mahl- und Schälmühlen im Deutschen
vom 14. Juni 1895

a. Be-

Nach der Zählung vom Jahre	Haupt- und Neben betriebe zusammen	darunter		von den betrieben
		Alleinbetriebe	Gehulfen- pp. Betriebe.	Hauptbetriebe
	1	2	3	4
1895	52389	689	51700	259
1882	58079	1056	57023	381

Verhältnisszahlen. Prozentuale Verteilung der

1895	1,32	98,68	37,59
1882	1,82	98,18	36,08
Zunahme (+) bezw. Abnahme (−) in % seit 1882	−34,75	−9,33	−32,02

b. Personen in den Gehülfen- pp.

Beschäftigte Personen	In den Betrieben thätige Personen					
	1895			1882		
	überhaupt	davon in Betrieben mit		überhaupt	davon in Betrieben mit	
		1 bis 5 Pers.	6 u. m. Pers.		1 bis 5 Pers.	6 u. m. Pers.
	1	2	3	4	5	6
Personen insgesammt	110008	78596	31412	118132	96841	21291
Nämlich:						
1. Inhaber	30751	28284	2467	44811	43026	1785
2. Verwaltungs- und Aufsichtspersonal	5102	855	4247	2837	718	2119
3. Gehülfen u. Arb. u. 16 J.	3925	3447	487	—	—	—
„ „ „ ü. 16 „	66013	41962	24051	—	—	—
zusammen	69938	45409	24529	—	—	—
4. Mitarbeitende Familienangehörige unter 16 J. . .	232	225	7	—	—	—
„ über 16 „ .	3985	3823	162	—	—	—
zusammen	4217	4048	169	—	—	—
Summe 3 und 4 . . .	74155	49457	24698	70484	53097	17387
5. Unter der Zahl der Gehülfen und Arbeiter befinden sich:						
Lehrlinge	7088	6366	722	—	—	—
Verheirathete Frauen . .	262	58	204	—	—	—

Anmerkung: Als Hauptbetriebe sind Gewerbebetriebe gezählt, inner-
Gewerbebogens (Ziffer 10 A) mit ihrer alleinigen oder
Personen nur mit ihrer Nebenbeschäftigung thätig sind.

z. S. 153.

Reich nach den Ergebnissen der Gewerbezählungen und 5. Juni 1882.
triebe.

Allein-sind	von den Gehülfen pp. Betrieben sind		von den Hauptbetrieben mit Gehülfen pp. sind Betriebe mit		
Nebenbetriebe	Hauptbetriebe	Nebenbetriebe	1-5 Personen	6-20 Personen	21 und mehr Personen
5	6	7	8	9	10
430	43842	7858	41679	1821	342
675	52111	4912	50471	1640	

im Kopf bezeichneten Arten von Betrieben.

62,41	84,80	15,20	95,07	4,15	0,78
63,92	91,39	8,61	96,85	3,15	
—36,30	—15,87	+59,98	—17,42	+31,89	

Betrieben (ohne Alleinbetriebe).

1895		1882		1895			1882		
Von 100 beschäftigten Personen jeder Kategorie entfallen auf die Betriebs-Grössenklassen mit				Von 100 Personen überhaupt entfallen auf die vorgenannten Personen-Kategorien					
					davon in Betrieben mit			in Betrieben mit	
				überhaupt			überhaupt		
1 bis 5 Pers.	6 u.m. Pers.	1 bis 5 Pers.	6 u.m. Pers.		1 bis 5 Pers.	6 u.m. Pers.		1 bis 5 Pers.	6 u.m. Pers.
7	8	9	10	11	12	13	14	15	16
71,45	28,55	81,98	18,02	—	—	—	—	—	—
91,98	8,02	96,02	3,98	27,95	35,99	7,85	37,93	44,43	8,38
16,76	83,24	25,31	74,69	4,64	1,09	13,52	2,40	0,74	9,95
87,82	12,18	—	—	3,57	4,38	1,52	—	—	—
63,57	36,43	—	—	60,01	53,39	76,56	—	—	—
64,93	35,07	—	—	63,58	57,77	78,08	—	—	—
96,98	3,02	—	—	0,21	0,29	0,02	—	—	—
95,93	4,07	—	—	3,62	4,86	0,52	—	—	—
95,99	4,01	—	—	3,83	5,15	0,54	—	—	—
66,69	33,31	75,33	24,67	67,41	62,92	78,63	59,67	54,83	81,67
89,81	10,19	—	—	10,13	14,02	2,30	—	—	—
22,14	77,86	—	—	0,37	0,13	0,65	—	—	—
				100	100	100	100	100	190

halb deren Betriebsstätten eine oder mehr Personen nach Ausweis des
Hauptbeschäftigung, Nebenbetriebe solche, in denen eine oder mehr

Tabelle IX.   z. S. 195.

Durchschnittsweizenmehl- und Weizenkleiepreise (laut Marktbericht der Hamburgischen Börsenhalle.)

Weizenmehl   Weizenkleie

f. 100 kg br. einschl. Sack.   netto einschl. Sack.

Semmelmehl.   Brodmehl.

	M.	Durchschnitt	M.	M.
1891	31,75	30,12	28,50	11,10
1892	26,50	25,37	24,25	9,70
1893	21,75	20.12	18,50	8,75
1894	19.00	17,75	16,50	8,00
1895	20,00	18,25	16,50	7.00
1896	20,50	18,87	17,25	7,90

Dem folgenden Beispiel ist zu Grunde gelegt, eine Mehlausbeute von 750 kg Weizenmehl und 200 kg Kleie. Als Abgang
wurden 5 % gerechnet. Ferner ist angenommen, dass die
vermahlenen Quantitäten zur Hälfte aus inländischem und zur
Hälfte ausländischem Weizen bestanden.

1891.

Weizen.   Mehl.   Kleie.

$$\text{M. 223.—} \qquad \frac{7,50 \times 30,125}{\text{M. 266,—}} \qquad \frac{2 \times 11,10}{22,20}$$

$$\text{M. 232,50}$$

$$\frac{\text{M. 455,50}}{2 : \text{M. 227,75}} \qquad \text{M. 22.20}$$

$$\frac{248.20}{- 227,75}$$

$$20,15$$

Durchschnittsweizenpreise (laut Marktbericht der Hamburgischen
Börsenhalle).

	Inländischer Hannoverscher u. Holsteiner	Mecklen- burger u. Oberländer		Ausländischer unverzollter.	
				Amerikaner aus 7 Monate Notierungen	Russischer aus 8 Monate Notierungen
	Durchschn. Preis.			Durchschn. Preis.	
1891	220	223	226	187	182,50	178
1892	185	181,50	178	157	155,50	154
1893	152	154	156	128	123,50	119
1894	133	135	137	110	104	98
1895	137	140	143	108	106	104
1896	150,50	152,25	154	119	115	111,50

Tabelle X.
Gehälter und Löhne der Beamten und Arbeiter
in den Jahren

No.		1888 Zahl	ℳ	₰	1889 Zahl	ℳ	₰	1890 Zahl	ℳ	₰	1891 Zahl	ℳ	₰
	Gezahlte Gehälter und Löhne:												
1	Betriebsbeamte: 1 Ingenieur, 1 Obermüller u. 2 Speicherverwalt.	4	9817	50	4	10000	—	4	10219	35	4	10349	99
	Gesellen u. Arbeiter pp.												
2	über 4 M. Verdienend.	1	1339	74	2	2670	90	2	2574	23	1	14000	52
3	unt. 4 " "	126	87076	85	112	76756	66	104	71880	63	103	85348	01
4	weibliche Arbeiter . .	5	1404	—	6	1787	40	4	1152	95	4	1082	80
	Summa: Betriebsbeamt. Gesellen. Arbeiter pp.	136	99638	09	124	91214	96	114	85827	16	112	98181	32
	Ausgaben für Wohlfahrtseinrichtungen:												
5	Beiträge f. Unfallvers.		1883	71		1852	75		1904	56		2138	02
	" z. Invalidit.- u. Altersvers. .		—			—			—			755	12
	" z. Krankenkasse . .		669	11		594	49		581	86		667	72
	zusammen		2552	85		2447	24		2486	42		3560	86
	Gehälter der Betriebsleitung und des kaufmännischen Person.		21290	—		19940	—		20030	—		21450	—
	Jahresverdienst d. einz. Gesellen u. Arbeiter	Tag.			Tag.			Tag.			Tag.		
	I. Speicheraufseher .	310	1080	—	331	1289	—	305	1152	—	307	1188	—
	II.	310	1080	—	325	1188	21	285	1114	30	319	1071	09
	I. Müllergesellen . .	360	1008	—	360	1041	—	360	1071	25	332	1031	—
	II. "	360	870	—	360	870	—	360	894	—	332	953	—
	III. "	360	756	—	360	756	—	360	800	—	332	840	—
	I. Arbeiter	360	655	20	360	663	50	360	697	30	336	731	65
	II. "	360	516	—	360	585	—	310	591	60	320	642	70
	III. "	304	468	—	305	498	—	307	505	—	302	524	50
	Sackträger	304	936	—	305	970	—	306	950	—	308	1040	—
	Kutscher	365	612	—	365	620	50	365	668	—	365	755	—
	Wächter	365	612	—	365	620	50	365	646	—	365	712	—
	I. Schlosser	309	1339	74	310	1381	90	306	1429	93	308	1400	52
	II. "	309	782	27	310	826	63	306	920	31	291	884	42
	I. Schirrarbeiter . .	320	1118	25	330	1114	75	306	769	11	318	930	10
	II. "	320	701	20	305	707	87	306	708	84	310	698	60
	Vermahlen wurden im Ganzen . . . . (Tonnen)		16569	90		15646	85		13744	07		15046	15

z. S. 239.

der Königlichen Seehandlungsmühlen in Bromberg
1888—1897.

1892			1893			1894			1895			1896			1897		
Zahl	ℳ	₰	Zahl	ℳ	₰	Zahl	ℳ	₰	Zahl	ℳ	₰	Zahl	ℳ	₰	Zahl	ℳ	₰
4	10600	—	4	10915	—	4	10800	—	4	11350	—	4	10884	59	4	10650	—
2	2641	40	2	2514	20	2	2567	20	2	2722	78	2	2772	68	2	2793	51
104	79929	21	91	71555	72	84	67531	36	95	72389	26	101	79478	08	102	86861	85
2	196	28	—	—		—	—		—	—		—	.	—	—	.	—
112	93366	89	97	84984	92	90	80898	56	101	86471	04	107	93135	35	108	100305	36
	2145	82		2000	59		1884	10		2237	05		2514	84		2564	96
	680	68		626	40		588	46		676	61		712	82		731	87
	610	33		551	15		518	65		588	60		650	39		683	73
	3436	83		3178	14		2991	21		3502	26		3878	05		3980	56
	21080	—		21030	—		17000	—		15750	—		18950	—		19050	—
Tag.			Tag.			Tag.			Tag.			Tag.			Tag.		
306	1245	—	292	1197	—	316	1260	—	310	1346	78	310	1354	68	310	1350	71
306	1125	—	306	1140	—	316	1140	—	310	1208	45	270	925	75	310	1119	85
332	1050	—	335	1062	80	335	1066	—	325	1101	30	332	1173	—	332	1160	—
332	981	—	330	988	75	335	997	—	325	1005	60	332	1062	25	332	1026	50
332	885	—	330	894	—	332	800	—	325	840	—	332	874	60	332	873	40
340	788	—	335	807	—	330	775	90	335	785	—	315	787	—	320	854	—
330	672	—	330	674	—	330	692	—	315	680	50	310	688	40	310	731	—
303	592	50	304	616	—	304	613	—	310	620	—	306	635	—	308	642	50
307	966	—	303	924	—	305	870	—	306	1110	—	306	1150	—	309	1149	—
365	777	50	365	742	—	365	778	—	365	800	—	365	845	—	365	858	—
365	732	—	365	728	—	365	730	—	365	748	50	365	835	—	365	821	25
310	1396	40	312	1317	20	316	1307	20	320	1376	—	320	1418	—	330	1442	80
306	974	40	306	946	20	310	952	50	395	962	—	284	954	82	288	949	64
310	993	28	310	932	80	310	963	56	307	993	—	—	—		—	—	
329	851	65	335	804	09	326	819	50	310	840	92	320	874	08	320	928	78
	Tonnen			Tonnen			Tonnen			Tonnen			Tonnen			Tonnen	
	14487	35		10944	49		15139	16		17327	10		20279	16		22527	32

Tabelle XI.
17. Nov. — 23. Nov. 1895.

z. S. 244.

	Tag-lohn	Zeit in Tagen u. Stunden	Wochen-lohn	Tantieme	Zu-sammen
1. Maschinist . . .	3,25	7,7	25,05	12,80	37,85
2. „ . . .	3	4,9	14,70	11,20	25,90
3. Heizer	3,25	4,2	13,65	3,60	17,25
4. „	3,25	7,0	22,75	3,60	26,30
5. Kesselreiniger .	3,25	5,3	17,25	—	—
6. Kohlenkarrer .	3	7,3	21,90	—	—
7. „ .	3	4,2	12,60	—	—
8. Untermüller . .	4	5,9	23,60	8	31,60
9. Gangmüller . .	3	6,9	20,70	8,80	29,50
10. „ .	3	4,2	12,60	8,80	29,40
11. Walzenmüller .	3,25	4,4	14,30	4,80	19,10
12. „ .	3,25	6,7	21,80	4,80	26,60
13. Sichtmüller . .	3,25	4,2	13,65	2,80	16,45
14. „ . .	3,25	6,8	22,10	2,80	16,45
15. Spitzmüller . .	3,25	6,5	21,15	2,80	24,90
16. „ . .	3,25	4,2	13,65	2,80	23,95
17. Beschütter . . .	3,25	6,7	21,80	1,60	16,45
18. „ .	3,25	4,2	13,65	1,60	23,40
19. Schärfer	3,25	5,0	16,25	6,40	15,25
20. „ . . .	3,25	5,0	16,25	6,40	22,65
21. „ . . .	3,25	5,2	16,90	4,80	22,65
22. Kleiesacker .	3,50	6,7	23,45	0,80	21,70
23. „ . .	3,50	4,2	14,70	0,80	24,25
24. Mehlsacker . .	3,50	4,0	14,00	—	15,50
25. „ . .	3,50	6,0	21,00	—	14,00
26. „ . .	3,50	4,8	16,80	—	—
27. „ . .	3,50	5,1	17,85	—	—
28. Wäger	3,50	8,9	31,15	—	—
29. Speicherarbeit.	3,25	7,5	24,40	—	—
30. „	3	8,4	25,20	—	—
31. „	3	5,6	16,80	0,25	—
32. Schlosser	4,25	5,3	22,55	—	—
33. „ .	4	6,3	25,20	—	—
34. Sattler	4,25	5,3	22,55	—	—
35. Tischler	4,25	5,4	22,95	—	—
36. „	4	5,0	20,—	—	—
37. Maurer	3,50	5,0	17,50	—	—
38. Bodenarbeiter .	3,25	6,1	19,85	0,25	20,10
39. „ .	3	5,7	17,10	0,25	17,35
40. „ .	3	5,1	15,30	0,25	15,55
41. „ .	3	3,4	10,20	0,25	10,45

	Tag-lohn	Zeit in Tagen u. Stunden	Wochen-lohn	Tantieme	Zu-sammen
42. Bodenarbeiter .	3	5,2	15,60	0,25	15,85
43. ,, .	3	5	15	0,25	15,25
44. ,, .	3	5,8	17,40	0,25	17,65
45. Kutscher	3	6,6	19,80	0,25	20,05
46. Bodenarbeiter .	3	4,0	12	0,25	12,25
47. ,, .	3	4,9	14,70	0;25	14,95
48. ,, .	3	5,7	17,10	0,25	17,35
49. Roggenschipper	3	5,2	15,60	0,25	15,85
50. ,,	3	5,0	15	0,25	15,25
51. ,,	3	1	3	—	—
52. ,,	3	4	12	—	—

Tantieme für 160 Wispel mehr als 334 Wispel.

An die Maschinisten für 1 Wisp.		à 15 Pfg.	24,00 M.
,, ,, Heizer	,, 1	,,	à 45 ,,	7,20 ,,
,, ,, Gangmüller	,, 1	,,	à 11 ,,	17,60 ,,
,, ,, Schärfer	,, 1	,,	à 14 ,,	22,40 ,,
,, ,, Zeugmüller	,, 1	,,	à 18 ,,	28,80 ,,
Beutelgeld		3 M.	3,00 ,.

Bodenarbeiter f. 7 Posten Mehlstapeln à 50 Pfg. = 3,50   3,50 ,,

                             1038,55 M.

www.ingramcontent.com/pod-product-compliance
Lightning Source LLC
Chambersburg PA
CBHW031404270326
41929CB00010BA/1325